Reihe *Unterricht im Dialog*
Herausgegeben von Erwin Krottenthaler (Literaturhaus Stuttgart)

Ulf Abraham | Ina Brendel-Perpina

Literarisches Schreiben im Deutschunterricht

Produktionsorientierte Literaturpädagogik in der Aus- und Weiterbildung

Robert Bosch Stiftung   literaturhaus stuttgart   Klett | Kallmeyer

Bibliografische Information der Deutschen Nationalbibliothek
Die Deutsche Nationalbibliothek verzeichnet diese Publikation in der Deutschen Nationalbibliografie; detaillierte bibliografische Daten sind im Internet über http://dnb.d-nb.de abrufbar.

Impressum

Ulf Abraham | Ina Brendel-Perpina
Literarisches Schreiben im Deutschunterricht
Produktionsorientierte Literaturpädagogik in der Aus- und Weiterbildung
In der Reihe *Unterricht im Dialog*
Herausgegeben von Erwin Krottenthaler (Literaturhaus Stuttgart)

1. Auflage 2015

Titelfoto: Yves Noir, Stuttgart
Druck: Beltz Bad Langensalza GmbH, Bad Langensalza
Printed in Germany

ISBN: 978-3-7800-4835-6

Reihe *Unterricht im Dialog*
Herausgegeben von Erwin Krottenthaler (Literaturhaus Stuttgart)

Ulf Abraham | Ina Brendel-Perpina

Literarisches Schreiben im Deutschunterricht

Produktionsorientierte Literaturpädagogik in der Aus- und Weiterbildung

Robert Bosch Stiftung   literaturhaus stuttgart   Klett | Kallmeyer

Vorwort

Kulturelle Bildung aus Sicht eines Literaturhauses

Der Begriff *Kulturelle Bildung* hat Konjunktur. Im Bereich der Schulentwicklung ist *Kulturelle Praxis* als Handlungsfeld in aller Munde. Beide Schlagwörter sagen aber wenig aus, wenn nicht differenziert dargelegt wird, was mit ihnen wirklich gemeint ist und wie bzw. von wem sie in der Praxis umgesetzt und im schulischen Alltag verankert werden sollen. Seit 2001 beschäftigen wir uns am Literaturhaus Stuttgart sehr intensiv, und in vielerlei Hinsicht wegweisend für andere Häuser im deutschsprachigen Raum, mit der praxisbezogenen Vermittlung literarischen Schreibens an Jugendliche. In offenen Werkstattformen genauso wie in Modellen, die in den klassischen Schulunterricht integriert wurden, konnten wir Erfahrungen sammeln, die wir in der Reihe *Unterricht im Dialog* auch publizieren. Eine der wichtigsten Erkenntnisse in den letzten Jahren war ganz sicher, dass man aufpassen muss, Begrifflichkeiten wie *Kulturelle Bildung, Kulturelle Praxis, Ästhetisches Lernen, Kreativität, Ganzheitlichkeit, Kompetenzorientierung*, etc. nicht inflationär zu verwenden, da sie landauf landab nahezu in jeder Stellungnahme und Projektbeschreibung irgendwie verwendet werden.

Für uns war es vor allem wichtig, ein klar umrissenes Praxisfeld zu definieren, uns mit diesem Umfeld vertraut zu machen und mit den jeweiligen Akteuren, in unserem Fall Lehrkräften, Rektoren, Verantwortlichen aus Seminareinrichtungen, den verschiedenen Kultusbehörden, wissenschaftlichen Partnern und auch Geldgebern Arbeitsmodelle zu entwickeln, die in der Praxis erprobt werden können. Letztendlich ging und geht es dann darum, den Blick auf das Vorhaben zu schärfen, Realitäten zu erkennen und gemeinsam mit allen Beteiligten Strategien für eine Feinjustierung oder auch Neuausrichtung zu entwickeln.

> Die Schule ist für Kinder und Jugendliche die zentrale Institution zur Vermittlung „Kultureller Bildung". Es gehörte lange zu den seltsamsten Lebenslügen der non-formalen Bildungseinrichtungen, dass der außerschulische Bereich das Monopol in dem Feld der Kulturellen Bildung für sich reklamieren könne. (Rat für Kulturelle Bildung, 2013, S. 41)

In der Publikation *Alles immer gut. Mythen Kultureller Bildung* aus dem Jahr 2013, dem obiges Zitat entstammt, benennen die Autoren des *Rates für Kulturelle Bildung e.V.*, einem 2012 geschaffenen Expertengremium aus Wissenschaftlern und Praktikern unterschiedlichster Kultursparten, Themenfelder im Kontext der *Kulturellen Bildung*, in denen Realitäten zu Mythen, aber genauso Mythen zu Realitäten werden. Diese Veröffentlichung ist aus meiner Sicht ganz grundlegend für eine praxisbezogene Beschäftigung mit dem Themenfeld *Kulturelle Bildung*.

An anderer Stelle führt die Publikation weiter aus:

> Über Musik, Kunst und Tanz hinaus betrifft der Bedeutungsverlust der Kulturellen Bildung in der Schule auf geradezu dramatische Weise den Literaturunterricht, der differenziert vom Deutschunterricht zu betrachten ist. Denn die Literatur hat im Deutsch- und Fremdsprachenunterricht durch die kommunikativ und linguistisch orientierte Wende, die in den 1970ern aufkam und sich in den 1980er Jahren verstärkte, zugunsten der vorrangigen Bearbeitung des sprachlichen „Alltags" massiv an Gewicht verloren. [...] Die gebundene Ganztagsschule würde zwar hervorragende Möglichkeiten bieten, das Profil der Schule durch kulturelle Bildung herauszuarbeiten und außerschulische Lernorte zu erschließen. Aber diese Möglichkeiten müsste, z.B. durch die Entwicklung geeigneter Kooperationen zwischen Schule und Kulturinstitutionen und/oder einzelnen Künstlern, bewusst ergriffen und entwickelt werden.
>
> (Rat für Kulturelle Bildung, 2013, S. 42)

In zahlreichen Veröffentlichungen, Statements und politischen Verlautbarungen der vergangenen Jahre wird auf die Bedeutung von Angeboten im außerschulischen Bildungsbereich und deren Einbindung in den Schulkontext hingewiesen. Die *Enquete-Kommission des Deutschen Bundestages* betont in ihrem Schlussbericht *Kultur in Deutschland* vom 11.12.2007 ausdrücklich, dass durch kulturelle Bildung grundlegende Dispositionen, Fähigkeiten und Fertigkeiten erworben werden, die für die Persönlichkeitsentwicklung junger Menschen, ihre emotionale Stabilität, Selbstverwirklichung und Identitätsfindung von zentraler Bedeutung sind:

> Die Entwicklung der Lesekompetenz und der ästhetischen Kompetenz im Umgang mit Bildsprache; Körpergefühl, Integrations- und Partizipationskompetenz sowie Disziplin, Flexibilität und Teamfähigkeit. [...] Kulturelle Bildung erschöpft sich nicht in einer bloßen Wissensvermittlung, sondern ist vor allem Selbstbildung in kulturellen Lernprozessen.
>
> (Enquete-Kommission, 2007, S. 379)

Gleichwohl wird an anderer Stelle aber auch darauf hingewiesen, dass der Alltag der meisten Schulen und vieler Kulturinstitutionen noch nicht durch eine verbreitete Praxis kultureller Bildung bestimmt ist.

> Mit Sorge betrachtet die Kommission vor allem die Entwicklung der Sprachkultur in Deutschland, die von einem Verlust an Sprachniveau, schrumpfendem Wortschatz und einer generellen Unlust an der deutschen Sprache gekennzeichnet ist. [...] Die poetisch-emotionale Qualität von Sprache kommt in der Schule gegenüber dem informativen Aspekt zu kurz. Angebote, über die Sprache und der Zugang zu Literatur auf spielerisch-kreative Weise vermittelt werden, sind nicht der Regelfall. (Enquete-Kommission, 2007, S. 384 f.)

Aktuell gibt es eine Fülle an überregionalen Programmen und Modellversuchen, die vor allem darauf abzielen, Künstler/-innen in den Schulalltag zu integrieren, Schüler/-innen den Besuch von Kultureinrichtungen zu ermöglichen und gemeinsame Projekte zu initiieren. Beispiele hierfür sind die Wettbewerbe *Kinder zum Olymp* (Initiator: Kultur-Stiftung der Länder), *Mixed-Up* (Initiator: Bundesministerium für Familie, Senioren, Frauen und Jugend in Zusammenarbeit mit der Bundesvereinigung Kulturelle Kinder- und Jugendbildung (BKJ), *Kultur.Forscher!* (Initiator: PwC-Stiftung) sowie die Initiative *Kulturagenten* (Initiator: Mercator-Stiftung in Kooperation mit der Kulturstiftung des Bundes). Seit 2013 fördert das Bundesministerium für Bildung und Forschung über die Initiative *Kultur macht stark* zudem außerschulische Angebote der kulturellen Bildung, die sich vorrangig an benachteiligte Kinder und Jugendliche richten sollen.

Trotz der sehr deutlich formulierten Plädoyers, handlungs- und produktionsorientierte Verfahren im Kontext von Literatur- und Sprachförderung aufzugreifen und Kooperationen zwischen Schulen und Kultureinrichtungen zu initiieren, bleibt festzustellen, dass die Sparte Literatur in den genannten Initiativen nur eine untergeordnete Rolle spielt. Angebote der kulturellen Bildung werden innerhalb des Schulbetriebs fast ausschließlich auf die musisch-künstlerischen Fächer Musik, Bildende Kunst und Theater und deren Gegenüber im Kulturbereich, wie Musikschulen, Kinder- und Jugendtheater, Museen oder Soziokulturelle Zentren reduziert. Das Fach Deutsch als mögliches Kooperationsfeld bleibt nahezu ausgeblendet. Das liegt einerseits daran, dass innerhalb des Schulbetriebes die musisch-künstlerischen Fächer besser die notwendige Offenheit und Flexibilität bieten können, die für künstlerische Prozesse notwendig erscheinen. Gleichzeitig wird bedauert, dass eben diese Fächer nicht die notwendige Anerkennung genießen, häufig fachfremd unterrichtet werden und eine Vielzahl von Unterrichtsausfällen zu beklagen haben. Andererseits haben die zahlreiche Initiativen, die Bibliotheken im Bereich der Leseförderung, durch Vorleseaktionen, Bücherfestivals, die Herausgabe von Leseempfehlungen für Eltern und Pädagogen, etwa in Zusammenarbeit mit der Stiftung Lesen, gestartet haben, oder Autorenlesungen an Schulen, die von Seiten der Friedrich-Boedecker-Kreise in den einzelnen Bundesländern vermittelt werden, häufig rein rezeptiven Charakter.

Die Literaturhäuser im deutschsprachigen Raum verstehen sich bisher nicht als Bildungseinrichtungen. Wobei der Bildungsaspekt in der Arbeit einzelner Einrichtungen zunehmend diskutiert wird, ohne dass hierbei eine einheitliche Strategie unter den Häusern erkennbar wäre. Der Weg zu pädagogischen Abteilungen, wie sie etwa in größeren Museen oder Theatern vorhanden sind – und auch in diesen kulturellen Sparten sind sie wahrlich kein Regelfall – ist noch weit. Vielleicht sind Literaturhäuser dafür als Einrichtungen auch noch zu jung und befinden sich in der Diskussion um die Notwendigkeit, sich auch mit Bildungsfragen zu befassen, noch am Anfang. Eine interne Befragung vom Juni 2009 unter den elf im Netzwerk *Literaturhaus.net* zusammengeschlossenen Einrichtungen in Deutschland, der Schweiz und Österreich ergab folgendes Bild: Jeweils sechs der befragten Häuser haben angegeben, Schreibprojekte in Form von geschlossenen Arbeitsgruppen und gleichzeitig Schreibwerkstätten in Kooperation mit Schulen anzubieten. Fünf Literaturhäuser bieten offene Arbeitsgruppen an. Schreibwerkstätten, integriert in den Unterricht an Schulen, wurden lediglich von den Häusern in Zürich und Stuttgart durchgeführt. Daran hat sich bis heute nahezu nichts verändert.

Im Rahmen der erwähnten Programme ist weiter auffällig, dass eine Vielzahl von Initiativen häufig in ihrem Projektstatus stecken bleiben bzw. im Schulkontext nur als frei wählbare Angebote in AG-Form konzipiert werden, die zudem meist zeitlich befristet sind, da sie über Stiftungen oder Fördervereine nur für einen gewissen Zeitraum finanziert werden. Es ist zudem fraglich, ob die in allen Positionspapieren gewünschte Form der Zusammenarbeit in diesen Modellversuchen auf Augenhöhe umgesetzt werden kann, oder ob nicht doch im Wesentlichen die beteiligten Künstler die entsprechenden Angebote gestalten und die Lehrkräfte als Aufsichtspersonen fungieren.

In der Kunstkonzeption *Kultur 2020 – Kunstpolitik für Baden-Württemberg*, die am 05.05.2010 dem Landtag zur Beratung vorgelegt wurde, wird insbesondere der Bereich *Kulturelle Bildung* als wesentliche Säule für die zukünftige Kulturpolitik des Landes herausgestellt. Für den Bereich *Literarische Bildung in den Schulen* werden u.a. folgende Handlungsoptionen formuliert:

> Schülern und Schülerinnen sollten verstärkt Schreibwerkstätten angeboten werden. Über die aktive Beschäftigung mit Sprache und literarischen Formen kann der Verarmung der Sprache entgegengewirkt und die Freude an der Sprache gesteigert werden.[...] Eine kontinuierliche Fortbildung der Deutschlehrer und -lehrerinnen in neuerer deutscher Literatur ist wünschenswert, damit auch die jüngere Literatur Einzug in den Unterricht hält. Diese könnte z.B. über regelmäßige Kontakte zu Schriftstellerverbänden und literarische Einrichtungen erfolgen.
>
> (Ministerium für Wissenschaft, Forschung und Kunst BW, 2010, S. 149 f.)

Bereits 2004 hat die Kultusministerkonferenz beschlossen, Standards für die Lehrerbildung zu formulieren, in der die Kompetenzorientierung der Lehrenden in den Mittelpunkt gestellt wird. Die Zielsetzung ist u.a. so formuliert, dass Lehrer/innen die Fähigkeit von Schüler/-innen zum selbstbestimmten Lernen und Arbeiten fördern sollen. Auch wird darin postuliert, dass Lehrer/-innen ihren Beruf als ständige Lernaufgabe verstehen sollen. Ob und in welcher Weise das in der Praxis umgesetzt wurde oder wird, kann an dieser Stelle nicht beurteilt werden. Sehr wohl sehen wir aber in unserer zwölfjährigen Zusammenarbeit mit Schulen, dass die Verankerung des *Literarischen Schreibens* innerhalb des regulären Deutschunterrichts noch in seinen Anfängen steckt. Die Lehrkräfte werden nach wie vor im Rahmen ihres Studiums und Referendariats nur sehr rudimentär mit den Möglichkeiten des *Literarischen Schreibens* als produktionsorientiertem Verfahren konfrontiert und es gibt bislang nur wenig Angebote, sich in diesem Bereich qualifiziert fortzubilden.

Das Programm Literatur machen – Unterricht im Dialog

Bereits zur Eröffnung des Stuttgarter Literaturhauses im November 2001 wurde gemeinsam mit der Robert Bosch Stiftung das Projekt *Schreibwerkstätten für Jugendliche* entwickelt. Über einen Zeitraum von fünf Jahren konnten Schüler/-innen bis Juli 2006 auf freiwilliger Basis kostenlos an den Werkstätten Prosa, Lyrik, Reportage, Rap, Wort & Spiele, Naturwissenschaften, Drama und Comic teilnehmen. Das Kursprogramm gliederte sich je Halbjahr in 12 wöchentlich stattfindende Unterrichtseinheiten und wurde individuell durch Exkursionen und den Besuch von Autorenlesungen im Literaturhaus ergänzt. Jugendliche im Alter von 14 bis 21 Jahren, die an dem Programm teilnahmen, konnten so unter Anleitung von erfahrenen Dozent/-innen unterschiedliche Schreibtechniken und Schreibstile kennenlernen und eigene Texte schreiben.
Aufbauend auf die fünfjährige Erfahrung in mehr als 50 Einzelprojekten mit ca. 800 Teilnehmern wurde zum Schuljahr 2006/2007 in Stuttgart gemeinsam mit dem Landesinstitut für Schulentwicklung und den Seminaren für Didaktik und Lehrerbildung in Baden-Württemberg das Nachfolgeprojekt *Unterricht im Dialog* initiiert. In der Praxis erprobte Arbeitsansätze und Methoden im Umgang mit dem literarischen Schreiben wurden nun in mehreren Teilprojekten in den regulären Deutschunterricht an Stuttgarter Schulen integriert. Im Gegensatz zu den bisherigen Werkstattangeboten konnten mit der Neuausrichtung auch Schüler/-innen erreicht werden, die bisher wenig literarisch interessiert waren. Die Angebote Prosa, Prosa/Fotografie, Lyrik, Reportage, Wort & Spiele, Drama sowie Comic richteten sich bewusst nicht nur an Schüler/-innen der gymnasialen Oberstufe, sondern auch an Jugendliche aus Förder-, Haupt- und Realschulen bis hin zu einer Berufsfachschule für metallverarbeitende Gewerbe.

Aktueller Stand ...

Seit September 2011 fließen die Erfahrungen und Ergebnisse in Zusammenarbeit mit dem Lehrstuhl für Didaktik der deutschen Sprache und Literatur an der Otto Friedrich-Universität Bamberg in ein Fortbildungsprogramm für Deutschlehrkräfte aller weiterführenden Schulen in Baden-Württemberg ein. Konzepte, Unterrichtsmethoden und -prozesse, die von den jeweiligen Tandems Künstler/Lehrkraft entwickelt wurden, werden nun in Form der zweijährigen Fortbildung, deren Konzept und Ergebnis Gegenstand des vorliegenden Bandes ist, an interessierte Lehrkräfte weitergegeben und sollen nachhaltig im Schulalltag verankert werden. Angestrebt wird damit einerseits eine qualitative Weiterentwicklung der Didaktik des Fachs Deutsch. Andererseits soll mit dem Programm aber auch das Themenfeld *Kulturelle Jugendbildung* in der Programmatik einer außerschulischen Kultureinrichtung wie dem Literaturhaus Stuttgart langfristig und beispielgebend für andere Literaturhäuser und Kulturschaffende im deutschsprachigen Raum positioniert werden. Seit Herbst 2013 steht das Programm bis zu 75 Lehrkräften offen und ist in einem Literaturpädagogischen Zentrum, dem ersten seiner Art in Deutschland, institutionell verankert.

... und Dank

Im Namen des Literaturhauses Stuttgart und des angegliederten Literaturpädagogischen Zentrums (LpZ Stuttgart) bedanke ich mich vor allem beim Verlag Kallmeyer/Friedrich, insbesondere bei Frau Dr. Gabriela Holzmann, die uns die Möglichkeit gibt, unsere Erfahrungen in einer eigenen Publikationsreihe zu dokumentieren und uns hierbei auch immer mit Rat und Tat zur Seite steht. Ein großer Dank gebührt Sonja Heinlein für das Lektorat des vorliegenden Bandes *Literarisches Schreiben im Deutschunterricht*. Ohne die finanzielle Förderung der Robert Bosch Stiftung hätten wir in den letzten Jahren nicht Konzepte und Modelle entwickeln können, die wir mit der Reihe *Unterricht im Dialog* nun auch in gedruckter Form an mögliche Multiplikatoren weitergeben möchten. Ein ganz besonderer Dank gilt natürlich Prof. Dr. Ulf Abraham und Dr. Ina Brendel-Perpina, ohne deren fachliche Expertise es uns nicht möglich gewesen wäre, unsere praktische Arbeit mit wissenschaftlichen Positionen aus der Fachdidaktik zu verknüpfen. Über fast zwei Jahre hinweg wurden in zahlreichen Treffen gemeinsam Module entwickelt, die seit 2011 im Rahmen eines zweijährigen Fortbildungsprogramms und einer Gesprächsreihe, in der Autoren mit Wissenschaftlern ins Gespräch kommen, auch umgesetzt werden können und in einer Zwischenbilanz in dieser Publikation vorgestellt werden. Ich bin persönlich sehr dankbar für die wunderbare fachliche Zusammenarbeit, die uns an vielen Stellen immer wieder gezeigt hat, wie wichtig es ist, praktisches Tun mit einem wissenschaftlichen Blick auf die Dinge zu verbinden, was nicht für alle Aktivitäten kultureller Akteure – und das meine ich auch ganz selbstkritisch – der Normalfall ist.

Stuttgart, April 2015
Erwin Krottenthaler

Erwin Krottenthaler ist stellvertretender Leiter des Literaturhauses Stuttgart. In Kooperation mit der Robert Bosch Stiftung, dem Landesinstitut für Schulentwicklung und den Weiterbildungsseminaren für Lehrerinnen und Lehrern in Baden-Württemberg konzipierte er u. a. das Projekt *Unterricht im Dialog – Schreibwerkstätten im Deutschunterricht*. Das Gesamtprojekt wurde 2007 mit dem *Zukunftspreis Jugendkultur* der PwC-Stiftung und 2008 mit dem Preis *Kinder zum Olymp* der Kulturstiftung der Länder ausgezeichnet.

1 Grundlagen einer produktionsorientierten Literaturpädagogik

1.1 Fachdidaktische Grundlagen

1.1.1 Literarisches Schreiben im Deutschunterricht

Das Konzept Literarischen Schreibens, das hier zunächst skizziert und begründet werden soll, geht von einer Orientierung an der kulturellen Praxis Literatur aus, wie sie sich heute darstellt (zu diesem Begriff vgl. Abraham/Kepser 2009, bes. S. 17–19). Literarische Texte – auf einer großen Bandbreite von Gattungen und mehr oder weniger adressaten- bzw. zielgruppenorientierten Genres – werden mit oder ohne Auftrag eines Verlags verfasst, überarbeitet, redigiert, publiziert, in Buchhandlungen und per Buchtrailer im Internet annonciert, verbreitet, diskutiert, rezensiert und ggf. prämiert. Schriftsteller/innen geben Interviews, gehen auf Lesereisen, nehmen an Wettbewerben teil, diskutieren mit ihren Leser/innen und mit anderen Autor/innen über ihre Texte oder das Schreiben überhaupt. Sie bekommen nach wie vor Leserbriefe und/oder unterhalten eine Homepage, auf der ihr Schaffen und ihre Biografie dargestellt sind und nicht selten Leser/innen Kommentare oder Fragen hinterlassen können. Außerdem finden sich, wenn Werke einen bestimmten Bekanntheitsgrad erreicht haben, meist auch begeisterte Leser/innen, die Fansites im Netz betreiben und dort dazu einladen, über das Werk zu diskutieren und selber literarisch zu schreiben: fan fiction bzw. fan poetry.

Diese wenigen Andeutungen mögen genügen, das zu umreißen, was wir hier als kulturelle Praxis Literatur verstehen wollen. Es ist zunächst eine außerschulische Praxis, die jedoch in die Schulen hineinwirken kann und soll: Im Deutschunterricht und in der Lehreraus-, fort- und -weiterbildung kann sie auf verschiedene Weisen aufgenommen, d. h. nachgeahmt, reflektiert und kritisiert werden; die in diesem Band dokumentierte und begründete Weise ist sicherlich nicht die einzige. Aber sie ist eine, die die Praxis von Autor/innen dezidiert zusammenbringt mit der Praxis von Literatur- und Schreiblehrer/innen.[1]

Literarisches Schreiben vs. creative writing

Abzugrenzen ist das literarische Schreiben von dem, was seit den 70er-Jahren des vorigen Jahrhunderts zunächst in den USA und etwas später auch in Europa unter dem Titel *creative writing* Verbreitung gefunden hat.[2] Im deutschen Sprachraum wird der Begriff, wie Bothe (1998, S. 1371) zusammenfassend formuliert, zwar vorwiegend „für Prozesse poetischen, literarischen Schreibens verwendet". Aber dennoch ist kreatives nicht identisch mit literarischem Schreiben. Denn insoweit das Ziel „die Animation, Initiation, Begleitung und Förderung solcher Schreibprozesse sowie die Anregung der Imaginationskraft" (Bothe, ebd.)

[1] Dass gelegentlich diese Funktionen und Praxen auch in einer Person zusammenkommen, wird bei der Dokumentation des Stuttgarter Literaturhaus-Projekts in Kap. 2 und 3 noch eine Rolle spielen, sei aber hier übergangen.

[2] Zu einem Überblick über die Entwicklung und gegenwärtige Situation vgl. Bothe (1998) und Knoche (2006).

ist, geht es weniger um die Erkundung von Literatur als um die bildende Wirkung des Schreibens selbst, das im Dienst der Kreativitätsförderung steht. Buchtitel wie *Expressives Schreiben* (Fröchling 1987) oder *Personal-kreatives Schreiben* (Schuster 1995) sind dafür charakteristisch.

Der seinerzeit etablierte Kreativitätsbegriff[3] als Hochwertbegriff in sozialen, politischen und pädagogischen Diskursen hat die Schreibdidaktik nicht nur bereichert, sondern auch belastet (vgl. Abraham 2014, S. 364). Dass man damit „garantiert schreiben lernen“ (Rico 1984) könne, ist als Wirkungsversprechen überzogen. Wissenschaftlicher betrachtet (vgl. Spinner 1996, S. 82f.) sind es drei Prinzipien solchen „kreativen Schreibens“, die didaktisch wirksam sein können, nämlich *Irritation, Expression* und *Imagination*. Böttcher (1999, S. 21–32) unterscheidet sechs „Methodengruppen“ kreativen Schreibens: assoziative Verfahren, Schreibspiele, Schreiben nach Vorgaben/Regeln/Mustern, Schreiben zu und nach literarischen Texten, Schreiben zu Stimuli und Weiterschreiben an kreativen Texten. Diese wenig analytische Systematik lässt erkennen, dass die sich entwickelnde kreative Schreibdidaktik an einer Klärung der Frage, wie sich die Textprodukte zu literarischen Ausgangstexten, ja zur Literatur überhaupt, genau verhalten, nicht besonders interessiert war. Im Mittelpunkt stand, wie Beisbart (1989) moniert, die Vorstellung eines „authentischen“ Schreibens, das sich gegen ein entfremdetes, gleichsam von den Zwängen der Bildungsinstitutionen (Schule, Universität) deformiertes Schreiben in vorgegebenen Formen und mit fremdbestimmten Zielen wendet (vgl. z. B. Brenner 1990). Es ging dabei um eine Auseinandersetzung mit der eigenen Subjektivität, mit individuellen Erfahrungen und Wahrnehmungen, die auf dem Weg über das Schreiben bewusst gemacht und mitgeteilt werden sollen.

Dieser Ansatz, der auch auf die Erwachsenenbildung großen Einfluss hatte (vgl. z. B. vom Scheidt 1989, v. Werder 1990) und dem man eine gewisse emanzipatorische Kraft nicht absprechen kann, steht in der Tradition der Reformpädagogik und des „freien Schreibens“ (vgl. Sonntag 2006), von dem sich das „kreative Schreiben“ gleichwohl durch eine stärkere Reflexion der Motivationsproblematik und die entsprechend bessere methodische Durcharbeitung von Schreibimpulsen und Aufgabenstellungen unterscheidet (vgl. Abraham 2014, S. 368). In einem Spektrum sehr unterschiedlicher, hier nicht darzustellender Schreibkonzepte[4] bleibt das eigentlich literarische Schreiben im engeren Sinn lange randständig.

Anders ist das in der Literaturdidaktik. Produktionsorientierung und damit „Schreiben nach literarischen Vorlagen“ (Berger 1995) wird dort zum *mainstream*. Viel zur Verbreitung dieses produktiven literaturdidaktischen Konzepts hat Waldmann beigetragen, der wiederholt von einer „produktiven Hermeneu-

[3] Spinner (1993) zeichnet nach, wie der Begriff des Kreativen im Kontext von Deutschdidaktik und Deutschunterricht sich seit etwa 1970 etabliert und dabei mehrfach semantisch verändert hat.

[4] Freies, personales, assoziatives, situatives, heuristisches Schreiben (vgl. im Überblick Abraham 2014, S. 367–370).

tik" spricht (z. B. Waldmann 1999, Untertitel).[5] Literarisches Schreiben dient so betrachtet der Erarbeitung von Kennzeichen einer Gattung, von Merkmalen einer Epoche oder von stilistischen Eigenheiten eines Autors sowie zur Annäherung an Literatur überhaupt (vgl. z. B. Haas 1997). Das Schreiben literarischer oder poetischer Texte ist angebunden an eine Strukturanalyse der jeweiligen Textsorte oder Form. Intendiert sind literaturbezogenes Wissen und literarische Kompetenz, aber nicht nur als Ergebnis von Rezeption und Interpretation, sondern als einhergehend mit ästhetischer Tätigkeit: Als „poetisches Schreiben" steht das Produzieren im Literaturunterricht im Dienst einer ästhetischen Bildung, die den spontanen Ausdruck von Gefühlen und Gedanken ebenso wie das einfache autobiografische Erzählen zu übersteigen versucht durch eine Konzentration auf Formen, Genres, sprachliche Mittel und literarische Techniken (vgl. z. B. Uhle 1996): Autobiografisches Schreiben *ist* literarisches Schreiben (vgl. den Titel von Waldmann 2000).

Während in den Fächern Kunst und Musik seit jeher neben der Rezeption auch das eigene Hervorbringen einen festen Platz hat – dort ist das Ästhetische viel selbstverständlicher als im Literaturunterricht eine Tätigkeit –, hat sich das Fach Deutsch lange schwer damit getan, „literarischen Dilettantismus" zuzulassen oder gar positiv zu würdigen.[6] Was *literarische Begabung* ist und wie man sie fördern kann (vgl. Fritzsche 1988), blieb lange eine Außenseiterfrage.

Zur Geschichte einer schulischen Produktionsästhetik

Literarisches Schreiben ist freilich in der Geschichte des muttersprachlichen Unterrichts und der Schreiberziehung keineswegs etwas Neues. Ein danach gleichsam verschüttetes, produktionsästhetisches Programm hat bis ca. 1770 die Schreiberziehung geprägt; dass man „Dichter nicht bilden" könne (vgl. Bosse 1978), galt erst seit diesem Sattelpunkt als ausgemacht: Mit der Genieästhetik kam die Überzeugung, dass handwerkliches Können den Dichter nicht ausmache. Für den schulischen Umgang mit den Regeln und Konventionen der Poetik und Stilistik bedeutet das, dass im Lauf des 19. Jahrhunderts Originalität der Expression als Zielvorstellung der Schreiberziehung abgelöst wird von Genauigkeit und Sprachrichtigkeit der Darstellung. Diese wird zum Ideal der Schreiberziehung (vgl. Abraham 1996, S. 36ff.), während die Auseinandersetzung mit Poetik sich in eine neu entstehende Methodik der Textanalyse verlagert. Für eigenes literarisches Schreiben bleibt dabei wenig Raum. In Vergessenheit geraten ist die noch vor 50 Jahren, in Robert Ulshöfers *Methodik des Deutschunterrichts Unterstufe* (zuerst 1964), erhobene Forderung nach Deutschlehrer/innen, die „Werke

---

[5] Vereinzelt gibt es Versuche und Unterrichtsvorschläge zu folgenden literarischen Formen und Genres: *Gedichte* (vgl. Wicke 1981), *Märchen* (vgl. Fingerhut 1982, Berger 1995, S. 12–15, Jahn/Kirn 1983, 31ff., Grau/Seidler 2004), *Science-Fiction-Geschichten* (vgl. Berger 1995, S. 94–97), *Erzähltexte* (vgl. Butz 1991, Waldmann/Bothe 1992), *Lyrik* und *Hörspiel* (vgl. Birner 1978), *Kurzgeschichte* (vgl. Üttinger 2003) und *Minidrama* (vgl. Poier 2003).

[6] Vgl. aber die frühen Hinweise bei Mattenklott (1979, S. 23–32) oder Jahn/Kirn (1983, S. 22f.).

der Dichtkunst und der theoretischen Prosa ausdrucksvoll und phonetisch richtig sprechen können" und „Versuche im literarischen Hervorbringen und in der Darbietung von Dichtung unter Anleitung unternommen haben und bereit sind, mit Schülern zu unternehmen" (Ulshöfer 1978, S. 4).

Versuche, an die produktionsästhetische Tradition anzuknüpfen, die Bosse (1978) und Merkelbach (1993) rekonstruieren, gibt es seit etwa 1980. Sie bewegen sich allerdings zunächst noch nicht auf der Höhe der literaturtheoretischen Entwicklung. So liegt Herrmanns *Schule der Poetik* (1980) eine Ästhetik des dichterischen Ausdrucks zugrunde, wie sie in der Goethezeit entwickelt wurde und durch das 19. Jahrhundert hindurch galt, nur noch bedingt aber danach. Die Postmoderne beispielsweise ist durch Herrmanns Kriterium „Einheit des Gestalteten" nicht zu erfassen, und seine Kategorie „Homogenität des Stils" ist eine den didaktischen Ansprüchen an Stilarbeit im Deutschunterricht nicht unbedingt angemessene Forderung.[7] Auch bei Birner (1978) ist noch eine Orientierung an einem überkommenen Stilideal spürbar. Aber an diesem aus der Schulpraxis heraus geschriebenen Buch fällt positiv die Überzeugung des Autors auf, dass Lernende „nach lehr- und lernbaren Richtlinien geformte sprachliche Gebilde handwerksmäßig sauber für sich und andere überprüfbar zustande bringen" können (ebd., S. 24). Hörspiele und „Situationsbilder in Gedichtform" lässt Birner deshalb methodisch erarbeiten, und seine Darstellung enthält neben den fertigen Produkten erste Fassungen, Anmerkungen des Lehrers und eine Skizze des Produktionsprozesses.

So wenig Handwerk allein genügt, so naheliegend ist es, bei diesem zu beginnen: Es ist lehrbar, seine Beherrschung kann – bedingt – vermittelt werden. Es geht um schreibende Aneignung von Gattungen und Formen, Genres und Stilen:[8] Seit den 90er-Jahren wird „Kreatives Schreiben als Erlernen literarischer Techniken" (Spinner 1993, S. 22) neu interpretiert. Dass es sich um die Wiederentdeckung eines viel älteren literarischen Schreibkonzepts handelt, macht z. B. Merkelbach (1993) deutlich, der auf die durch das Aufkommen der Genieästhetik verschüttete Tradition ausdrücklich zurückgreift: Es war einmal selbstverständlich, dass im muttersprachlichen Unterricht das „Dichten" in traditionellen Formen (etwa der Barocklyrik) nicht nur interpretiert, sondern tatsächlich geübt wurde. Ohne Dichter hervorbringen zu wollen, hatte die Schule dabei doch den Anspruch, dichterischen Ausdruck und aktives Verfügen über literarische Formen als Teil der Allgemeinbildung zu vermitteln.

In diesen Zusammenhang einer handwerklichen Auslegung des „kreativen Schreibens" gehören auch die Wiederentdeckung der Stilistik und „Stilarbeit"

[7] Vgl. die Auseinandersetzung damit bei Abraham (2005, S. 7).

[8] Das wird in der fachdidaktischen Literatur gut erkennbar in Vorschlägen zum „Schreiben nach" einem Autor (vgl. Paefgen 1991, Spinner 1994) oder in der Form des Précis (Verkürzung einer Vorlage auf exakt 1/3 ihrer Länge unter Beibehaltung von Form und Stil: Abraham 1994, S. 147–154). Aber auch die Erprobung verschiedener Erzählhaltungen und -formen (vgl. Waldmann/ Bothe 1992 oder Liebnau 1995, S. 48 ff.) lässt sich hier einordnen.

(Bleckwenn 1991) sowie die Neuinterpretation einer schulischen Stillehre. In der Praxis kreativen Schreibens immer präsent war Queneaus Klassiker *Stilübungen* (1961), der über 50 Jahre später in den „Memo-Arien" *Die Minute mit Paul McCartney* (2008) des F. C. Delius seine Fortsetzung findet. Wie Paefgen (1991) oder Spinner (1994) an entsprechenden Unterrichtsvorschlägen verdeutlichen, geht es hierbei um das Lernen vom stilistischen Können professioneller Autor/innen und damit um die Erweiterung selbst beherrschter sprachlich-formaler Ausdrucksmöglichkeiten. „Stilimitationen", vorher geradezu verpönt, werden zur didaktischen Option (vgl. Abraham 1996, Spinner 2001, Stemmer-Rathenberg 2011). Es wird jetzt auch klar, dass „Authentizität" nicht in einer Art Ursprungsfantasie als Anfang oder Ausgangspunkt allen sprachlichen Ausdrucks gedacht werden kann (wie die erwähnte Vorstellung von der Deformation schulischen Schreibens suggerierte), sondern als Zielpunkt: Authentisch zu schreiben, gelingt am Ende eines Lernprozesses, der als Durchgang durch verschiedene „StilGestalten" gedacht werden kann (vgl. Abraham 1996, S. 323–393). Ein Beispiel:

fernsprechsucht
Etwas, das eine ferne hat, etwas
das wie gärten riecht, etwas goldenes
tönt aus den posthörnern,
weckt das rauschen der brunnen
und der saiten klang, etwas prächtiges
stürzt von den felsenklüften, rauscht
etwas verschlafenes, davon die banken verwildern,
übers gestein
und läßt das herz mir entbrennen.

zwei junge mädchen sangen, gesellen
lauschen am fenster
die marmorbilder wissen es schon.

Rüdiger Singer

Die Aufgabe (im Rahmen eines Schreibseminars) lautete, Eichendorffs „Mondnacht" (1837) im Stil von Hans Magnus Enzensbergers „an alle fernsprechteilnehmer" (1969) neu zu schreiben – oder umgekehrt (vgl. Abraham 1994, S. 162). Die Orientierung an literarischen Mustern und (Epochen-, Autor-, Gattungs-) Stilen, die in diesem Ansatz steckt, fokussiert nun das literarische Schreiben im hier verstandenen Sinn: Obwohl dieses sich durchaus einiger kreativer Schreibtechniken bedient, lebt es weniger als das kreative Schreiben von der erwähnten Idee der Befreiung aus sozialen Zwängen und der Wiederentdeckung eigener imaginativer Ressourcen; es fokussiert viel mehr die tätige (schreibende) Erkundung der Literatur als einen ästhetischen Diskurs.

Während man einer in den Schulen und Hochschulen zwar randständig gebliebenen, aber durchaus etablierten Praxis kreativen Schreibens zu Recht vorgeworfen hat, sie sei oft vorschnell mit angeblich authentischen Produkten zufrieden und verschenke damit die Möglichkeiten der auf reflexive Distanz angelegten Schriftlichkeit,[9] rückt im literarischen Schreiben die Vorstellung des verbesserbaren Entwurfs in den Vordergrund; die Prozessorientierung, die wir heute als Basis jeglichen Schreibunterrichts betrachten, wird damit auch für literarische Gattungen und Genres denkbar. Darüber wird nun der Zusammenhang von *Prozess* und *Reflexion* des Schreibens in der Schreibpädagogik und -didaktik zum Thema: Bräuer (2000) begründet in *Schreiben als reflexive Praxis* die Überzeugung, dass nur längerfristige, sich selbst reflektierende Arbeit an Schreibhaltungen und -gewohnheiten nachhaltig Schreibkompetenz erzeugt, und dass über die Anfertigung einzelner „Werkstücke" hinaus erst Formate wie Tagebuch, Arbeitsjournal und vor allem Portfolio konstitutive Elemente eines Schreibunterrichts sein müssen, der die Persönlichkeit der Schreiber/innen stärkt und damit auch ihre werkbezogene Kreativität.

Eine darauf basierende, vom kreativen Schreiben unterschiedene Vorstellung „poetisches Schreiben" kann sich nun zunächst sowohl in der Theoriebildung als auch ansatzweise in der schulischen Praxis entfalten. Die angezielten Texte müssen, auch wenn Überblicksdarstellungen wie die von Schuster (1995) diesen Eindruck erwecken, nicht literarisch in einem schöngeistigen Sinn sein. Sinnvoll ist vielmehr, eine möglichst große Bandbreite von literarischen Techniken, Verfahren, Formen und Genres zuzulassen und damit die gleichsam schulliterarischen Formen (z. B. die Erlebnis- oder Fantasieerzählung) energisch zu überschreiten. Einzubeziehen sind dabei sicherlich auch mediale Textsorten wie das Filmexposé oder -treatment und semiliterarische Textsorten wie die Reportage.

Kooperatives literarisches Schreiben

Die US-Amerikanerinnen Lunsford & Ede (1990) begründen schon früh eine Theorie und Didaktik des kollaborativen Schreibens, indem sie die seinerzeit herrschende Schreibpädagogik herausfordern: Deren Exponent Peter Elbow habe über viele Jahre so eindrucksvoll für kollaborative Formen der Textdiskussion und Überarbeitung plädiert (vgl. z. B. Elbow 1973), dass der Terminus „Elbow grouping" landläufig sei, gleichzeitig aber an einer Idee individueller Kreativität und singulärer Autorschaft festgehalten, die die grundsätzlich soziale Natur des Schreibens leugne (vgl. Lunsford/Ede 1990, S. 113 f.). Das sei paradox, „writing and reading are, essentially and naturally, collaborative, social acts" (Lunsford/Ede 1990, S. 114 f.).

Während dieser Gedanke, wie die Autorinnen materialreich zeigen, in der Theorie (auch der Literaturtheorie) durchaus Anhänger gewinne (und seither

9 „Halbierte Schriftlichkeit" nennt Ortner (1988) dieses Steckenbleiben im Augenblickseinfall, damit aber auch „halbierte Kreativität".

weiter gewonnen hat), bleibe die schreibdidaktische Praxis weitgehend auf den einzelnen Schreiber fixiert, dessen Text oft kontrafaktisch als seine alleinige Hervorbringung gelte und als solche auch zu bewerten sei.

Auch der deutschsprachigen Schreibdidaktik ist der Begriff „kooperatives Schreiben" inzwischen längst geläufig; dennoch ist „Gemeinsam schreiben" (Lehnen 2014) kein weit verbreitetes Konzept. Böttcher/Becker-Mrotzek (2003, S. 33–37) stellen unter dieser Überschrift sowohl das Schreiben in der Gruppe *(group writing)* als auch den Austausch mit anderen Schreibern z. B. durch *peer feedback (interactive writing)* dar.[10]

Leider wird aber oft kaum auf die spezifische Problemlage des Umgangs mit literarischen Texten eingegangen. Eine Ausnahme ist Wessels (1999), dessen Konzept sich am britischen Schreibunterricht orientiert: „Wenn man an englischen Schulen hospitiert, fällt auf, wie viel Unterrichtszeit für das Schreiben verwendet wird" (Wessels 1999, S. 205). Er berichtet über ein ein halbes Schuljahr laufendes Schreibprojekt, in dem Lernende (mehr) Schreibkompetenz erwerben, indem sie Texte zu Themen verfassen, die sie selbst für wichtig halten. „Die Schüler schreiben nicht reflektierend über ein Thema (wie im Aufsatz), sondern sie stellen ihre Sache direkt dar. Dabei verhalten sie sich wie Schriftsteller" (ebd.). Sie wählen also ihr Thema selbst und bearbeiten es mit den ihnen zur Verfügung stehenden Mitteln; das können auch literarische Mittel sein (vgl. ebd., S. 207). Alle Lernenden arbeiten an einem Text; etwa alle drei Wochen wird ein Text als *work in progress* besprochen. Die Auswahl ergiebiger Texte trifft die Lehrkraft, die dazu die Texte konsequent einfordert (vgl. ebd., S. 209). Erörtert werden die Texte anonym. Am Ende des Projekts wird eine Textauswahl veröffentlicht.

Solche Wortmeldungen bleiben allerdings lange vereinzelt. Erst in jüngerer Zeit deutet sich ein Perspektivenwechsel an: Statt Kollaboration beim Schreiben als zusätzliche Erschwernis zu sehen, wird sie als Ressource begriffen. Die Stärken und Schwächen des einzelnen (Mit-)Autors erfahren einen Ausgleich in der Gruppe.[11] Formen kooperativen Schreibens finden sich in der außerschulischen kulturellen Praxis Jugendlicher, wie dies z. B. die Jurybegründungen der Jugendjury zum Deutschen Jugendliteraturpreis dokumentieren (Brendel-Perpina/Stumpf 2013, S. 170). Auch gemeinsames literarisches Schreiben wird nun häufiger. Zwei sehr unterschiedliche Beispiele seien kurz skizziert:

- Becker-Mrotzek (2012) berichtet, wie Kölner Grundschüler/innen und Lehramtsstudierende gemeinsam an einer Fortsetzungsgeschichte schreiben. Die Viertklässer wissen, dass sie ein für die Schulöffentlichkeit bestimmtes Pro-

[10] Im englischen Sprachraum sind die Begriffe *interactive writing* und *group writing* anders belegt als bei uns. Girgensohn et al. (2002, S. 2) erklären (mit Lehnen 1999) *interactive writing* als Form kooperativer Textproduktion, bei der Textentwürfe in verschiedenen Stadien des Schreibprozesses von anderen kommentiert werden. Beim *group writing* erstellten dagegen mehrere Schreibende ein gemeinsames Endprodukt. Im deutschen Sprachraum ist die Begriffsverwendung umgekehrt: Interaktives Schreiben ist „Schreiben in Gruppen" (vgl. Girgensohn et al. 2002, S. 2 f.).

[11] Vgl. z. B. Bräuer/Abraham (2005) für Studierende oder Girgensohn et al. (2002) für Akademiker/innen.

dukt schreiben sollen, aber sie wissen auch, dass sie beim Schreiben unterstützt werden und laufend Rückmeldungen bekommen (vgl. ebd., S. 149) in einem „Prozess des interaktiven Erzählens" (ebd., S. 150): Nur ein thematischer Rahmen und eine Figurenkonstellation wird am Anfang besprochen, nicht eine Handlung festgelegt. Teams aus je einem Kind und einem/einer Studierenden müssen sich dann schrittweise auf je eine Fortsetzung einigen.

- Im Rahmen des „Kulturprogramms Ruhr 2010" verortet ist das Projekt „Autoren schreiben gemeinsam mit Schülern" (Baurmann/Schulz 2010): Die Themaentwicklung erfolgt in der Gesamtgruppe, die Umsetzung in einem arbeitsteiligen Verfahren, in dem sich sowohl Schriftsteller/innen mit den Schüler/innen austauschen als auch diese sich untereinander (vgl. ebd., S. 7). Während sich die professionellen Autor/innen als Experten der Novizen literarischen Schreibens annehmen, finden sich diese zu einem Autorenteam zusammen, das am Ende einen literarischen Text (Erzählung, Hörspiel) vorlegt. Die Experten führen über den Prozess jeweils ein Arbeitsjournal.

Solche Kollaboration geht über den Austausch über verschiedene Textentwürfe im Rahmen eines *peer feedback* oder *teacher feedback* entscheidend hinaus. Angezielt ist ein wirklich gemeinsam entstehender und überarbeiteter literarischer Text. Gerade weil das so ist, handelt es sich aber nicht um *writing without teachers* (Elbow 1973), sondern um ein Konzept, in dem Novizen und Experten zusammen arbeiten. Aber auch in Bezug auf den Lernprozess der Novizen (wo sie zunächst weitgehend ohne Expertenhilfe schreiben), wird die Ressource des kollaborativen Arbeitens vermutlich unterschätzt, wenn die Zusammenarbeit sich auf eine Phase des Austauschs über Entwürfe („Schreibkonferenz") beschränkt. Der niederländische Schreibforscher Rijlaarsdam betont den Wert der gegenseitigen Beobachtung in einem Prozess der gemeinsamen Textplanung und -umsetzung: Man lernt zunächst von denen, die bereits mehr Schreib- und Interaktionskompetenz haben, wie gelingende Zusammenarbeit aussehen kann:

> Peer work should not be limited to post-writing activities, i.e., responding to and talking about each other's texts. It should also include talking about the writing task and the contents and purpose of writing before and during writing the first draft. (Rijlaarsdam et al. 2008, S. 3)

Bewertung und Benotung kreativer/literarischer Texte im fachdidaktischen Diskurs

Dass auch „kreative Leistungen" im Deutschunterricht bewertet werden können und manchmal sollen (vgl. programmatisch Haas 1996), war lange strittig. Was als grundsätzliches Bedenken dagegen formuliert war, beruhte jedoch oft lediglich auf Unsicherheit hinsichtlich der Maßstäbe, Kriterien und Prinzipien des Wertens. Die oft anzutreffende kategorische Ablehnung des Bewertens und Benotens unter Berufung auf die Unantastbarkeit der kreativen Persönlichkeit übersieht zudem, dass Kriterien nicht erst bei einer Notenfindung, sondern bereits viel früher gebraucht werden. Noch bei Schuster (1995, S. 200–215), im Kapitel „Bewertung und Benotung“, fallen die Ausführungen zur „Verbesserung und Überarbeitung des Textes“ (ebd., S. 211f.) relativ knapp aus. Ein durch die seitherige Fachdiskussion[12] sensibilisierter Blick vermisst die Reflexion der Ziele für Rückmeldung und Textrevision. Gerade der Einsatz von Schreibkonferenzen, wie überhaupt die Entwicklung einer Rückmeldekultur durch *peer feedback*, erfordert eine solche Reflexion, wenn Schreiber/in und Leser/innen dabei etwas lernen und nicht nur Befindlichkeiten austauschen sollen.

In den 1990er-Jahren wendet sich die Deutschdidaktik, in Abwendung vom traditionellen Konzept des „Aufsatzunterrichts“, dem Schreiben in einem Spannungsfeld „zwischen Normbewußtsein und Kreativität“ (Jürgens 1999) zu. Der Kreativitätsbegriff des „kreativen Schreibens“ wird jetzt mit dem zusammengebracht, was die Schreibprozessforschung seit etwa 1980 erarbeitet hat: Kreativ ist weniger die Augenblickseingebung oder der geniale Gedanke als das eigenständige Umgehen mit bekannten Techniken und Verfahren der Ideenfindung und Textplanung (z.B. *clustering, mind mapping*) und die Wahl einer passenden literarischen Form für die eigene Ausdrucks- und Darstellungsabsicht. Dafür ist allerdings die Kenntnis eines Repertoires an literarischen und semiliterarischen Formen und Genres ebenso Voraussetzung, wie die Bereitschaft, an Texten tatsächlich zu arbeiten.

Dies übersteigt den etablierten Begriff kreativen Schreibens nun deutlich in Richtung eines sowohl prozess- als kompetenzorientierten Schreibunterrichts. Daher stellt Abraham (1998) die Zweckmäßigkeit des Begriffs „kreatives Schreiben“ in Frage, der suggeriere, es könne oder solle auch ein unkreatives Schreiben geben. Statt einer Besetzung „kreativer Nischen“ durch einzelne angeblich kurzfristig kreativitätsfördernde Methoden und Verfahren bei gleichzeitig weiter laufendem „Aufsatzunterricht“ sei eine Umorientierung des gesamten Schreibunterrichts nötig.

Fritzsche (1994, S. 159ff.) verteidigt zwar das kreative Schreiben als Begriff, integriert es aber ebenfalls in die Arbeit am Medium der Schriftlichkeit überhaupt, nicht nur in seiner Gesamtdarstellung (*Schriftliches Arbeiten*, 1994), sondern auch in einem Beitrag zur Theorie eines kompetenzorientierten Deutschunterrichts (Fritzsche 2000). Kupfer-Schreiner (2005) erinnert aus derselben Grundüberzeugung heraus an Vygotskijs Konzept der „inneren Sprache“ und entwickelt es zu einem „Schreibbegleiter“-Ansatz weiter, den sie an Beispielen aus dem Hochschulunterricht erläutert.[13]

Eine Didaktik des pragmatischen *und* literarischen Schreibens ist damit bereits gut vorangekommen. Der theoretische und praktische Umgang mit der Beurteilung und Bewertung literarischer oder poetischer Schreibleistungen

[12] Vgl. zusammenfassend z.B. Böttcher/Becker-Mrotzek (2003, S. 105–166).

[13] Dieser „Schreibbegleiter“ ist eine innere Instanz; Schreibberatung (z.B. Lüthgens 2005) dagegen erfolgt als Feedback und Anleitung durch dafür qualifizierte andere.

allerdings wird von der Deutschdidaktik nur zögerlich als Herausforderung angenommen (vgl. hierzu Baurmann/Dehn 2004 oder Abraham 2005). Nicht anders als im Kunstunterricht könnten aber die in einem kreativen Schreibunterricht entstehenden Produkte prinzipiell bewertet werden, und zwar auch ohne dass unbedingt Noten vergeben werden müssten. Bewertung umfasst mehr als Benotung – diese setzt jene voraus. Es gibt auch die implizite Bewertung: Wertungen über die Schülerleistung fließen ins Unterrichtsgespräch ein oder kommen in der Weiterverwendung des Produkts zum Ausdruck. Eine *produktorientierte Perspektive* (Wahrnehmung der Texte nach Gütekriterien) ist, zu unterscheiden von einer *prozessorientierten* (ihre Wahrnehmung als Entwürfe und Stadien eines beurteilten Prozesses) sowie einer *funktionalen* (Funktion eines individuellen Textes im Rahmen des Lehr-/Lernprozesses, d. h. im nachfolgenden Unterricht, in den er eingebracht wird).

„Quer" zu dieser Einteilung in *produkt-, prozess- und funktionsorientiertes Bewerten* (vgl. ausführlicher Abraham 2005, S. 7 f.) gibt es in der Fachliteratur auch die Unterscheidung von „förderndem" und „prüfend-wertendem Beurteilen" (vgl. z. B. Baurmann 2002, S. 116 ff.). Beim literarischen Schreiben im Deutschunterricht ist, genau wie in allen anderen Bereichen des Schreibunterrichts, von einem Nebeneinander beider Beurteilungsformen auszugehen. So können einzelne Textentwürfe fördernd beurteilt und zur Weiterarbeit zurückgegeben werden, während zu einem späteren Zeitpunkt eine ganze Textsammlung in einem Portfolio vorgelegt und entweder produktorientiert (als individuelle Anthologie zu einem Thema oder in einer Textsorte) oder prozessorientiert (als Dokumentation eines Arbeitsprozesses) auch prüfend beurteilt wird. Portfolios wurden zwar zur Leistungsdarstellung, aber nicht unbedingt immer auch zur Leistungsbewertung entwickelt (vgl. Winter 2002, S. 94). Aber sie verbinden Schreiben, Überarbeiten und Beurteilen (vgl. Baurmann 2002, S. 121) und wirken „als Brücke zwischen Lehren, Lernen und Beurteilen" (Schwarz 2001, S. 26).

Literarisches Schreiben in der Perspektive einer produktionsorientierten Literaturpädagogik

Warum schreiben? betitelt Kellner (1999) sein Buch über *Literarische Kreativität.* Mögliche Antworten auf diese Frage sind vielfältig[14] und übersteigen dabei weit die vom Konzept eines produktionsorientierten Literaturunterrichts (Haas, Waldmann u. a.) vorgezeichnete enge Perspektive eines literarischen Lernens durch eigenes Gestalten von Texten in verschiedenen Gattungen, Bauformen oder Genres. Angezielt ist vielmehr eine weitere Perspektive, die wir eine *literaturpädagogische* nennen möchten – wohl wissend, dass der Begriff von einer äl-

[14] Kellners eigene Antwortversuche werden nicht jeden zufrieden stellen, seien aber dennoch kurz resümiert: 1. Ungenügen am Konventionellen, dem Realen überhaupt / 2. Lust am Eigenen („Narzissmus") / 3. Fähigkeit zu konstruieren und schreibend Zusammenhänge herzustellen / 4. ungewöhnliche Energie / 5. Neigung, sich dauerhaft auf das Schreiben zu fixieren (vgl. Kellner 1999, S. 15).

teren Tradition der Vereinnahmung von Literatur für außerästhetische Zwecke (vgl. z.B. Miller 1916) befreit werden muss:[15] Literatur bildet nicht Wirklichkeit ab und sagt nie direkt, wie etwas ist (auch nicht im Fall des historischen Romans). Weltwissen vermittelt sie zwar, aber sehr indirekt und „beiläufig" (vgl. Abraham/ Launer Hrsg. 2002). Ihr sind keine Handlungsanweisungen für die Wirklichkeit zu entnehmen, und sie dient nicht der „Lebenshilfe". Vielmehr entwirft jeder literarische Text eine fiktionale Wirklichkeitsordnung, die auf imaginative Mitarbeit des Lesers, emotionale Beteiligung und produktive Verunsicherung (manchmal Verstörung) abzielt.

Von der Literaturdidaktik unterscheidet sich die Literaturpädagogik durch eine weniger starke Ausrichtung auf literarische Bildung (vgl. hierzu Kapitel 2.1.1).

Damit ist keineswegs behauptet, dass Literatur selbst pädagogisch „sein" oder „wirken wollen" müsse (nicht einmal für die Kinder- und Jugendliteratur kann das heute noch pauschal gesagt werden); wohl aber, dass sie ein erhebliches narratives, dramatisches und lyrisches Potenzial der Vorstellungsbildung, des perspektivischen Denkens und der Infragestellung von Stereotypen und anderen Vorurteilen hat. Dieses wird im Prozess der literarischen Sozialisation fruchtbar weit über das Jugendalter hinaus. Wenn man sagen kann, dass Literatur grundsätzlich unterhalten will, so kann man auch sagen, dass sie immer auch mehr als – und in gewisser Hinsicht das genaue Gegenteil von – „Zerstreuung" zu bieten hat. Für das Schreiben von Literatur gilt das in noch höherem Ausmaß als für das Lesen. Wer literarisch schreibt, wird allerdings fast immer auch lesen – beispielsweise literarische Texte mit Anregungspotenzial und/oder die Textentwürfe anderer aus der Schreibgruppe oder Klasse.

Literaturpädagogik ist also nicht eine Pädagogik, die ihre Ziele mit Hilfe von Literatur erreicht, sondern eine *auf Literatur als kulturelle Praxis gerichtete Pädagogik*: Sie sorgt dafür, dass einerseits Literatur ihre Leser/innen findet, und andererseits diese ihre Literatur, und dass auf diese Weise literarische Texte diejenige Wirkung entfalten können, zu der sie von sich aus in der Lage sind.

Literarisches Schreiben in diesem Denkrahmen verfolgt zwar ebenfalls Ziele, aber weit über den engen Rahmen eines textsortenorientierten Schreib- und eines produktionsorientierten Literaturcurriculums hinaus. Literaturpädagogische Qualifikationen werden nicht nur Lehrer/innen, sondern auch von Erzieher/innen, Sozialpädagogen/innen, Buchhändler/innen und Bibliothekar/innen gebraucht. Sie alle sind Akteure im Prozess der „Literarischen Sozialisation".[16]

---

[15] Beisbart (1975) hält für die 1970er-Jahre fest, dass beide Begriffe uneinheitlich nebeneinander gebraucht werden und deutet die Entstehung eines neuen angemessenen Begriffs von Literaturpädagogik an, dem „größere Weite" (ebd., S. 24) zuzusprechen ist. Dabei beruft er sich u.a. auf Israel (1969), der unter Literaturpädagogik „den gesamten Reflexionsbereich für eine literarische Bildungsarbeit, die sich vor allem von einer nur schul- und innerhalb dessen nur schultypenbezogenen literaturdidaktischen Arbeit freimachen müßte" (zit. n. Beisbart 1975, S. 25) versteht.

[16] Vgl. zu Begriff und Forschungsfeld Eggert/Garbe 2003 oder Graf 2010.

Literaturvermittlung findet (hoffentlich) *außerhalb* (vgl. Kruse 2012), aber natürlich auch innerhalb der Institutionen formaler Bildung statt. Das Fördern literarischer Begabungen (vgl. Fritzsche 1988) kann in der Schule nur beiläufig ein Ziel sein; es liegt aber in der Natur literarischen Schreibens, Begabung sichtbar zu machen und durch Vermittlung handwerklicher Fähigkeiten (vgl. Kap. 1.2.2) zu fördern.

Wenn literarische Kompetenz (vgl. Kap. 1.1.2) u. a. bestimmt werden kann als „Fähigkeit, kulturelle Praxis zu teilen" (Abraham 2013) und „literarische Geselligkeit" (vgl. Mattenklott 1979) nicht nur, aber vor allem durch gemeinsames Schreiben entsteht, so hat literaturpädagogisch betrachtet das Planen, Entwerfen, Verbessern und Diskutieren literarischer Texte eine bildende Wirkung. Einzuüben ist *Poetisches Verstehen* (vgl. Winkler et al. 2010) als Fähigkeit und Bereitschaft, sich auf das Widerständige, perspektivisches Denken und das die Vorstellungsbildung fördernde Potenzial der Literatur als eines ästhetischen Diskurses einzulassen.

Dass „Textproduktion als Aushandlungsprozess" (Lehnen 1999) betrachtet und praktiziert werden kann, erfahren Schreibende (gleich, ob sie Schüler/innen oder Erwachsene, z. B. Lehrer/innen sind) beim Arbeiten an eigenen Texten. Und was den Umgang mit diesen betrifft, so ist in „konstruktiven Kommentaren" (Rupp 1998) zu Textentwürfen nicht nur das Defizit, sondern vor allem das Gelungene und Weiterentwickelbare hervorheben: Man kann sehen und sagen lernen, was aus einem Entwurf werden kann. „Die Laufrichtung ändern", hat Lange (1999) in Bezug auf das Stellen von Schreibaufgaben und v. a. die Wahrnehmung, Würdigung und Bewertung des Schreibens in der Schule gefordert.

1.1.2 Literarische Urteilsbildung im Deutschunterricht

Urteile und Urteilen

Urteilsfähigkeit wird – seit Kants *Kritik der Urteilskraft* (1790) – im Allgemeinen mit Logik assoziiert, der menschlichen Vernunft zugeschrieben und als eine Fähigkeit des Verstandes angesehen. „Urteilsfähigkeit" im juristischen Sinn gilt als Voraussetzung für die Zurechenbarkeit von Handlungen; ihr Fehlen z. B. im Kindesalter, bei Geistesschwäche, Geisteskrankheit oder Trunkenheit setzt diese Zurechenbarkeit ganz oder teilweise außer Kraft und ist strafrechtlich relevant. Die Philosophie unterscheidet eine psychologische, eine sprachliche und eine ontologische Auffassung von Logik (vgl. Tugendhat/Wolf 1983, S. 17) und kommt damit zu drei verschiedenen, allerdings miteinander zusammenhängenden Urteilsbegriffen:

- Urteil als psychischer Akt,
- Urteil als Akt der Erkenntnis,
- Urteil als sprachliche Äußerung.

Alle drei Urteilsbegriffe werden im Rahmen der folgenden Begriffsklärung relevant. **Urteilsbildung in einem psychologischen Sinn** ist, mit einem zentralen Begriff aus Klaus Holzkamps Wahrnehmungspsychologie beschrieben, „sinnliche Erkenntnis" (Holzkamp ^{5}1986, Brandstätter 2013, S. 57 f.). Urteilsprozesse setzen also Wahrnehmung des Gegenstandes voraus, über den geurteilt oder der beurteilt werden soll; diese wiederum hat vier auch und gerade für Texte als Wahrnehmungsgegenstände wesentliche Eigenschaften (vgl. Holzkamp ^{5}1986, S. 22–31). Wahrnehmung …

- setzt sinnliche Präsenz eines Gegenstandes (oder einer Person) voraus,
- ist immer perspektivisch,
- richtet sich auf „sinnvolle Ganzheiten" (das gilt insbesondere für „Wahrnehmungsgegenstände, die ihrer wesentlichen Eigenart nach Träger von Symbolbedeutungen sind" (ebd., S. 24),
- kann in ihren Bedingungen „optimiert" werden (vgl. ebd., 31), z. B. durch Veränderung der Perspektive oder den Vergleich mit anderen Gegenständen.

Da Wahrnehmung im Sinn Holzkamps nicht passives Aufnehmen, sondern aktives **Erfassen und Erkennen** ist, sind in jedem Akt der Urteilsbildung Kriterien der Betrachtung und bereits mitgebrachte gegenstandsbezogene Vorstellungen (Weltwissen) und Begriffe (Vorwissen) wirksam. Dies gilt auch dann, wenn es dem Urteilenden, der ein Geschmacksurteil zu fällen glaubt, nicht bewusst ist: Kategorien- und kriterienlos ist kein Urteilen möglich. Auch für Geschmacksurteile als Akte sinnlicher Erkenntnis gilt, dass sie den Vergleich mit anderen, ähnlichen Wahrnehmungsgegenständen (z. B. Texten) implizieren und eine Vorstellung von einem wohlgestalteten, gleichsam gelungenen derartigen Gegenstand als „sinnvoller Ganzheit" enthalten und verstärken.

Nicht alle Urteile aber sind Geschmacksurteile. Während mit diesen Gefallen, Missfallen oder Gleichgültigkeit ausgedrückt und das Beurteilte damit an einem mehr oder weniger geklärten Qualitätsmaßstab gemessen wird, zielen andere Urteile nicht auf eine solche Bewertung, sondern lediglich auf eine Beschreibung und verstehende Einordung des Wahrnehmungsgegenstands. Ein Beispiel: Kategorisiert man verschiedene Sprecher/innen einer Sprache nach ihren Dialekten, so ordnet man sie ein, ohne dass damit eine Wertung verbunden ist bzw. sein sollte. Unterzieht man sie dagegen einem Sprachkompetenztest, etwa um sie anschließend verschiedenen Lerngruppen zuzuordnen, so liegt eine wertende Urteilsbildung vor, denn Niveau C1 ist wesentlich besser als A2.

Für beide Arten von Urteilsakten, die beschreibenden und die wertenden, gilt aber, dass sie der **Kriterien** bedürfen und von der eingenommenen **Perspektive** abhängig sind. Ein literarischer Text(-entwurf) ist beispielsweise unter bestimmten Gesichtspunkten als lyrischer Text zu betrachten, unter anderen eher als prosanah. Damit ist zunächst keine Wertung verbunden, wohl aber das Anlegen von Kriterien. Unter verschiedenen Perspektiven und ausgehend von unterschiedlichen Erwartungen kann derselbe Text als langweilig oder aufregend, als langatmig oder detailliert, als unkonventionell oder sprachlich fehlerhaft wahrgenommen werden. Das wiederum impliziert eine Wertung, die oft einem ästhetischen Wirkungsideal verpflichtet ist.

Hier kommt nun der dritte eingangs unterschiedene Urteilsbegriff zum Tragen, das **Urteil als sprachliche Äußerung**. Denn Urteile, gleich ob sie das Erkennen und Verstehen oder das wertende Einschätzen eines Gegenstandes zum Ziel haben, müssen sprachlich gefasst werden, um kommunikabel und damit wirksam werden zu können. Werturteile, wie sie regelhaft in Literaturkritiken vorkommen (und in dieser Textsorte auch erwartet werden), werden mit Hilfe bestimmter sprachlicher Formulierungen (z.B. wirkungsbezogene Adjektive und Adverbien) ausgedrückt. Nichtwertende Urteile, etwa über die Zugehörigkeit eines neuen Werkes zu einer literarischen Tradition oder einem Genre, bedürfen anderer sprachlicher Formulierungen (z.B. literatur- oder kulturwissenschaftlicher Begriffe).

Wir unterstellen dabei als evident, dass es Mischformen gibt – etwa wenn die Zuordnung einer Neuerscheinung zu einem Genre, das als Element der Populärkultur gilt („ein Horrorroman!") nur scheinbar beschreibend, *de facto* aber (ab-) wertend gemeint ist.

Literatur beurteilen und bewerten

Literarische Urteilsbildung, wie wir sie von diesen Vorüberlegungen aus beschreiben wollen, wird von Lesenden (und Schreibenden) vorgenommen, um einen literarischen Text(-entwurf) im Rahmen einer bestimmten Form-, Struktur-, Gattungs- oder Wirkungserwartung **verstehend zu beschreiben** und/oder **wertend einzuschätzen**. Dies geschieht aber nicht im leeren Raum bzw. kulturell betrachtet voraussetzungslos: Die oben eingeführten Begriffe des wertenden/nichtwertenden Urteilens sind nun einzuspannen in einen literatur- und kulturwissenschaftlichen Rahmen, der Literatur als lebendige kulturelle Praxis versteht und in diesem Zusammenhang literarisches Urteilen und Werten als Bedeutung schaffende und Maßstäbe setzende Tätigkeit der Akteure. Das bekannte literaturwissenschaftliche Modell einer Wertung nach Heydebrand/Winko (1996) stützt sich auf die handlungstheoretischen Prämissen der empirischen Literaturwissenschaft. Diese weist den Gegenstand Literatur als gesellschaftliches Handlungssystem aus und unterscheidet vier Handlungsrollen: *Literaturproduktion, Literaturvermittlung, Literaturrezeption* und *Literaturverarbeitung*. Der Gegenstandsbereich wird dadurch bestimmt, dass

> man sich durch Beobachtungen klarmacht, was Leute tun, die mit literarischen Texten umgehen: Einige stellen solche Texte her; andere vermitteln diese Texte auf vielfältige Art an Leser, Hörer oder Zuschauer; diese rezipieren den vermittelten Text auf verschiedene Arten; und wieder andere verfassen Texte über die von ihnen rezipierten literarischen Texte (in Form von Besprechungen, Interpretationen, Übersetzungen usw.). (Schmidt/Hauptmeier 1985, S. 15)

Während diese Handlungsklassen ungeklärt lassen, ob z. B. die Versprachlichung von Lektüreerlebnissen zur Rezeptions- oder zur Verarbeitungshandlung zählt, fassen wir das Lesen eines Textes und die weiterverarbeitenden Handlungen zu einem rezipierten Text unter das Stichwort der Rezeption. Schlüssig ist dann eine Differenzierung von **Wertungen, die im Rahmen literarischer Produktionshandlungen**, d. h. mit dem Ziel, einen Text zu produzieren, oder **literarischer Rezeptionshandlungen**, d. h. mit Bezug auf einen bereits produzierten literarischen Text, erfolgen (vgl. Worthmann 2004, S. 89 ff.). Angebunden an Handlungen und bestimmte Handlungssituationen (Kontexte), gelten Wertungen als kultur- und situationsabhängige Akte, denen folgender Definitionsansatz zu Grunde liegt:

> Der Begriff „Wertung" bezeichnet eine Handlung, in der ein Subjekt in einer konkreten Situation aufgrund von Wertmaßstäben (axiologischen Werten) und bestimmten Zuordnungsvoraussetzungen einem Objekt Werteigenschaften (attributive Werte) zuschreibt.
>
> (Heydebrand/Winko 1996, S. 39)[17]

Literarische Wertung konstituiert sich demnach als ein Mess- und Vergleichsvorgang, bei dem ein Leser einen literarischen Text an einem Soll-Zustand misst und dessen Ist-Zustand in Relation dazu wertend beurteilt, nämlich als positiv oder negativ auszeichnet. Die diesen Vergleichsprozess bestimmenden Parameter liegen nun keineswegs allein in den Eigenschaften der Objekt-/Textseite begründet, sondern hängen von einer Reihe subjektseitiger Faktoren ab.

Beim Lesen konstruieren Rezipienten Sinn und Bedeutung eines Textes und gelangen zu einem bestimmten **Verständnis**, in das ihre in die Lektüre eingebrachten Leservoraussetzungen einfließen. Wertungen beziehen sich dabei auf die bereits konstruierten Textinformationen, sodass die gedeuteten Textelemente an (von außen gesetzten bzw. internalisierten) Wertmaßstäben gemessen werden. Weiterhin existiert ein enger Zusammenhang zwischen Wertungen und **Emotionen**, da die Gefühle, die infolge von Informationsverarbeitungsprozessen entstehen, als positiv oder negativ für das eigene Befinden wahrgenommen werden. „Gefühle entstehen [...] aufgrund eines Wertungsprozesses und sind werthaltige Erlebniszustände" (Worthmann 2004, S. 100), können aber ebenso zum Gegenstand von Wertungen werden – etwa wenn man von einem Text sagt, er stimme den Leser froh oder traurig.

Diese kognitiven und emotionalen Komponenten bedingen die **Werthaltungen** einer Person (vgl. Heydebrand/Winko 1996, S. 50). Darunter sind Präferenzmodelle zu verstehen, welche als Bündel axiologischer Werte in Entscheidungs-

---

[17] Nicht alle wissenschaftlichen Darstellungen beschreiben Wertungen gleichermaßen als Handlungen. Wenn Worthmann (2004) von „mentalen Akten des Messens" (S. 98) spricht, legt sie den Blick auf die psychische Innenseite literarischer Handlungen und erfasst perzeptive, kognitive, emotionale und evaluative Prozesse als Begleitprozesse des Lesens. Grzesik (2005, S. 302 f.) situiert Werten (und Fühlen) im Prozess des Textverstehens, da die Wahrnehmung von Texten nicht nur kognitiv verarbeitet wird, sondern wertende Einschätzungen und Emotionen auslöst, die sich auf die Motivation von Handlungen auswirken.

situationen bewusst oder unbewusst aktualisiert werden. Werthaltungen werden im Laufe der Sozialisation erworben. Als evaluative literarische Einstellungen gründen sie auf Erfahrungen mit Literatur und bereits früher erworbenem literarischen Wissen über Wertungen (im Hinblick auf Wertmaßstäbe, Werturteile und entsprechende Anwendungsstrategien). Sie nehmen Einfluss auf die Erwartungen, die eine Person je nach Situation an unterschiedliche literarische Texte haben und äußern kann. Die Kennzeichen literarischer Texte, ihre Ästhetik- und Polyvalenzkonvention, machen es dabei notwendig, Wertungen auch im Hinblick auf **ästhetisches Empfinden** zu erfassen.[18] Die ästhetischen Qualitäten eines literarischen Textes als Zusammenspiel von semantischer Information mit poetischen Mitteln und metaphorischer Sprache, mit Sprachlauten und Schriftzeichen, die Kohärenz zwischen Dargestelltem und Darstellungsform, sind zwar selbst keine Werte, „[s]ie *provozieren* den Leser aber *zu Wertungen*" (Grzesik 2005, S. 325). Wahrnehmungstheoretisch (mit Holzkamp) gesagt, attestieren sie dem Text, eine „sinnvolle Ganzheit" zu sein.

Operative und verbale Akte des Wertens

Wertungen manifestieren sich auf zweierlei Weise: zum einen in konkret beobachtbaren **operativen Akten** wie dem Kauf eines Buches, der Zuerkennung eines Literaturpreises oder der Aufnahme eines Titels in eine schulische Leseliste, zum anderen in verbalen Äußerungen als **Akte sprachlicher Wertung**. Auf der Sprachoberfläche werden dabei **explizite Wertungen**, die einem Text mittels eines eindeutigen Wertausdrucks eine positive oder negative Eigenschaft zuschreiben („Ich finde diesen Text großartig!"), von **impliziten Wertungen**, realisiert in unterschiedlichen sprachlichen Formen (Wertung durch Parallelisierung, Kontrastierung, beschreibende Ausdrücke oder Redensarten wie z.B. „Dieses Gedicht erinnert mich an Goethes großartiges Mailied" oder „Die Charaktere sind aus grobem Holz geschnitzt"), unterschieden (Heydebrand/Winko 1996, S. 67 ff.). Diese verzichten auf eine explizite Eigenschaftszuschreibung und lassen sich oft vor allem aus dem Zusammenhang rekonstruieren. Eine durchaus ähnliche, aber noch weiterreichende Differenzierung sprachlicher literarischer Wertaussagen nimmt Worthmann (2004, S. 224 ff.) vor, wenn sie zwischen **Wertbehauptungen als direkten Wertaussagen** und **indirekten Wertaussagen** unterscheidet. Bei der ersten Gruppe handelt es sich um evaluative Aussagesätze der Struktur „X ist gut, schön usw." mit unterschiedlichen Begründungsmustern, auf deren genaue-

[18] Auch der Lesekompetenz-Begriff der PISA-Studie rekurriert neben den Teildimensionen „Informationen ermitteln" und „Textbezogenes Interpretieren" auf eine dritte Subskala „Reflektieren und Bewerten", die mit der Anforderung an den Leser einhergeht, eigene Erfahrungen und Wissen mit dem Text in Beziehung zu setzen. Die Fähigkeit der kritischen „Bewertung und Einschätzung der Beschaffenheit und Angemessenheit einer Textart" (Artelt/Schlagmüller 2004, S. 175) bezieht sich auch auf literarische Texte. Diese im Rahmen der PISA-Studie modellierte Teilkompetenz nimmt jedoch hinsichtlich der Fähigkeit literarischen Wertens nur einen Ausschnitt in den Blick, da emotionale Aspekte der Textverarbeitung und ästhetisches Gefallen oder entsprechende Ablehnung hier nicht thematisiert werden (vgl. kritisch Zabka 2006, ebenso Dannecker 2012).

re Darstellung (Tiefenstruktur und sprachliche Oberfläche) hier verzichtet werden kann. Indirekten Wertaussagen liegen unausgesprochene Voraussetzungen zugrunde: Sie konkretisieren sich entweder in **expressiven** literarischen Aussagen, bei denen das Erleben des Sprechers in Bezug auf den literarischen Text dominant als ichbezogene Aussage formuliert wird („Ich mag, ich finde, meiner Meinung nach ...") oder in **appellativen** literarischen Aussagen, mit denen der Sprecher einen Text bewertet und dabei eine Aufforderung zu literarischem Handeln („Diesen Text musst du unbedingt lesen!") einschließt, d. h. den Hörer in seinem Verhalten und seiner Einstellung beeinflussen will.

Neben ihrer sprachlichen Form haben Wertungen soziale Komponenten, „Eigenschaften, die auf die konkrete Verwendungssituation eines Urteils verweisen und nur mit Bezug auf Handlungszusammenhänge zu klären sind" (Heydebrand/Winko 1996, S. 85). Diese betreffen die **Geltungsansprüche** von Werturteilen innerhalb einer Spannbreite von **unverbindlichen Meinungsäußerungen** mit begrenzter, nur individueller Gültigkeit bis hin zu **fundierten, mit einem Autoritätsanspruch vorgetragenen Werturteilen**, die Wertmaßstäbe, Zuordnungsvoraussetzungen und entsprechende Zuschreibungen explizieren und argumentativ rechtfertigen (intersubjektive Geltung).

Der Geltungsanspruch einer Wertung hängt dabei stark von dem institutionellen Rahmen ab, in dem gewertet wird. Denn an Rezensionen im Feuilleton, wissenschaftliche Abhandlungen oder Gesprächsäußerungen über Texte im privaten Bereich werden jeweils unterschiedliche Ansprüche im Hinblick auf die Ausführlichkeit der Rechtfertigung gestellt.[19] Insbesondere ästhetische Urteile, also speziell die wertende Einschätzung literarischer Texte, unterliegen aufgrund der Komplexität der ästhetischen Qualität eines Textes und unterschiedlichen ästhetischen Erfahrungen der Schwierigkeit der intersubjektiven Überprüfbarkeit: „es geht stets auch um das schwierige Problem, sich darüber zu verständigen, welche Analogien in den komplexen Zusammenhängen gemeint sind" (Grzesik 2005, S. 327).

Lehr- und Lernbarkeit des Urteilens und Wertens

Daraus ergibt sich die Einsicht und Notwendigkeit, dass sowohl verstehende als wertende Urteile **entwicklungsfähig** sind und somit das genaue kriteriengeleitete Beschreiben eines Textes ebenso wie seine Wertung **lehr- und lernbar** ist. Als Operationen für die Funktionen des Urteilens und Wertens im Prozess des Textverstehens gelten u. a.

[19] Ein Beschreibungsmodell literarischer Wertungen (Worthmann 2004, S. 247) umfasst daher neben Sprachoberfläche, Inhalt/Status der Wertmaßstäbe und Funktionen literarischer Wertungen auch deren Ziele, Ergebnisse, Folgen, Gründe und Ursachen; vgl. die ähnliche Differenzierung von Dimensionen des Wertens: Gegenstand, Zuschreibung eines Wertes, medialer Ausdruck, Begründung, soziale Dimension, Einflüsse und Funktionen (Grzesik 2005, S. 300).

- die mentale Modellierung von Situationen und Sachverhalten im Text als Bedingung für differenzierte Wertungen,
- die Anwendung von differenzierten Wertkategorien,
- die Positionierung des textuell Dargestellten auf einer Positiv-/Negativwertskala,
- die Suche nach Möglichkeiten der sprachlichen Darstellung der Wertungen,
- die Kommunikation über Wertungen (Grzesik 2005, S. 314).

Speziell für die Kompetenz ästhetischen Urteilens sind zu ergänzen ...

- die kriteriengeleitete Bildung von Urteilen über die ästhetischen Eigenarten und Qualitäten eines Textes,
- der Rückgriff auf diejenigen Urteilskriterien, die dem ästhetischen Urteil zugrunde liegen (was zu sagen einschließt, worauf sich das Urteil bezieht und welche Zuschreibung erfolgt; auf diese Weise werden ästhetische Urteile versteh- und überprüfbar),
- die gegenseitige Verständigung über ästhetische Urteile in mündlicher und schriftlicher Kommunikation: „Starre Vorurteile und Rechthaberei [Urteil gegen Urteil, Anm. IBP] sind deshalb hier noch weniger als andernorts am Platze, sondern nur die möglichst genaue Begriffsbildung, die Suche nach passenden sprachlichen Mitteln und die behutsame Behandlung der Ergebnisse als zerbrechliche vorläufige Resultate" (Grzesik 2005, S. 331).

Diese Aspekte der Erwerbsperspektive bestimmen die didaktische Reflexion über den Gegenstand literarischer Urteilsbildung und Wertung (vgl. auch die Formulierung von Kompetenzen in Bezug auf die Wertung von Texten bei Zabka 2013).

Die Fähigkeit literarischer Urteilsbildung als Teil literarischer Kompetenz

Lesekompetenz und literarische Rezeptionskompetenz unterscheiden sich hinsichtlich ihrer Funktionen voneinander. Die ihnen zuzuordnenden kulturellen Praxen zielen bei der Lesekompetenz auf das „Konservieren, Schaffen, Weitergeben und Adressieren von Wissen", bei der literarischen Rezeptionskompetenz auf „Ausdrücken und [...] Weitergabe ästhetischer Erfahrung in Texten" (Abraham 2005, S. 18 f.). Dadurch ergeben sich zwei unterschiedliche Kompetenzmodelle, die einen Überschneidungsbereich im Medium der Schriftlichkeit aufweisen, indem sich literarische Erfahrung zwar bei Weitem nicht nur, doch eben auch im Umgang mit Printmedien ausbildet.

Literarische Rezeptionskompetenz als „gegenstandsspezifische Fähigkeiten [...], die zur Teilhabe an der literarischen Kultur befähigen" (Eggert/Garbe 2003, S. 9 f.) entwickelt sich im Rahmen der literarischen Sozialisation durch außerschulische Einflussfaktoren und durch unterrichtliche Vermittlung.

Literarische Kompetenz insgesamt, die neben ihrer rezeptiven Seite explizit auch eine produktionsästhetische Kompetenz einschließt (vgl. Abraham 2005, S. 52 ff., Kammler 2006, S. 11), changiert zwischen zwei Polen:

- einem philologischen Pol (z. B. Stilmittel und Genrekenntnisse, Fähigkeit der Gattungszuordnung und Epocheneinordnung, literarhistorisches Wissen überhaupt) und
- einem ästhetischen Pol (Genussfähigkeit in Bezug auf Form und Gestalt, Einfühlungsvermögen in literarische Welten und ihre Figuren).

Zu den „Anforderungen literarischer Texte als Einflussfaktoren für den Rezeptionsprozess" zählen dementsprechend literarisches Gattungswissen, Kontextualisierung als Fähigkeit, kontextgebundene und/oder intertextuelle Verweisungen zu identifizieren, kulturelles Wissen und die Fähigkeit zum Rezeptionsgenuss zwischen distanzierter Reflexion und subjektiver Involviertheit (Eggert 2006, S. 188 ff.). Das subjektive Erleben und Empfinden, das literarische Texte ermöglichen, führt zurück zu dem bereits erwähnten Nexus von Emotion und Wertung; gleichzeitig ist die intersubjektive Versprachlichung von Werturteilen abhängig von der Distanzierung zum Text und zu sich selbst. Diesem doppelten Anspruch Rechnung zu tragen, ist eine der Anforderungen von Wertungskompetenz und der Notwendigkeit, diese zu fördern. Denn „sie ist nicht zuletzt auch Voraussetzung dafür, dass das Individuum selbstbewusst am Handlungsfeld Literatur teilhaben kann" (Abraham 2005, S. 60).

Das Verständnis von **Lesen als kultureller Praxis** rückt literarische Wertungs- und Urteilskompetenz auch in das Bezugsfeld von Lesekompetenz und Leseförderung, was Bettina Hurrelmann bereits vor PISA reklamiert hat, nämlich „die Literaturbeschaffung, die Auswahl der Lesestoffe, der Vergleich mit Ähnlichem, die Bewertung des Gelesenen in Bezug auf die eigenen Erwartungen und Ziele, die Verständigung mit anderen Leserinnen und Hörerinnen" (Hurrelmann 1994, S. 24) in die schulischen Lehr-Lernprozesse einzubeziehen. Ebenfalls Hurrelmanns Verdienst ist es, deutlich gemacht zu haben, dass das didaktisch orientierte Modell von Lesekompetenz über die kognitiven Prozesse des Verstehens hinausgeht und motivationale, emotionale und interaktive Dimensionen berücksichtigt (vgl. Hurrelmann 2002). Die interaktive Dimension meint die Fähigkeit zur **Anschlusskommunikation**, welche im Gesprächsaustausch die Aneignung und Weiterverarbeitung der Textrezeption unterstützt. Als „soziale Ko-Konstruktion von Bedeutungen" (ebd., S. 15) ermöglicht Anschlusskommunikation die Einübung in kulturelle Teilhabe.[20]

Diese vier für die Lesekompetenz ausgewiesenen Teildimensionen gelten für literarische Kompetenz in gleicher Weise.

[20] Aus unserer Sicht ist diese Bestimmung jedoch noch unvollständig: Bedeutungskonstruktion, gerade wo sie als Ko-Konstruktion gemeinsam erfolgt, ist ohne (Wert-)Urteile nicht zu haben. Vgl. hierzu Kap. 1.2.3.

Die Besonderheiten literarischer Verstehensprozesse werden im Konzept **Literarischen Lesens** (Kämper-van den Boogaart/Pieper 2008) dargelegt, welches die emotionalen und motivationalen Verstehensaspekte des rezipierenden Subjekts und die Bedeutungsoffenheit literarischer Texte betont, um mögliche Lern- und Testaufgaben zur Erfassung „literarischer Lesekompetenz" zu formulieren und deren Grenzen der Überprüfbarkeit abzustecken: „Spezifisch für das Textverstehen im Bereich literarischen Lesens ist, dass Inferenzprozesse angesichts des hohen Maßes an Unbestimmtheitsstellen, symbolischer Verdichtung sowie des Spiels mit Erwartungsbrüchen besonders herausgefordert werden" (ebd., S. 48).

Symbolverstehen und der kompetente Umgang mit sprachlichen Bildern zählen dabei zu den konstitutiven Bestandteilen literarischer Rezeptionskompetenz, die Kammler (2006) zu Standards literarischen Symbolverstehens (Erfassen der Bildlichkeit, Bedeutungskonstitution durch In-Beziehung-Setzen und Überprüfung von Deutungshypothesen, Bedeutungskonstitution durch Bezüge zu historischen Kontexten, Reflektieren des Spielraums der Symboldeutungen, Kenntnis und Gebrauch einschlägiger Fachbegriffe) ausdifferenziert (S. 203). Obwohl diese Standards keine expliziten Bezüge zu literarischer Wertung und Urteilsbildung herstellen, ist ihr Zusammenhang von Relevanz. Denn literarische Wertungen stützen sich auf das dafür erforderliche literarische Textverstehen: Wertungen und Urteilsbildung bedürfen, wie bereits gesagt, einer genauen Wahrnehmung des Textes, durch die ästhetische Analogien analytisch erfasst und zugänglich gemacht werden. Darunter ist keinesfalls das „Abarbeiten eines Analyseprogramms" (vgl. Abraham 2011, S. 54) zu verstehen, aber „Wertungen und Gefühle treten *nur zu dem* auf, was man schon verstanden hat" (Grzesik 2005, S. 305 ff.). Das bedeutet, dass Werturteile über Texte immer auch „Textverstehensurteile" sind.

Was verstanden worden ist, muss mitteilbar gemacht werden. Für die **Versprachlichung von Wertungen und Urteilen** werden daher „Kategorien" benötigt. Diese sind nahe liegender Weise Fachbegriffe; deren Verwendung ist jedoch nicht absolut zu setzen. Ihr auf Genauigkeit abzielender Charakter kann durchaus auch zum Hindernis werden, wenn es z. B. um präzise Benennungen uneigentlicher Rede geht (Metapher, Symbol oder Allegorie?).[21] Erforderlich scheint deshalb, im Reden über Literatur neben dem Fachdiskurs auch dem Alltagsdiskurs zu seinem Recht zu verhelfen (vgl. Abraham 2011, S. 52 f.). Dies schließt nicht aus, dass Urteile, indem sie sich auf bestimmte Textaspekte beziehen, die genaue Bestimmung des Urteilsgegenstandes voraussetzen (vgl. Grzesik 2005, S. 308), von der wiederum die Qualität des Urteils abhängt. Die sprachlich-begriffliche Erfassung gebildeter Urteile ermöglicht deren „reflexive Verarbeitung" (ebd., S. 307) und folglich auch ihre Differenzierung und Relativierung. Das bewusste Nachdenken und Sprechen über textbezogene Urteile, das über ein erstes Texterlebnis und spontanes Verständnis hinausgeht, ist insofern bedeutsam, als im-

[21] Zur ambivalenten Funktion von Fachwissen im Literaturunterricht vgl. auch Spinner 2012.

mer die bereits erwähnte „*Gefahr der negativen und positiven Wertung ohne hinreichende Sachkompetenz* im bewerteten Bereich" (ebd., S. 309) existiert.[22]

Eine Zusammenführung der genannten Aspekte, von Literatur („Fantasie, Spannung, Vergnügen") und Lernen („Nützlichkeit, Überprüfbarkeit und Mühe"), strebt Kaspar H. Spinner (2006) mit seinen Ausführungen zum **Literarischen Lernen** an, deren elf Aspekte literarische Kompetenz zum Ziel haben. Sie systematisieren die im Zentrum kompetenzorientierten Literaturunterrichts stehenden Fähigkeiten und Fertigkeiten wie z. B. Vorstellungsbildung, Wahrnehmung der sprachlichen Gestaltung, Fähigkeit zu literarischen Gesprächen (s. u.), gehen aber auf Urteilsbildung und Wertung im engeren Sinn nicht ein. Auch die Möglichkeit der Operationalisierung nimmt Spinner nicht ausdrücklich in den Blick.

Ein darauf abzielendes kompetenztheoretisch und literaturwissenschaftlich (mit Bezug zur semiotischen Ästhetik Umberto Ecos) fundiertes Modell **Literarästhetischer Urteilskompetenz** (LUK) wurde im gleichnamigen DFG-Projekt der Forschergruppe um Volker Frederking (2008 u. a.) entwickelt. Das Modell unterscheidet drei Dimensionen literarästhetischen Urteilens:

- Semantisches literarästhetisches Urteilen meint die Fähigkeit, die zentralen Inhalte eines literarischen Textes zu erfassen und, unter Berücksichtigung literarischer Mehrdeutigkeit, einen kohärenten Textsinn zu erschließen.
- Ideolektisches literarästhetisches Urteilen erfordert, die strukturellen und formalen Merkmale eines Textes erkennen und in ihrer Funktion verstehen zu können.
- Kontextuelles literarästhetisches Urteilen fokussiert die Verknüpfung textinterner und textexterner Informationen (Frederking 2010, S. 368 f.).

Die Beschreibung dieser Kompetenzdimensionen stellt ein Instrumentarium für die Konzipierung von Testaufgaben dar, die es ermöglichen, literarästhetische Urteilskompetenz empirisch zu erforschen. Nicht berücksichtigt wird in diesem Projekt jedoch, inwieweit die Wahrnehmung und Beurteilung von Texten auch im **Dialog zwischen Lesern** entstehen und sich weiterentwickeln kann. Gerade die literarische Wertung ist, wie oben deutlich geworden sein dürfte, regelhaft ein kommunikatives Geschehen (Feuilleton, Literaturkreise, Hörfunk, Fernsehen und nicht zuletzt Literaturunterricht).

Damit rückt der spezifische **Aspekt der Verständigung** über literarische Texte ins Zentrum, der in der fachdidaktischen Diskussion um literarische Rezeptionskompetenz entsprechende Beachtung gefunden hat, wenn u. a. Interpretieren und Verständigung zueinander in Bezug gesetzt werden. Zabka (2003) weist

[22] Die Frage nach der *Urteilsfähigkeit der Lehrkräfte*, die sich hier aufdrängt, soll später beantwortet werden. Im Rahmen dieses Forschungsberichts genügt es zu sagen, dass eine einschlägige Studie leider nur zu Lehrer/innen naturwissenschaftlicher Fächer vorliegt (Hartmann-Mrochen 2013).

die Vermittlung von **Interpretationskompetenz** als zentralen Gegenstand ästhetischer Bildung und des Literaturunterrichts aus. Dabei greift er auf Spinners (an Jürgen Habermas' universalpragmatischer Kommunikationstheorie orientiertem) Ansatz des Interpretierens als „Verständigung über Verständnis" zurück: Interpretieren nicht als monologisch erzeugtes Deutungsergebnis, sondern als kommunikativer Akt der Verständigung. Interpretieren vollzieht sich also nicht allein in der Dialogizität des Text-Leser-Verhältnisses, sondern auch im Gespräch zwischen Lesern, das im gemeinsamen Bemühen auf „intersubjektive Einigung" (Spinner 1987, S. 59) über Sinndeutungen abzielt. Insbesondere weist Spinner auf die Notwendigkeit des *urteilenden* Interpretierens hin, bei dem die Wertorientierungen und Erfahrungen der Leser eingebracht werden und zur Auseinandersetzung anregen. Die Interpretation soll auf diese Weise die Wirkung literarischer Texte nicht umgehen, sondern zur Entfaltung bringen (vgl. ebd., S. 70). Sie ist eine Gemeinschaftsleistung (vgl. auch Bosse/Renner 2010).

Aus der Trias *Interpretationsgegenstand, Subjektverstehen* und *intersubjektive Mitteilung* (Interpretationsdiskurs) leitet Zabka vier Funktionen des Interpretierens (expressiv, behauptend, erklärend, erörternd) ab, wobei die eher kognitive Ausrichtung des Interpretierens einer Ergänzung durch affektive Komponenten bedarf, um der Komplexität des ästhetischen Rezeptionsprozesses insgesamt zu entsprechen; abgehoben wird damit auch auf wertendes, appellatives und ästhetisches Interpretieren: „die Wahrnehmung, den Genuss, das Verstehen, das Durchbrechen, das Bewerten und das gemeinsame Besprechen des jeweils interpretierten Gegenstands" (Zabka 2003, S. 31).

Das Bewerten und gemeinsame Besprechen von Literatur (und Kunst überhaupt) hat eine **anthropologische Fundierung**: Menschliche Sprache ist zurückzuführen auf das Zeigen und Teilen und fungiert als deren Instrument, eben auch und gerade im Bereich der Kunst und Literatur sowie im Reden über ästhetische Sinn- und Deutungsangebote. Sie ermöglicht über den Austausch literarischer Erfahrungen den Vergleich unterschiedlicher Normen, Werte und Bedürfnisse – Selbstvergewisserung und Übereinstimmung oder Abgrenzung in Prozessen der Sozialisation. „Es geht darum, anderen mitzuteilen und mit ihnen zu teilen, was ich an einem Text als bedeutsam, interessant oder wichtig wahrgenommen habe." (Abraham 2011, S. 49) Wenn der Anthropologe Michael Tomasello dabei von „geteilter Intentionalität" spricht (Tomasello/Carpenter 2007), deuten sich hier nicht zuletzt auch Bezüge zu den geteilten bzw. gemeinsamen Erfahrungen des kooperativen Schreibens (vgl. Kap. 1.1.1) an.

Anforderungen an die Sprachhandlungsfähigkeit von Kindern und Jugendlichen

Auf die **Probleme** sprachlichen Handelns im Literaturunterricht hat Petra Wieler (1989) hingewiesen. Einem Gegenüber erfolgreich zu verdeutlichen, warum bestimmte Texte faszinieren, gleichgültig lassen oder abgelehnt werden, d. h. Leseerfahrungen zu verbalisieren, Eindrücke, Assoziationen und Urteile zu formulieren und im Gespräch zu begründen, stellt hohe Anforderungen an die

Sprachhandlungsfähigkeit von Kindern und Jugendlichen. Dies gilt schon für private Gesprächssituationen mit einem Dialogpartner, ungleich mehr aber für eine Unterrichtskommunikation zwischen zahlreichen Gesprächsteilnehmern.

Lehrerzentrierte Gesprächsabläufe, die Anpassung an die Normen unterrichtlicher Literaturinterpretation und die Ausrichtung auf ein Sprachniveau bewirken dabei vielfach den „Verlust der Fähigkeit zur zwanglosen Artikulation der im Rezeptionsvorgang hergestellten Bezüge zwischen ‚Textwelt' und eigener ‚Lebenswelt'" (ebd., S. 11). Während die kulturelle Praxis des außerschulischen Austausches über Lektüre- (und Medien)erfahrungen ein lebendiges „‚soziales Medium' der Selbstvergewisserung und Orientierung und Konfliktbewältigung" (ebd., S. 227) darstellt und **literarische Geselligkeit außerhalb der Schule** von der Lust an der emotionalen Auseinandersetzung lebt (vgl. Brendel-Perpina/Stumpf 2013), steht das Reden über Literatur im Unterricht unter dem Vorzeichen der „Affektkontrolle" (Abraham 2011, S. 48).

1.1.3 Zur fachdidaktischen Professionsforschung

Eine fachliche bzw. fachdidaktische Professionsforschung, die sich dafür interessiert, wie Lehrer/innen ihr Fach und sich selber als Expert/innen für dieses verstehen, ist in verschiedenen an der Lehrer/innenbildung beteiligten Disziplinen recht unterschiedlich weit entwickelt (vgl. Adey 2004, Baumert/Kunter 2006). Die für uns interessantesten Ansätze liegen in der Kunstpädagogik vor (vgl. Dreyer 2007, Peez Hrsg. 2009); hier werden auch „ästhetische Anteile in der (Re-)Konstruktion von Biografie im Rahmen der Lehrer/innen-Bildung" einbezogen (vgl. Seydel 2009). Für Deutschlehrer/innen, obwohl auch sie unseres Erachtens ein semi-musisches Fach unterrichten, gibt es derartige Fragestellungen bislang so gut wie nicht. Was zu Einstellungen und Professionalität von Lese-/Literaturlehrer/innen vorliegt, ist zum einen nicht viel, zum andern auf das Fachwissen zur Literatur und das Handlungswissen zur Leseförderung konzentriert. Wieser (2012) zeigt erste Ansätze in der Deutsch- bzw. Literaturdidaktik, wenn sie nach dem praktischen Professionswissen und den epistemologischen Überzeugungen von Deutschlehrer/innen fragt: Wie sich Deutsch-Lehrende den Prozess literarischen Verstehens vorstellen, hat Auswirkungen auf ihre Unterrichtskonzepte und -erfolge; dieser in der traditionellen Literaturdidaktik wenig präsente Gedanke ist relevant für die Überlegungen, auf denen unser Weiterbildungsprojekt basiert. Bereits Wiesers Dissertation *Literaturunterricht aus Sicht der Lehrenden* (2008) ermittelt mit Hilfe qualitativer Verfahren Wissen und Einstellungen von Deutsch-Referendaren zum Lerngegenstand Literatur in Abhängigkeit von deren Ausbildung (1. Phase) bzw. zum gewählten Studiengang. Sie legt damit einen der Gründe frei, die für den bekanntermaßen nicht reibungslosen Übergang ins Referendariat ebenso verantwortlich sein könnten wie für die begrenzte Wirksamkeit von Literaturunterricht im Sinne seiner Ziele. Es werden mehrere Antinomien nachgewiesen, die nicht alle unerwartet sind (z. B. Leseförderung vs. Literarische Bildung), aber in dieser Deutlichkeit in den mentalen Modellen der Befragten doch überraschen.

Scherf (2013) nimmt in seiner Studie zur *Leseförderung aus Lehrersicht* Deutschlehrkräfte ernst als Träger von Handlungswissen, das partiell *tacit knowledge* im Sinne Polanyis (1985) ist, daneben aber auch als „sozial geteiltes Wissen" (Radtke 1996, S. 86f.) beschrieben werden kann. Der Erforschung ist es zugänglich, um die Professionalisierung schulischer Lese(kompetenz)förderung einerseits zu untersuchen, andererseits auch voranzubringen. Mit 21 Lehrer/innen hat Scherf Interviews und Gruppendiskussionen geführt, um zu rekonstruieren, welche Vorstellungen und Orientierungen sie in Bezug auf Leseunterricht haben und wie sich diese zu neuerem fachdidaktischem Wissen verhalten. Dass entgegen oft vorgebrachter Forderungen Leseförderverfahren nicht in vielen Fächern, sondern, sollen sie erfolgreich sein, doch mit Schwerpunkt auf den Deutschunterricht implementiert werden sollten (vgl. Scherf 2013, S. 237), ist eines der Untersuchungsergebnisse. Ein anderes ist die Erkenntnis, dass die für Leseförderung einschlägigen Wissensbestände nicht statisch sind, sondern sich durchaus verändern, allerdings teilweise „abseits fachdidaktischer Wissensangebote" (ebd., S. 412).

Mit Blick auf solche Ergebnisse fachlicher Professionsforschung wollen wir im Rahmen unseres Projekts, das wir in Kap. 2 näher beschreiben und in Kap. 3 hinsichtlich der Begleitforschung auswerten, herausfinden, wie die beteiligten Lehrkräfte ihre Vorstellungen über (literarisches) Schreiben über einen längeren Zeitraum entwickeln und als sozial geteiltes Wissen thematisieren und welche unterstützende Angebote die Deutschdidaktik ihnen dazu machen kann – welche „Legierung verschiedenster Wissensinhalte" (Scherf 2013, S. 26) geeignet ist, den eigenen Lernprozess, und mittelbar dann auch denjenigen ihrer Schüler/innen, voranzubringen.

Biografie-/persönlichkeitsorientierte Lehrerfort- und Weiterbildung

Die Entwicklung von Professionalität im Lehrerberuf ist nicht unabhängig von der Entwicklung der Lehrerpersönlichkeit (vgl. Möller/Tenberge 2000), insofern nämlich Lehrer/innen nicht nur Kenntnisse und Fähigkeiten vermitteln, sondern immer auch eine Haltung glaubhaft verkörpern sollten. Diese hat einen pädagogischen Aspekt, den wir hier nicht näher beleuchten, und einen fachlichen, um den es hier geht. Ist das Fach Deutsch, so wird eine Persönlichkeit gebraucht, die eine eigene Lese- und Schreibbiografie hat, als Leservorbild authentisch und wirksam sein und eigene Teilhabe an literaturaffinen kulturellen Praxen (Feuilleton, Autorenlesungen, Theater, Kino) in den Unterricht einbringen kann.

Die verschiedentlich vorgebrachte Forderung nach persönlichkeitsfördernden Lehr-/Lernangeboten in der Lehrerausbildung (vgl. z.B. Teml/Unterweger 2002, S. 11) mag aus verschiedenen Gründen in dieser Allgemeinheit derzeit unerfüllbar sein. Aber „Selbsterfahrung" (ebd., S. 12) ist auf jeden Fall nötig; sie kann und sollte angebunden werden an fachliche Gegenstände (hier:

Schreiben/Literatur). Das kommt dem Selbstverständnis angehender Literaturlehrer/innen entgegen: Die in der erwähnten Studie von Wieser (2008) befragten Deutschreferendar/innen ließen mehrheitlich erkennen, dass sie neben der Leseförderung und der auf Sprache/Literatur bezogenen Wissensvermittlung die Persönlichkeitsbildung für „ein weiteres zentrales Ziel" (Wieser 2008, S. 123) von Deutsch- (hier: Literatur-)Unterricht halten. Sie befinden sich damit im Einklang mit der Literaturdidaktik (vgl. z. B. die Einleitung zu Witte et al. Hrsg. 2000). Diese schätzt Zielgrößen wie Empathie und Fremdverstehen nach wie vor als zentral ein: Der Umgang mit Literatur, so die gängige, empirisch allerdings kaum abgesicherte und so pauschal angreifbare Annahme,[23] fördere soziale Kompetenz und Kreativität.

Trotz offener Fragen in Bezug auf das Ziel der Empathieförderung in einem kompetenzorientierten Unterricht dürfte unbestreitbar sein, dass Literatur etwas zu tun hat mit der Fähigkeit, sich in andere hineinzuversetzen, menschliches Handeln als Rollenhandeln zu reflektieren und sich Alternativen zu dem vorzustellen, was jeweils üblich oder konventionell ist. Betrachtet man Empathie, Kreativität und Imaginationsfähigkeit als erstrebenswerte Persönlichkeitsmerkmale, so ist die Hoffnung nicht abwegig, dass literarisches Lesen und Schreiben einen Beitrag dazu leistet. Allerdings gilt das dann nicht nur für die Lernenden im Deutschunterricht (auf die solche Zielangaben sich meist beziehen), sondern auch für die Deutsch-Lehrenden (vgl. hierzu schon Abraham 2008). Eigenes literarisches Schreiben, Textvortrag und literarisches Gespräch, Textinszenierung und Textperformance, Arbeit an filmischen Textadaptionen (z. B. Poesiefilm), das sind für uns integrale Bestandteile eines lehrerbildenden Germanistikstudiums. Im Sinn eines Konzepts von Schreiben als reflexiver Praxis (vgl. Bräuer 2000), das biografie- und damit persönlichkeitsorientiert ist (vgl. ebd., S. 37 f.), gehört dazu die Aneignung von Schreibverfahren und die Auseinandersetzung mit eigenen Texten. „Sich selbst als Aufgabe sehen, bevor man anderen Aufgaben stellen darf" (Abraham 2008, S. 67) – das ist eine apodiktisch klingende, aber in Lehreraus-, -fort- und -weiterbildung aus unserer Sicht bewährte Maxime. Sie findet Anwendung in verschiedenartigen didaktischen Konzepten, unter anderem in der Bamberger „Lese- und Schreibreise" (vgl. Kupfer-Schreiner/Abraham 2009). Aber vermutlich ist sie bislang nirgendwo so systematisch umgesetzt wie im Projekt „Literarisches Schreiben im Deutschunterricht" (LSiD, vgl. Kap. 2 und 3). Insofern es hier zunächst um die Auseinandersetzung mit eigenen Ideen und Textentwürfen geht, und dann aber auch um die Fähigkeit, eine derartige Auseinandersetzung im Klassenzimmer anzustoßen und zu moderieren, ist hier ein Ansatz zur Personalisierung des (literarischen) Lehrens und Lernens realisiert. „Berufsbildung als Persönlichkeitsbildung" (Bonz 1995) zu sehen, ist aus dieser Sicht nicht nur pädagogisch, sondern

[23] Vgl hierzu kritisch Olsen (2011), der der Literaturdidaktik vorwirft, diese Begriffe ungeklärt zu verwenden. Sein eigenes Konzept einer Modellierung von Empathiekompetenz kann indessen nicht völlig überzeugen.

fachlich und fachdidaktisch sinnvoll. Denkt man Fort- bzw. Weiterbildung persönlichkeitsorientiert, so kann es nicht nur darum gehen, Kenntnisse „aufzufrischen" oder neue Methoden kennenzulernen, sondern vor allem darum, *Entwicklungsprozesse von Lehrpersonen zu begleiten*, so wie es Herzog/Munz (2010) in ihrem Rahmenkonzept biografischer Weiterbildung fordern. Aus unserer Sicht möchten wir (vorgreifend) ergänzen, dass es sich um Entwicklungsprozesse in einem doppelten Sinn handelt: Teilnehmer/innen entwickeln und erproben gemeinsam etwas (nämlich eine Didaktik literarischen Schreibens), und sie entwickeln dabei auch sich weiter.

Lehrerfort- und Weiterbildung im Wandel

Der soziale Wandel und die erhöhten gesellschaftlichen Erwartungen an die Schule haben das Aufgabenspektrum von Lehrer/innen erweitert. Fortbildungsmaßnahmen, die im Sinne lebenslangen Lernens organisch an die Phasen der Ausbildung und des Berufseinstiegs anschließen, haben heute einen besonderen Stellenwert für die Professionalitätsentwicklung von Lehrpersonen (vgl. Müller Hrsg. 2010). Die Vermittlung von Wissen, traditionell Aufgabe einer Universität und Gegenstand von deren Bildungsangeboten (auch) für die 3. Phase der Lehrer/innenausbildung, ist nicht mehr ausreichend, wenn auch in Bezug auf Lehrerbildung kompetenzorientiert gedacht und gehandelt werden soll. Ist in der 1. und 2. Phase ein Prozess des Umdenkens schon gut vorangekommen, so hat diesbezüglich die 3. Phase noch eine Entwicklungsaufgabe vor sich. Der Mangelzustand in quantitativer und qualitativer Hinsicht, den Schubert-Felmy (1998) für die Deutschlehrer/innenfortbildung beklagt hat, ist vermutlich noch nicht überall behoben. Etwas verbindlicher, und etwas besser, als vor mehr als 15 Jahren ist Fortbildung sicherlich seither geworden. Aber herkömmliche Fortbildungsveranstaltungen, selbst wenn es dort inzwischen nicht selten um „Methodenkompetenz" geht, vermitteln auch Handlungswissen oft noch recht instruktionsbasiert. Während eine Theorie kompetenzorientierten Unterrichts heute von „Anforderungssituationen" spricht, in denen sich beweisen muss, was an Kompetenz bereits erworben oder aktuell erwerbbar ist, trifft man hier noch auf überkommene Lernformen – den Vortrag, allenfalls mit Diskussion oder Gruppenarbeit. Dass es sich bei der Teilnahme an einer Fortbildungsveranstaltung überhaupt um *einen Lernprozess handelt* bzw. handeln sollte, wird oft weder von den Veranstaltern noch von den Teilnehmern thematisiert. Vielmehr wird in den Begriffen einer Wissensvermittlung gedacht, von der wir seit Längerem Anlass haben zu vermuten, sie sei in Bezug auf die Unterrichtspraxis der Lehrer/innen nicht besonders nachhaltig (vgl. schon Landert 1999). Hinzu kommt, dass Fortbildungen meist einmalig statt längerfristig angelegt sind.

Seit geraumer Zeit werden aber neue Erkenntnisse der Lernforschung diskutiert (vgl. z.B. Müller Hrsg. 1996), die auch für die Fort- und Weiterbildung von Lehrer/innen von Bedeutung sein sollten: So hat man sich ja längst von der Vorstellung verabschiedet, dass der Aufbau von Wissen in Sinne des

„Container-Modells" funktioniert, und ist zu der Erkenntnis gelangt, dass jeder Lerner (und auch Lehrer sind im Rahmen des hier zu Bedenkenden Lerner) sein Wissen selbst konstruiere, aktiv und individuell.

Dieser Umbruch im Verständnis vom Lernprozess muss Folgen (auch) für künftige fachliche bzw. fachdidaktische Fortbildungsangebote haben. Professionalitätsentwicklung von Lehrpersonen kann durchaus zielgerichtet und nachhaltig betrieben werden, wie Erfahrungen aus Österreich zeigen, wo in den 1990er-Jahren eine Hochschule Lehrer/innen in Lehrgängen langfristig an sich gebunden und damit die 3. Phase neu definiert hat (vgl. Krainer Hrsg. 1996). Wenn eine aktuelle Forderung lautet, dass Lehrerkollegien sich als „professionelle Lerngemeinschaften" verstehen lernen (vgl. Strittmatter Hrsg. 2006), so müssen die Lehrer/innen irgendwo gelernt haben, wie man das macht.

Forschung zur Wirksamkeit von Lehrerfort- und Weiterbildung

Das bereits erwähnte Unbehagen an konventioneller Lehrer/innenfortbildung schlägt sich seit einiger Zeit in verstärkter Forschungs- und Evaluationstätigkeit nieder. Lipowsky (2010) fasst zusammen, was gegenwärtig über Wirkungen von Fortbildungs- als Professionalisierungsmaßnahmen bekannt ist. Danach lassen sich Wirkungen von Fortbildungen nach der Reichweite ihrer Wirkungen auf vier Ebenen verorten (vgl. ebd., S. 40):

- erstens an den unmittelbaren Reaktionen und Einschätzungen der teilnehmenden Lehrkräfte (an ihrer Zufriedenheit und Akzeptanz festzumachen),
- zweitens an kognitiven Veränderungen, also z. B. an der Erweiterung des Lehrerwissens,
- drittens an Veränderungen im unterrichtspraktischen Handeln,
- viertens an Veränderungen auf Seiten der Schüler/innen, also z. B. einer günstigeren Motivationsentwicklung oder einem veränderten Lernverhalten.

Um Klarheit über *die erste Ebene* zu gewinnen, „befragt man Lehrpersonen nach den Determinanten und Faktoren für ihre Zufriedenheit". Sichtung und Vergleich auch international vorliegender Studien ergibt ein vergleichsweise stimmiges Bild: „Fortbildungen erfahren dann eine hohe Akzeptanz bei Lehrpersonen, wenn sie 'close to the job' sind, wenn sie sich also auf den alltäglichen konkreten Unterricht und auf das Curriculum beziehen, wenn sie Gelegenheiten zum Austausch mit teilnehmenden Kollegen bieten, wenn sie Partizipationsmöglichkeiten eröffnen und Feedback vorsehen, wenn sie von kompetenten Referent/innen bzw. Moderator/innen professionell durchgeführt werden und wenn sie in einer angenehmen Atmosphäre stattfinden" (ebd., S. 40 f.). Fraglich bleibt allerdings, ob von einer positiven Evaluation der Fortbildung durch die Teilnehmer/innen (und damit von einer hohen Akzeptanz und Zufriedenheit) auf nachhaltige Veränderungen im Lehrerwissen, im unterrichtlichen Handeln oder auf positive Auswirkungen auf den Schulerfolg der Schüler/innen geschlossen werden kann (vgl. ebd., S. 41).[24]

Auf der *zweiten Ebene* geht es um „Lehrerkognitionen"; darunter versteht die Professionsforschung „einerseits Überzeugungen und subjektive Theorien, andererseits das fachliche, fachdidaktische, pädagogisch-psychologische und diagnostische Wissen von Lehrerinnen und Lehrern" (ebd., S. 42). Mehrere deutsche Studien untersuchen die Auswirkungen von Lehrerfortbildungen auf die Veränderungen von Lehrerkognitionen, z. B. Gärtner (2007) eine Mathematiklehrerfortbildung. Deutschdidaktisch gab es bislang nichts Entsprechendes. Allerdings spricht unsere Erfahrung dafür, dass ein aus vorliegenden Forschungsbefunden in den Didaktiken der Naturwissenschaften gezogener Schluss auch für das Fach Deutsch gilt – nämlich, dass es zielführend ist, „wenn Lehrer/innen Gelegenheit erhalten, im Rahmen von Fortbildungen den Prozess des 'conceptual change' selbst zu erfahren, um seine Bedeutung einschätzen und diesen dann auch im Unterricht bei den Schüler/innen evozieren zu können" (Lipowsky 2010, S. 44). Dieser „conceptual-change-Prozess" (den ja auch Schüler/innen durchlaufen müssen, um zum Verständnis eines komplexen Lerngegenstandes ein angemessenes mentales Modell entwickeln zu können) werde auf Seiten der Lehrer/innen im Rahmen einer Fortbildung „dann befördert, wenn es zu einem intensiven inhaltlichen Austausch der Lehrer/innen untereinander und zu kognitiven Dissonanzen mit bestehenden Konzepten und Vorstellungen kommt" (Lipowsky 2010, S. 44). Das im Rahmen einer Fortbildung zustande zu bringen, „scheint jedoch die Unterstützung durch Wissenschaftler bzw. Wissenschaftlerinnen oder externe Experten bzw. Expertinnen vorauszusetzen" (ebd., S. 45).

Zur *dritten Ebene* – die im Rahmen unseres Projekts keine Rolle spielt – soll nur festgehalten werden, dass auch „von einem Zuwachs an Lehrerwissen und von einer eingetretenen Veränderung von Lehrerüberzeugungen" nicht ohne Weiteres auf ein verändertes Lehrerhandeln im Unterricht" zu schließen ist (vgl. ebd., S. 45).

Auf der *vierten Ebene* ging man lange davon aus, „dass Lehrerfortbildungen in der Regel keine nachweisbaren Effekte auf Schüler/innen und deren Entwicklung haben" (ebd., S. 48). So wertet Lipowsky neuere Studien – leider wiederum vorwiegend zu mathematischem und naturwissenschaftlichem Unterricht – mit einem etwas optimistischeren Ergebnis aus (vgl. ebd., S. 48–50). Die für den vorliegenden Zusammenhang relevanteste der ausgewerteten Studien dürfte die sein, die das Programm *Concept-Oriented Reading Instruction* (CORI) von Guthrie, Wigfield et al. evaluiert hat. Es zielt mit einer Förderdauer von bis zu einem Jahr auf die Förderung der Lesekompetenz und der Lesemotivation ab. Es ist zwar an Lernende und nicht an Lehrer/innen adressiert, aber diese erhalten dafür im Rahmen eines zehn halbe Tage umfassenden Workshops eine Fortbildung. Die

[24] Aus einer Metaanalyse von Studien zur allgemeinen Trainingsforschung jedenfalls ergibt sich „kein nennenswerter Zusammenhang zwischen der Zufriedenheit von Trainingsteilnehmer/-innen einerseits und dem Erwerb von Wissen bzw. einem veränderten Verhalten im Beruf andererseits" (Lipowsky 2010, S. 42).

Kernelemente von CORI (Aktivierung des Vorwissens, Formulierung von Fragen und Entwicklung von Ideen, Zusammenfassung der wichtigsten Informationen, Übertragen in andere Repräsentationsformen und Weitergabe der Informationen an Mitschüler/innen) stärken neben der Lesestrategiekenntnis vor allem selbstgesteuertes und kooperatives Lernen. Guthrie et al. (2004, S. 403) betonen für ihr *reading-engagement*-Konzept, das inzwischen auch von der Deutschdidaktik rezipiert wird (vgl. Jörgens 2013), dass sie den Erfolg des Programms weniger auf die Vermittlung einzelner Strategien zurückführen, auch nicht nur auf das Angebot motivierender Lesestoffe, sondern auf die vergleichsweise langfristige Gelegenheit zu Kooperation und gemeinsamer Lese-/Lernerfahrung. *Engagement* in diesem Sinn ist erfahrbar, und zwar nicht nur durch die beteiligten Schüler/innen (Primarstufe, frühe Sek. I), sondern auch von den im Rahmen des Konzepts fortgebildeten Lehrkräften.

Insgesamt kommt Lipowsky (2010, S. 52) zu folgendem Ergebnis: „Wirksame Fortbildungen sind in der Regel zeitintensiv, erstrecken sich über einen längeren Zeitraum und beziehen externe Expertise mit ein." Und weiter (ebd.):

- „Erfolgreiche Fortbildungen regen Lehrpersonen zum vertieften Nachdenken über ihre eigene Praxis an",
- „knüpfen an die Kognitionen und Konzepte der Lehrpersonen an und versuchen, diese weiterzuentwickeln" und
- „zeichnen sich durch eine Kombination aus Reflexion und handlungspraktischen Erprobungsphasen aus."

1.2 Entwicklung poetischer Kompetenz: Überlegungen zur Aus- und Weiterbildung im Literarischen Schreiben

1.2.1 Poetische Kompetenz

„Das Besondere des literarischen Kunstwerks [...] ist allerdings, dass es als Basis, als Ausgangsmaterial, mit der Alltagssprache arbeitet – im Gegensatz etwa zur Musik. Dennoch ist die Sprache der Literatur nicht die Sprache des Alltags ..." So bestimmt Werner Wintersteiner (2010, S. 24) in seinem bereits erwähnten Aufsatz über „Poetisches Verstehen als fachdidaktische Herausforderung" das Verhältnis des poetischen Textes zu der Sprache, aus der er besteht. Dabei freilich ist der Text „das Andere der Alltagssprache" (ebd., S. 23). Diese hat der/die Schriftsteller/in (bzw., wenn es sich um Lyrik handelt, der/die Dichter/in) *stofflich* benutzt, um einen eigenen Wirklichkeitsentwurf zu schaffen, und *sprachlich* benutzt, um eine innere Form zu erreichen, die wir im Folgenden *Gestalt* nennen wollen. Was Autor/innen dabei in (gelingende wie in scheiternde) Texte investiert haben, ist – wie Holger Rudloff in seiner *Produktionsästhetik und Produktionsdidaktik* (1991) überzeugend herausgearbeitet hat –, als *verdeckte Arbeit* in ihnen aufgehoben: Seit der Wende zur Genieästhetik, die in Kap. 1.1.1 schon erwähnt wurde, tritt in der Geschichte der Literaturproduktion das Handwerkliche daran nicht mehr offen zu Tage (vgl. ebd., S. 80–88). Dass literarisches Schreiben Verfügen über „Kunstmittel" ist (vgl. ebd., S. 154–163) und der „Techniken" bedarf (ebd., S. 163–174), ist eine im ausgehenden 20. Jahrhundert wiederzugewinnende Einsicht. Erst auf ihrer Grundlage wird es möglich, die Frage nach literarischem Können als Kompetenzfrage zu formulieren: Was ist und worin zeigt sich die Kompetenz, der professionelle Autor/innen ihren Erfolg[25] beim literarischen Schreiben verdanken?

Der Begriff „poetische Kompetenz" wird in der Deutschdidaktik zwar diskutiert (vgl. Kap. 1.1.2), ist in seinem Verhältnis zur literarischen Kompetenz aber erläuterungsbedürftig. Im Unterschied zu dieser hat poetische Kompetenz neben einer rezeptiven auch eine produktive Seite. Sie zeigt sich also nicht nur in der Fähigkeit, die Machart und Funktionsweise literarischer Texte zu verstehen und zu durchschauen, sondern auch in der Fähigkeit, entsprechende **poetische Verfahren selbst auszuführen und literarische Bauformen zu realisieren**. Unter *Kompetenz* verstehen wir dabei in Übereinstimmung mit der fachdidaktischen Begriffsbildung seit etwa 2000 eine durch Sozialisation und/oder institutionalisiertes Lernen **erworbene Disposition**, mit Problemen und Aufgaben in verschie-

25 Es ist uns bewusst, dass „Erfolg" eine schwierige Kategorie ist. Wie unsere Überlegungen zum Handlungssystem Literatur in Kap. 1.1.2 zeigen, wäre hier mindestens zu unterscheiden zwischen Erfolg beim Leserpublikum (Verkaufserfolg), in den Medien (positive Kritiken und Präsenz des Autors) und in der Literaturwissenschaft (Interpretationen, Einladungen zu Poetikprofessuren usw.). Unabhängig davon gibt es aber auch eigene Zufriedenheit mit einem fertigen Text.

denen Domänen (z.B. der Domäne Schriftlichkeit, also Lesen und Schreiben[26]) selbstständig umgehen zu können. Ein einseitig auf das Meistern pragmatischer Aufgaben in Alltag, Schule und Beruf (Informationsermittlung aus Texten, Informieren und Argumentieren durch Texte, usw.) ausgerichtetes Kompetenzkonzept, wie es in der Öffentlichkeit im Anschluss an die Diskussion um PISA-Ergebnisse gern unterstellt wird, halten wir aber für untauglich; folgte man einem solchen Verständnis, so bräuchte es keine poetische Kompetenz für Lehrer/innen oder Schüler/innen zu geben, weil das Meistern von Anforderungen literarischen Schreibens ja nur für Schriftsteller zu Alltag und Beruf gehört.

Wenn wir poetische Kompetenz in diesem Buch grundsätzlicher als Element von Persönlichkeitsbildung verstehen, dann deshalb, weil wir davon überzeugt sind, dass **Schreiben als Medium**, typischer Weise verstanden als Medium der Distanz und der kognitiven Be- und Verarbeitung pragmatischer Probleme (z.B. im erörternden Schreiben der Sek. I), damit noch unter seinen Möglichkeiten bleibt. Schreiben ist auch ein Medium der Annäherung an das Fremde und der Erforschung des Selbst. Es geht also um weit Wichtigeres als darum, gelegentlich ein „nettes Gedicht" im Unterricht zu verfertigen (und unter „poetisch" verstehen wir ausdrücklich nicht nur „lyrisch"!). Es geht um die Fähigkeit, sich schreibend über das klar zu werden, was die Literaturdidaktik „Alteritätserfahrungen" nennt, sowie eigene Befindlichkeiten, Wünsche und Ziele ausdrücken zu können.

Das aber ist als Kompetenz durchaus beschreibbar (vgl. im Folgenden 1.2.1–1.2.3), und es ist auch vereinbar mit der geläufigen Kompetenzdefinition nach Franz E. Weinert (2001, S. 27f.): Kompetenz als Disposition, Anforderungssituationen zu meistern, hat neben kognitiven Anteilen motivationale und volitionale Anteile; einfacher gesagt: Wer kompetent handeln können will, muss:

- erstens in einer bestimmten Domäne etwas wissen (über *Kenntnisse* verfügen, in unserem Fall über die sprachlichen Mittel, Techniken, Bauformen literarischen Schreibens in verschiedenen Gattungen und Genres),
- zweitens bereits erfahren haben und immer wieder neu erfahren können, dass eigenes Handeln Erfolg haben und gesetzte Ziele erreichen kann,
- drittens die Anstrengungsbereitschaft mitbringen oder entwickeln, jeweils neue Herausforderungen in der Domäne durch Ausprobieren und Hinzulernen zu meistern.

Das setzt offensichtlich Wissenserwerb ebenso voraus wie das Stecken von Zielen, und zwar auch über längere Zeiträume bzw. Arbeitsphasen hinweg. Die Didaktik „kreativen Schreibens", von der in Kap. 1.1.1 bereits die Rede war, hat lange einschlägigen Schreibaufgaben, die nicht selten in kurzer Zeit zu erledi-

[26] Zu dem hier nicht näher darzustellenden Zusammenhang der beiden aufeinander bezogenen Hälften dieser Domäne vgl. Abraham/Baurmann/Feilke/Kammler/Müller 2007.

gen waren, eine kreativitätsfördernde Wirkung zugetraut, ohne das Erfordernis eines längerfristigen Kompetenzaufbaus zu berücksichtigen.

Es sollte damit deutlich geworden sein, dass wir jenen Widerspruch zwischen kompetenzorientiertem und kreativem Arbeiten, wie er in polarisierten Diskussionen um schulischen Kompetenzerwerb gelegentlich konstruiert wird, nicht sehen können. Schule und Hochschule sind keine Agenturen beruflichen Qualifikationstrainings, sondern Instanzen der Allgemeinbildung. Diese schließt aus unserer Sicht das Recht auf Bildung der Persönlichkeit sowie Entdeckung und Entwicklung eigener gestalterischer Fähigkeiten ein, und zwar nicht nur in den Fächern Kunst und Musik, sondern auch in Deutsch.

Anders gesagt, geht es uns um die (Wieder-)**Entdeckung literaturpädagogischer Möglichkeiten** unseres Faches, das Schriftlichkeit lehrt, dabei aber (auch) ein musisches Fach sein sollte. Die irrige Annahme, Kunstpraxis sei kognitiv anspruchslos und auf irrationale Weise kreativ (sozusagen irgendwie gefühlig), muss man unter Fachleuten kaum, unter Laien aber immer wieder zurückweisen. „Erkenntnis durch Kunst" (Brandstätter Hrsg. 2013) ist auch für die Kunst des Schreibens eine gute Maxime. Denn Literatur ist nicht nur ein Analyse- und Interpretationsgegenstand, sondern eine (wenigstens in Ansätzen) erlernbare Kunst. Hierfür unterscheiden wir drei aufeinander bezogene Teilkompetenzen:

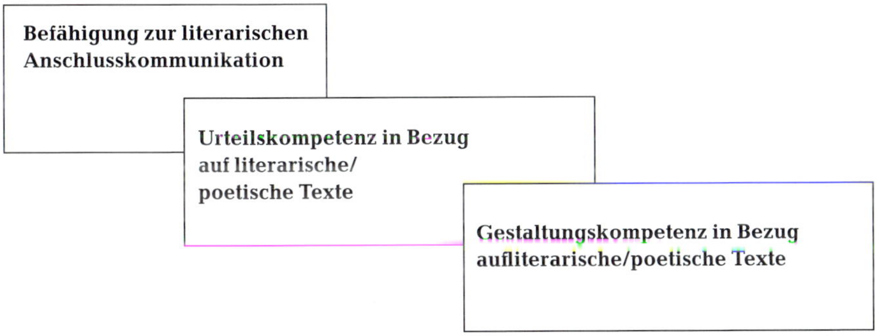

1.2.2 Gestaltungskompetenz

Herkunft und Entwicklung des Gestaltbegriffs

Die Linguistin Ulla Fix stellt in einem heute noch lesenswerten Aufsatz über „Gestalt und Gestalten" fest, dass „die Kategorie ‚Gestalt' sich offensichtlich in linguistische, soziologische, literaturwissenschaftliche und andere Gedankengänge einfügt" (Fix 1996, S. 320), wobei sie (ebd., S. 320) zwischen *Handeln* und *Gestalten* unterscheidet: Sei Handeln auf außersprachliche Ziele gerichtet, so ziele Gestalten als „ästhetisierendes Handeln" auf innersprachliche Einheitlichkeit (vgl. Fix 1996, S. 317 f.). Die Literaturwissenschaftlerin Annette Simonis sagt über „Gestaltpsychologie und Gestaltkultur": „Ein ästhetisches Konzept macht Karriere in den modernen Wissenschaften" (Simonis 2001, S. 119–197). Denn nicht nur die Musik-, Kunst- und Literaturwissenschaften sprechen von *Gestalt*, auch andere Disziplinen haben sich des Begriffs angenommen. In der „informationellen Ästhetik" des Abraham Moles, der auch das künstlerische Werk als eine „Nachricht" betrachtet, gilt „Gestalt als Zerstörerin von Information" und als „die am schwierigsten zu sendende Nachricht" (Moles 1971, S. 90).

Mit „Gestaltqualität" bezeichnet zunächst die Gestaltpsychologie um die Wende zum 20. Jahrhundert eine basale Kategorie der Wahrnehmung natürlicher und von Menschen geschaffener Strukturen und Phänomene. An Beispielen aus der Musik und der Geometrie erklärt als erster der Gestaltpsychologe Christian von Ehrenfels, „daß wir Raumgestalten und selbst ‚Tongestalten' oder Melodien unmittelbar zu ‚empfinden' vermögen" (v. Ehrenfels 1890, S. 249) und verweist auf die Erfahrungstatsache, dass wir „bei durchgehender Verschiedenheit ihrer tonalen oder örtlichen Grundlage" (ebd., S. 258) zwei Tonfolgen, die keine einzige Note, oder zwei geometrische Figuren, die kein einziges Längen-, Breiten- oder Höhenmaß wirklich gemeinsam haben, nichtsdestotrotz als sehr viel ähnlicher empfinden können, als zwei Figuren oder zwei Melodien, die irgend ein Einzelnes miteinander gemein haben. Er folgert daraus, „daß, wer sich an eine Melodie erinnert, etwas ganz Anderes reproducirt als einen Complex von Einzelvorstellungen: nämlich eine Tongestalt ..." (ebd., S. 262), und dass diese – als das, was wir ‚Melodie' nennen – mithin „etwas Andres ist, als die Summe der einzelnen Töne, auf welche sie sich aufbaut" (ebd., S. 259).

Gestalt hat sich seither etabliert als ein holistischer Begriff, der die Eigenheit eines Phänomens jenseits einzelner Merkmale rezeptionsorientiert zu benennen erlaubt; *Gestalt* ist also nicht unabhängig vom Auge (oder Ohr) des Betrachters (vgl. dazu den nächsten Abschnitt). Es liegt nahe, solche Überlegungen vor allem im Kontext ästhetischer Erziehung und kultureller Bildung (vgl. Fuchs 1986, bes. S. 62 f.) fruchtbar zu machen: In der Wahrnehmung der Künste – sowohl der sprach- als der bild- und tonbasierten – spielt die Gestalterkennung eine zentrale Rolle. Und auch die Sprechwissenschaft spricht seit den 1950er-Jahren von „Tongestalten" (vgl. Lockemann 1952). Literaturdidaktisch nutzt man das seit Langem, um der Form poetischer (v. a. lyrischer) Texte durch sprecherischen Ausdruck nachzuspüren.[27]

Gestalt als Wechselwirkung zwischen Werk und Rezipient

Seit v. Ehrenfels gilt „Gestaltqualität" als von der Wahrnehmungsgrundlage abhängiger und doch „von ihr zu unterscheidender Vorstellungsinhalt" (v. Ehrenfels 1890, S. 266). Diesen wahrnehmungspsychologischen Gestaltbegriff übertrug Oskar Walzel (1923) auf die Wahrnehmung und Beschreibung literarischer Texte und begründete so eine wirkungsorientierte Stilistik: Über den einzelnen Stilmitteln eines Werkes müsse es „Gestaltqualitäten höherer Ordnung" (Walzel

[27] Zur Theorie und Geschichte tonaler Gestaltung vgl. den Abriss bei Abraham 1996, S. 295–306.

1923, S. 278) geben.[28] Der Gestaltbegriff, der ja auch ein „Schlüsselbegriff" der literarischen Moderne ist (vgl. Simonis 2001, S. 117), wird zur basalen Kategorie einer interpretativen Literaturwissenschaft, die den Zusammenhang von Inhalt und Form (nicht anders) beschreiben kann.[29] Inzwischen gilt als literaturwissenschaftlicher Konsens, dass Gestalt nicht eine Eigenschaft, sondern die „konsistente Interpretation" eines Textes ist und als solche „weder auf die Zeichen des Textes noch auf die Dispositionen des Lesers ausschließlich zu reduzieren" ist (Iser 1984, S. 194 f.). Erst die Beziehung zwischen beiden schafft die Gestalt. Der modernen Erkenntnistheorie zu Folge ist deshalb **Urteilen** (vgl. Kap. 1.1.2) zunächst immer „Gestaltwahrnehmung" (vgl. Neuweg 2001, S. 283).

Wohl als erster hat Karl Bühler in *Das Gestaltprinzip im Leben des Menschen und der Tiere* (1960) das darin liegende Erkenntnisproblem auch als **sprachliche Herausforderung** erkannt: „Was der Ausdruck ‚Schlankheit' bedeutet, ist kein Teil, sondern ein anschauliches Moment an dem präsentierten Etwas." (Bühler 1960, S. 20) Nun spricht Bühler hier zwar von Rechtecken und nicht von Texten. Aber auch in der literarischen Stilistik und in der Literaturkritik ist auffällig, dass metaphorische Adjektive wie *schlank* nicht selten aus der Verlegenheit ganzheitlicher Eindrucksbeschreibung helfen müssen: Ein Schreibstil kann dann *lang-* oder *kurzatmig, spröde* oder *üppig, knapp* oder *ausufernd* genannt werden. Die Wechselwirkung zwischen wahrgenommenen Texteigenschaften, die gleichwohl einzeln schwer dingfest zu machen wären, und Rezipient, der holistisch „ein anschauliches Moment an dem präsentierten Etwas" (Bühler) benennt, ist jeweils in eine Metapher gefasst. Kommunikativ löst das, worauf wir zurückkommen werden, ein Mitteilungsproblem und ermöglicht Verständigung über Gestaltwahrnehmung.

Dieses Mitteilungsproblem ist auch nachweisbar im Korrekturhandeln von Deutschlehrer/innen, auch hier lassen sich, wenn es um Ausdruck und Stil in Schülertexten geht, gestaltorientierte Reaktionen beobachten, die Eindrücke holistisch beschreiben. Leider überwiegen – jedenfalls in einer explorativen Studie bei Abraham (1993) – metaphorische Adjektive, die negativ konnotiert sind und eher Defizite als Leistungen beschreiben wollen („schlampig", „uneben", „schwach", „holprig", „schwerfällig", „steif", „verschachtelt", „geschwollen", „gestelzt"; vgl. ebd., S. 167). Die positiv konnotierten Pendants dazu gäbe es meist (sorgfältig, geschliffen, stark, flüssig, leichtfüßig, geschmeidig ...), sie kamen aber in den analysierten Randbemerkungen der 20 Proband/innen seinerzeit so gut wie nicht vor. Die darin zum Ausdruck kommende problematische Haltung gegenüber Schülertexten ist eines der Probleme, die im Rahmen unseres Weiterbildungsprojekts zur Disposition stehen (vgl. Kap. 3.2).

[28] Auf die Bedeutung des Gestaltbegriffs in der Literaturwissenschaft kann hier nicht näher eingegangen werden Vgl. die Einleitung zu Simonis (2001, S. 1–22): „‚Gestalt' und ‚gestalten' – diskursgeschichtliche Variationen eines holistischen Konzepts".

[29] Diese Entwicklung wird nachgezeichnet in Abraham 1996, S. 135–146.

Gestalten im Rahmen literarischen Schreibens

Diese Vorüberlegungen zur kultur- und textwissenschaftlichen Bedeutung des Gestaltbegriffs sollten gezeigt haben, warum wir hier bewusst von Gestaltungs- und nicht etwa von „Formulierungskompetenz" sprechen, obwohl dieser Begriff in der Schreibdidaktik geläufiger ist (vgl. z. B. Fix 2006, S. 26).[30] Die Kompetenz, die wir meinen, erfordert ja nicht nur „operationales Sprachwissen" (ebd., S. 33), sondern darüber hinaus einen Blick für das intendierte Ganze des literarischen oder poetischen Textes, in das einzelne sprachliche Formulierungen passen (oder nicht). Nicht Übermittlung sachlicher Information mit sprachlichen Mitteln ist ja das eigentliche Ziel literarischen Schreibens, sondern das **Herstellen einer sprachlichen und formalen Gestalt**. Die mag nun in der Tat „die am schwierigsten zu sendende Nachricht" (Moles 1971, S. 90) sein, aber gleichzeitig ist sie das, was den Reiz des Schreibens und Überarbeitens literarischer Entwürfe ausmacht. Auch einfache Gestalten sind ja Gestalten, und diese lassen sich oft noch bearbeiten. Es geht um eine literarische Form, und die ist nicht als etwas dem Text Äußerliches zu betrachten; sie ist kein Container. Wenn *form follows function* ein für die Ausbildung von Architekten bis heute zentraler Satz ist (Sullivan 1896, S. 111), so gilt er auch für die Architekten literarischer Texte; aber auch hier darf er nicht missverstanden werden. Rudolf Arnheim (1964, S. 30f.) sagt über Architektur, dass Funktion allein noch keine Form ausmache und auch die Beschränkung auf reine Zweckdienlichkeit eines Baus den Schöpfer nicht der **Notwendigkeit einer Stilwahl** enthebe. Das gilt auch für das „Bauen" von Texten.

Stil lässt sich für den Gesamtbereich der Schriftlichkeit[31] grundsätzlich beschreiben als variierbar auf vier „Achsen":[32]

- *prägnant vs. explizit* (Grad der Ausführlichkeit)
- *konstant vs. variant* (Grad der Einheitlichkeit)
- *nahe vs. distant* (Grad der Schriftsprachlichkeit)
- *neutral vs. markiert* (Ausdrucksstärke)

Während nun je spezifische Lesererwartungen die meisten pragmatischen Textsorten (z. B. Berichten, Beschreiben) auf diesen Achsen weitgehend festlegen, sind Autor/innen eines literarischen Textes grundsätzlich frei in ihren sprachlichen Entscheidungen: Mit wie viel Ausführlichkeit (erste Achse) und sprachlicher Einheitlichkeit (zweite Achse) sie eine Idee ausführen wollen, ist durch keine Norm geregelt. Wo es Konventionen und Traditionen gibt (etwa des narrativen Schreibens im Roman oder des lyrischen Schreibens im Gedicht), kann eine Gestaltungsentscheidung jederzeit damit brechen; Literatur definiert

[30] Der Begriff „Textgestaltungskompetenz", den Peter Klotz (1996) eingeführt hat, hat sich dagegen offenbar nicht durchgesetzt.

[31] Es gibt auch Stile in der Mündlichkeit, worauf hier nicht eingegangen wird.

[32] Vgl. Abraham 1996, S. 231 ff., Grafik S. 257.

sich ja nicht zuletzt über Regelverletzung und Normbruch. Gilt das für einen Text(-teil) im Ganzen, so können einzelne Formulierungen konzeptionell schriftsprachlich oder im Stil der Mündlichkeit gehalten (dritte Achse) und schließlich dort, wo sie stehen, unauffällig (unmarkiert) sein oder herausgehoben (markiert – vierte Achse).

Stilwahl betrifft damit insgesamt alle linguistischen Ebenen, von der Textsorte im Großen bis zum Satz (neutrale oder markierte Satzstellung), zum Wort (konventionelle oder ungewöhnliche Wortwahl) und zur Orthografie (normgerechte oder bewusst abweichende Schreibung) im Kleinen. Auf einer mittleren Ebene, also für **Gestaltungsmöglichkeiten im Bereich der Syntax**, lassen sich nach Judith Macheiners *Das grammatische Varieté, oder Die Kunst und das Vergnügen, deutsche Sätze zu bilden* (1991) die folgenden Optionen unterscheiden, hier geordnet nach Lernzielen, die weit über literarisches Schreiben hinaus für den Deutsch- als Sprachunterricht bedeutsam sind:

Lernziele	Formulierungsregeln und -optionen
neutrale und markierte Satzstellung unterscheiden können (Macheiner 1991, S. 21)	die „Grundstellung“ wirkungsorientiert umstellen (ebd., S. 50)
bereits Eingeführtes und Neues unterscheiden können (ebd., S. 30)	bereits Eingeführtes unmarkiert nach „links außen“ (ebd., S. 122) setzen
Unterschiede im Informationswert beachten	niedrige Informationswerte vor höheren anordnen (ebd., S. 34)
Adverbialen richtig reihen können	unmarkiert Zeit vor Grund vor Ort vor Art und Weise (ebd., S. 93) nennen
die „Ausrahmung“ beherrschen	Parenthesen und Nachstellungen sinnvoll einsetzen (ebd., S. 115–118)
„nominale Überfrachtung“ von Sätzen vermeiden (vgl. ebd., S. 179)	Gliedsätze (maßvoll) einsetzen
Partikeln bewusst einsetzen: als Indikatoren für Sprechhandlungen (ebd., S. 292–294) oder als „Wegweiser“ (vgl. ebd., S. 383–387)	„kleine Wörter“ wie ja, doch, nämlich, freilich gezielt verwenden

Damit ist Stilverstehen und gestalten eine **Entwicklungsaufgabe im Rahmen ästhetischer Erziehung** auch im Deutschunterricht (vgl. z. B. Spinner 1997), und Stile sind dort differenzierter wahrzunehmen als nach dem in der Aufsatzdidaktik des 19. Jahrhundert entstandenen Konzept der „Angemessenheit“ (vgl. hierzu Der Deutschunterricht 61 (2009), Heft 1). Literarisches Schreiben kann in diesem Zusammenhang eine zentrale Aufgabe erfüllen. Es eröffnet den Lernenden sprachliche Spielräume; die Normen der Orthografie und Grammatik können partiell außer Kraft gesetzt werden. Und selbst dort, wo sie beachtet werden, bietet die Sprache jenseits solcher Obligatorik stets Wahlmöglichkeiten – als Möglichkeit, **w:orte zu wählen**, um es mit José F. A. Oliver zu sagen.

Gestaltungskompetenz

Gestaltungskompetenz ist die Fähigkeit zum ziel- und formbewussten „ästhetisierenden Handeln" (Fix 1996) mit Sprache; darüber hinaus aber ist sie die Fähigkeit, den Punkt des Schreibprozesses zu erkennen, an dem der eigene Text dem Schreiber zur Gestalt werden kann und soll, und diesen Punkt zu nutzen. Nötig ist dazu ein Innehalten im Schreibfluss und ein erster „fremder" Blick auf den eigenen Text. Schreiber/innen brauchen in diesem Augenblick nicht so sehr eine Liste jener „Stilmittel", die die antike Rhetorik lehrte, um Texte mit ihnen „auszuschmücken".[33] Was Schreiber/innen brauchen, sind ganzheitlichere Kategorien, also solche der Gestaltwahrnehmung: **Stil, Form, Ton, Rhythmus**. Diese Kategorien sind **wirkungsbezogen**, und ihre Verwendung (etwa im Rahmen eines Werkstattgesprächs) ist **praktische Sprachreflexion**: Welche Wirkung ein Textentwurf erzielen soll, und welche er tatsächlich (noch nicht) erzielt, ist mit ihrer Hilfe zu klären; das gilt für die Selbstreflexion des Schreibers ebenso wie für die Auseinandersetzung mit ersten Lesern oder Hörern eines Entwurfs.

Freilich darf diese methodisch willkommene temporäre Fremdheit nicht in irreversible Entfremdung zwischen dem Textentwurf und seinem Autor umschlagen. Teilnehmer/innen an Schreibkonferenzen oder Werkstattgesprächen, die nach der Besprechung ihres Entwurfs den eigenen Text nicht wiedererkennen, erleben einen solchen Umschlag. Mit eigener Gestaltungskompetenz darauf zu reagieren, bedeutet auch, die Ratschläge der andern nicht *alle* und nicht *vollständig* umsetzen zu wollen, sondern ihnen eine **Textidee** entgegensetzen zu können, an der Verbesserungsvorschläge gemessen und ggf. dann auch verworfen werden.

Im Einzelnen beinhaltet *Gestaltungskompetenz*:

- Ideen für eigene Texte sammeln, entwickeln und zueinander in Beziehung setzen können; dabei fremde Texte als inhaltliche oder formale Impulse betrachten und in Erwägung ziehen können, ohne sie in jeder Hinsicht imitieren zu wollen;
- für einen geplanten Text Form und Schreibhaltung bzw. *Stil* finden und erproben können;
- Entwürfe zielgerichtet überarbeiten können; dabei Sprache/Stil, Aufbau/Struktur und Thema bedenken und bereits geschriebenen Text an entsprechenden Zielvorstellungen messen können;
- eigene und fremde Entwürfe mit bekannten Bauformen der Literatur abgleichen können;
- aus fremden Texten übernommene Motive, Symbole, Metaphern erkennen und über ihre Verwendung/Nichtverwendung entscheiden können.

Dass dabei eigenes **literaturbezogenes Wissen** eingesetzt werden kann und gelegentlich muss, liegt auf der Hand; allerdings reicht deklaratives Wissen (z. B.

[33] *Elocutio* hieß diese Phase der rhetorischen Texterstellung. Es ist die dritte, nach der *inventio* und der *dispositio*.

über Versformen, wie etwa den Alexandriner, oder Gedichtformen, wie etwa das Sonett), nicht aus. Gebraucht wird auch **prozedurales Wissen**, d. h. Wissen darüber, wie man in eine literarische Textproduktion einsteigen sowie entsprechende Entwürfe erstellen, bearbeiten und weiterentwickeln kann: Es gehört schließlich auch zur Gestaltungskompetenz, in diesem Sinn Techniken zu beherrschen und nach eigener Entscheidung anwenden zu können.

Prozedurales literaturbezogenes Wissen dieser Art ist weit weniger zugänglich als deklaratives Wissen, wie es die Neuphilologien seit ihrer Entstehung im 19. Jahrhundert sammeln und strukturieren. Es ist kein „germanistisches Wissen" und – mit Ausnahme einiger mittlerweile populärer Techniken des kreativen Schreibens (vgl. Kap. 1.1.1) – in der Ausbildung von Literaturlehrer/innen kaum präsent. Das liegt teilweise am Selbstverständnis einer Literatur-Wissenschaft, die allzu lange eher auf *Kennen* als auf *Können* gesetzt hat; es liegt aber außerdem an der Natur prozeduralen Wissens. Als *implizites Wissen* im Sinn Michael Polanyis (1985)[34] ist es erfahrungsgebunden und schwer formalisierbar (vgl. Neuweg 2001, S. 17–19). Diejenigen, die es haben, wissen nicht, dass sie es haben bzw. können es oft nicht explizieren. Sie handeln dann durchaus erfolgreich, ohne sagen zu können, wie sie es gemacht haben. Georg Hans Neuweg (2001, S. 15 f.) nennt das im Anschluss an Polanyi *tacit knowledge*. Zum Reden gebracht wird dieses stumme Wissen oft erst, wenn es demonstriert oder erklärt werden soll, etwa in Ratgebern für Novizen, wie es sie für junge Schriftsteller/innen, Journalist/innen oder Drehbuchschreiber/innen gibt. Stellvertretend für viele sei der Klassiker von Lajos Egri (2002) genannt: *Literarisches Schreiben* (amerik. Erstausgabe 1965).

Dass Experten literarischen Schreibens in einem weiten Sinn (also unter Einschluss journalistischer Textsorten wie der Reportage und filmischer Textsorten wie Treatment oder Drehbuch) ihr eigenes Handlungswissen durchdenken, analytisch aufbereiten und für andere darstellen, ist nicht selbstverständlich, aber möglich.[35] Es ist damit ein wenig wie in Brechts Gedicht vom Zöllner, der dem Philosophen auf dem Weg in die Emigration seine Einsichten „abverlangt":[36] Man muss danach fragen. Während Schüler/innen dies nur bedingt können und auf eine bereits ausgearbeitete Didaktik literarischen Schreibens angewiesen sind (oder wären), sind Deutschlehrer/innen gleichsam die idealen Zöllner.

Techniken literarischen Schreibens in verschiedenen Gattungen

Auf Vertreter deklarativen literaturbezogenen Wissens wirkt das Ergebnis einer Offenlegung prozeduralen Wissens im Sinn von Techniken literarischen Schreibens notwendiger Weise unsystematisch, gehorcht es doch keiner Systematik

[34] Zur lehr-/lerntheoretischen Bedeutung der Erkenntnis- und Wissenstheorie Michael Polanyis vgl. Neuweg 2001.

[35] Im Rahmen des in Kap. 2 und 3 dargestellten Weiterbildungsprojekts haben alle beteiligten Expert/innen das mittlerweile in eigenen Veröffentlichungen getan.

[36] Vgl. Bert Brecht: „Legende von der Entstehung des Buches Taoteking auf dem Weg des Laotse in die Emigration". In: Gesammelte Gedichte, hrsg. v. Elisabeth Hauptmann, Frankfurt/M.: Suhrkamp 1976, Bd. 2, S. 660–663.

der Analyse literarischer Werke. Es strukturiert ja Arbeitsprozesse und nicht hermeneutische Schritte. Außerdem ist jeder Versuch, es darzustellen, unabschließbar in dem Sinn, dass Vollständigkeit nicht erreichbar und Konsens darüber, was empfehlenswert ist, nicht immer herstellbar ist. Nicht jeder Autor wird jede Technik verwenden. Damit ist es wie im Unterricht: Die Methode muss sowohl zum Ziel passen als auch zur Persönlichkeit. Aber selbst Techniken, die an älteren Texten beobachtet werden können, sind für Novizen gelegentlich hilfreich, insofern sie Kompetenz aufbauen.[37]

Behält man diese einschränkenden Bemerkungen im Blick, so wird man vielleicht den folgenden Versuch einer Synopse nützlich finden; er ordnet Techniken literarischen Schreibens einerseits (waagrecht) nach Gattungen/Medien, andererseits (senkrecht) nach Phasen des Arbeitsprozesses:

Prozessphasen	**Erzählendes Schreiben**[1]	**Lyrisches Schreiben**[2]	**Szenisches Schreiben**[3]	**Reportageschreiben**[4]	**Filmisches Schreiben**[5]
Sammeln, Planen, Entwerfen	▸ die Erzählung planen: Ort(e), Zeit(en), (Haupt-/ Neben-) Figuren, Tempus ▸ Erzählperspektive(n) festlegen – ein (personaler, allwissender, unzuverlässiger?) oder mehrere Erzähler? ▸ für die Handlung *Story* und *Plot* auseinanderhalten: Verhältnis von erzählter Handlung und Erzählgegenwart festlegen	▸ kurze und prägnante Sätze notieren, die man gehört oder gelesen hat, und einen auswählen; ▸ ein Wort aussuchen und über dieses Wort schreiben ▸ ein alltägliches Streitgespräch aus der Erinnerung notieren	▸ Rituale des Alltags verändern, durchbrechen oder in einen neuen Kontext stellen ▸ an einem öffentlichen Ort Menschen beim Sprechen zuhören; unvollständige Sätze, Wiederholungen, Phrasen aufschreiben	▸ Basisrecherche (Vor-Ort-Recherche, Interviews) durchführen ▸ Quellen aufsuchen und konsultieren (Archive, Lexika, Internet)	▸ *Pitching*: eine Filmidee mündlich vorstellen / im Team entwickeln (durch berichtende Wiedergabe der Story präsentieren) ▸ ein Exposé schreiben: Handlung und Konflikt in einfache Sprache fassen, Bilder evozieren, Spannung aufbauen ▸ ein Treatment schreiben:

[37] So zeigt Abraham (2013) an Erzählungen Karl Mays, wie unterschiedlich man Erzähltexte beginnen kann, und welcher Techniken Mays sich Novizen (als Teilnehmer an einem Schreibwettbewerb) bedient haben.

	(Vorausschauen, „Rückblenden"?) ▸ Traumprotokolle als Rohmaterial erstellen ▸ poetische Aufzählungen oder Listen anlegen		▸ in einer Grafik die sozialen Beziehungen der Figuren zueinander festlegen ▸ zu jeder Figur einen Monolog verfassen		Szenen erzählen, auf Gefühle, Einstellungen, Stimmungen eingehen (auch den Subtext erzählen)
Formulieren	▸ einen Texteinstieg finden: Dialog, Szenen-Schilderung, Leseransprache? ▸ zwischen szenischem (Dialoge) und darstellendem Erzählen (Erzählbericht) abwechseln ▸ auf bes. gestaltrelevante Strukturen achten: Wechsel von Erzählperspektiven, Handlungsräume, Erzählrahmen, Formen der Redewiedergabe	▸ von der *Notiz* zum *Notat* zur *Verdichtung* kommen ▸ ggf. Reimlexika verwenden ▸ beim Schreiben und Überarbeiten auf bes. gestalt relevante Strukturen achten: Rhythmus, Umbrüche, ggf. Gliederung in Strophen ▸ sprachliche Verfremdungsmöglichkeiten prüfen (z. B. Orthografie, Interpunktion)	▸ Szenen schreiben: Dialoge ohne Leerlauf, kurze, funktionale Nebentexte (Regieanweisungen)	▸ situativ einsteigen (z. B. Ort des Geschehens oder Beteiligte/n vorstellen) ▸ zwischen Berichten/Beschreiben und Redewiedergabe abwechseln ▸ Eindrücke wiedergeben ▸ einen Gegenstand oder Schauplatz wie mit dem Kameraauge „abtasten" (Zoom und Kamerafahrt verbal nachahmen)	▸ ein Drehbuch schreiben: Handlung in Dialoge übersetzen, Information über zu visuellen Umsetzung (Licht, Architektur/Szene), Ton (Atmo, handlungsrelevante Geräusche, Musik) hinzufügen

Weiterent-wickeln/ Überarbeiten	▸ Erzählung vortragen, Wirkung auf Hörer erproben ▸ Einmontieren von Fremdtexten (Pressetexten, Liedtexten usw.)		▸ einen Szenenent-wurf durch Lese- und Spielproben (auch szenische Improvisation) weiterentwi-ckeln	▸ auf Spannungen und Widersprüche achten ▸ Eindrücke und Urteile des Reporter einarbeiten, der sich damit als eigene Figur inszeniert	▸ Storyboards (grafisch) oder Shooting Lists (verbal) zu ausgewählten Szenen (Sequenzen) entwickeln

1 Näheres bei Waldmann/Bothe 1992, Wörner/Noir/Rau 2012 und Feilke 2013.
2 Näheres bei Birner 1978, Wieke 2010 und v. a. Oliver 2013.
3 Näheres bei Egri 2011 (amerik. Erstausg. 1946), Poier 2005 und v. a. Richhardt 2011.
4 Näheres bei Haller 2006 und v. a. Rau 2014.
5 Näheres bei Kasten 1990, Wermke 1994, Eick 2005, Field 2007 und Kepser 2010.

1.2.3 Urteilskompetenz

Über Texte urteilen

In Anlehnung an unsere Definition des Urteilsbegriffs (vgl. Kap. 1.1.2) geht es im Folgenden um begriffliche Abgrenzungen und eine Konturierung von Urteilskompetenz, deren Förderung LSiD anstrebt.

Urteilskompetenz zählt, da es sich um Urteile über Texte handelt, zu den allgemeinen **Textkompetenzen**, die auf das Verstehen fremder Texte, das Verfassen eigener Texte und den Gebrauch von Texten zu kommunikativen Zwecken abzielen (Feilke 2000). Im Rückgriff auf den Textbegriff und seine Etymologie sind hierbei zwei Aspekte bedeutsam: das sprachliche Gewebe von Texten als „*innere* Textur" und die „*äußere* Verwobenheit von Textproduktion und -verstehen mit Situationen und Kontexten des Handelns" (Feilke 2000, S. 15). Als zentrale Aufgabe des Deutschunterrichts gilt die Entwicklung von Textkompetenzen, die Förderung der Fähigkeit, „textgrammatische, textsemantische und textpragmatische Implizitheit und Explizitheit von Texten, insbesondere auch der eigenen Texte, zu beurteilen und zu kontrollieren" (ebd., S. 16). Um diese Kategorien in Urteilen über Textgestaltungen verhandelbar zu machen, sind Textwissen (z. B. über Textsorten) und literale Fähigkeiten und Fertigkeiten (z. B. Texte verstehend gliedern können) ebenso Voraussetzung wie die Vermittlung von **textbezogenen Begriffen**, die es gestatten, diagnostizierte Qualitäten und Schwächen von Texten zu benennen.

In Übereinstimmung mit dem Kompetenzmodell **literarischer Rezeptionskompetenz als literarästhetischer Urteilskompetenz** (LUK), das seinen theoretischen Bezugsrahmen hauptsächlich in der ästhetischen Semiotik U. Ecos findet (vgl. Frederking 2010), liegen auch entsprechend unserer Auffassung einer solchen Urteilskompetenz die besonderen, aus der **Spezifik literarischer Texte** entstehenden Anforderungen literarischen Verstehens zu Grunde. Urteilskompetenz ist ohne die Fähigkeit, Mehrdeutigkeiten wahrzunehmen und zu verarbeiten, die Fähigkeit, Form und Strukturelemente zu erkennen und in Bezug auf den Textinhalt zu deuten sowie die Fähigkeit, textexterne entstehungs-, epochen- und motivgeschichtliche Informationen, Genre- und Gattungswissen für Verstehen und Interpretation literarischer Texte fruchtbar zu machen, nicht denkbar. Urteilskompetenz setzt also **deklaratives Wissen** über literarische Traditionen, Strukturen und Bauformen notwendigerweise voraus.[38] Die Extrapolation der *intentio operis* als „transparente Textintention" nach Eco (Roick/Stanat/Dickhäuser/Frederking et al. 2010, S. 166), welche im Rahmen der LUK-Erhebung die Unterscheidung von richtigen und falschen Textdeutungen ermöglicht, rückt jedoch die *intentio lectoris*, die auf den Rezipienten bezogene („anfechtbare") Intention, und die *intentio auctoris* als Autorintention in den Hintergrund, da beide „sich nur in eingeschränkter Form in ihrer Beziehung zum Text objektivieren lassen" (ebd., S. 166).

Eine solche, dem Zweck empirischer Erhebung geschuldete Beschränkung auf die *intentio operis* ist für die Zielsetzungen des Weiterbildungsprojektes LSiD nicht brauchbar, insofern hier die Auseinandersetzung mit Texten durch Leser in direktem Zusammenhang zur **Produktion von Texten** durch Schreibende steht: **Gespräche über Texte**, in denen sich die *intentio lectoris* aktualisiert, unterstützen prozessual das Schreiben und können auf diese Weise auch auf die *intentio auctoris* Einfluss nehmen. Verstehen und Produzieren werden hier aufeinander bezogen, mit anderen Worten: Wenn den Leser/innen ein Gespräch mit dem Autor möglich ist, und zwar *bevor* dieser seinen Text als fertig erachtet, ist nicht nur die *intentio lectoris* verhandelbar, sondern eben auch die *intentio auctoris*.

Weiterhin bedarf die Konzentration der LUK auf kognitive Aspekte für unsere Zwecke einer Erweiterung um die **affektiv-emotionale Dimension**. Einbezug (und Erforschung) der emotionalen Beteiligung lassen sich im Rückgriff auf die vier Bestandteile des begrifflichen Kompositums der LUK begründen (vgl. Steinhauer 2010, S. 12 ff.):

- *Literatur* ist im Vergleich zu pragmatischen Texten in ihrem Charakter und ihrer Wirkung emotional wirksamer (zu den emotionalen Anteilen an der Pro-

[38] Auf Defizite von Lehramtsstudierenden in diesem Bereich weist Burdorf hin: „es besteht keine hinreichende Sicherheit bei der formalen Verortung eines Textes im literarischen System oder, herkömmlicher gesprochen: bei der Bestimmung seiner Gattungszugehörigkeit. Gattungen werden eher vage als Stile empfunden oder gar als Ansammlungen von Stimmungen, Emotionen und Handlungselementen empfunden. Damit ist die große, vor allem auch formale Fülle literarischer Texte nicht adäquat beschreibbar und somit auch nicht verstehbar." (Burdorf 2004, S. 112)

duktion und Rezeption von Literatur vgl. Winko 2003) und stellt besondere Anforderungen an den Leser (und respektive den Schreibenden).

- *Ästhetik und ästhetische Erfahrung* in Rezeption und Produktion haben eine emotionale Komponente (vgl. Jauß 1982), die identitätstheoretisch bedeutsam und daher in Lehr-Lernprozessen zu berücksichtigen ist (vgl. Spinner 2008).
- *Urteilen* entsteht unter dem Einfluss von Emotionen bzw. löst diese aus (zum Zusammenhang zwischen literarischen Wertungen und Gefühlen vgl. Izard 1994, Worthmann 2004, Grzesik 2005, Pisall 2014 sowie Kap. 1.1.2).
- *Kompetenz* ist, wie bereits erwähnt (vgl. Kap. 1.2.1), ein Begriff, der neben kognitiven auch volitive und motivationale Anteile enthält.

Dass die Entwicklung von Urteilskompetenz dabei von der (ebenfalls zu entwickelnden) Fähigkeit abhängt, auf der Grundlage bestimmter Maßstäbe (**Kriterien**) Urteile über Texte oder Aspekte von Texten zu fällen und die gebildeten Urteile begrifflich zu fassen, wurde bereits angedeutet und soll im genauer Folgenden noch genauer erläutert werden. Inwieweit Urteilskompetenz, die sich in sozialen Situationen **kommunikativ und verständigungsorientiert** ausbildet, sich mit der Befähigung zur literarischen Anschlusskommunikation in einem Überschneidungsbereich situiert, wird aufzuzeigen sein (vgl. Kap. 1.2.4).

Die von Zabka (2013) beschriebenen **Kompetenzen literarischer Wertung** spezifizieren die genannten Anforderungen folgendermaßen (S. 7 ff.):

- Wahrnehmen rezeptionsbegleitender Emotionen und Einflüsse von Vorerfahrungen und Erwartungen,
- Kenntnis von bestimmten Wertausdrücken, funktionalen, adressatenorientierten und medial unterschiedlichen wertenden Sprachmustern und von Wertmaßstäben,
- Artikulation eigener, begründeter Wertungen unter Bezug bestimmter Wertausdrücke auf bestimmte Texteigenschaften,
- Nachvollzug fremder Werturteile und Bereitschaft, eigene Wertungen als veränderbar zur Diskussion zu stellen.

Diese Aspekte verdeutlichen, dass für angemessene literarische Wertungen deklaratives Wissen über Textelemente, Textsortenmerkmale und Wertmaßstäbe ebenso wie **prozedurale Fähigkeiten** zur Einschätzung, begrifflichen Verbalisierung, Begründung und dialogischen Aushandlung von Textqualitäten notwendig sind. Außerdem verweist das Kompetenzprofil auf die subjektseitigen, personalen Implikationen und die kommunikativ-soziale Situation, durch welche literarische Wertungen bestimmt sind.

Der von uns vorgeschlagene Urteilskompetenzbegriff schließt all dies ein, geht aber noch darüber hinaus, da im Urteilen über Texte neben der expliziten Wertung auch die Kommunizierbarkeit des eigenen Verstehens, Beschreibens, Erklärens oder Reflektierens angelegt ist. Diese sprachlichen Handlungen ermöglichen, Kriterien erst einmal gemeinsam zu klären, sich ihrer zu versichern und sie nicht als normativ (und scheinbar invariant) vorauszusetzen.

Kriterien gewinnen und Textqualität einschätzen

Die Frage nach **Kriterien oder Maßstäben** für die literarische und ästhetische Qualität von Texten bereitet nicht nur Schülern, sondern auch (angehenden) Lehrern Schwierigkeiten, da die hierfür aufzubauenden notwendigen Kompetenzen in der Aus- und Weiterbildung von Deutschlehrern bislang zu wenig berücksichtigt werden. Entsprechende **Unsicherheiten in der Urteilsfähigkeit** belegt Steinbrenner exemplarisch durch die Aussage einer Studierenden: „Immer wird nur die Qualität der Texte betont – die Vortragenden sollen doch auch einmal genauer Kriterien angeben, was diese Qualität ausmacht." (Steinbrenner 2004, S. 180) Im Unterschied zu den Bildungsstandards der naturwissenschaftlichen Fächer Biologie, Physik und Chemie, die „Bewertungskompetenz" ausdrücklich enthalten und damit die Frage nach der Einstellung von Lehrkräften zu Urteilsprozessen und -fähigkeiten nahe legen,[39] weisen die literaturbezogenen Standards des Faches Deutsch die Arbeit an einer Bewertungs- oder Urteilskompetenz leider nicht eigens aus. Die Forderung erscheint aber sehr berechtigt, sind doch konkrete Urteilskriterien nicht erst vonnöten, wenn Leistungen bewertet und benotet werden sollen, sondern auch bereits dann, wenn es um die Verständigung über Textqualitäten und um die optimierende Weiterarbeit an eigenen Textentwürfen geht.

Textqualität kann zunächst metaphorisch als Wegqualität fassbar werden:

> Ein (guter) Text ist wie ein Weg, der seine RezipientInnen an einem bestimmten Punkt abholt und sie über eine bestimmte Strecke Wegs an einen neuen Punkt führt. Man kann einen Text im Rahmen dieser Metapher nach der Qualität des Wegs beurteilen, den der Text darstellt. Je nach Textmuster/Textsorte mögen andere Typen von Wegen die Norm sein; nicht ausgeschlossen ist auch, dass der Weg das Ziel ist. (Sieber 1994, zit. n. Nussbaumer/Sieber 1995, S. 38)

Welche grundlegenden Dimensionen Textqualität konstituieren, ist im Rahmen des Zürcher „Sprachfähigkeiten-Projekts" erforscht und im **Zürcher Textanalyseraster** konkretisiert worden.[40] Im Grundschema der Textqualität zeichnen sich dabei fünf Dimensionen ab: Grundgrößen des Textes (Länge, Bauform, Art der Sprache und Komplexität des Themas), Grad der Korrektheit, funktionale Angemessenheit in Bezug auf Verständlichkeit und Kohärenz der Einzelteile,

[39] Vgl. dazu die Dissertation von Hartmann-Mrochen (2012).

[40] Von 1988 bis 1992 wurden in diesem Projekt 200 Texte von Schweizer Abiturienten untersucht, um auf der Basis von Schreibprodukten und deren Analyse Rückschlüsse auf die Sprachfähigkeiten der Schreibenden zu ziehen. Die Schwerpunkte des Projekts lagen im analytisch-reflexiven Zugang zu den Texten und in der Entwicklung eines geeigneten Textanalyseinstruments. Nachfolgende Publikationen eruierten die Anwendbarkeit der Ergebnisse im Hinblick auf die Entwicklung und Unterstützung einer Lernerorientierung beim schulischen Schreiben (vgl. Nussbaumer 1996, S. 96f.).

ästhetische Qualitäten und inhaltliche Relevanz (vgl. Nussbaumer/Sieber 1995, S. 38). Für das Textanalyseraster wurden die Dimensionen zu drei Bereichen an Fragen, die an Texte gestellt werden können, unterteilt (Wie zeigt sich der Text 1. in seinen Grundgrößen, 2. im Hinblick auf seine Korrektheit und 3. im Hinblick auf seine Angemessenheit?). Damit entstanden für das Zürcher Textanalyseraster drei kriteriale Großdimensionen (ebd. S. 39):

- Grundgrößen, welche die allgemeinen Charakteristika von Texten erfassen
- Sprachsystematische und orthografische Richtigkeit
- Angemessenheit im Hinblick auf sprachlich vermittelte Wirkungen
- Funktionale Angemessenheit: Verständlichkeit und Kohärenz
- Ästhetische Angemessenheit durch besondere formale Qualitäten
- Inhaltliche Relevanz durch besondere inhaltliche Qualitäten

Die komplexe weitere Ausdifferenzierung des Rasters zum Zweck wissenschaftlicher Textanalyse stellt in der vorliegenden Ausführlichkeit kein brauchbares Instrument für den schulischen Unterricht dar. Die Systematik des Rasters, das im Einzelnen differenzierte Aussagen über Kennzeichen und Qualitäten von Texten gestattet, kann aber (zumal in vereinfachter Form) eine Projektionsfolie für den beurteilenden Lehrer sein und damit auch Ausgangspunkt und Hilfestellung für die gemeinsame Reflexion und Entwicklung von Kriterien durch schreibende und beurteilende Schüler.

Die Gewinnung von Kriterien zur Beurteilung von Texten und Textentwürfen basiert weitgehend auf den **Kategorien der Sprach- und Literaturwissenschaft**. Die hier gängigen philologischen Kriterien zur Beschreibung von Genres, Gattungen und Bauformen liefern entsprechende inhaltliche, formale und stilistische Merkmale, mit denen Erwartungsnormen gesetzt sind. Daran lassen sich Texte dann messen. Texturteile dieser Art können rein beschreibend sein, wenn z.B. eine bestimmte Erzählperspektive benannt wird, oder es handelt sich um Werturteile, die Texteigenschaften nicht nur benennen, sondern eine wertende Zuschreibung vollziehen (vgl. Abraham 2010, S. 103 f.), z.B. wenn einem Gedicht Rhythmus als genretypische Eigenschaft attestiert wird.[41]

Ein wesentlicher Zusammenhang zwischen dem Handwerk des Schreibens und dem Blick auf Urteilskriterien ergibt sich aus der **Tradition der Rhetorik**. Schon im antiken Rhetorikunterricht lieferten mustergültige Texte als *exempla* die Modelle für die eigene Textproduktion. Nicht nur für die Dichter, sondern auch für den rhetorischen Schulunterricht war das Prinzip der *imitatio auctori-*

[41] Texturteile auf der Basis philologischer Kriterien sind jedoch im schulischen Kontext (v.a. in Bezug auf die eigene literarische Textproduktion von Schülern) nicht als literaturwissenschaftliche Analysen zu konzeptualisieren, sondern vielmehr als kritische bzw. würdigende Rückmeldung zu entstehenden Texten, vgl. die Möglichkeiten der prozessorientierten und der funktionalen Perspektive, welche die Beurteilung von Schreibprodukten ergänzen (Kap. 1.1.1).

um bis ins 18. Jahrhundert (und zum gegenläufigen Einfluss der Genieästhetik) ein wichtiges Verfahren der Nachahmung und schöpferischen Aneignung.[42] Das Schreiben literarischer Texte nach vorgegebenen Regeln, verstehbar als ein lehrbares Handwerk, wird auch in der Fachdidaktik der Gegenwart reflektiert[43] und liefert durch die Bezugnahme auf einen vorausgehenden Text (und dessen mögliche Strukturanalyse) entsprechende Beurteilungskriterien zu Gattungen, Formen, Stilen. Bergers „Schreiben nach literarischen Vorlagen" zeigt an unterschiedlichen Genremustern wie Märchen (Berger 1995, S. 12 ff.), Münchhausen- (ebd., S. 53 ff.) oder Science-Fiction-Geschichte (ebd., S. 94 ff.) auf, welche Erwartungsnormen sich aus den Merkmalen der genannten Textsorten ergeben. Ebenso betont Liebnau (1995) die handwerkliche Seite des Schreibens und leitet das Schreiben neben dem „Lernen an Mustern" (ebd., S. 51) z. B. durch die Erprobung einer „Geschichten-Grammatik" oder unterschiedlicher Erzählformen/-haltungen an (ebd., S. 48), womit nicht nur das Verfassen, sondern auch das Beurteilen entsprechender Schülertexte unterstützt wird. Auch im Rahmen der Weiterbildung LSiD, v. a. in der Werkstatt Erzählendes Schreiben, wird das Prinzip „Imitation und Variation" genutzt und dokumentiert (Wörner/Rau/Noir 2012, S. 24 ff.). Übungen zur stilistischen Nachahmung wie „Dazwischenschreiben", „Stilübungen nach Queneau", Pastiche oder Fanfiction werden hier jedoch vorrangig als Einstieg in das Schreiben (und als Anregung für weiterführendes Lesen) vorgestellt, ohne damit schon explizit Beurteilungsaspekte zu thematisieren.

Eine weitere Quelle, Urteilskriterien zu gewinnen, liefert die **Poetik** in ihrer Theorie über Wert, Wirkung, poetische Ausdrucksmittel und Gattungen von Dichtung. Nicht die normativen Regelpoetiken einer barocken „Poeterey" von Opitz oder der Gottschedschen „Critischen Dichtkunst" können heute den schulischen Schreibunterricht bereichern, wohl aber eine offene Poetik, wie sie auch den Literaturbegriff der Postmoderne bestimmt. Unter der Fragestellung „Was ist gute Literatur?" sondiert Kellner (1999) poetologische Ansätze unterschiedlicher Epochen und Autoren und entwickelt daraus eine auf den Zweck schulischen Schreibens abzielende eigene Poetik. Sein anspruchsvolles Kriterienmodell differenziert „narrative Literatur", die z. B. aus der Spannung zwischen Stoffübernahme und eigener Gestaltung und nach der Glaubwürdigkeit ihres Fiktionsmodells zu bewerten ist, von „atmosphärischer Literatur" (Lyrik), für die nach dem Spannungsverhältnis zwischen Konkretion und Abstraktion, Intensität und Stereotypie sowie nach ihrem möglichen „Bedeutungsüberschuss" gefragt werden könne (vgl. Kellner 1999, S. 98–108).

Ein konkreteres und damit für schulisches Schreiben noch brauchbareres Beurteilungsinstrumentarium findet sich bei Liebnau (1995), der mit „Innenwelten", „Außenwelten" und „Traumwelten" ebenfalls einen differenzierenden

[42] Für einen historischen Überblick vgl. Stemmer-Rathenberg 2011.

[43] Vgl. Waldmann/Bothe 1992, Paefgen 1991, Stemmer-Rathenberg 2011.

Literaturbegriff zu Grunde legt. In seinen „Gesichtspunkten zur Bewertung" (ebd. S. 132ff.) unterscheidet Liebnau Aufgabenstellungen mit „verbindlichen" inhaltlichen und/oder formalen Anforderungen von „offenen" Aufgabenstellungen, „bei der die Schüler selbst entscheiden [...], worüber und wie sie schreiben" (ebd., S. 133). Während die Bewertung der Texte zu den offenen Aufgabenstellungen stärker von subjektiven Leserurteilen abhängig ist, ihre Bewertung durch Beurteilungskriterien aber ebenfalls begründbar erscheint (im Einzelnen durch Kriterien, die die Fragen „Wie wirkt der Text auf Leser? Was bestimmt den Text inhaltlich? Wie ist der Text gemacht?" aufgreifen), schlägt Liebnau für die Bewertung der Texte mit verbindlichen Vorgaben ein Raster mit drei Fragerichtungen vor (ebd., S. 133):

- *Sind die gestellten Forderungen erfüllt?* Aufgreifen und richtige Verarbeitung der inhaltlichen Bausteine, Erfüllung der Textsorte, Erfassen der richtigen Perspektive, Erfüllung des Bauprinzips Wiederholung und Kontrast, erfolgreiche Durchführung linguistischer Operationen
- *Wie wird der vorgesehene Rahmen genutzt?* Reproduktion oder Ideenreichtum und Originalität
- *Gibt es qualitätsmindernde Faktoren?* Denkfehler (Widersprüche), ungewollte sprachliche und stilistische Normabweichung (mit Ausnahme nicht oder geringer zu berücksichtigender Rechtschreib- und Zeichensetzungsfehler, um die Schreibmotivation und Ausdrucksfähigkeit der Schüler durch blockierende Ängste vor Fehlern nicht zu gefährden)

In Anlehnung an dieses Kriterienraster haben wir für die Textbewertung in den vier gattungsbezogenen **Werkstätten der Weiterbildung LSiD vier Beurteilungsraster** entwickelt. Als Grunddimensionen, die für die Wahrnehmung und Bewertung aller Texte ungeachtet ihrer Werkstattzugehörigkeit gelten, wurden *Erfüllung eines Schreibmusters, Bearbeitung des Themas* (inhaltliches Wagnis), *„Stil"* (sprachliches Wagnis) und *qualitätsmindernde Faktoren* angesetzt. Erst in der weiteren Ausdifferenzierung dieser allgemein gültigen Grunddimensionen wird deutlich, dass für „unterschiedliche *Textsorten* unterschiedliche Dimensionen der Textqualität dominant sind" (Nussbaumer 1996, S. 106). Der von uns hier verwendete Begriff des **Wagnisses** entstammt dem erwähnten Zürcher Textanalyseraster. Das Kriterium *sprachlich-formales Wagnis* als Wert der „sprachlich-formale[n] Attraktivität, sei dies nun die eingängige Eleganz oder die anstachelnde Widerborstigkeit und Repulsivität" (Nussbaumer/Sieber 1995, S. 48), welches in seiner Aussagekraft über die Aufzählung der Wirkung einzelner Sprachmittel hinausgeht und diese ergänzt, und das Kriterium *inhaltliches Wagnis* als „Momenten des ‚Sich-auf die Äste-Hinauslassens'" (Nussbaumer/Sieber 1995, S. 49) ermöglichen eine holistische und dabei durchaus subjektiv unterschiedlich wahrnehmbare Sicht auf Texte (zum Umgang mit den Kriterien s. u.). Dies erscheint uns insbesondere für die Bewertung der Textgüte literarischen Schreibens unerlässlich.

Denn die Erfassung der (sprachlich vermittelten) Literarizität eines Textes stellt besondere Ansprüche an Kriterien, die sich aus dem literarischen Texten eigenen Spannungsverhältnis zwischen Konvention und Originalität, Norm und Normbruch, Eigenständigkeit und Intertextualität ergeben. Poetische Qualität einzuschätzen, bedeutet somit auch für den Beurteilungsprozess, das Nichterwartete und Nichtintendierte zuzulassen, die „Abweichung vom Bekannten und Gewohnten, [...] das Uneindeutige, das nach Interpretation verlangt. [...] die spezifischen Verweisungszusammenhänge symbolischer Sprache".[44]

Die Kategorie **Qualitätsmindernde Faktoren** wurde im Laufe der prozessbegleitenden Kriterienreflexion revidiert, da sich zum einen Überschneidungen mit und Widersprüche zu den drei ersten Grunddimensionen ergaben und die Begrifflichkeit zum anderen eine defizitorientierte Sicht auf Texte impliziert, die vor allem in der Schülertextbewertung zu vermeiden ist. Damit deutet sich an, dass gewonnene Kriterien für das Bewerten zwar grundsätzlich sind, aber für „Formen des *fördernden Beurteilens*" (Baurmann 2002, S. 118) auch der **Umgang mit den Kriterien** reflektiert werden muss.

Kriterien für die Beurteilung der Texte aus der Werkstatt *Erzählendes Schreiben*:

Kriterium	Bewertung
Erfüllung eines Schreibmusters ▸ Erkennbarkeit einer Bauform (z. B. Märchen, Kurzgeschichte, Anekdote, Krimi usw.) ▸ *Gestaltung der Erzählinstanz* (z. B. allwissender Erzähler, personales Erzählmedium, mehrperspektivisches Erzählen) ▸ *Spannungsbogen* (z. B. Cliffhanger) ▸ *Verhältnis story:plot* (z. B. chronologisches Erzählen) ▸ *Verdichtung* (symbolische Aufladung)	❑ sehr gut ❑ gut ❑ zufriedenstellend ❑ mangelhaft
Bearbeitung des Themas (inhaltliches Wagnis) ▸ *Stoffe, Topoi und Motivtraditionen* ▸ *Eigenständigkeit* als Veränderung solcher Elemente (z. B. überraschende Wendung der Handlung) ▸ *Figuren und ihre Konstellation im Text*	❑ sehr originell ❑ originell ❑ konventionell ❑ gar nicht
„Stil" (sprachliches Wagnis) ▸ *Figurenrede* (z. B. erkennbarer Dialekt oder Soziolekt) ▸ *Dialoge* ▸ *sprachliche Mittel des Schilderns* (locations, Stimmungen, Gefühlen usw.) ▸ ggf. *sprachliche Anpassung* an Zielgruppe (Kinder/Jugendliche)	❑ überzeugend ❑ gefällig ❑ angemessen ❑ unangemessen
Besonderheiten:	

[44] www.publikationen.ub.uni-frankfurt.de/files/4616/pieper_lesenlernen.pdf, S. 5.

Kriterien für die Beurteilung der Texte aus der Werkstatt *Lyrisches Schreiben*:

Kriterium	Bewertung
Erfüllung eines Schreibmusters ▸ visuelle Erkennbarkeit (z. B. Strophen, Zeilenumbrüche) ▸ Erkennbarkeit einer Bauform (z. B. Sonett, Haiku) ▸ Spielcharakter (z. B. Rhythmisierung, Wortspiele wie „w:orte") ▸ Verdichtung (symbolische Aufladung)	❑ sehr gut ❑ gut ❑ zufriedenstellend ❑ mangelhaft
Bearbeitung des Themas (inhaltliches Wagnis) ▸ Bilder, Topoi und Motivtraditionen ▸ Eigenständigkeit als Veränderung solcher Elemente	❑ sehr originell ❑ originell ❑ konventionell ❑ gar nicht
„Stil" (sprachliches Wagnis) ▸ Wortschatz (z. B. Neuschöpfungen), Syntax (z. B. Ellipsen), Rhetorik (z. B. Stilfiguren) ▸ bewusste Verstöße gegen schriftsprachliche Normen	❑ überzeugend ❑ gefällig ❑ angemessen ❑ unangemessen
Besonderheiten:	

Kriterien für die Beurteilung der Texte aus der Werkstatt *Journalistisches Schreiben*:

Kriterium	Bewertung
Erfüllung eines Schreibmusters ▸ Erkennbarkeit der Bauform: Einstieg (z. B. szenischer Einstieg, Zitat, Verrätselung), Ausgestaltung (z. B. Interviewpassagen), Rahmen (Schluss kommt auf den Einstieg zurück) ▸ Einbindung von Zitaten ▸ erkennbares Reporter-Ich	❑ sehr gut ❑ gut ❑ zufriedenstellend ❑ mangelhaft
Bearbeitung des Themas (inhaltliches Wagnis) ▸ Ereignisse, Milieus, Fakten ▸ Verknüpfung von Neuem mit Bekanntem	❑ sehr originell ❑ originell ❑ konventionell ❑ gar nicht
„Stil" (sprachliches Wagnis) ▸ Bildlichkeit (Vergleiche, Metaphern) ▸ Kontrastierung informierender, schildernder und argumentierende Elemente ▸ Tempuswechsel	❑ überzeugend ❑ gefällig ❑ angemessen ❑ unangemessen
Besonderheiten:	

Kriterien für die Beurteilung der Texte aus der Werkstatt *Szenisches Schreiben*:

Kriterium	Bewertung
Erfüllung eines Schreibmusters ▸ Haupt- und Nebentext ▸ Erkennbarkeit einer Bauform (z. B. Komödie, Tragödie, Einakter ...) ▸ dramatischer Aufbau (z. B. aristotelisch) ▸ Verdichtung (symbolische Aufladung)	❏ sehr gut ❏ gut ❏ zufriedenstellend ❏ mangelhaft
Bearbeitung des Themas (inhaltliches Wagnis) ▸ Stoffe, Topoi und Motivtraditionen ▸ Eigenständigkeit als Veränderung solcher Elemente (z. B. überraschende Wendung der Handlung) ▸ Figuren und ihre Konstellation im Text	❏ sehr originell ❏ originell ❏ konventionell ❏ gar nicht
„Stil" (sprachliches Wagnis) ▸ Figurenrede (z. B. erkennbarer Dialekt oder Soziolekt) ▸ Dialoge (auch der Subtext – das „Ungesagte") ▸ sprachliche Mittel im Nebentext (z. B. „Bühnenbild", Mimik, Gestik, Körpersprache, Tonfall)	❏ überzeugend ❏ gefällig ❏ angemessen ❏ unangemessen
Besonderheiten:	

Kriterien und Kriterienkataloge einsetzen

Obwohl die erstellten Raster verdeutlichen, dass Beurteilungskriterien sich aus der Textsorte und den Texteigenschaften ergeben, in ihrer **didaktischen Funktion** dem schreibenden Schüler **Rückmeldung** darüber ermöglichen, welche Überarbeitung sein Text(-entwurf) erfordert, und für die Bewertung seiner Leistung **Transparenz** schaffen, löst dies nicht hinlänglich alle Probleme. Es bleiben die Beurteilung betreffende Unsicherheiten. Selbst differenzierte Kriterienkataloge mit klaren und vergleichbaren Kriterien können nicht darüber hinwegtäuschen, dass der Rezeptions- und damit auch der Beurteilungsakt immer ein subjektiver Prozess ist und in einem sozialen Kontext steht.

> Wir können Regeln und Definitionen dafür angeben, was die Qualität literarischer Texte ausmacht. [...] Ihre Anwendung ist aber immer abhängig vom Einzelnen: vom konkreten Text und vom einzelnen, individuellen Leseakt. (Steinbrenner 2004, S. 181)

Damit grenzen auch wir uns ausdrücklich von der Vorstellung ab, dass Textgüte eindeutig gemessen werden kann. „Eine objektive Produktbewertung ist zwar anzustreben, dennoch bleibt sie schon aus rezeptionstheoretischer Sicht ein nicht einlösbares Konstrukt" (Fix 2005, S. 190). Insofern verstehen wir Beurteilungskompetenz als Fähigkeit zur (intersubjektiven) **Einschätzung** der Qualität von Texten und entstehenden Textentwürfen.

Auf grundsätzliche **Probleme** im Umgang mit Kriterien weisen bereits Grzesik/Fischer (1985) hin: Das „Definitionsproblem" ergibt sich aus der Frage nach individuellem „Füllen" der Kriterien, ein „Abgrenzungsproblem" kann aufgrund der Ähnlichkeit von Kriterien entstehen und das „Ökonomieproblem" wirkt sich auf die Motiviertheit des Bewerters aus (Grzesik/Fischer 1985, S. 100 ff.) Gilt dies für Schülertexte allgemein, so ist es erst recht zu bedenken, wenn diese Texte Produkte literarischen Schreibens sind.

Einfluss auf die anzulegenden Kriterien hat immer auch die **Schreibaufgabe** selbst. Beim szenischen Schreiben (s. o.) z. B. nach *sprachlichen Mittel im Nebentext* zu fragen, setzt voraus, dass ein solcher Nebentext explizit von der Schreibaufgabe gefordert ist. Die Annäherung an die dramatische Form, etwa durch das Verfassen eines Streitgesprächs (Richhardt 2011, S. 34), zielt darauf ab, dass Schreibende zunächst nur einen Dialog verfassen, ohne dass Regieanweisungen oder Ortsangaben eine Rolle spielen, womit das genannte Kriterium hier keinen Sinn macht. In gleicher Weise ist auch die unterschiedliche **Gewichtung** von Kriterien in Abhängigkeit von der Schreibaufgabe eine Notwendigkeit. Die Beurteilungsforschung (vgl. Baurmann 2002, S. 125 ff.) hat darüber hinaus auch gezeigt, dass eine zu große **Anzahl** von Kriterien keinen Mehrwert erbringt.

Als empfehlenswert erscheint es weiterhin nicht, Kriterienkataloge in ihrer Anwendung als einfache Merkmals- oder Checklisten „abzuhaken"; insbesondere anspruchsvollere Qualitätskriterien, wie das erläuterte „Wagnis", können dem entgegenwirken und schaffen so eine Verbindung zwischen analytischen Einzelkriterien und einer **Gesamtsicht** auf den Text (vgl. Fix/Melenk 2000, S. 45 f. und Fix 2005, S. 189). Der oben genannte (Kap. 1.2.2) holistische Blick auf die Gestalt wird durch solche Kriterien nahegelegt. Sich daraus ergebende „Globalurteile" müssen freilich überprüft werden; der Abgleich von Globalurteilen mehrerer Beurteiler in Kleingruppen gewährleistet weitgehend übereinstimmende Urteile und kann Lehrenden helfen, Sicherheit und Routine in der eigenen Beurteilungspraxis zu gewinnen: „Die Subjektivität des einzelnen Beurteilers wird also innerhalb dieses Rahmens [Mehrfachbeurteilung nach globalem Ersteindruck] in ‚seinem' Team intersubjektiv ‚aufgehoben'" (Baurmann 2002, S. 129).

Weitere Fehlerquellen in der Textbeurteilung können sich aus Einflüssen ergeben, denen die Beurteilenden unterworfen sind wie z. B. die Wahrnehmung formaler Faktoren (schriftsprachliche Korrektheit des Textes) oder mögliche Vorinformationen über die Schreibenden (vgl. ebd., S. 144). Diese Aspekte sind indirekt auch Teil der **Einstellungen, Haltungen und Erwartungen**, die Lehrende haben, wenn es um Schülertextbeurteilung geht. Das folgende Experiment veranschaulicht die Problematik einer „verzerrten" Wahrnehmung:

Studierenden, die bereits in vorangegangenen Sitzungen Kriterien zur Textbewertung entwickelt hatten, wurde im Experiment an Stelle eines Schülertextes ein kurzer, in Schülerhandschrift abgeschriebener Text eines bekannten Autors zur Beurteilung und Bewertung vorgelegt. Die Studierenden wurden dabei im Glauben gelassen, dass es sich um den Text eines Schülers der 8. Klasse Realschule handle. (Merz-Grötsch 2001, S. 98)

Die normative Anwendung eines zuvor entwickelten Kriterienkatalogs führte dazu, dass die Studierenden hart mit dem Text ins Gericht gingen und dessen syntaktische und stilistische Mittel in ihrer Wirkung (anscheinend) verkannten. Damit wird nochmals deutlich, dass nicht Kriterien allein, sondern nur der sinnvolle Umgang mit ihnen die Textproduktion von Schülern unterstützen und schriftliche Leistungen gerecht bewerten hilft.

Perspektiven für den beurteilenden Umgang mit Schülertexten

Als grundsätzlich wird im Umgang mit Schülertexten die Abwendung von einer **defizit-orientierten** (dem „Korrekturblick") hin zu einer würdigenden **„lernersensitiven" Perspektive** (Dehn 1996) erachtet, welche zunächst die im Text angelegten und dem Schüler teilweise nicht bewussten Qualitäten hervorhebt und damit, motivationspsychologisch bedeutsam, weitere Lernprozesse beim Schreiben in Gang setzt. „Auch Halbfertiges, Lückenhaftes oder sogar Verwirrendes kann eine gute Voraussetzung für den nächsten Lernschritt sein" (Weber 2009, S. 70). Eine zu schnelle Fehlerorientierung hingegen verhindert den offenen und **fragenden Blick** auf Schülertexte.

Daher ist ein Wechsel des Standpunkts und die Annahme einer unvoreingenommenen Grundhaltung notwendig, mit der Lehrende den Schreibwegen der Schüler folgen, die Perspektive von deren Texten einnehmen und sich auf diese Weise wie **Philologen** um **Verstehen und Interpretation von Schülertexten** bemühen. Denn „Texte sind nicht einfach gegeben, sie sind den Leserinnen und Lesern aufgegeben" (Nussbaumer 1996, S. 98). Auch hierbei ist zu betonen, dass es sich um eine Maxime für Schülertexte jeder Art handelt, die aber besonders wichtig ist, wenn es um LSiD geht.

Außerdem muss berücksichtigt werden, dass der Text, der auf dem Papier vorliegt, nicht unbedingt identisch ist mit den Gedanken und Sprachfähigkeiten seines Urhebers (vgl. ebd., S. 100). Nur eine nicht „exekutierende", sondern „mäeutische Korrektur" (Ivo 1982, S. 131 ff.) kann es ermöglichen, dass durch Hilfen und dialogische Beratungen die Absicht des schreibenden Schülers erst „ans Licht gebracht" und damit die Potenziale seines Textes entfaltet werden.

Textberatung sollte dabei nicht nur durch die Lehrenden erfolgen, sondern auch durch die Mitschüler, da gerade das Feedback der Peers in gleichen oder ähnlichen Erfahrungshorizonten von Schreibenden und Beurteilenden gründet.[45] Das gegenseitige Beurteilen von Texten nach dem Konzept des Dialogischen Ler-

[45] Dabei wird von Seiten der Schreibdidaktik immer wieder darauf hingewiesen, dass die Qualität der Textüberarbeitung vor allem auch von der Kompetenz der Berater abhängt (Jantzen 2010, S. 159). Dies verweist wiederum auf die Notwendigkeit, Texturteile sicher formulieren zu können. Die Perspektive des Lehrenden als urteilendem Experten ergänzt insofern die Rückmeldungen der Peers und wird von diesen nicht aufgehoben.

nens (z. B. in Form der Textwanderung durch das Klassenzimmer, vgl. Grau/Seidler 2004) gestattet, im sozialen Austausch Kriterien kennenzulernen, festzulegen und anzuwenden. Rückmeldungen von Mitschülern als „**Schreibberatern**" (Lüthgens 2005) stärken die Schreibmotivation, zeigen den Schreibenden Hilfen auf, und die Schreibberater selbst machen die Erfahrung, dass ihr Urteil wichtig ist. Absprachen über relevante Urteilskriterien liefern hierfür die Basis.

Wenn Schüler lernen, fremde Texte zu beurteilen, eignen sie sich damit auch Fähigkeiten für die **Einschätzung der eigenen Leistung** an. Lutz-Sikora (1999) dokumentiert Möglichkeiten der Selbstbewertung von Schülerarbeiten. Diese berücksichtigen Bedingungen und Zustandekommen einer schriftlichen Leistung aus der Perspektive der Schreibenden und machen deutlich, inwieweit Kriterien, Vorannahmen und Erwartungen zusammenspielen, wenn es darum geht, Urteilskompetenz auf den Punkt zu bringen.

1.2.4 Befähigung zur literarischen Anschlusskommunikation

Lesen und über Gelesenes sprechen

Neben der konstruktivistischen Auffassung, dass die Rezeption von literarischen Texten einen individuellen Prozess von Bedeutungserzeugung darstellt, hat die Rezeptionsforschung verdeutlicht, dass für den Rezeptionsprozess auch der situative und kulturelle Kontext, in dem die Rezeption stattfindet, auf diesen einwirkt. Da Menschen ihre Fähigkeiten in sozialen Beziehungen ausbilden, erwerben sie auch den Umgang mit Literatur durch die *Kooperation mit kompetenten Anderen*. Dies zeigt sich bereits in der frühkindlichen literarischen Sozialisation, wenn das Vorlesen und gemeinsame Betrachten von Bilderbüchern sich auf Interaktionsroutinen und Gesprächsrituale stützt. Die damit hergestellte „geteilte Bedeutung" bindet das Kind als aktiven Rezeptionspartner ein und entspricht dem Prinzip der Dialogizität (Wieler 1997; 2002). Die **kommunikative Dimension des Lesens** zeigt sich im weiteren Verlauf der literarischen Sozialisation dann auch bei Jugendlichen und jungen Erwachsenen und relativiert das Bild des einsamen und zurückgezogenen Lesers „im Kämmerlein". Wenn entsprechende Texte (oder Medien) Gespräche auslösen, wird dabei der Zugang zu bestimmten sozialen Gruppen gesucht (Rosebrock/Nix 2008, S. 23). Es geht darum, Bescheid zu wissen und mitreden zu können, wie es nicht nur, aber besonders die *Harry-Potter*-Welle gezeigt hat. Was also in (manchen) Familien und unter Gleichaltrigen eine reale Praxis darstellt und informelle Lernprozesse begründet, bietet Anschlussstellen für literarische Lehr-Lernprozesse im schulischen Kontext. Denn das Sprechen über Literatur kann an Vorerfahrungen der Schüler anknüpfen, es repräsentiert eine kulturelle Praxis und soll zur Teilnahme daran befähigen. Und es entspricht in seiner Vielstimmigkeit dem Charakter der Literatur selbst (vgl. Bräuer 2011, S. 76): „Am Anfang aller Literatur ist das Gespräch" (Härle 2004, S. 137).

Der von Sutter geprägte Begriff der **Anschlusskommunikation** meint in diesem Sinn die „kommunikative Verarbeitung bzw. ‚Aneignung' (Holly & Plüschel 1993) von Medienangeboten, die subjektive Rezeptionsprozesse begleitet und ergänzt" (Sutter 2002/06, S. 82). Anschlusskommunikationen sind sozialisatorische Interaktionen und können

> als soziale Bedingungen des Erwerbs von Medien- bzw. Lesekompetenz betrachtet werden. Voraussetzung für den Erwerb von Medienkompetenz ist somit die Fähigkeit, an Prozessen der Anschlusskommunikation und der kommunikativen Verarbeitung von Medienangeboten teilzunehmen. (Sutter 2002/06, S. 87)

Daher ist die Förderung von Lesekompetenz, v. a. auch im Hinblick auf die weitere Leseentwicklung, ohne die auszubildende Fähigkeit zu Anschlusskommunikationen nicht denkbar. Es bedarf „der Fähigkeit, sich über Gelesenes auszutauschen, zur Toleranz bei unterschiedlichen Interpretationen, zum Aushandeln von Bedeutungskonsensen" (Hurrelmann 2002, S. 15). Sich über Lektüre auszutauschen und die lebensweltliche Bedeutung von Leseerfahrungen mit anderen auszuhandeln, intensiviert das Textverstehen und stellt gleichzeitig einen starken Leseanreiz dar (Rosebrock/Nix 2008, S. 23).

Ebenso ist poetische Kompetenz als Fähigkeit zur Teilhabe an der kulturellen Praxis Literatur in einem Überschneidungsbereich von literarischer Rezeptionskompetenz (Texte „verstehen"), literarisch-ästhetischer Kompetenz (Formen und Gestalten „erkennen") und literarischer Handlungskompetenz angelegt: „literarische Einsichten und Erfahrungen mit anderen LeserInnen *auszutauschen* – in Gespräch und Diskussionen, aber auch in Inszenierung und eigenem Entwurf (Schreiben)" (Abraham 2008, S. 21). Lese- und literarische Erfahrungen müssen im sozialen Kontext Sinn machen und schaffen dann „eine Verbindung zwischen individueller Lektüre und Lesekultur sowie der Teilhabe der Leserinnen und Leser am kulturellen und gesellschaftlichen Leben" (Hurrelmann 2002, S. 15).

Gesprächskompetenz über literarische Texte

Das Gespräch über Literatur weist als sprachliches Handeln die *Merkmale mündlicher Kommunikation* auf (vgl. Becker-Mrotzek 2012, S. 72 f.): Sprachliche Äußerungen mehrerer Gesprächsteilnehmer werden im zeitlichen Nacheinander und im Bezug der Äußerungen zueinander realisiert. Jedes Gespräch hat ein Thema, über das die Beteiligten sprechen. Dabei übernehmen sie eine bestimmte Gesprächsrolle und stellen ihre (kulturelle, soziale, geschlechtsspezifische) Identität dar, die sich auf die Beziehungsgestaltung im Gespräch auswirkt und auch die Bereitschaft und Fähigkeit zu Metakommunikation einschließt. Damit erst wird partner- und situationsangemessenes Gesprächsverhalten möglich. Weiterhin bedient sich die mündliche Kommunikation aufgrund ihrer Flüchtigkeit zahlreicher Verfahren, die die Verständnissicherung zwischen Teilnehmern mit unterschiedlichen Kenntnis- und Verstehensvoraussetzungen unterstützen (z. B.

Ankündigungen, Wiederholungen, Zusammenfassungen). Sequentialität, Thematizität, Identitätsgestaltung und Unterstützungsverfahren zur Verständnissicherung bedingen damit erfolgreiche Interaktivität und die Qualität mündlicher Kommunikation. Sie zu prozessieren gehört zu den spezifischen Anforderungen von Gesprächskompetenz im Allgemeinen.

Gesprächskompetenz benötigt dabei **prozedurales und explizites Wissen** (vgl. Becker-Mrotzek 2012, S. 78 f.). Zu prozeduralem Wissen zählen basale Rezeptions- und Formulierungsfähigkeiten, also die Fähigkeit, Ideen sprachlich auszudrücken und zu verstehen, sowie pragmatisch-diskursive Verständnis- und Produktionsfähigkeiten, d. h. geeignete sprachliche Handlungsmuster zu bestimmten Zwecken selbst zu realisieren und die Äußerungen anderer entsprechend zu deuten. Ebenso gehören dazu Einstellungen und Haltungen der Teilnehmer in Bezug auf Kommunikation oder bestimmte kommunikative Situationen. Als explizites Wissen gelten das pragmatische Wissen über den Charakter von Gesprächen und ihr Funktionieren sowie institutionelles Wissen über sprachliche Handlungsformen im Rahmen bestimmter Institutionen wie z. B. der Schule.

Im Hinblick auf Gespräche über literarische Texte und die (schulische) Ausbildung kompetenten Sprechens über Literatur sind diese Qualifikationen zu spezifizieren. Die **Thematizität eines Gesprächs über Literatur** liegt im Charakter literarischer Textes selbst und den Bedeutungen, die Lesende ihnen zuweisen. Ihre Offenheit und Mehrdeutigkeit stellen dabei besondere Herausforderungen dar, Thematizität im Gespräch zu prozessieren. Von naheliegendem Interesse ist zunächst die Frage, wovon ein Text handelt. Zum Thema des Gesprächs gehört aber nicht allein die Auseinandersetzung über das **Textthema** – die menschlichen Grunderfahrungen, die Literatur vorstellt und erfahrbar macht –, sondern auch ihre in der **literarischen Form und Sprache** liegende Verfasstheit. Diese im Gespräch zu thematisieren, weist über inhaltistische Eingrenzungen (zur Kritik daran vgl. Burdorf 2004) hinaus auf Möglichkeiten, Orientierung im literarischen Feld (z. B. der Gattungen) zu gewinnen, Distanz zu Inhalten aufzubauen (und dabei mit identifikatorischen Lektüreprozessen ins Gleichgewicht zu bringen) und Medialität, Intertextualität und kulturelle Vielfalt in der Vielfalt der literarischen Formen erfahrbar zu machen (vgl. ebd., S. 109). Der Wahrnehmung der Sprachlichkeit literarischer Texte ist also zentral; dies muss sich im **Medium des Gesprächs zur Verständigung** über den Gegenstand widerspiegeln.

Die Gesprächsdynamik zwischen mehreren Teilnehmern ermöglicht durch die interaktive Äußerungs- und Beziehungsgestaltung, differenzierende Deutungen miteinander ins Spiel zu bringen: „Nicht in der Äußerung allein, sondern in der Reaktion auf die Äußerung und wiederum in der Reaktion auf die geäußerte Reaktion entwickelt sich Interaktion, in der Bedeutungen ausgehandelt werden und somit allererst entstehen" (Bosse/Renner 2010, S. 4). Hier zeigen sich Ähnlichkeiten zwischen den Text-Leser-Beziehungen und den Beziehungen der

Gesprächsteilnehmer zueinander, da in beiden Fällen Wirklichkeiten erst konstruiert werden, zum einen durch die sprachlichen Handlungen im Text und den Leser als korrespondierendem „Mitspieler" des Textes, zum anderen durch die sprachlichen Handlungen der am Gespräch Beteiligten (ebd., S. 5). Die Eigenschaften literarischer Texte und der lesende Umgang mit ihnen generieren insofern die pragmatisch-diskursiven Handlungsmuster literarischer Gespräche, die eine Unterscheidung von beschreibenden, zusammenfassenden, interpretierenden und wertenden Äußerungen und deren funktionales Zusammenspiel in der Kommunikation über Literatur notwendig machen.[46]

Zu den Anforderungen intersubjektiver Verständigung über Literatur zählen die grundsätzliche Bereitschaft, offen zu sein für Differenz und die Ansichten anderer, Uneindeutigkeiten auszuhalten und ebenso die Fähigkeit, sich argumentativ mit fremden Lesarten auseinanderzusetzen, um eigenes Verstehen zu reflektieren oder revidieren (Wieler 1989, S. 18). Die Ausbildung **literarischer Gesprächskompetenz** (vgl. Spinner 2011) fordert Zeit und Raum (ein Einlassen auf die Gesprächsatmosphäre, evtl. die Wahl eines besonderen Settings), die Bereitschaft, über subjektive Texterfahrungen und Imaginationen zu sprechen und sich gemeinsam darüber auszutauschen; das Gespräch wird dabei zum „Medium des Begreifens" (ebd., S. 66).

> Talking about literature [...] and talking about what we thought and felt while reading a book lie at the heart of all teaching of literature. [...] This is not an act of Socratic cross-examination but a participatory conversation, of exploring and sharing, a creative act, mutually enriching.
>
> (Chambers 1985, S. 118 f.)

Literarische Gespräche führen

Damit literaturbezogene Gespräche gelingen, sind die Voraussetzungen dafür zu klären, auf welche Weise die intersubjektive Verständigung über Literatur die Fähigkeit der Rezipienten/Gesprächsteilnehmer nutzen und gleichzeitig weitentwickeln kann (vgl. Wieler 1998, S. 18).

In Anlehnung an die Sprachtheorie und Hermeneutik Friedrich Schleiermachers lassen sich Verstehens- und Gesprächsprozesse erfassen als **Überprüfung und Erweiterung der eigenen Wahrnehmungen**. Da Individuen niemals sicher sein können, dass ihre Wahrnehmungsschemata für Wirklichkeit mit denen anderer übereinstimmen, entsteht das Bedürfnis, sich dieser im Gespräch zu vergewissern: „Jeder Sprachgebrauch ist ein *Test auf Intersubjektivität*" (Hurrelmann 1987, S. 71). Insbesondere die „produktive, metaphorische, stilistisch sensible

[46] Gleichwie die schriftliche Interpretation eine Unterscheidung zwischen deskriptiven, explanativen und evaluativen Aussagen erfordert (Schmidt 1979, S. 290 f.), müssen Gesprächsbeiträge sich ihrer pragmatischen Funktion vergewissern. Die Aktualisierung sprachlicher Einzelleistungen (Abraham 1994, S. 104) ist daher auch im Mündlichen auf die Fähigkeit zur Metakommunikation, zur Reflexion über das eigene Sprachhandeln, angewiesen.

Sprachverwendung in der Literatur" (ebd., S. 72) drängt auf Verschiebung und Erweiterung der Schemata, ohne dabei zu einer letztendlichen Sicherheit übereinstimmender Deutungen gelangen zu können (oder zu müssen). Eine solche „Quasi-Unendlichkeit" von Verstehensprozessen zeigt sich auch in den sog. *Literarischen Gesprächen*.

Das Modell der **Literarischen Gespräche**, zunächst erprobt und dokumentiert durch Valentin Merkelbach (1995), weiterentwickelt durch das Heidelberger Autorenkollektiv um Gerhard Härle (2004), zielt auf Gleichberechtigung und „Vielstimmigkeit" des literaturbezogenen Sprechens im Unterricht ab. Literarische Gespräche streben in ihrer Offenheit keine fixierbare Interpretation eines literarischen Textes an; sie wollen durch die Äußerung der persönlichen Leseerfahrungen der Teilnehmer die Texte selbst zum Sprechen bringen. Die dialogischen Verständigungsbemühungen der Rezipienten ermöglichen dabei eine prinzipiell nie abgeschlossene **gemeinsame Sinnsuche**: „Im Literarischen Gespräch als ‚wahrem Gespräch' sind Sprachformen zu suchen, die nicht auf definitorische Erklärung aus sind, sondern die den poetischen Nachvollzug ermöglichen" (Härle 2004, S. 148). Das Literarische Gespräch als ein Sprechen *mit* dem Text grenzt sich von Formen des Sprechens *über* Texte ab, denn „über etwas sprechen bedeutet, es in Besitz zu nehmen, seiner habhaft werden, es beurteilen" (Härle 2004, S. 147). Die Unterschiede zur literarischen Wertung und Urteilsbildung sind damit deutlich markiert. Eine Zusammenführung strebt Werner (1996; 2004) an, indem er (mit Bezug auf Jürgen Habermas' Diskurskonzept) **ästhetische Bewertungsdiskurse** als gleichberechtigte Kommunikation – zur Lösung von Problemlagen mit dem Anspruch passender Begründungssprachen und argumentativer Entfaltung (2004, S. 212) – modelliert. Hierbei wird deutlich, dass Sprecher idealiter „ihre alltagssprachliche Kompetenz mit der Deutung einer literarischen Situation" (ebd., S.204) verknüpfen. Es ist dies der schon erwähnte Anspruch, literarische Urteilsbildung zwischen den Polen einer subjektiv-expressiven und einer normorientierten literaturwissenschaftlichen Perspektive zu verorten.

Funktionen von Anschlusskommunikation

Je nach situativem Kontext verfolgen Anschlusskommunikationen unterschiedliche **Ziele,** wie die Vermittlung der Kulturtechnik Lesen, das Verstehen literarischer Texte, sie können der Persönlichkeitsbildung dienen oder auch der Unterhaltung und dem Genusserlebnis (Sutter 2006, S. 95ff.). Anschlusskommunikation, die in den Prozess literarischer Produktion integriert ist, begleitet darüber hinaus das Schreiben und die Entstehung von Texten. Dies stellt insofern eine Sonderform dar, indem hier Rückmeldungen zu Textentwürfen realisiert werden, die den Schreibenden in eine sein Tun unterstützende Kommunikation mit Rezipierenden einbinden. Mit anderen Formen der Anschlusskommunikation gemein hat diese Sonderform das Ausgehen von Gestaltwahrnehmung (vgl. Kap. 1.2.2) und Urteilsbildung über einen Text (vgl.

Kap. 1.2.3); sie geht allerdings dabei weniger auf Interpretation aus als auf konstruktive Kritik.

Ein solcher Austausch über Geschriebenes kann sich auf Traditionen des geselligen Schreibens berufen, wie sie sich z. B. in den Zirkeln der Frühromantiker oder in den Schreibpraxen der Surrealisten abzeichnen und als „Literarische Geselligkeit" (Mattenklott 1979) auch Eingang in die Schule gefunden haben. Wenn Kinder in „Versammlungen" (Bambach 1989) sich gegenseitig ihre Geschichten vorlesen und die Texte besprechen, ist die Schreibgruppe ihr eigenes Publikum. Dies trägt den sozialen Aspekten des Schreibens Rechnung, dessen kommunikative Ausrichtung nicht von außen vorgegeben wird, sondern sich sinnstiftend aus der Praxis einer geselligen Schreib- und Lesekultur ergibt. Es entsteht so eine Verbindung zwischen literarischer Produktivität und dem Bedürfnis nach Austausch über die eigenen Texte, die im Gespräch verarbeitet und gleichzeitig weiterbearbeitet werden. Im Rahmen des geselligen Schreibens und Kommunizierens lernen Schüler/innen, ihre Texte als kritisierbar und entwicklungsfähig wahrzunehmen, Kritik zu akzeptieren und Vorschläge zu bedenken. Sie erproben und eignen sich Formen angemessener Textkritik an, indem sie sich eigener Maßstäbe bewusst werden und diese zu vermitteln suchen bzw. von anderen annehmen. Diese Anregungen dienen dann als produktive Anreize für die Weiterentwicklung von Texten in ihrem Entstehungsprozess (Mattenklott 1975, S. 175).

Anleitung der Anschlusskommunikation

Die gesprächsförmig organisierten Verstehensoperationen des *Elaborierens* (Entfaltung von Realitätsbezügen, subjektiven Erfahrungen und Beziehungen zu anderen Texten) und *Strukturierens* (Bündelung der Deutungsmöglichkeiten in Rückbezug zum Text) werden bei Hurrelmann (1987, S. 62 ff.) auf ein „Fundament in der Alltagspraxis des Gesprächs" (S. 75) zurückgeführt, wobei die außerschulische kulturelle Praxis als Bezugspunkt fungiert, die Frage nach einer kompetenten Gesprächsleitung ebenso wie nach gruppendynamischen Prozessen aber nicht explizit in den Blick rückt.

Die Analyse einer Unterrichtskommunikation bei Wieler (1989) zeigt, dass die Lehreräußerungen alle Gesprächsphasen initiieren oder abschließen, während die Schüleräußerungen „durchgängig reagierender Art" (S. 38) sind, was sowohl die freie Entfaltung subjektiver Sinnkonstitution wie auch die Fähigkeit zur eigenständigen Gesprächsgestaltung weitgehend verhindert. Gefordert werden daher die **Abkehr von Leitfragen** hin zu „produktiven Konflikte[n] zwischen den unterschiedlichen Auffassungen der Gesprächsteilnehmer von einem literarischen Text" (ebd., S. 229) sowie eine vor allem **organisierende Rolle des Lehrers als Gesprächsleiter**, durch welche die Gesprächspartner lernen, wechselseitig an vorherigen Beiträgen anzuknüpfen.

Auf das notwendige deklarative Wissen über literaturbezogene Gespräche sowie die prozeduralen Fähigkeiten zu deren Anleitung weist schon Chambers „Booktalk" hin:

> The teacher offers knowledge of rhetorical devices (the student learns by doing) and must know how to work conversational contributions into some kind of spontaneously organized pattern revealing the underlying movements of the response. [...] The teacher raises awareness and is a contributor of specialized knowledge, a guide to further sources, and a synthesizer of disparate and often conflicting comment. (Chambers 1985, S. 119)

Der Theorie und dem Modell Literarischer Gespräche liegt die gesprächs- und gruppenpädagogische Konzeption der Themenzentrierten Interaktion (TZI) nach Ruth Cohn (vgl. Matzdorf/Cohn 1995) zu Grunde, welche vier Faktoren als Einflüsse des Gesprächsverlaufs ausweist und diese in gegenseitiger Balance fordert: der Gegenstand (literarischer Text), das Individuum, die Gruppe und ihre Dynamik sowie die sozialen, institutionellem u. a. Umgebungsbedingungen. In diesem Zusammenhang wird explizit auch die Rolle der Gesprächsleitung bedeutsam, als einer (nicht nur organisierenden) Beteiligung am Gespräch, deren Impulse den Gesprächsverlauf beeinflussen und sequenzieren (vgl. Mayer 2004, S. 147). Das Zusammenspiel der genannten Faktoren der TZI gestattet, authentische Gesprächssettings anzubahnen, die es ermöglichen, gleichwohl der Authentizitätsanspruch mit den kommunikativen Gegebenheiten der Institution Schule oft konfligiert (Hurrelmann 1987, S. 78), genau diese Widersprüche („Störungen") im Gespräch zu erkennen und zu bearbeiten (Härle 2004, S. 151). Dazu ist es notwendig, dass Lehrende ungeachtet ihres Vorwissens ihr eigenes Interesse am Text zur Sprache bringen und sich mit **„echten" Gesprächsbeträgen**, d. h. ihren Fragen, Wahrnehmungen und Irritationen, beteiligen.

Gefordert sind die Lehrenden als **„Experten der Textkultur"** (Steinbrenner 2004), und sie sind in ihrer Aus- und Weiterbildung immer selbst auch Lernende auf diesem Weg. Neben der Festigung und Erweiterung der eigenen Urteilskompetenz (vgl. Kap. 1.2.3) geht es vor allem darum, dass Lehrende Sprechformen und sprachliche Muster entwickeln, welche zwischen dem literarischen Text und der Erfahrungswelt und den sprachlichen Fähigkeiten der Zielgruppe (insbesondere an Grund- und Haupt- bzw. Mittelschulen) zu vermitteln vermögen. Nur so kann es gelingen, die Schüler/innen mit ihren alltäglichen Erfahrungen in einen Dialog hereinzuholen, der sich als literaturorientierte Verständigung ausweist.

Die **Werkstattgespräche**, wie sie modellhaft in der Lehrerweiterbildung LSiD organisiert werden (vgl. Kap. 2.1.3), intendieren, die in diesem Kapitel skizzierten unterschiedlichen Aspekte aus Linguistik, Hermeneutik und Theorie des kommunikativen Handelns zu integrieren. Sprechen über Texte situiert sich hier an der produktiven **Schnittstelle zwischen Lesen und Schreiben**. Die Werkstattgespräche realisieren den Austausch über Geschriebenes, das seinerseits wiederum das Ergebnis von (literarischen) Leseprozessen sein kann, und ermöglichen damit sowohl vertieftes Textverstehen wie auch die Unterstützung von Überarbeitungsprozessen beim Schreiben (zu Schülertexten als Rezeptionsdokumenten vgl. Abraham 2005, S. 105f.). Das Anregungspotenzial fremder Texte für das eigene Schreiben zu nutzen und in Gesprächen eine Kultur des Arbeitens an den eigenen Texten zu fördern, ist entscheidend für die auf Textkompetenzen abzielende Entwicklung einer „unterrichtlichen Textkultur" (Feilke 2000, S. 21) insgesamt.

Indem die teilnehmenden Lehrer/innen diskursive Prozesse über Literatur (auch im Prozess ihrer Entstehung) erproben, erwerben sie eigene Erfahrungen im Gespräch über Texte und Textentwürfe, die eine didaktische Reflexion entsprechender Lehr-Lernprozesse und die Ausbildung prozeduralen Wissens zur Anleitung von Anschlusskommunikation im Klassenzimmer erst ermöglichen.

2 Konzeption und Entwicklungsperspektiven einer literaturpädagogischen Weiterbildung

2.1 Die Konzeption der Weiterbildung am Literaturhaus Stuttgart

2.1.1 Literaturpädagogik im 21. Jahrhundert

Zur gedanklichen Fundierung des Langzeit-Weiterbildungsprojekts, um das es nun geht, gebrauchen wir bewusst den Begriff **Literaturpädagogik**, der in der zweiten Hälfte des vorigen Jahrhunderts durch den der Literaturdidaktik verdrängt worden ist. Damit streichen wir die Bedeutung der Tatsache heraus, dass das Projekt nicht an der Hochschule und auch nicht bei einem staatlichen Anbieter von Lehrerfortbildung angesiedelt ist, sondern in einem Literaturhaus – und zwar dem bislang einzigen in Deutschland, das ein literaturpädagogisches Zentrum begründet hat (http://www.lpz-stuttgart.de/).

Derzeit uneinheitlich verwendet,[47] signalisiert der Begriff jedenfalls eine Öffnung für alle Bereiche von Literaturvermittlung: Literaturpädagogische Qualifikationen brauchen nicht nur Lehrer/innen, sondern auch Erzieher/innen, Sozialpädagogen/innen, Buchhändler/innen und Bibliothekar/innen: Sie alle sind beteiligt an außerschulischer Leseförderung (vgl. Ehmig/Reuter Hrsg. 2011) und damit Akteure im Prozess der „Literarischen Sozialisation" (vgl. Graf 2010). Literarische Sozialisation ist alles, was „im Überschneidungsbereich von Literatur- und Erziehungssystem geschieht" (so schon Hurrelmann 1998, S. 48): Ebenso, wie Sozialisation über planvolle Erziehung hinausgeht, so geht Literarische Sozialisation weit über das hinaus, was im Literaturunterricht an Erziehung zur literarischen Verstehens-, Genuss- und Urteilsfähigkeit getan werden kann. Diese Fähigkeiten bilden sich auch außerhalb der Schule (und Hochschule) aus, wenn und insoweit Heranwachsende und Erwachsene Literatur für sich entdecken und an der „kulturellen Praxis Literatur" teilhaben (vgl. Abraham/Kepser 2009, S. 13–19). Dazu gehören nicht nur Gattungen und Genres der Buchliteratur, sondern alle Medien(-formate), die literarische Stoffe verarbeiten, adaptieren oder neu entwickeln, also z. B. auch Hörbuch und Hörspiel, Real- und Animationsfilm, Theater und Musical, *poetry slam* und *poetry clip*. Hierbei gewinnen auch Konzepte informeller Literaturvermittlung in Anlehnung an Mediationsformen „an der Grenze zwischen subliterarischem und offiziellem Kulturdiskurs" (Wirag 2012, S. 491) an Relevanz. Diese Bereiche stehen nicht nur für eine Ausweitung des Literaturbegriffs, sondern für ein Prinzip des Handelns mit Literatur (Inszenieren, Vertonen, Verfilmen).

[47] Es gibt Studiengangsanbieter wie die Universität Dortmund, die Literaturpädagogik fast ausschließlich als Qualifikation zur Leseförderung verstehen. Andere, z. B. die Akademie Remscheid, sehen neben der Befähigung zur Bewertung und Auswahl zielgruppenorientierter Lektüreangebote zu Recht auch allgemeinere Qualifikationen im Bereich der Literaturvermittlung als zur Literaturpädagogik gehörig. Auch dann allerdings sieht man das Gegenstandsfeld unseres Erachtens noch zu eng, nämlich weitgehend beschränkt auf Kinder- und Jugendliteratur.

Literaturdidaktik und Literaturpädagogik

„Handeln mit Literatur" ist zwar seit Langem ein wichtiges Element des Literaturunterrichts, der in den 1980er-Jahren eine bis heute nachwirkende Phase der Handlungs- und Produktionsorientierung erlebte. Da ging und geht es allerdings weniger um handwerkliches Können in Bezug auf eine literarische oder mediale Praxis (Schreiben, Inszenieren, Vertonen, Verfilmen) als um ein weniger analytisches Herangehen an literarische Texte. Je nach dem pädagogischen und didaktischen Denkrahmen, in den dieses Herangehen eingespannt war, lagen handwerkliche Überlegungen dabei ferner oder näher: K. H. Spinner sprach von imaginativen und emotionalen Lernprozessen, aber auch von Stilimitation (vgl. Spinner Hrsg. 1996 bzw. Spinner 2001), Gerhard Haas (1997) von Förderung der weniger analytisch begabten Lernenden, Günter Waldmann (z. B. 1999) dagegen von struktur- und formbezogenen Einsichten, die sich durch Produktionsorientierung gewinnen ließen. Literarisch-mediales Produzieren blieb dabei Mittel zum Zweck des (leichteren, tieferen, emotionaleren) Verstehens von Literatur. Es als Teil von Literaturpädagogik zu sehen und nicht (nur) als Element einer produktionsorientierten Literaturdidaktik, erweitert nun den Horizont in zweifacher Hinsicht: Zum einen rückt die Aufgabe des literarischen Schreibens als solche in den Blick, und zum andern steht nicht mehr nur die schulische Vermittlung literarischer Bildung zur Diskussion: Von der Literaturdidaktik unterscheidet sich Literaturpädagogik:

- durch eine handwerkliche statt analytisch-hermeneutische Fragerichtung: Wie „geht" Literatur, was kann man wie (in welchen Formen, mit Hilfe welcher Darstellungsverfahren) ausdrücken?
- durch eine weniger starke Ausrichtung auf ein Curriculum und damit eine Betonung der Bildung als Selbstbildung: Rezeptiver und produktiver Umgang mit Literatur wirkt persönlichkeitsbildend (vgl. dazu grundlegend Ulich/Ulich 1994), was so verschiedenartige Bereiche einschließt wie Gefühlsbildung, ästhetische Bildung, moralisches Lernen, historische Bildung und Erwerb von Weltwissen über den eigenen Kulturkreis und die eigene Epoche hinaus.

Mit der ersten Feststellung ist ausdrücklich nicht gesagt, dass ein analytischer Blick dabei nicht helfen würde; mit der zweiten Feststellung ausdrücklich nicht, dass Literatur selbst pädagogisch „sein" oder „wirken wollen" muss. Nicht einmal für die Kinder- und Jugendliteratur kann das heute noch pauschal gesagt werden. Wohl aber ist gesagt, dass Literatur ein erhebliches narratives, dramatisches und lyrisches Potenzial der Vorstellungsbildung, des perspektivischen Denkens und der Infragestellung von Stereotypen und anderen Vorurteilen hat. Dieses wird im Prozess der literarischen Sozialisation fruchtbar weit über das Jugendalter hinaus. Wenn man sagen kann, dass Literatur grundsätzlich unterhalten will, so kann man auch sagen, dass sie immer auch mehr als – und in gewisser Hinsicht das genaue Gegenteil von – „Zerstreuung" zu bieten hat. Karin Busemeier (1987) nennt, was sie leisten kann, „Ausbildung des Empfindungsvermögens". Das ist eine literaturpädagogische Zielperspektive (vgl. Kap. 1.1.1).

Dem eigenen Schreiben weisen wir im Rahmen dieser Zielsetzung eine Schlüsselrolle zu, die wir am Beispiel des LSiD-Projekts genauer beschreiben wollen.

Literaturpädagogische Qualifikationen

Aus dem bisher Gesagten ergibt sich, dass Literaturpädagog/innen sich durch Kenntnisse und eigene Kompetenzen im Bereich der gesamten Literatur (nicht nur der KJL) einschließlich der Nichtprintmedien auszeichnen: Sie kennen nicht nur geeignete Lesestoffe und Genres für ganz verschiedene Zielgruppen, sondern sie beherrschen auch Verfahren des produktiven Umgangs mit Literatur (Texte vortragen, inszenieren, medial adaptieren und eigenständig verfassen), die geeignet sind, in der schulischen und außerschulischen Arbeit Menschen für Literatur in all ihren medialen Formen zu interessieren und ihnen entsprechende Kompetenzen ebenfalls (wenigstens im Ansatz) zu vermitteln. „Lesen und Schreiben aus Leidenschaft" (vgl. Behncken Hrsg. 1997) kennen sie aus eigener Erfahrung und können daher Vorbilder für Heranwachsende sein, die es für sich entdecken wollen.

2.1.2 Zielsetzungen des Projekts

Didaktische Fundierung

Es sollte deutlich geworden sein, dass das Projekt an einer Schnittstelle zwischen schulischer Literaturdidaktik, institutionenübergreifender Literaturpädagogik und Lehrer/innenfortbildung angesiedelt ist. Lehrer/innen des Faches Deutsch als Lernende zu begreifen, ist eine radikalere Forderung, als es zunächst scheint. Die Vermittlung von Wissen (hier: über Literatur und Medien als kulturelle Praxen), traditionell Aufgabe einer Hochschule, ist nicht mehr ausreichend, wenn auch in Bezug auf die 3. Phase der Lehrerbildung kompetenzorientiert gedacht und gehandelt wird (vgl. Kap. 1.1.3). Die Gestaltung von Texten und Medien kann in Klassenzimmern nur überzeugend anleiten, wer auf eigene Gestaltungserfahrung damit zurückgreifen kann. Es geht hier nicht nur um kognitive Ebene, sondern um Erfolgserlebnisse und ein dadurch gestärktes Professionswissen und damit auch Selbstwertgefühl der Lehrkraft. Gerade im Deutschunterricht mit seinen Herausforderungen wie ästhetisches Empfinden, Lesefreude, Imaginationsfähigkeit und Fremdverstehen zeigen sich mittlerweile die Grenzen der Standardisierung und der Überprüfbarkeit und Operationalisierbarkeit bestimmter Leistungen deutlich (vgl. z. B. Kammler Hrsg. 2006). Allerdings kann sich auch ein „weiches Lernfeld" wie das literarische Lernen nicht grundsätzlich den aktuellen Entwicklungen entziehen und muss auch den Blick „konsequent auf das angestrebte Können und seine Voraussetzungen [...]

richten" (Abraham et al. 2007, S. 7). Was das für die oben (Kap. 1.2) begründete „poetische Kompetenz" als Fähigkeit zur Teilhabe an der kulturellen Praxis Literatur in einem Überschneidungsbereich von literarischer Rezeptionskompetenz, literarisch-ästhetischer Kompetenz und literarischer Handlungskompetenz bedeutet, ist nun zu konkretisieren.

Die vier von Hartmut Eggert (2002) benannten literaturbezogenen Kompetenzbereiche *(1. Literarisches Gattungswissen; 2. Kontextualisierung; 3. Kulturelles Wissen/kulturelles Gedächtnis; 4. Rezeptionsgenuss)* waren im Rahmen der germanistischen Ausbildung leider nie gleichermaßen wichtig. Während der erste und zweite in der Regel gut vermittelt werden, ist für den dritten und vierten eine verstärkte Reflexion von medientheoretischer und fachdidaktischer Seite aus sowie die Unterstützung entsprechender Erwerbsprozesse zu fordern. Um diese Entwicklungsaufgabe kümmert sich das Weiterbildungsprogramm, das wir im Licht unserer (in Kap. 3 darzustellenden) Ergebnisse nicht eine Fortbildung, sondern tatsächlich eine Weiterbildung nennen möchten, weil die angezielten Kompetenzen über das von den Lehrkräften mitgebrachte Professionswissen nicht nur auf einen neuen Stand bringen, sondern energisch erweitern. Lehrer/innen als Germanist/innen verfügen über deklaratives Wissen zur Literatur(-geschichte, -theorie) und prozedurales Wissen in Bezug auf dessen Vermittlung. Über Produktionskompetenz verfügen sie eher nicht. Sieht man *Kompetenz* als zusammengesetzt aus kognitiven, motivationalen, emotionalen und interaktiven Teilkompetenzen, in diesem Fall jeweils zum Umgang mit Literatur, so ergibt sich als Ziel des Weiterbildungsprogramms, eigenes Schreiben als grundlegende Erfahrung zu schützen, zu reflektieren und das dabei erworbene literarische und mediale Gestaltungswissen dann wiederum in Lehr-/Lernsituationen produktiv zu machen.

Die Fachdidaktik (hier: des Deutschen) hat in letzter Zeit neben der Lern- zunehmend auch die Lehrkompetenz in den Blick genommen und den Kompetenzerwerb der Lehrer/innen als didaktische Herausforderung angenommen. Es geht um „einen Professionalisierungsschub, der nicht nur die Unterrichtsarrangements ganzheitlicher werden läßt, sondern auch die Ausbildung derer, die sie gestalten bzw. umsetzen sollen. Denn jede/r kann nur selbst vermitteln bzw. als Prozess initiieren, was er bzw. sie selbst erfahren bzw. in sich erschlossen hat" (Frederking 1998, S. 5).

Lehr-/Lernziele des Programms

Es ist damit Ziel des Programms, die poetische Kompetenz (vgl. Kap. 1.2) der teilnehmenden Deutschlehrer/innen zu fördern und zu entwickeln. In diesem Zusammenhang sollen sie kulturelle Praxis (vgl. Kap. 2.3.2) als reflexive Praxis verstehen, betreiben und schließlich vermitteln. Im Einzelnen betrifft das neben einer eigenen *Gestaltungskompetenz* in einer der zur Wahl stehenden Gattungen die *Urteilskompetenz* in Bezug auf eigene und fremde Texte sowie die Fähigkeit der argumentativen Äußerung und Gesprächsführung über Text- oder Medienprodukte, die in der Literatur- und Mediendidaktik traditionell *Anschlusskommunikation* heißt. Diese drei in Kap. 1 bereits aus dem didaktikwissenschaftlichen Diskurs heraus begründeten Teilkompetenzen seien hier nun in Bezug auf das Weiterbildungsprogramm ergänzend kommentiert.

Gestaltungskompetenz als Lehr-/Lernziel des Programms

Im Unterschied zu Schulfächern wie Musik und Kunst gibt es in Deutsch keine sehr ausgeprägte Tradition eines eigenen praktischen Tuns. Zwar wurde durch das aus den USA kommende und für deutschsprachige Verhältnisse didaktisch adaptierte *creative writing* zunächst an Hochschulen, seit den frühen 1990er-Jahren auch an Schulen das Experimentieren mit Verfahren und Formen poetischen Schreibens durchaus üblich, es fand aber wenig Eingang in die Deutschlehrerausbildung. Das hat bei vielen Lehrer/innen zu der problematischen Haltung geführt, literarisches Gestalten (auch in Zusammenhang mit Medien) als beurteilungsfreie Nische zu betrachten, die nach Möglichkeit und Belieben ausgefüllt werden kann oder eben nicht. Diese Strategie einer Abgrenzung gegen Fragen der Qualitätsbeurteilung und literarischen Wertung ist zwar verständlich, da die Lehrer/innen selbst nicht nach eigener Kompetenz für das Studium des Lehramts Deutsch ausgewählt wurden (was für die anderen musischen Fächer unvorstellbar wäre), *aber sie ist zu korrigieren*. Literarische oder journalistische Bauformen und poetisch bzw. stilistisch gestaltete Sprache nicht als immer schon fertig zu analysieren und zu deuten, sondern im Entstehungs- und Gestaltungsprozess wahrnehmen und beurteilen zu lernen, kann nicht nur durch gelegentlichen Fassungsvergleich im Literaturunterricht gelingen; es bedarf eigener Schreib- und Überarbeitungserfahrung.

Literarische Urteilskompetenz als Lehr-/Lernziel des Programms

Wenn Lehrer/innen durch das „eigene Schreiben" dem Prozess und Entstehen gestalteter Sprache näher kommen und im dynamischen Gruppengespräch sich der literarischen Kritik stellen, indem ihre Texte während der Weiterbildung diskutiert werden, öffnen sich andere, im Dialog sich erweiternde Perspektiven der Wahrnehmung und Beurteilung von Texten. Ästhetische Normen, die eine historische Dimension haben (z. B. Formerwartungen an ein Gedicht, Bauformen des Erzählens im Roman), und sich v. a. seit dem frühen 20. Jahrhundert dynamisch verändern, können so auf eine heutigere Sicht von Sprache hin reflektiert werden. Nur so lässt sich Urteilsvermögen ausbilden und lassen sich Bewertungsaspekte und deren Kriterien praktisch klären: Literarische Urteilskompetenz zu haben heißt, auf eigene Fähigkeiten der Beurteilung literarischer Texte zurückgreifen zu können und sich nicht nur auf Experten (Literaturwissenschaftler) verlassen zu müssen, was in Bezug auf eben erst entstandene bzw. entstehende literarische Texte sinnlos wäre. Während Deutschlehrer/innen auf Grund ihrer philologischen Ausbildung in der Beschreibung und Interpretation von Texten in der Regel sicher sind, fehlen ihnen die Maßstäbe, die sie bräuchten, um

„poetisches Schreiben bewerten" (Abraham 2005) zu können, wenn es sich in Klassenzimmern ereignen soll.

Anschlusskommunikation als Lehr-/Lernziel des Programms

Es geht hier um die Fähigkeit zunächst der Teilnehmer/innen, mittelbar aber auch der Schüler/innen, sich an der argumentativen Auseinandersetzung über die Qualität und das Entwicklungspotenzial von Text- und Medienprodukten zu beteiligen. Kultur als Prozess wahrzunehmen und kulturelle Praxis als eine reflexive zu verstehen, heißt in diesem Zusammenhang, die alltäglichen Erfahrungen der Schüler/innen in den Dialog hereinholen zu lernen und damit, einen Bezug zur Lebensrealität herzustellen. Eigene Erfahrungen, die die Teilnehmer/innen im Austausch über eigene und fremde Texte in dieser Hinsicht machen, sollen anschließend in deren Deutschunterricht einfließen. Dass dies geschieht, halten wir für die Voraussetzung dafür, dass andere, d. h. aus den Texten und der Lebenswirklichkeit heraus entstehende Kriterien literarischer Qualitätsprüfung entwickelt werden können.

2.1.3 Adressat/innen und Akteure

Adressat/innen

Angesprochen sind damit Lehrer/innen aller Schularten der Sekundarstufen.[48] Ungeachtet der Unterschiede zwischen den Bildungsplänen gilt für alle Deutschlehrer/innen, dass eigene Expertise im Bereich einer kulturellen Praxis ihnen im Unterricht zu mehr Sicherheit verhilft und den Kompetenzerwerb der Lernenden unterstützt. Der Bildungsforscher John Hattie (2014) hebt in seiner internationalen Metastudie zu Unterrichtserfolg und Lehrerwirksamkeit mehrfach hervor, dass nicht allein Fachwissen, aber auch nicht nur die Beherrschung von Unterrichtsmethoden, die erfolgreiche Lehrperson ausmache, sondern die *Leidenschaft*, mit der sie ihr Fach vertritt: Leidenschaft „kann gelehrt werden, sie kann geformt werden, und sie kann gelernt werden" (Hattie 2014, S. 18). Begeisterungsfähigkeit ist ansteckend, und das gilt auch und besonders für Literatur. Nicht nur Gymnasiallehrer/innen, sondern auch die aller anderen Sekundarschulformen können ihre Schüler/innen zu einer Produktionskompetenz hinführen, die allerdings weniger auf das originelle, außergewöhnliche Textprodukt abzielen sollte als auf den Einblick in Funktionen und Möglichkeiten literarischer Sprachverwendung.

48 Unter den TN der 1. Kohorte (2011–13), von denen wir Angaben dazu haben (n=45), arbeiten 13 am Gymnasium, 9 an einer Berufsschule, 8 an einer Realschule, 6 an einer Hauptschule, 3 an einer Werkrealschule, 2 an einem Beruflichen Gymnasium und je eine/r an Grund- und Hauptschule, TG/Berufskolleg, Wirtschaftsgymnasium und Förderschule. Damit liegt insgesamt eine im Sinn der Zielsetzungen des Programms erfreulich breite Streuung erreichter Schularten vor.

Lernende mit Leidenschaft und Sachverstand dabei zu begleiten, setzt allerdings längere eigene Erfahrung voraus: Als Adressat/in des Programms kann nur gelten, wer bereit ist, sich für einen Zeitraum von zwei Jahren dieser Sache (buchstäblich) zu verschreiben: Die in Kap. 2.1.2 skizzierten Zielsetzungen, mit ihrer Betonung von Lehrkompetenzerwerb in Zusammenhang mit einer Reflexion der eigenen Berufsrolle, legten von Anfang an eine Organisation der Weiterbildung nahe, die sich nicht an die Form herkömmlicher Einzelveranstaltungen orientiert, deren Nachhaltigkeit derzeit in Frage steht (vgl. dazu oben, Kap. 1.1.3). Für die Entwicklung neuer Lehrkompetenzen und das Vertrautwerden mit einschlägigen Verfahren und Techniken haben wir den Zeitraum von 24 Monaten für günstig gehalten. Innerhalb eines so langen Zeitraums können verschiedene Elemente sinnvoll platziert und miteinander kombiniert werden – die in Kap. 2.1.4 zu erläuternden Elemente Schreibtage, Seminartage und -wochenenden, Gesprächsabende.

Im Sinn der Konzeption ist eine in Bezug auf (Dienst-)Alter und mitgebrachte Voraussetzungen möglichst *wenig* homogene Teilnehmerschaft. Wenn in der 1. Kohorte (2011 – 13) das Durchschnittsalter bei 44 Jahren liegt so verbirgt sich hinter dieser Zahl eine Streuung, die bewusst auch Lehrkräfte mit einer hohen Zahl an Dienstjahren einschließt, obwohl diese allgemein als weniger fortbildungswillig gelten. Ausgebildet wurde die große Mehrheit erwartungsgemäß in Baden-Württemberg, und zwar in den unterschiedlichsten Fächerkombinationen.[49]

Dies alles war bei der Programmkonzeption so intendiert. Der einzige Bereich, in dem wir eine erwünschte Verteilung leider nicht erreichen konnten (und wohl auch künftig nicht erreichen werden), ist Gender: Das Verhältnis von Frauen zu Männern ist auch dann nicht als ausgewogen zu bezeichnen, wenn man berücksichtigt, dass in vielen deutschen Lehrerzimmern mittlerweile die Frauen in der Überzahl sind.[50] In informellen Gesprächen und Rückmeldungen der Werkstattleiter/innen wird das Fehlen von Männern, v. a. beim „Szenischen Schreiben", immer wieder beklagt.[51] Eine Erfahrung, die in der Schule Kursleiter im „Kreativen Schreiben" und im Schulspiel/Dramatischen Gestalten immer wieder machen, wiederholt sich hier: Schreiben und Theaterspielen wird zu sehr als weibliche Domäne wahrgenommen, als dass ein angemessener Anteil männlicher Lehrkräfte sich angesprochen fühlen würde.

---

[49] Unter 47 TN, die diese Frage beantwortet haben, kommen neben Deutsch als Unterrichtsfach Geschichte (11 TN), Englisch (8 TN), Sport (6 TN) und Französisch (5 TN) vor. Daneben wurde noch eine Vielzahl weiterer Studienfächer genannt.

[50] Unter denjenigen, die dazu Angaben gemacht haben (n=49), sind 43 weiblich und nur 6 männlich.

[51] In einem der Interviews des zweiten Jahres sagt IT12: „Im Drama war es schade, dass ich der einzige Mann war, teilweise. Wir waren eigentlich zwei, aber der andere kam öfter nicht, aber das lässt sich nicht steuern."

Akteure

Daraus wiederum ergibt sich, dass Akteure langfristig verpflichtet werden mussten, die aus Literatur-/Kunstpraxis, Literaturvermittlung und Wissenschaft kommen und für eine bestimmte kulturelle Praxis stehen (vgl. Kap. 2.3.2) und miteinander kooperieren.

Außer den Autoren dieses Bandes, die sich auch anderweitig und seit Längerem mit Fragen der schulischen und außerschulischen Literaturvermittlung beschäftigen,[52] und dem (hier als Herausgeber fungierenden) stellvertretenden Leiter des Literaturhauses Stuttgart sind dies im ersten Durchgang (2011–13) die Folgenden.

Die Werkstattleiter/innen

José F. A. Oliver stammt aus einer spanischen Gastarbeiterfamilie, die 1960 aus Málaga in die Bundesrepublik Deutschland gekommen war. Er wuchs zweisprachig auf und ist auch mit dem alemannischen Dialekt seiner Schwarzwälder Heimat vertraut. Er studierte Romanistik, Germanistik und Philosophie an der Universität Freiburg im Breisgau und lebt heute als freier Schriftsteller in seiner Heimatstadt Hausach. Bekannt ist er als Lyriker und Verfasser von Kurzprosa sowie Essays zu kulturpolitischen Themen. Er ist Mitglied des Verbands Deutscher Schriftsteller und Kurator des 1998 von ihm ins Leben gerufenen Literaturfestes Hausacher LeseLenz. 2002 war er Gastprofessor am MIT, 2007 hatte er die Chamisso-Poetikdozentur an der TU Dresden inne. Seit 2013 liegt von ihm vor: Lyrisches Schreiben im Unterricht. Velber: Klett/Kallmeyer.

Thomas Richhardt, geboren 1971, studierte Diplom-Psychologie in Düsseldorf und Bochum und arbeitet als Dramaturg und Autor. Seine Stücke, die im Verlag Felix Bloch Erben und im Rowohlt Theater Verlag publiziert werden, erlebten zahlreiche Aufführungen im In- und Ausland, u. a. am Wiener Burgtheater, am Düsseldorfer Schauspielhaus sowie am Jungen Ensemble Stuttgart, dessen Gründung er als Dramaturg begleitete. Seine Stücke werden oft in enger Zusammenarbeit mit den produzierenden Theatern entwickelt. So entstand etwa „Neue Welt" (2002), eine Parodie der literarischen Visionen von Huxley und Orwell, im Zusammenspiel der Schauspieler der Städtische Bühnen Münster mit dem Theaterjugendclub. Richhardt hielt Schreibwerkstätten für Jugendliche und Drama-Werkstätten für sämtliche Schulformen, u. a. im Rahmen des Metropuls Projekts „Kulturhauptstadt 2010" im Ruhrgebiet. Seit 2009 arbeitet er außerdem als dramaturgischer Berater des Stuttgarter Theaterhaus. Seit 2011 liegt von ihm vor: Szenisches Schreiben im Unterricht. Velber: Klett/Kallmeyer.

Ulrike Wörner, geboren 1969 in Schorndorf, studierte Allgemeine und Vergleichende Literaturwissenschaften, Politikwissenschaft und Germanistik in Stuttgart und arbeitet als Geschäftsführerin des Friedrich-Bödecker-Kreises Baden-Württemberg sowie als Lehrbeauftragte und Dozentin für Literatur und Literarisches

[52] Vgl. z. B. Abraham 1994, 1998 und 2013; Brendel-Perpina/Stumpf 2013.

Schreiben im In- und Ausland, als Jurymitglied für Literaturpreise und -stipendien. Sie publiziert in Literaturzeitschriften, Fachmagazinen, Anthologien und Fanzines.

Yves Noir, 1967 geboren in Strasbourg, lebt seit 1985 in Deutschland. Nach seiner Tätigkeit als Fotoassistent in München studierte er Mediendesign mit Schwerpunkt Fotografie und arbeitet seit 1995 als freier Fotograf und seit 2003 als Dozent für Fotografie im In- und Ausland. Parallel dazu widmet er sich intensiv seinen freien Fotoprojekten. Er publiziert in Fotomagazinen, Zeitschriften und Anthologien und präsentiert seine Arbeiten auf Einzel- und Gruppenausstellungen, bisher in Deutschland, Frankreich, Belgien und Holland.

Tilman Rau, geboren 1971, lebt und arbeitet als freier Journalist, Dozent und Autor in Stuttgart. Nach seinem Studium der Politikwissenschaft, Amerikanistik und Neueren deutschen Literatur war er für mehrere Redaktionen in den Bereichen Radio, Zeitung und Internet tätig. Seit 2002 leitet er literarische sowie journalistische Schreibwerkstätten und Seminare und ist seit 2008 Beiratsvorsitzender des Jugendsenders bigFM. Seine literarische Tätigkeit umfasst vor allem Kurzgeschichten und Erzählungen. 2007 erhielt er ein Stipendium der Kunststiftung Baden-Württemberg.

Seit 2012 liegt vor: Ulrike Wörner/Yves Noir/Tilman Rau: Erzählendes Schreiben im Unterricht. Werkstätten für Skizzen, Prosatexte, Fotografie. Velber: Klett/Kallmeyer. Seit 2014: Tilman Rau: Journalistisches Schreiben im Unterricht. Themenfindung, Recherchen, Textformen. Ebd.

Die Gäste der Gesprächsabende

Zu den Gesprächsabenden im Literaturhaus Stuttgart, die ein Element der Weiterbildung sind (vgl. Kap. 2.1.4), werden seit 2011 Autor/innen eingeladen, die durch ihr Schaffen möglichst viele Facetten der literarisch-medialen Praxis repräsentieren. 2011–13 waren das Romanschriftsteller/innen (Georg Klein, Katja Lange-Müller, Feridun Zaimoglu, Ilja Trojanow, Ulrike Draesner), Lyriker/innen (Harald Hartung, Yoko Tawada), eine Jugendbuchautorin (Janne Teller), ein Dramatiker (Thomas Richhardt) und ein Comicautor (Jaroslav Rudiš). Sie trafen auf Literaturdidaktiker/innen (Ulf Abraham, Kaspar H. Spinner, Gabriela Paule, Ina Brendel-Perpina), Sprachwissenschaftler (Jürgen Trabant, Konrad Ehlich), Schreibdidaktiker bzw.-pädagogen (Jürgen Baurmann, Gerd Bräuer), einen Mediendidaktiker (Matthis Kepser) und einen Kunstpädagogen (Hubert Sowa): Wie die Autor/innen unterschiedliche literarisch-künstlerische Praxen vertreten sollten, so gilt auch für die Wissenschaftler/innen, dass sie sowohl verschiedene Bezugsdisziplinen abdecken sollten als auch unterschiedliche Sichtweisen auf kulturelle Praxis als Forschungsfeld (vgl. dazu genauer Kap. 2.3.2).

Zusatzangebote

Begleitend zu dem damit umrissenen Kerncurriculum des Weiterbildungsprogramms werden jeweils dreitägige Werkstätten für interessierte Lehrkräfte angeboten; im ersten Durchgang (2011–13) waren das „Comic im Deutschunterricht" und „Wort und Spiele im Deutschunterricht". Das letztere Angebot ist seit 2013 Teil des Programms, d. h. die fünfte Werkstatt.[53]

2.1.4 Elemente des Weiterbildungsprogramms

Evaluation

Die Verwendung des Begriffs der Evaluation ist diffus und schwer präzise zu fassen. Das liegt daran, dass mit dem Evaluationsbegriff mannigfaltige Implikationen verbunden sind, welche sich zwar unter diesem subsumieren, jedoch nur schwerlich im Sinne einer definitorischen Abgrenzung ummanteln lassen. Diese Problematik basiert u. a. darauf, dass innerhalb einer Evaluation kein einheitliches Verständnis hinsichtlich theoretischer Paradigmen, Konzepte und Ansätze, methodischer Vorgehensweisen, verfahrenstechnischer Umsetzungen, ja nicht einmal des Gegenstandes selbst vorhanden ist.

Generell ist eine Evaluation durch ihre spezifische Konzeption im Spannungsfeld von Wissenschaft und Praxis angesiedelt und muss auf der einen Seite den wissenschaftlichen Ansprüchen, auf der anderen Seite den An- und Herausforderungen der Praxis gerecht werden. Evaluation, als Design eines spezifischen Forschungstypus, hat somit die Aufgabe, bei der Entscheidungsfindung zur Beantwortung konkreter praktischer Fragestellungen durch Bereitstellung und Anwendung wissenschaftlicher Techniken Hilfestellung zu leisten und sie hat sich nach den expliziten Zielvorgaben auszurichten (vgl. Kromrey 1998, S. 97–102). Eine hinreichende Spezifizierung der Evaluation selbst bleibt Aufgabe einzelner Evaluationstätigkeiten. In Anlehnung an eine metaanalytische Definitionsabgrenzung gilt somit für die Evaluation des Weiterbildungsprogramms LSiD, dass diese systematisch und wissenschaftlich fundiert, in ziel- und zweckorientierter Ausrichtung durchgeführt wurde, um on-going sowie ex-post als Planungs-, Bewertungs- und Entscheidungshilfe zu dienen.

Da im Rahmen der Evaluation vielfältige Aspekte von Bedeutung waren, bedurfte es ebenso vielfältiger Erhebungsmethoden, um diesen Aspekten gerecht zu werden. So fanden, in Anlehnung an das transformative Paradigma (vgl. Mertens 2010), welches sich durch die Akzeptanz und Anwendung eines breiten Methodenspektrums auszeichnet, sowohl quantitative als auch qualitative Verfahren ihren Eingang. Dabei kam die **Fragebogenerhebung** als quantitatives Instrument zum Einsatz, um möglichst umfangreiche und repräsentative Ergebnisse zu erhalten, vielfältige a priori festgelegte Aspekte zu erfassen sowie spezifische Veränderungen im Programmverlauf zu verfolgen. Die **Interviews** hingegen, als

[53] Erwin Krottenthaler/Stefan Dinter (Hrsg.): Comics machen Schule. Möglichkeiten der Vermittlung von Comics im Schulunterricht. Seelze: Kallmeyer 2007.
Timo Brunke: Wort und Spiel im Unterricht. Vom Sprachspiel über Poetry Slam zur Rhapsodie. Seelze: Klett/Kallmeyer 2015.

qualitatives Instrument, wurden durchgeführt, um tiefergehende Aspekte in Erfahrung zu bringen, nicht a priori determinierte Konstrukte zu identifizieren sowie Ergebnisse der beiden anderen Erhebungsinstrumente zu triangulieren. Die **Systematische Beobachtung** schließlich, als qualitativ-quantifizierendes Instrument, diente der Erfassung interaktiver, kommunikativer und gruppendynamischer Aspekte sowie ebenfalls der Triangulation mit Ergebnissen aus den beiden anderen Erhebungsinstrumenten.

Fragebogen

Damit die Fragebogenerhebung den genannten Ansprüchen gerecht werden konnte, wurde für drei Erhebungszeitpunkte jeweils ein Fragebogen entwickelt – für den Beginn des ersten, das Ende des ersten sowie das Ende des zweiten Programmjahres. Dabei wurden die zum Einsatz kommenden Fragebögen den entsprechenden zeitlichen sowie inhaltlichen Gegebenheiten des Programmverlaufs angepasst und mit geschlossenen sowie offenen Fragen versehen. Während dabei einige Fragen für jeden Erhebungszeitpunkt spezifisch entwickelt wurden, gab es darüber hinaus auch Fragen, die wiederholt in zwei oder allen drei Fragebögen zum Einsatz kamen, um den Verlauf von Aspekten mit zeitlicher Dimension festzuhalten. Bedingt durch die relativ kleine Grundgesamtheit der Teilnehmer/innen war es darüber hinaus von besonderer Bedeutung, einen möglichst hohen Rücklauf an Fragebögen respektive eine annähernde Vollerhebung zu gewährleisten, um fundierte, belastbare und generalisierbare Aussagen treffen zu können. Diesem Anspruch konnte Rechnung getragen werden, indem die Fragebögen zu den jeweiligen Erhebungszeitpunkten den Teilnehmer/innen direkt an die Hand gegeben und nach Ablauf einer zeitlichen Vorgabe wieder eingesammelt wurden. Durch diese Vorgehensweise konnte ein sehr hoher Rücklauf erzielt werden, der bei der ersten Erhebung 94%, bei der zweiten Erhebung 91% und bei der dritten Erhebung 86% entsprach. Die Auswertung der umfassenden und umfangreichen Fragebögen erfolgte mithilfe der Statistik- und Analysesoftware SPSS. Dabei wurden bei der Auswertung sämtlicher Fragen alle Fragebögen berücksichtigt. Lediglich bei Aspekten mit zeitlicher Dimension wurden nur diejenigen Fragebögen zur Auswertung herangezogen, bei denen dieselbe Person zu den entsprechenden Erhebungszeitpunkten Angaben zur jeweiligen Frage gemacht hatte, um potenzielle Bias-Effekte zu vermeiden. Die Darstellung der hieraus resultierenden Ergebnisse erfolgt anhand von Diagrammen, Tabellen sowie in Textform.

Interviews

Neben der Fragebogenerhebung wurden weitergehend Interviews mit einzelnen Teilnehmer/innen durchgeführt. Leitfadengestützte bzw. halbstrukturierte Interviews, wie sie hier umgesetzt wurden, zeichnen sich dadurch aus, dass der Forscher nacheinander mehrere Themen vorgibt, an denen sich die befragte Person orientieren muss (vgl. Nohl 2008). Der Interviewte kann auf die Fragen frei antworten. Bei der Formulierung der im Leitfaden vorgesehenen Themen und Fragen wurde darauf geachtet, dass sie möglichst erzählgenerierend gestellt werden, d.h. den Interviewten dazu anregen, ausführlich über thematisch relevante Erfahrungen zu erzählen (ebd.). Hierdurch ist sichergestellt, „nicht nur Meinungen, Einschätzungen, Alltagstheorien und Stellungnahmen der befragten Personen abzufragen, sondern Erzählungen zu deren persönlichen Erfahrungen hervorzulocken" (ebd., S. 20) und so die jeweiligen Themenfelder möglichst umfassend und unvoreingenommen zu explorieren. Durch sog. immanente Nachfragen wird versucht, bereits angesprochene Themen weiter zu vertiefen und weitere eventuell relevante Themenbereiche zu identifizieren (vgl. ebd.).

Der theoriegeleitete und kategorisierte Interviewleitfaden wurde für die Befragung standardisiert, bot jedoch gleichzeitig den Teilnehmer/innen ausreichend Möglichkeiten, sich umfangreich, auch über das Gefragte hinaus, mitzuteilen. Für die Interviews im ersten und zweiten Programmjahr wurden die Leitfäden wiederum den zeitlichen und inhaltlichen Gegebenheiten des Fortbildungsprogramms angepasst. Die Auswahl der Teilnehmer/innen für die Interviews erfolgte in beiden Programmjahren anhand einer bewussten Auswahl. Diese bewusste Auswahl – im Gegensatz zu einer Zufallsauswahl – war aufgrund der realisierbaren Anzahl an Interviews notwendig und wichtig, um ein größtmögliches Aussagespektrum sicherzustellen und um Cluster bzw. Redundanzen zu vermeiden, die zu weitreichenden Verzerrungen sowie unhaltbaren Ableitungen hätten führen können. Die Kriterien zur Auswahl der Teilnehmer/innen wurden sowohl für das erste als auch das zweite Programmjahr von der Begleitforschung entwickelt und festgelegt. So konnten schließlich elf Interviews im ersten Programmjahr mit jeweils drei bzw. einmal zwei Teilnehmer/innen aus den einzelnen Werkstätten, im zweiten Programmjahr weitere acht Interviews mit jeweils zwei Teilnehmer/innen aus jeder Werkstatt realisiert werden, was insgesamt einem prozentualen Anteil von 37 %, gemessen an der Anzahl der Teilnehmer/innen am Ende des Programms, entsprach.

Die digital aufgezeichneten Interviews wurden zunächst entlang von Regeln für eine computerunterstützte Auswertung von Interviewdaten nach Dresing u. a. (2006, zit. n. Kuckartz 2007) transkribiert[54] und mithilfe der Analysesoftware MAXQDA inhaltsanalytisch ausgewertet.[55] Sämtliche Fragen aus dem Leitfa-

54 Zusammenfassend sehen diese Regeln eine wörtliche Transkription vor, bei der Dialekte nicht berücksichtigt und Sprache sowie Interpunktion leicht an das Schriftdeutsch angenähert werden. Zustimmende Lautäußerungen und Lachen wurden in die Transkripte übernommen. Im Rahmen der Transkription wurde außerdem eine Anonymisierung aller Angaben vorgenommen, die es ermöglichen würden, auf die befragten Personen zurückzuschließen.

55 Die Nennung der inhaltsanalytischen Methode allein reicht noch nicht aus, um die genaue Vorgehensweise nachvollziehen zu können, da die qualitative Inhaltsanalyse keine feststehende Technik ist, sondern stets an den konkreten Gegenstand bzw. das zu analysierende Material angepasst werden muss (vgl. Mayring 2008). Dabei ist hinsichtlich der Nachvollziehbarkeit und Überprüfbarkeit der einzelnen Auswertungsschritte regelgeleitet und mit Blick auf die inhaltliche Analyse theoriegeleitet vorzugehen. Für ein allgemeines, idealtypisches Ablaufmodell der Analyse siehe Mayring 2008, S. 53 f.

den sowie sich weiterführend induktiv ergebende Aspekte[56] wurden codiert und schließlich frequenz-, valenz- und intensitäts-analytisch erfasst und ausgewertet. Dies ermöglicht eine Darstellung der Ergebnisse bzw. Aussagen neben ihrer inhärent qualitativen Form als zusammengefasste Textanalyse auch in quantifizierender Form; durch Attribute an den entsprechenden Stellen werden die jeweiligen Tendenzen und Intensitäten der gegebenen Aussagen verdeutlicht. Des Weiteren werden die Ergebnisse der Interviews durch exemplarische und explizierende Zitate aus den Interviews ergänzt.

Systematische Beobachtung

Zur Erfassung der Interaktion, Kommunikation und Gruppendynamik wurden Systematische Beobachtungen[57] in den Werkstätten durchgeführt, um die a priori determinierten interaktiven, kommunikativen und gruppendynamischen Aspekte festhalten und die resultierenden Ergebnisse vergleichbar und objektiv bzw. intersubjektiv darlegen zu können. Hierfür wurde ein Kategoriensystem entwickelt, das die für die Begleitforschung relevanten Aspekte beinhaltete und nachfolgend in den Beobachtungsbogen übernommen wurde. Zur Durchführung der Systematischen Beobachtung nahmen im zweiten Programmjahr zwei Personen der Begleitforschung als stille Beobachter jeweils eine Stunde an jeder Werkstatt teil. Dabei wurde in regelmäßigen Intervallen die zu den jeweiligen Zeitpunkten vorherrschende Interaktion in den Beobachtungsbögen festgehalten. Anschließend wurden die Daten der beiden stillen Beobachter überprüft und gegenseitig validiert. Die Auswertung der hierbei gewonnen Daten erfolgte mithilfe der Statistik- und Analysesoftware SPSS. Die daraus resultierenden Ergebnisse werden durch Diagramme sowie in Textform dargestellt. Neben der Systematischen Beobachtung wurden darüber hinaus nach jedem Werkstattbesuch Impressionsprotokolle angefertigt, welche die subjektive Wirkung verschiedener Aspekte innerhalb der Werkstätten auf die stillen Beobachter beschreiben. Auch diese Daten wurden überprüft und gegenseitig validiert. Die Darstellung der Ergebnisse erfolgt in Textform (vgl. Kap. 3.3).

[56] Die Aussagen der Interviewpartner werden also offen codiert und entsprechende Kategorien gebildet bzw. Aussagen unter zuvor gebildete Kategorien subsumiert. Das Interviewmaterial kann auf diese Weise gegenstandsnah abgebildet werden, ohne dass es durch Vorannahmen des Forschers verzerrt wird (vgl. Mayring 2008, S. 75). Die vorgenommenen Zuweisungen werden in Codierregeln dokumentiert.

[57] Zur Methode der systematischen Beobachtung vgl. Bortz/Döring (1995, S. 241–250).

2.2 Weiterbildung im Literarischen Schreiben aus der Sicht von Dozent/innen

2.2.1 „Literaturbegriff"? Vorstellungen von Literatur realisieren im Rahmen der Werkstatt „Erzählendes Schreiben"

Ulrike Wörner und Yves Noir im Gespräch mit Ina Brendel-Perpina

I. B.-P.: „Das Schreiben beginnt bei 0." – so lautet dein Einstiegsmotto in Anlehnung an Roland Barthes.[58] *Wie gestaltet die Werkstatt die Anfänge ins Schreiben? Gibt es diese Null wirklich? Bringen nicht die Teilnehmer/innen eine Menge Lebenserfahrung, aber auch literarisches Wissen in ihr Schreiben ein?*

U. W.: Null gibt es natürlich nicht wirklich. Das wäre Quatsch. Jeder ist mit irgendeiner Art von Literatur sozialisiert und man kann das nicht ganz zurückstellen auf null. Wir sind ja keine Maschinen. Ich habe die Erfahrung gemacht, dass, selbst wenn man mit Schülern aus extrem bildungsfernen Schichten arbeitet, alleine durch Filme oder Märchen oder mündliche Erzählungen schon Vorkenntnisse da sind. Worum es mir aber geht, ist, dass man sich auf den Punkt bringt und so tut, als wüsste man nichts. Dass man es zumindest versucht. Die Arbeit in der Werkstatt beginnt mit Cut-up, und auf diese Weise muss man schon einmal keine eigenen Worte suchen, sondern man nimmt Material, das als vorgegebenes Material da ist. So fängt man bei null an, nämlich mit Fremdmaterial. Deshalb ist die Cut-up-Übung immer die allererste Übung. Dabei kommt man gar nicht in Versuchung, eigene Worte zu suchen, sondern man nimmt vorgegebenes Material und betrachtet Sprache erst einmal nur als Material. Dies ist ein extrem kreativer und schöpferischer Akt. Es ist eine ganz andere und unerwartete Art zu arbeiten. Texte mit einer Schere zu zerschneiden, ist für manche Schüler vielleicht sogar fast zu aggressiv. Bei den Schülern wiederum, die gar keine Lust auf Texte haben, kann das Verfahren durchaus Lust wecken, mit dem Text umzugehen. Andere müssen sich am Anfang ein bisschen überwinden, weil sie doch sehr viel Respekt vor dem gedruckten Wort haben.

I. B.-P.: Intertextualität spielt in deiner Werkstatt eine große Rolle. Worin liegt das Potenzial der Bezugnahme auf literarische Texte anderer Autoren für das eigene Schreiben? Kannst du verschiedene Arten der Bezugnahme unterscheiden, z. B. affirmativ oder parodistisch, naiv oder kritisch?

U. W.: Ich meine, letztendlich ist jeder Text intertextuell. Roland Barthes hat gesagt: Es gibt gar keinen neuen Text, weil jeder Text in irgendeiner Form ja schon einmal irgendwie da war. Ebenso ist das Material, das man verwenden kann, schon da. Cut-up ist auf jeden Fall intertextuell. Viele Übungen der Werkstatt beziehen sich auf literarische Vorbilder, und somit sind die neuen Texte, die entstehen, auch intertextuell. Was guten Grund hat, weil mit be-

[58] Roland Barthes (1915–1980), französischer Philosoph, Schriftsteller und Literaturkritiker.

stimmten stilistischen Vorgaben Maßstäbe gesetzt werden, an die man sich halten oder davon abweichen kann. Hier kann Lust auf mehr Lesen entstehen oder Lust, mit anderen Texten im eigenen Text zu arbeiten. Damit wird auch die Scheu genommen, Fremdmaterial zu gestalten. Denn es geht nicht um Plagiate, es geht um Verarbeitung.

I.B.-P.: Das Prinzip Imitation gehört zur Schreibbiografie vieler Autoren. Was leistet die Imitation für den Schreibprozess? Welche Verfahren werden genutzt?

U. W.: Mehr oder weniger die direkte Imitation, wenn wir zum Beispiel von Günter Eich den Text „Inventur" vorlegen oder Bertolt Brechts „Vergnügungen" und dann nach diesen Texten schreiben lassen. Dabei merkt man, dass oft die Form übernommen wird, zum Teil auch der Duktus. Manche Teilnehmer machen sich aber davon frei und verfassen einen Prosatext zum Thema Inventur. Das ist dann auch in Ordnung. Wir regulieren dies nicht, auch wenn wir uns eher eine direkte Imitation mit neuem Inhalt wünschen. Wenn wir zum Beispiel Christian Krachts Text „Ich werde hier sein im Sonnenschein und im Schatten" vorlegen und die Teilnehmer dazwischen schreiben, sollen sie mit den Motiven und Personen des Textes arbeiten, auch den Stil nachahmen. Die Texte sollen so geschrieben werden, dass man nicht merkt, dass sie aus anderer Feder stammen. Ein anderes Beispiel ist Matei Vişhniecs „Das sinkende Schiff".[59] Hier sind Texte entstanden, die unglaublich frei sind. Es sollen Antworttexte darauf gefunden werden; diese entstehen in Briefform, in Form von knappen Überlegungen oder von sehr langen Texten, die rein fiktiv sind. Allerdings habe ich neulich auch einen Sachtext darüber bekommen, warum Schiffe sinken („Archimedes und U-Boote") und warum U-Boote sinken und wieder aufsteigen. So bewegt man sich immer weiter weg vom Vorbild und nimmt dieses am Schluss nur noch so als Impuls zum Schreiben.

I.B.-P.: Figuren – Raum – Zeit – Perspektive: Was zeichnet eine gute Geschichte aus? Welches der vier Elemente ist nach deiner Erfahrung für Novizen am leichtesten, welches am schwersten beherrschbar?

U. W.: Dürrenmatt hat einmal gesagt, ich will Handlung und keine Moral. Das würde ich sagen, zeichnet eine gute Geschichte aus. Was man allgemein als round characters bezeichnet, ist auch wichtig. Allerdings sind die Nebenfiguren oft die interessanteren, die man nicht vernachlässigen sollte. Wenn man fragt, welche literarischen Figuren den Leuten sehr nahe gehen oder welche nerven, dann kommen Nebenfiguren kaum vor. Ich aber habe ein großes Faible für Nebenfiguren. Christian Buddenbrook zum Beispiel ist eine meiner Lieblingsfiguren.[60] Es ist relativ schwierig, in der Kürze zu sagen, was ein gutes Buch ausmacht, eine gute Erzählung, einen guten Roman. Es muss viel stimmen. Die Dialoge sollten nicht hölzern sein, und da sind wir auch schon bei dem, was für Novizen schwierig ist. Es sind oft Dialoge, die entweder über-

[59] Matei Vişniec (* 1956,) rumänischer Dichter und Dramaturg.

[60] Aus Thomas Mann (1875–1955): Buddenbrooks. Verfall einer Familie. Erstausgabe Berlin 1901.

flüssig oder eben hölzern sind. So würde kein Mensch reden. In sich stimmige Figuren sind auch schwierig zu gestalten. Wichtig ist, dass man seine Figur, über die man schreibt, sehr gut kennt, dass man auch weiß, was die Figur vorher getan hat, bevor die Geschichte beginnt. Man steigt ja an einer bestimmten Stelle ein und fängt nicht am Anfang an, es sei denn man heißt Laurence Sterne und schreibt „Tristram Shandy".[61] Der fängt mit der Zeugung an. Außerdem sollte man nicht alles, was man über die Figur weiß, auch aufschreiben. Es müssen Leerstellen bleiben und diese Leerstellen herzustellen, fällt Anfängern ebenfalls schwer. Leicht fällt den Teilnehmern tatsächlich die Imitation, wenn sie sich an etwas festhalten können. Schwieriger wird es, wenn sie ganz aus sich selber schöpfen müssen und keinerlei Vorgaben außer zwei, drei Stichworten haben. Ich warne auch vor der Ich-Perspektive. Weil immer gedacht wird, es sei die einfachste. Nein, es ist eine der schwierigsten. Man vergisst, dass man nur das beschreiben kann, was die Person, der Ich-Erzähler, sieht und ansonsten auf erzählerische Tricks zurückgreifen muss, um wirklich das gesamte Spektrum darzustellen. Wenn der Ich-Erzähler dazu konstruiert wurde, um über andere zu berichten, hat er mehr Möglichkeiten. „The Great Gatsby"[62] zum Beispiel wird von einer Nebenfigur in der ersten Person erzählt. Wenn man einmal die Vor- und Nachteile der einzelnen Perspektiven besprochen hat, finde ich, ist es relativ schnell klar und dann macht die Gestaltung und Einhaltung der Perspektive nicht mehr so große Schwierigkeiten.

I.B.-P.: Fotografieren ist ein wichtiger Teil der Werkstatt „Erzählendes Schreiben". Der erfundenen Geschichte, also der Fiktionalität einer Geschichte, steht die Authentizität des Fotos gegenüber. Haben Fotos wirklich authentischen Charakter oder warum nimmt man sie so wahr?

Y. N.: Weil man gerne daran glauben möchte, dass es authentisch ist. Authentizität ist ein bisschen problematisch, weil die Perspektive des Fotografen, die er zu einem Geschehnis, zu einer Landschaft, zu einem Ereignis einnimmt, dann auch die Perspektive des Betrachters des Bildes ist. Diese wählt der Fotograf aus. Ich stelle mich da hin, ich gehe in die Hocke, ich steige auf eine Leiter, von links, von rechts. Und vor allem man darf nicht vergessen, was man im Bild sieht. Das ist auch noch umgeben vom Rest der Welt, die bewusst ausgeblendet wurde, weil ein Ausschnitt herausgenommen wurde. Das Ereignis hat schon stattgefunden, meistens. Heutzutage wird es mit der digitalen Fotografie immer zweifelhafter, dass Ereignisse überhaupt so stattgefunden haben. Aber schon zu analogen Zeiten war die Beweiskraft, wenn es nicht gerade um Kriminalfotografie an Tatorten ging, selten absolut.

[61] Laurence Sterne (1713–1768): *The Life and Opinions of Tristram Shandy, Gentleman, erschienen in 9 Bänden zwischen 1759 und 1767. Erste deutsche Übersetzung (Leben und Ansichten von Tristram Shandy, Gentleman) Berlin und Stralsund 1769.*

[62] F. Scott Fitzgerald (1896–1940): *The Great Gatsby, US-amerikanische Erstausgabe 1925, erste deutsche Ausgabe Berlin 1928.*

I.B.-P.: Das Foto vermittelt also eine bestimmte Weltsicht. Die Kamera ist nicht denkbar ohne den Einfluss des Fotografen. Welches Wissen und Können gehören zum Fotografieren und sind den Lehrern (und Schülern) zu vermitteln?

Y. N.: Es geht darum, den Teilnehmern einige Gestaltungsregeln beizubringen, damit sie, wenn sie ein Bild machen, den Bildaufbau, die eigene Perspektive, die Positionierung zu einer Situation bewusst einnehmen. Damit gelingt es, dass nicht nur zufällige Fotografien entstehen, sondern eine eigene Aussage durch das Bild sichtbar gemacht wird. Es gibt ja einen Grund, warum man etwas fotografiert. Diesen muss man hinterfragen: Was will ich mit diesem Bild überhaupt aussagen? Warum mache ich dieses Bild? Beachtete Gestaltungsregeln bewirken, dass der Betrachter des Bildes, eventuell auch ohne Bildunterschrift, weiß, worum es geht. Wie viel zeige ich? Wie viel verschweige ich? Wie groß ist die Schnittmenge zwischen dem Fotografen, der etwas vor Ort gesehen hat, und dem Rezipienten, dem Betrachter des Bildes? Damit kann man natürlich spielen.

I.B.-P.: Inwiefern haben auch Fotos die Kraft zu erzählen?

Y. N.: Es gibt dieses Sprichwort, ein Foto erzählt mehr als 1000 Worte. Jedes Bild erzählt eine Geschichte, die in dem wohnt, was für jeden zu sehen ist. Dazu kommt der Betrachter mit seiner eigenen Geschichte, Lebenserfahrung und seinem kulturellen Hintergrund. Je nachdem ob er eine breite Wahrnehmung und Bildung hat, wird er im gleichen Bild etwas anderes sehen als sein Nachbar. Aber das Ausgangsprodukt ist das gleiche. Auch lassen sich in ein Bild Sachen hineinpacken, wo Worte fehlen, um etwas zu beschreiben. Vor allem sollte die Fotografie nicht nur dazu dienen, den Text zu dekorieren, wie es ja oft in Büchern gemacht ist, damit sich die Bücher besser verkaufen, sondern Text und Foto sollten miteinander korrespondieren. Das Foto als Ergänzung zum Text und der Text eine Ergänzung zum Bild.

U. W.: Es gibt ja auch die narrative oder inszenierte Fotografie, die von vornherein darauf angelegt ist, etwas zu erzählen. Nehmen wir zum Beispiel Crewdson,[63] einen Fotografen, der große Aufbauten hat und der mit jedem Bild eine unglaublich lange Geschichte erzählt. Außerdem wählt der Fotograf einen bestimmten Ausschnitt aus der Wirklichkeit aus. Die Ränder sind dabei nicht sichtbar und so ähnlich ist es auch beim Schreiben. Die Geschichte ist sehr viel größer als das, was am Schluss im Roman dann drin steht.

I.B.-P.: Wie wird die gegenseitige Durchdringung von Text und Foto umgesetzt und furchtbar gemacht? Methodisch gefragt: An welchen Punkten des Schreibprozesses werden Fotos einbezogen, und wie?

U. W.: Schon am zweiten Schreibtag werden von den Teilnehmern Portraits gemacht, mit offenen und geschlossenen Augen. Das hat noch nicht unbedingt mit Fiktionalisierung tun. Die Teilnehmer sollen sich mit sich selbst beschäfti-

[63] Gregory Crewdson (*1962 in Brooklyn), US-amerikanischer Fotograf, der seine Fotos mit ähnlich hohem Aufwand inszeniert, wie ihn die Filmindustrie betreibt.

gen und dazu schreiben. Diese Fotos werden von Yves angefertigt. Danach erhalten die Teilnehmer eine Einführung in die Bildgestaltung, zum Beispiel zur Perspektive, und sollen dann selbst Fotos aufnehmen und Texte dazu schreiben. Hier wird das Bild nun stärker zum Schreibanlass für Fiktives. Leider haben wir in der Werkstatt nicht so viel Zeit zum Fotografieren, wie wir gerne hätten. Der Blick auf das Detail ist in der Fotografie wie auch beim Schreiben wahnsinnig wichtig. Man kann mit wenigen Pinselstrichen eine Figur zeichnen, indem man ein, zwei Details erwähnt. Das oft ist viel besser als eine ellenlange Beschreibung. Und diese Wahrnehmung und das Achtgeben auf Details werden durch das Fotografieren geschult. Bei Schülern merkt man mit der Zeit, wie sie sich verbessern. Damit meine ich nicht technische Virtuosität, sondern ihre Fähigkeit, Motive auszuwählen und einzugrenzen.

Y. N.: Auf den Punkt bringen, verdichten, eine Aussage komprimieren. Das schaffen auch nicht-professionelle Fotografen ganz gut. Und hoffentlich gehen die Teilnehmer dann mit anderen Augen durch den Alltag und beobachten Sachen, die sie früher eventuell übersehen hätten. Was natürlich auch für das Erfinden von Geschichten sehr praktisch ist.

I.B.-P.: Wenn sich die Atmosphäre im Laufe der zwei Jahre in der Werkstatt verbessert hat, woran habt ihr das bemerkt?

U. W.: Ich habe eine größere Offenheit gegenüber Texten festgestellt, vor allem in der Bewertung von Schülertexten im zweiten Jahr. Manche Texte, die im ersten Jahr komplett verrissen worden wären, wurden später sehr positiv aufgenommen und als innovativ empfunden. Diese interpretative Offenheit ist durch die eigene Schreiberfahrung und die Art der Übungen, die wir gemacht haben, entstanden und geht über die Fähigkeit, Texte nur zu verbessern, weit hinaus.

Y. N.: Ebenso ist die Bereitschaft, Qualität auch in anderen Medien wie Fotografie oder Film zu entdecken, gestiegen. Die Teilnehmer sind offener und lockerer geworden, gleichzeitig aber auch qualitätsbewusster. Wenn man weiß, wie man ein gutes Bild zu gestalten hat, erkennt man schnell die Fakes, die nicht gut gestaltet sind. So wird man kritischer. Auf der einen Seite etwas kritischer, auf der anderen Seite offener.

I.B.-P.: Ein letztes Wort zum Thema?

U. W.: Ich hätte mir oft gewünscht hätte, dass jemand von außen zuschaut und sieht, wie engagiert Menschen an ihren Texten und an sich selbst zwei Jahre lang arbeiten und dabei Feuer und Flamme sind. Und es gab auch keine Span nungen zwischen den einzelnen Schularten. Wir haben ja Lehrer aller Schularten bei uns gehabt, von Haupt-, Förderschule, Gymnasium und beruflichen Schulen. Es gab zwar am Anfang einige Berührungsängste, aber am Schluss haben sich Gymnasiallehrer bei Förderlehrern Tipps geholt, welche Schreibverfahren mit schwierigen Schülern gelingen. Das fand ich schon großartig, aber das hat speziell mit dem Literaturbegriff nun gar nichts mehr zu tun.

I.B.-P.: Vielen Dank für das Interview.

2.2.2 „Schreibumgebungen"? Die Reportage zur Erkundung von Wirklichkeit(en) nutzen im Rahmen der Werkstatt „Journalistisches Schreiben"

Tilman Rau im Gespräch mit Ina Brendel-Perpina

I.B.-P.: Beginnen wir mit der Besonderheit der Gattung der Werkstatt: Inwieweit ist die Reportage mehr als ein Zeitungstext, nämlich auch ein literarisches Genre?

T. R.: Die Reportage ist deswegen für mich meistens oder oft ein literarischer Text, weil man eine ähnliche Arbeitsweise an den Tag legt wie ein Erzähler. Man hat nur ein anderes Ausgangsmaterial. Das Ausgangsmaterial der Reportage ist die Wirklichkeit. Man hat nicht die Imagination oder Fantasien als Grundlage, sondern man nimmt die Wirklichkeit, aber das, was man mit diesem Material macht, ist eigentlich ein ähnlicher Prozess wie das, was der Erzähler mit seinen Figuren oder mit seinen Ideen macht. Man muss Entscheidungen bezüglich der Auftritte der Personen treffen, man muss Entscheidungen bezüglich der Sprache treffen, der Zitate oder Dialoge, die darin vorkommen, der Beschreibungen, des Aufbaus, der Perspektive. All diese Elemente, die eine Erzählung ausmachen, kommen auch in einer Reportage vor. Abgesehen davon ist die Geschichte der Reportage, also die Liste der Autoren und Schriftsteller, die auch Reportagen gemacht haben, sehr lang und schon das, diese Nähe und Affinität von Schriftstellern zur Reportage, zeigt, dass da eine Menge drin ist.

I.B.-P.: Reportagen brauchen ein Thema. Wie kommen die Schreibenden zu ihrem Thema?

T. R.: In der Realität ist es ja meist so, dass der Reporter einen Auftrag von seiner Redaktion bekommt. Hier haben wir den Luxus, uns unsere Themen selbst aussuchen zu können. Der Vorteil einer Werkstatt ist, dass man mit einer Form arbeitet, die vielleicht relativ neu ist, dafür darf man mit einem Thema arbeiten, das einem relativ nahe ist. Natürlich muss man auch danach erst einmal suchen. Ich versuche, bei Schülern immer nach deren Interessenslage zu gehen. Das können sehr banale Dinge sein oder auch sehr alterstypische Dinge. Aber der Reiz liegt darin, so ein typisches Thema doch so aufzugreifen, dass es einen neuen Aspekt bringt. Wenn eine Schülerin oder ein Schüler mit dem Wunsch kommt, etwas über Tiere zu schreiben, muss ich nicht immer das klassische Tierheim nehmen und dort durchlaufen und die Tiere zeigen, die da sitzen. Ich kann auch die Ausbildung eines Suchhundes, eines Blindenhundes, eines Polizeipferdes zum Thema machen. Ein Thema finden, das tieraffin ist, das aber vielleicht nicht so klischeebehaftet ist wie andere Tierthemen. Das heißt: Das Grundinteresse ist da, das Hobby ist da und ich versuche, daraus ein Thema abzuleiten. Bei Computerspielen, was ja gerne einmal die Jungs betrifft, versuche ich zu sagen: Sieh doch mal das Computerspiel nicht nur als Konsument, sondern als neugierig Fragender. Wo kommen die Spiele her?

Versuche Kontakt aufzunehmen mit jemandem, der Computerspiele entwirft, programmiert oder vermarktet und zeige, wie ein Spiel entsteht. Guck jemandem einen Tag oder zwei über die Schulter, führe Interviews mit ihm und zeige, wie es in seiner Werkstatt, in seinem Büro oder in seiner Agentur aussieht.

I.B.-P.: Woran merkst du, dass jemand sein Thema gefunden hat und was sagst du jemandem, der damit Schwierigkeiten hat?

T. R.: Leute können ihr Thema nicht finden, weil sie sich sozusagen gegen den Aufwand sperren, etwas suchen zu wollen. Das konfrontiert uns manchmal ja auch mit uns selbst. Das ist wie mit der Literatur auch. Man muss erst einmal in sich selbst hineinhorchen. Wenn man nicht so viel hört, ist es nicht so gut oder man hat vielleicht noch einiges zu überwinden. Ich merke ziemlich schnell, wenn jemand nur sagt, meine Eltern kennen da jemanden, der macht das und das, darüber möchte ich gerne eine Reportage schreiben. Das ist mir als Begründung zu wenig. Das klingt stark nach Arbeitsvermeidung oder nach „den leichtesten-Weg-gehen". Genauso wie: Meine Oma hat das und das erlebt, ich möchte darüber etwas machen. Oder ich mache jetzt einen Selbstversuch, einen Tag ohne Handy, das ist auch zu wenig. Wenn ich dagegen spüre, dass jemand neugierig ist auf das, was er als Thema hat, wenn von Anfang an praktisch auch schon die Fragen aus ihm heraussprudeln, wenn es überhaupt kein Problem für ihn ist sich zu überlegen, welches Interview er mit welcher Person führt, dann merke ich, da ist wirklich das Interesse, da hat wohl jemand sein Thema gefunden, er hat wirklich ein inneres Bedürfnis dieses Gespräch zu führen, diese Recherche zu machen, vor Ort zu gehen.

I.B.-P.: „Schreiben vor Ort" ist etwas anderes als Schreiben am Schreibtisch. Was sind Vorteile, was sind Nachteile?

T. R.: Was wir vor Ort machen, ist ja noch nicht das Schreiben der Reportage selbst, sondern nur das Sammeln von Material. Ich muss mir allerdings vor Ort eine Menge notieren, um nachher überhaupt irgendetwas zu haben, aus dem ich schöpfen kann. Und ich habe eben nur diese eine Quelle, die Realität, aus der ich schöpfen kann. Ich kann nachher nichts hinzuerfinden. Ich muss also an einem bestimmten Termin alles einsammeln, was meiner Reportage nachher dient und das beschränkt das Ganze auf einen bestimmten Zeitrahmen, der überschaubar ist. Ich muss nicht wochenlang rumgrübeln, sondern ich kann mich darauf verlassen, dass das, was ich an einem Ort sehe, erfahre, höre, erlebe, ausreichen wird, um nachher meinen Text zu generieren. Andererseits darf ich auch nichts auslassen, nichts vergessen. Das ist immer eine Schwierigkeit. Was ich dort nicht erfrage, z. B. wenn ich nicht nach dem Namen von XY frage, habe ich nachher nicht, wenn ich die Reportage schreibe. Ich muss sehr punktuell und sehr gerafft alles einsammeln und das ist dann sozusagen mein Rohmaterial. Mit diesem Material arbeite ich nachher, mehr gibt es nicht. Das sind vielleicht zehn Seiten Notizen, aus denen dann ein eineinhalbseitiger Text wird. Das ist der zweite Schritt und der findet tatsächlich auch an Stellen statt, wo andere Dinge geschrieben werden: aus diesem Material sozusagen das herauszulösen, was für meine Geschichte relevant ist, die ich damit erzählen will.

I.B.-P.: Was gehört zu einer „Schreibumgebung" und was nicht?

T. R.: Auch da ist die Reportage wieder ähnlich wie alle anderen Formen. Beim Schreiben geht es tatsächlich darum, die Umgebung zu haben, die einerseits die Konzentration erlaubt auf das, was man da schreibt, und die möglicherweise auch so viel Langeweile zulässt, dass man die Angst vor dem Schreiben überwindet. Für mich ist es das Allerwichtigste: Die Langeweile muss größer sein als die Angst, dann fängt man an zu schreiben. Und deswegen ist es für mich nicht so ausschlaggebend, ob man in einem Café sitzt oder in einem Flughafenwartesaal, wo außen Trubel ist, oder an einem Schreibtisch, wo außen gar nichts ist, sondern es geht eher um die Frage, was möglicherweise von der Beschäftigung mit dem Thema ablenken könnte. Und das sind eher Sachen wie Internet oder Smartphone oder auch Leute, die etwas von einem wollen.

I.B.-P.: Ist die Materialanreicherung für die Reportage wichtiger als für die anderen Gattungen?

T. R.: Die Reportage muss sich immer an der Realität messen. Theoretisch könnte man sagen, das stimmt ja alles gar nicht. Das gibt es vielleicht bei anderen Gattungen nicht. Ich muss ein Gedicht oder eine Erzählung nicht an irgendetwas rechtfertigen, das nachprüfbar ist. Bei der Reportage gibt es unterschiedliche Perspektiven, mit der ich auf etwas gucken kann. Ich kann etwas, dieselbe Sache gut oder schlecht finden, gut oder schlecht darstellen, einen anderen Fokus geben, aber am Ende bleibt immer etwas, das in der Realität nachprüfbar sein muss. Die Person, die ich interviewt habe, muss existieren. Dieses Geschäft, das ich beschrieben habe, muss an dieser Stelle sein, an der ich es erwähnt habe. Das ist einer der zentralen Unterschiede. Deswegen muss mein Material akkurat sein. Das ist auf andere Weise akkurat als beim Drama oder bei einem lyrischen Text oder bei einem Prosatext.

I.B.-P.: Welche Schwierigkeiten können sich beim Schreiben einer Reportage ergeben und welche Hilfestellungen benötigen die Schreibenden dann?

T. R.: Die Schwierigkeit, die sich hauptsächlich ergibt, ist dieses Bild, das man von einem Journalisten hat: immer alles zu zeigen und immer alles sehr neutral zu zeigen und eine objektive Wahrheit zu haben. Wenn ich mit Teilnehmern irgendwohin gehe, dann versuchen sie immer erst einmal alles wiederzugeben, was da so passiert, und sie sind sich gar nicht im Klaren darüber, dass man sehr stark reduzieren muss, da man immer nur einen Ausschnitt der Wirklichkeit zeigen kann. Diese Reduktion auf, sagen wir mal so zehn Prozent der Notizen, der Rechercheergebnisse, das ist etwas, was man sich erlauben muss und was man auch ein bisschen lernen muss. Die Hilfestellung funktioniert dadurch, dass ich nachfrage: Was soll denn der Text machen? Was soll der Text sein? Welchem Zweck soll der Text dienen? Der Text soll dem Zweck dienen, dass der Leser einen Eindruck von einer Person, von einem Ort, von einem Geschehnis bekommt. Am Anfang versuchen die Teilnehmer einfach alles abzudecken und dann wird es ein bisschen beliebig. Meine Hilfestellung erfolgt meistens, wenn ich schon etwas habe und nicht im Voraus, dass ich sage mach's so, mach's so, mach's so, und dann wirst du das richtige Ergebnis bekommen.

I.B.-P.: Was heißt das konkret?

T. R.: Wenn ich in eine Markthalle hereinkomme, dann wäre da das gesamte Panorama – zum Beispiel, dass ich aufzähle, wie viele Stände da sind, wie viele Gänge es gibt, wie viele Obststände. Und dann gibt es auch noch Fischstände und Süßigkeiten und oben noch einen Möbelladen. Da geht man die Treppe hoch und oben ist die Atmosphäre ganz anders als unten. Unten ist es sehr geschäftig, oben ist es ein bisschen ruhiger. Oben kann man auch noch einen Kaffee trinken und so weiter und so fort. Das ist einfach eine Fülle von Eindrücken, die ich nicht unterbringen kann. Also suche ich mir jetzt ein, zwei von diesen Marktständen aus, spreche mit den Betreibern, zeige, was es da so alles gibt und an der Art und Weise, wie da gearbeitet wird, wie da gedacht wird, kann ich in einem Pars-pro-toto-Prinzip sehr viel über diese Markthalle sagen. Und darum geht es letztendlich in der Reportage. Aus einem kleinen Ausschnitt sehr viel über die Wirklichkeit verraten. Das merken Schüler dann später, dass man noch eine Geschichte erzählt, die weit über das hinausgeht, was man erzählt. Wenn man eine Geschichte über einen Obdachlosen schreibt, dann schreibt man natürlich auch eine Geschichte darüber, wie ein soziales System funktioniert oder eben nicht funktioniert, auch wenn man das in einem Text gar nicht wortwörtlich so sagt. Aber die Geschichten, die man erzählt, sind immer nur möglich durch die Realität und durch die Umgebung, die man hat. Das ist es, was die Schüler irgendwann begreifen: Realität setzt sich aus vielen Einzelteilen zusammen, aber auch ein kleines Teil sagt viel über die große und ganze Realität.

I.B.-P.: Wie hat sich die Atmosphäre im Laufe der zwei Jahre verändert und woran war das bemerkbar?

T. R.: Verbessert hat sich auf jeden Fall etwas, im dem Sinn, dass man familiärer miteinander umgegangen ist. Man lernt sich innerhalb von zwei Jahren in einer kleinen Gruppe relativ gut kennen. Man weiß, was man voneinander erwartet, und zeigt sich auch mehr, auch was Texte und Textentwürfe anbelangt. Man wird ein bisschen mutiger. Trotzdem würde ich jetzt über die zwei Fortbildungsjahre sagen, dass das erste und das zweite Jahr komplett voneinander abgetrennt gewesen sind, weil das zweite Jahr bei vielen auch eine Konfrontation mit der Realität und auch so ein bisschen ein Enttäuschungsjahr war. Aus der Perspektive der Lehrer heißt das: Ich habe jetzt so viel geschafft für mich letztes Jahr und das haben die Schüler gar nicht in dem Maße gewürdigt, wie ich mir das vorgestellt hätte. Eine Fortbildung liefert das Instrumentarium, das sich jeder erst einmal anguckt und dann anfängt sich sein eigenes Werkzeug zurechtzulegen und es auszuprobieren und den eigenen Weg zu gehen. Ich weiß nicht, ob alle es durchhalten, diese Kraft aufzubringen, dass man am Anfang steht, auch wenn man denkt, man habe etwas zu Ende gebracht. Das ist eine sehr ambivalente Angelegenheit. Beim Schreiben ist es aber generell so, dass man es über Jahre praktizieren muss, um zu begreifen, was man alles machen kann und was nicht. Das ist mit vielen Rückschlägen verbunden. Ich weiß nicht, wie „rückschlagresistent" die einzelnen dabei sind oder ob einige dann nicht vielleicht doch wieder auf das zurückgreifen, was sie schon immer gemacht haben.

I.B.-P.: Dein letztes Wort zum Thema?

T. R.: Die Gründe, nicht zu schreiben, sind so vielfältig und ich denke immer, die Schüler hätten auch jeden Tag zehn Gründe zu sagen, das schreibe ich nicht, weil es mich nicht interessiert, weil ich im 21. Jahrhundert lebe; was interessiert mich der Depp aus dem 18. Jahrhundert und sein Roman. Das ist eine Grundhaltung, an der man arbeiten muss. Das hat auch oft mit der Angst zu tun, einer Sache nicht sofort gerecht zu werden. Deshalb schiebt man sie erst einmal von sich und macht dann die Aufgabe lieber nicht, als irgendetwas Blödes zu machen. Das ist für mich etwas, was ich hier gelernt habe: dass die schwierigste Aufgabe darin besteht, auch einem Lehrer zu erlauben, mal etwas Blödes zu machen. Dass er es sich auch einmal selbst erlaubt und wie der Depp dasteht und sich trotzdem in dem Moment nicht als in seiner Autorität angekratzt erlebt. Das ist, glaube ich, so die Grundessenz, die mit Schreibprozessen zu tun hat.

I.B.-P.: Vielen Dank für das Interview.

2.2.3 „Schreibprozesse"? Inszenierungsfähige Texte erarbeiten im Rahmen der Werkstatt „Szenisches Schreiben"

Thomas Richhardt im Gespräch mit Ulf Abraham

U. A.: Wir haben uns ja darauf verständigt, mit den Werkstattdozenten noch ein Interview zu führen und dabei jeweils einen Begriff in den Mittelpunkt zu stellen, von dem wir annehmen, dass der betreffende Werkstattdozent dazu etwas zu sagen haben wird. Und in unserem Fall heißt der Begriff Schreibprozesse – überhaupt Prozesse, die ja über das Schreiben auch hinausgehen, hinein in die Inszenierung. – Zunächst: Es ist in der Schreibforschung üblich zu unterscheiden zwischen Prozess und Produkt. Würdest du denn in Bezug auf deine Werkstatt sagen, dass eine solche Unterscheidung überhaupt Sinn macht?

Th. R.: Es kommt darauf an, in welcher Theatertradition man das sieht. Es gibt tatsächlich Theatertraditionen, da würde die Unterscheidung keinen Sinn machen. Aber das ist jetzt abstrakt gesprochen, weil die Theatertradition, in der ich mich bewege, da schon einen Unterschied macht: Es ist ein Prozess, den Text zu erarbeiten, ihn zu proben und ihn dann irgendwann aufzuführen. Und die Aufführung, die Inszenierung ist dann das Produkt. Von daher macht es schon Sinn, auch im Werkstattbereich davon zu sprechen, oder auch in der Arbeit mit Schülern, die ja analog dazu läuft.

U. A.: Wenn wir also von Produkten reden, jetzt mal einfach im Sinne von Textentwürfen, die in deiner Werkstatt ja diskutiert worden sind, erprobt worden und ein Stück weit vielleicht auch, manchmal direkt und manchmal indirekt, von dir bewertet worden sind – sozusagen in ihrer Tauglichkeit. Und das ist meine zweite Frage: Wäre für dich gewissermaßen die Inszenierungseignung das wichtigste Kriterium, um einen solchen Entwurf oder eine Idee zu beurteilen? Gibt es noch andere Kriterien? Wie überhaupt meldest du den Teilnehmern zurück, dass es eine gute Idee oder ein prima Entwurf ist oder dass es das vielleicht eher nicht ist?

Th. R.: Es ist ein Ausprobieren, ein Auf-die-Probe-stellen des Textes, ein Überprüfen, Erproben, Erspielen. Und das beginnt schon damit, dass die Konzeption, die man für eine Szene entwickelt, schon einmal gedanklich durchgespielt und dabei erprobt wird. Der reine Rohentwurf einer Szene wird gedanklich durchgespielt von den Teilnehmern, aber auch von mir im Dialog mit den Teilnehmern. Dann wird diese Szene improvisatorisch erprobt, und auch dabei zeigt sich, wie fruchtbar die These war. Und Scheitern kann durchaus ein Ziel sein – um die These noch einmal in Frage zu stellen. Damit bekommt man die Dinge klar. Das heißt, die Wertung wäre dann nicht „mangelhaft", sondern es ist eine andere Kategorie von Bewertung. Ziel ist es, zu schauen, was fruchtbar, was produktiv ist.

U. A.: Was ist weiterführend?

Th. R.: Was ist weiterführend, genau.

U. A.: Da kommt noch was, sozusagen.

Th. R.: Genau. Auch zum Überprüfen der Parameter, die man vorher gesetzt hat. Das heißt nicht, dass, wenn man einen Parameter falsch gesetzt hat und das nicht funktioniert, dass das Ganze schlecht ist. Es heißt, dass man dann mehr erfährt über die verschiedenen Parameter dieser Szene und auch über die Einstellung der Figuren, über die Grundkonflikte, über die Sprache, die diese haben. Von daher ist Werten bei dramatischen Texten auch ein produktiver Prozess. Auch das laute Lesen ist auch eine Art von Wertung. Wenn eine Szene gelesen wird, dann merken die Teilnehmer ganz schnell, ob diese Szene sie anspricht, ob sie interessant ist, ob sie sie bei der Stange hält. Das sind jetzt schon ein paar zentrale Begriffe, die im Arbeitsprozess eine Rolle spielen. Die zielen auf Inszenierbarkeit, aber auch auf Nachvollziehbarkeit, auf Spannung, was ein ganz wichtiger Begriff ist: Spannung erzeugen! Und diese Dinge ergeben sich durchs Lesen, und dann zum Schluss durchs Inszenieren.

U. A.: Die dritte Frage: Wenn wir von Prozess reden, dann meinen wir ja – nicht nur aber auch –, dass Textentwürfe, die dann spielbar sein sollen, ja vielleicht mehrere Stufen durchlaufen, dass sie weiterbearbeitet werden. Woher weißt du als Werkstattleiter, wann es genug ist? Wie lange bestehst du sozusagen auf einer Weiterarbeit? Das ist zwar eine prima Idee, die ihr da habt, aber da muss etwas passieren – und wann lässt du es gut sein? Und was ist das für ein Moment, in dem du das Gefühl hast, jetzt reicht es?

Th. R.: Das ist ja eine Frage, die – denke ich – in allen Gattungen fragbar ist.

U. A.: Ja, richtig.

Th. R.: Wenn man zum Beispiel eine Reportage schreibt, wann wird die abgedruckt?

U. A.: Ja, ganz genau.

Th. R.: Und auch das hängt wieder mit der Theatertradition zusammen, in der man sich befindet. Im englischen Theater probt man manchmal nur ein oder zwei Wochen und bringt dann das Stück heraus. Dann hat man Previews, wo das Publikum sozusagen in der Probe drin sitzt, und arbeitet aber währenddessen weiter an dem Text, was im deutschen Theater unvorstellbar ist. Da wird lange geprobt, bis das Stück bei der Premiere herauskommt und dann ist es so, wie es ist. Dann wird auch meistens nicht mehr daran gearbeitet, auch wenn man eigentlich ein Feedback bekommt, dass man eigentlich noch hätte daran arbeiten sollen ... Also man sieht, es gibt da unterschiedliche Auffassungen, und ich versuche den Teilnehmern zu vermitteln, dass es unterschiedliche Wege gibt, auch in der Arbeit mit Schülern. Manche machen beispielsweise eine Voraufführung, lesen den Text mit ihren Schülern vor einer anderen Klasse. Das ist auch eine Möglichkeit, den Text weiter zu bearbeiten. Und manche sagen, nein, ich mache das so, wie es im deutschen Theater ist. Wir machen das Skript erst komplett fertig, dann wird es inszeniert, dann kommt das Publikum. Mitschüler. Da gibt es verschiedene Möglichkeiten.

U. A: Wie ist das eigentlich, wie würdest du denn die Teilnehmer in deiner Werkstatt in ihrer Rolle beschreiben? Wenn es jetzt um einen individuellen Entwurf eines Teilnehmers geht, was ist die Rolle der anderen Teilnehmer? Würdest du sagen, die sind eher Kritiker, sie sind eher einfach Mitspieler, man braucht sie zum Probieren, oder sind sie tatsächlich Co-Autoren, also schreiben sie gewissermaßen auch daran mit? Was trifft die Sache am besten?

Th. R.: Es ist ein Wechsel der Rollen. Mal sind die Teilnehmer Autoren, mal sind sie Darsteller, mal sind sie auch Spielleiter oder Regisseure. Und es ist ein Prozess, sich da abzuwechseln in diesen verschiedenen Rollen. Das heißt, keiner ist immer nur Autor oder nur Darsteller oder nur Spielleiter, sondern der Reiz ist schon, auch das Theater als ein Gesamtwerk zu zeigen, und alle diese Rollen einmal zu durchleben. So, dass jeder Teilnehmer einen Gesamtbegriff davon bekommt. Und auch das hat ja eine Tradition: Ich nenne da immer Shakespeare als Beispiel, der seine Stücke ja dadurch entwickelt hat, dass er einen Text geschrieben und ihn dann mit den Schauspielern zusammen noch einmal in Frage gestellt hat. Und das heißt, die Schauspieler waren auch Co-Autoren von Shakespeares Texten. Sie waren sozusagen mitautorische Darsteller.

U. A: Genau.

Th. R.: Und diese Funktion von autorischen Darstellern, auch die ist ein Merkmal in der Werkstatt. Dass es Autoren gibt und Co-Autoren, die das Ganze mitreflektieren. Ein Dramaturg, jetzt in der Form zum Beispiel am Theater, ist ja auch eine Art Co-Autor, der eben den Text auf der Probe auch noch weiter bearbeitet.

U. A: Ja, man muss noch ändern können.

Th. R.: Richtig, es wird z. B. mundgerecht gemacht. Die meisten Theaterautoren haben zwar eine gewisse Vorstellung von dem, was später auf der Bühne sein sollte. Aber, wer sagte das noch, – ich glaube Lutz Hübner, einer der meistgespielten Gegenwartsautoren: Letztendlich kann ich ja nur Vorschläge machen. Ihr habt ja dann sechs Wochen Probenzeit. Ihr würdet ja gar nicht arbeiten, wenn ihr nicht auch daran arbeiten würdet, am Stück, an den Figuren, an der Sprache.

U. A.: Es muss ja funktionieren mit diesem Team in dieser Situation.

Th. R.: Es muss ja funktionieren, genau. Und ich muss auch den Schauspielern glauben, dass sie sich in ihrer Rolle auskennen, in ihrer Sprache auskennen. Also von daher, es gibt auch Autoren, die das offensiv einfordern. Natürlich gibt es auch andere Autoren, die sagen, das muss genauso aufgeführt werden, wie es Wort für Wort, Punkt für Punkt dort geschrieben steht. Aber letztendlich sind das nicht die Autoren, die am meisten gespielt werden in deutschen Theatern.

U. A.: Das bringt uns zur vorletzten Frage: Aus unserem Abschlussbericht geht hervor, nach Auswertung aller Daten, dass die Teilnehmer die gesamte Arbeitsatmosphäre hier sehr gelobt haben. Die war gut, aber sie könnte sich tendenziell eher noch verbessert haben, wenn man die Anfangssituation nimmt und dann etwa das zweite Jahr. Jetzt meine Frage an dich: Würdest du das bestätigen können, und wenn ja, woran hättest du es denn gemerkt, wie gut die Arbeitsatmosphäre jeweils war?

Th. R.: War die Aussage, dass es im ersten Jahr schlechter war?

U. A.: Nein, es war immer gut. Aber es war insgesamt eher eine positive Entwicklung. So kann man es vielleicht verallgemeinern.

Th. R.: Also von meinem Gefühl wäre es, ehrlich gesagt, eher umgekehrt gewesen. Was vielleicht an meinem Gefühl liegt, dass ich mich im ersten Jahr sehr viel sicherer in der Materie empfunden habe. Weil ich dort mit den Lehrern analog zu meinen Werkstätten mit Schülern, oder mit anderen Werkstattteilnehmern gearbeitet habe. Ich konnte also auf Vieles zurückgreifen, und im zweiten Jahr musste ich parallel dazu, dass ich es mache, den Prozess neu entwickeln, weil das ganze zweite Jahr eine Neuentwicklung war. Das heißt, ich habe mich eher als unsicherer empfunden in manchen Handlungen und Haltungen. Was vielleicht auch gut sein kann für eine Arbeitsatmosphäre, wenn man das Gefühl hat, der Dozent ist transparent und lässt es auch zu, Fehler zu machen, und entwickelt sich auch selber. Aber von meinem eigenen Gefühl her war es eher so, dass ich dachte, ich war im ersten Jahr eigentlich sicherer in dem, was ich tue. Was aber im zweiten Jahr wichtig war: die Verständigung untereinander, zwischen den Werkstätten, aber auch von den Werkstätten zu den Dozenten und den Didaktikern, die ist noch besser geworden.

U. A.: Das können wir bestätigen.

Th. R.: Und ich glaube, dass das auch etwas ist, was wir im ersten Jahr sozusagen auch noch nicht erprobt gehabt haben, sondern ...

U. A.: Nein, das haben wir auch noch entwickelt, während das passiert ist.

Th. R.: Entwickelt, genau. Die Proben sind ja hilfreich um Geschichten weiterzuentwickeln.

U. A.: Und eine Schlussfrage haben wir uns auch für jeden Dozenten überlegt, ganz individuell. Du bist ja auch Dramaturg. Kannst du dir den Fall vorstellen, dass irgendein Text, der jetzt hier entstanden ist, in dieser Werkstatt, von dir auf die Bühne gebracht wird?

Th. R.: Würde ich mir wünschen, wäre doch schön. Ich glaube aus dem ersten Jahr, vielleicht auch jetzt im zweiten, da gab es bestimmt auch Teilnehmer, die sagten, ich habe Lust, professionell als Dramatiker zu arbeiten. Ich würde es eigentlich gerne, und ich habe mich auch angemeldet, weil das der eigentliche Punkt war.

U. A.: Das kann ja ein Motiv sein.

Th. R.: Ja, es gab schon Aussagen unter der Hand wie: eigentlich will ich nur das erste Jahr machen, der Rest, die Arbeit mit den Schülern interessiert mich eigentlich nicht so sehr. Ich glaube nur, was unterschätzt wird, ist der Aufwand, ein Theaterstück zu schreiben. Also ein komplettes Theaterstück ... die meisten Autoren brauchen dafür ein Theaterstück mindestens vier, fünf, sechs Monate, manche zwei Jahre. Auch wenn das eine komprimierte Form ist. Das neben dem ganz normalen Lehrerberuf zu tun, ist natürlich nicht so einfach. Was ich mir aber durchaus vorstellen kann, ist dass man sagt, okay, da ist jetzt eine Szene entstanden, die so gelungen ist, dass man die in irgendeiner Form mal präsentiert. Das ist sicherlich möglich und durchaus für die Zukunft mal zu erwarten.

U. A.: Vielen Dank für das Gespräch.

2.2.4 „Bewertung?“ Texte einschätzen und beurteilen im Rahmen der Werkstatt „Lyrisches Schreiben“

José F. A. Oliver im Gespräch mit Ulf Abraham

U. A.: José, im Lauf der letzten zweieinhalb Jahre habe ich dich mehrfach sagen hören, nicht jeder lyrische Text, der auf dem Papier irgendwie nach Lyrik aussieht, verdiene die Bezeichnung „Gedicht“. Nach welchen Kriterien vergibst du das Prädikat?

J. F. A. O.: Es gibt einen für mich großartigen Satz von Daniil Charms,[64] der einmal gesagt hat: „Gedichte schreiben muss man so, dass, wenn man sie gegen das Fenster wirft, das Glas zerbricht.“ Das heißt, es muss in einem Ge-

[64] Daniil Charms (1905–1942), russischer Schriftsteller.

dicht etwas passieren, es muss mich berühren, es muss mich in irgendeiner Form inspirieren, es muss mich sprachlich herausfordern, es muss mich von der Form her herausfordern. Dieser unverhoffte Augenblick, der einem Gedicht die Weltdimension gibt, das ist das, was ich von einem Gedicht erwarte. Das heißt natürlich, dass das in jeglicher sprachlicher Form stattfinden kann. Das ist nicht gebunden an eine Kunstsprache, es ist nicht gebunden an die Alltagsprache, es kann eine Mischung aus beidem sein, es kann ein Slang sein … es muss ein bewusster Prozess im Gedicht wahrnehmbar sein, der mit einer Leichtigkeit daher kommt, dass ich es nicht anders auszudrücken vermag – sprich, wenn diese Epiphanie geschieht bei der Lektüre. Ein guter Erzähler, das ist dann der Vergleich, bräuchte, um diese Epiphanie bei mir heraufzubeschwören, mindestens zwei Seiten, um diese Intensität zu erzeugen, die das Gedicht erzeugt. Also diese prägnanteste, verkürzteste Form des Sagens.

U. A.: Das ist mir sehr einleuchtend, aber es ist auch radikal subjektiv: Wenn es um den Augenblick in dir geht, dann würde das ja heißen, das kann ein anderer Leser vielleicht ganz anders oder gar nicht empfinden?

J. F. A. O.: Absolut. Deshalb, glaube ich, ist es auch sehr schwierig, und da tut sich auch die Kritik schwer. Die Einschätzung von Gedichten, die ist natürlich immer auch von der Zeit abhängig, vom Augenblick der Lektüre, vom Alter abhängig. Das heißt, dass sicherlich jemand, der mit 25 ein Gedicht kritisiert, ein Kritiker, der sehr jung ist, anders mit Gedichten umgeht als jemand, der eine ganze Lebenserfahrung im Umgang mit Gedichten hat. Und deshalb glaube ich, dass auch die Bewertung – was ein Gedicht ist oder nicht – einen prozessualen Charakter hat. Dass es nicht eine endgültige oder definitive Version der Kritik gibt. Deshalb spreche ich ja viel lieber von „Verdichtungen", einfach um das Gedicht zu schützen. Ich weiß nicht, von meiner Erfahrung her, wie viele Gedichte bleiben. Wenn ich jetzt auf die Literaturgeschichte zurückblicke. Ich nehme Hölderlin als Beispiel: Ein Gedicht, das in aller Munde ist, zumindest in den Mündern derjenigen, die sich mit Gedichten auseinandersetzen, ist „Hälfte des Lebens". Aber da liegt ja ein irres Werk vor, und trotzdem sind es nur ein paar Gedichte … es sind wenige, die geblieben sind. Was macht dann dieses Gedicht so eigenständig, dass es zweihundert Jahre überlebt? Das sind die Faktoren, die mich interessieren. Und da stimme ich dann auch mit Gottfried Benn überein, der ja gesagt hat, er habe im Leben nicht mehr als sechs Gedichte geschrieben. Und ich sehe es am eigenen Werk ich denke, dass da vielleicht zwei, drei Gedichte sind, und alles andere sind Annäherungen.

U. A.: Aber du würdest jetzt auf die Frage, auf welche drei du tippst, keine Antwort haben, bei deinen eigenen Gedichten?

J. F. A. O.: Bei meinen eigenen Gedichten ist es schwierig … die Selbsteinschätzung ist schwierig.

U. A.: Ich ziehe die Nachfrage zurück. Eigentlich habe ich jetzt ja auch eine zweite Frage, die sich auf das Urteilen bezieht, über die Texte von Teilnehmern und über die Texte von anderen überhaupt. Du bist ja mit solchem „Urteilen" sehr vorsichtig. Das kann man sehen, wenn man dich in der Werkstattarbeit beobachtet. Kannst du kurz deine Gründe für diese Vorsicht zusammenfassen?

J. F. A. O.: Ich glaube – um anzudocken an die letzte Frage –, dass die Würde eines Gedichts unmittelbar mit der Würde des Dichters zusammenhängt. Davon bin ich überzeugt. Und dass eine Art Identitätsfindung ... Identität stattfindet im Verhältnis zwischen Gedicht und Dichter. Und ich bin ja auf der Spur jemandem nahezukommen, wenn ich ihn beurteile oder bewerte. Und das mache ich mit allem Respekt und mit aller Vorsicht, weil natürlich ein Text völlig identisch mit dem Schreibenden sein kann, der für mich stimmig ist, das heißt, ich überprüfe die Stimmigkeit dessen, was jemand eigentlich ausdrücken möchte, und nicht so sehr die Stimmigkeit dessen, wie ich die Welt sehe in Bezug auf den Text, der vor mir liegt. Das ist eine andere Herangehensweise.

U. A.: Ja. Darf ich trotzdem auch da noch einmal nachfragen? Weil man ja auch von Autoren, zum Beispiel von denen, die im Rahmen unserer Gesprächsreihe hier waren, gelegentlich hören kann, dass es wichtig ist, dass sich der Autor irgendwann auch von seinem eigenen Text entfernt und ihn überhaupt damit erst der Öffentlichkeit überlassen kann; irgendwann beschließen muss: Der ist jetzt fertig, der kann in den Druck gehen, und das ja nicht bei jedem Text so beschließt. Also, wenn zunächst diese Identität von Gedicht und Dichter da ist, dann muss es ja doch auch einen Prozess geben, in dem der Dichter sich von seinem Text so weit entfernt, dass er dann auch das Gespräch darüber aushält und vielleicht auch die Kritik daran.

J. F. A. O.: Ja. Er entfernt sich soweit vom Text, dass er ganz der Text ist! Ich stelle mir das vor wie zwei Liebende – also in dem Augenblick, wo jemand mit sich selber im Einklang ist, ist die Voraussetzung gegeben, dass er jemanden lieben kann und mit ihm eine Beziehung eingehen kann. Das heißt, diese Identität muss erst geschaffen sein, damit er sich überhaupt eigenständig fühlen kann, und damit ist eine Entfernung vorhanden.

U. A.: Meine dritte Frage: Wenn man jetzt einmal akzeptiert hat, dass das Urteilen schwierig ist und daher mit Vorsicht zu betreiben, wie gibst du den Teilnehmer/innen Hilfestellung beim Weiterarbeiten an ihren Entwürfen, möglichst ohne dass du dabei urteilen musst?

J. F. A. O.: Da ist erst einmal das Gespräch. Ich versuche, über den Text ins Gespräch zu kommen, das heißt, ich lasse mir die Geschichte erzählen, ich lasse mir die Beweggründe erzählen. Wie und wann beginnt ein Gedicht? Ich frage ja nie, wie und wann hört ein Gedicht auf. In dem Augenblick, wo ich es der Öffentlichkeit übergebe, sei es in dargestellter oder in publizierter oder in gesprochener Form, ist es ja nicht mehr mein eigenes. Aber es hat die Eigenständigkeit meiner Persönlichkeit, insofern ist es doch ein Teil von mir selber.

U. A.: Es bleibt doch ein Teil von dir.

J. F. A. O.: Ja. Aber ich spreche über das Gedicht und versuche, dass die Teilnehmer eigene Kriterien an die Sprache, an die Form und an die Übersetzung des Inhaltes anlegen, und das lasse ich herausarbeiten.

U. A.: Also versuchst du, den Teilnehmern zu ihren eigenen Kriterien zu verhelfen?

J. F. A. O.: Das ist, glaube ich, eine Voraussetzung für das Unterrichten. Ich kann ihnen natürlich zehn Regeln an die Hand geben, tradierte Regeln, aber ich möchte, dass sie auf Grund der eigenen Schreiberfahrungen eine eigene Poetologie entwickeln und damit eigentlich Kriterien. Das schafft die Voraussetzungen, offen zu bleiben coram publico, also wenn sie vor den Schülern stehen, zu sagen: Ich muss eigentlich in jeden einzelnen Schüler hinein hören und versuchen, dass er etwas sagt. Und aus diesem Sagen heraus eigene Kriterien entwickeln, die auch zu einem Urteil führen. Ich finde ja das Wort Urteil im Deutschen sehr schön, denn da steckt ein Teil ja schon drin, es ist ja nicht das Ganze. Es kann ein Aspekt sein; es hat etwas Ursprüngliches, etwas weit Herkommendes, dieses Teil, aber es ist eben nicht das Ganze, ja? Und das entwickelt sich aus dem Gespräch.

U. A.: Gut. Die vierte Frage: Wir haben an verschiedenen Daten im Rahmen der Begleituntersuchung gesehen, dass sich die Arbeitsatmosphäre, die insgesamt als gut beschrieben worden ist, im Lauf dieses Prozesses noch verbessert hat. Woran (vor allem) hast du im Lauf der zwei Jahre gemerkt, dass die Atmosphäre gut und noch verbesserbar war?

J. F. A. O.: Es gibt ein ganz objektives Kriterium: Wenn die Zeit vergessen wurde. Wenn man so intensiv sich miteinander über einen Text unterhalten hat, dass man plötzlich eine Stunde überzogen hat und keiner hat mehr auf die Uhr geschaut und alle waren verwundert, dass jetzt drei Stunden vorbei sind. Oder wenn ich Zufriedenheit spürte.

U. A.: Bei den Teilnehmern oder bei dir?

J. F. A. O.: Bei den Teilnehmern. Das spürt man ja, ob jemand einfach sagt, ach, heut war's ein schöner Tag, ich nehm' was mit nach Hause, das wird ja auch verbalisiert. Oder wenn ein Teilnehmer einfach an seinem Text dann hängt, es gefällt ihm und er hat auch nichts gegen eine Publikation in irgendeiner Form. Bei mir ist Zufriedenheit, wenn ich den Eindruck habe, dass die Vorstellungen, die ich hatte, nachvollziehbar wurden in dem Prozess der Auseinandersetzung und des Schreibens. Das ist aber eine Erfahrungssache. Theorie und Praxis finden da zusammen und begründen damit auch eine Zu-Frieden-Heit, fast schon einen Friedensschluss zwischen dem, was ich wollte und dem, was erwartet wurde.

U. A.: Und ganz zum Schluss: Wenn du auf die vielen Jahre zurückblickst, in denen du Schreibwerkstätten mit Schüler/innen und Lehrer/innen gemacht hast, würdest du dann sagen, dass dein eigenes Schreiben sich dabei verändert hat?

J. F. A. O.: Ja, das ist natürlich schwierig, denn das eigene Schreiben verändert sich immer. Also, ich hab jetzt vierzehn Bücher publiziert und ich muss mich im Grunde neu erfinden, mit jedem Buch. Ich schreibe mich weiter, und ich zitiere wieder: Octavio Paz[65] hat einmal gesagt, es gibt keine endgültige oder

[65] Octavio Paz (1914–1998), mexikanischer Schriftsteller und Diplomat. Nobelpreis für Literatur 1990.

definitive Version eines Gedichtes. Vielleicht ist das Gedicht der Entwurf eines Gedichtes, das wir niemals schreiben werden. Das heißt, ich selber durchlaufe einen Prozess, und natürlich, durch die intensive Auseinandersetzung wurde meine Poetologie klarer; meine Vorstellungen von Gedichten haben ein zusätzliches Fundament erfahren, und damit hatte ich wieder mehr Handwerkszeug mir selber gegenüber, um auch weiterzuschreiben. – Also es geht nicht ohne Einfluss – unabhängig davon, dass es manchmal Bilder gibt, Verse gibt, Texte gibt, die mich so inspirieren, dass eigene Gedichte dann entstanden sind. Ich bin ein dialogischer Mensch. Ich kann nur schreiben, wenn mich etwas berührt. Und da gab es eine Reihe von Verdichtungen und Gedichten, die haben mich berührt, und irgendwann sah ich dann, ja: Das ist ein Gedanke oder ein Bild, darüber haben wir gesprochen und das hat mich jetzt inspiriert, einen eigenen Text zu schreiben.

U. A.: Das ist doch eine Antwort! José, ich danke dir für dieses Gespräch, und ich wünsche dir (und uns) weiter alles Gute in diesem Projekt.

2.3 Das Weiterbildungsprojekt des Literaturhauses Stuttgart aus deutschdidaktischer Sicht

2.3.1 Vergleichende Kommentierung der Interviews mit den Literaturhaus-Dozenten/innen

Wir haben die Dozentin und die Dozenten der vier Werkstätten ein halbes Jahr nach Ende des zweijährigen ersten Durchlaufs und ein Vierteljahr nach Beginn der Arbeit mit der zweiten Kohorte, also im Januar 2014, befragt. Die vier Interviews (vgl. oben, Kap. 2.2.1) verfolgten zwei Ziele. Zum einen wollten wir, analog zur Intention der Teilnehmerinterviews, auch von diesen Akteuren eine Einschätzung der gesamten Weiterbildung und ihrer Zielsetzungen aus ihrer Sicht. Zum andern hatten wir aus der Beobachtung der Werkstattarbeit und vielfältigen Kommunikationsanlässen (z. B. Podiumsdiskussionen im Rahmen der Seminarwochenenden, Gesprächsabende) Eindrücke gewonnen, die wir einerseits an den seither erschienenen Publikationen der Dozent/innen, andererseits aber unbedingt auch in je einem Interview bestätigen, modifizieren, jedenfalls aber differenzieren wollten. Weit über eine Gesamtevaluation des Projekts aus verschiedenen Perspektiven hinaus ging es uns dabei um die didaktischen Konzepte, nach denen die Werkstattarbeit jeweils „funktioniert", sowie die ihnen zu Grunde liegenden literatur- und schreibkompetenzbezogenen Überzeugungen derer, die wir als Experten auf dem Feld der kulturellen Praxis Literatur begreifen.

Atmosphäre und Kommunikation

Zur erstgenannten Zielsetzung kann hier summarisch festgehalten werden, dass alle Dozent/innen den aus den Fragebögen und Teilnehmerinterviews zu gewinnenden Gesamteindruck (vgl. Kap. 3) bestätigen: Die Werkstattarbeit zeichnete sich bereits im ersten Projektjahr durch eine gute, sich tendenziell im Lauf der Zeit noch verbessernde Arbeitsatmosphäre aus, ein vertrauensvolles Verhältnis der Teilnehmer/innen untereinander und zur jeweiligen Werkstattleitung, sowie durch eine dialogische und weitgehend symmetrische Kommunikationsstruktur. Im zweiten Jahr wurde diese stimmige und fruchtbare Arbeitssituation dann dringend gebraucht, um (zu erwartende) Schwierigkeiten bewältigbar zu machen. Bei einigen Teilnehmer/innen stellten sich, wie Tilman Rau anmerkt, Enttäuschungen über teilweise unerwartete Mühen der Umsetzung in Projektklassen ein:

> Man lernt sich innerhalb von zwei Jahren in einer kleinen Gruppe relativ gut kennen. Man weiß, was man voneinander erwartet, und zeigt sich auch mehr, auch was Texte und Textentwürfe anbelangt. Man wird man ein bisschen mutiger. Trotzdem würde ich jetzt über die zwei Fortbildungsjahre sagen, dass das erste und das zweite Jahr komplett voneinander abgetrennt gewesen sind, weil das zweite Jahr bei vielen auch eine Konfrontation mit der Realität und auch so ein bisschen ein Enttäuschungsjahr war. (Tilman Rau)

Sowohl für die Lehrer/innen, die das selbst Erlernte und im Literaturhaus Umsetzbare nun in die Unterrichtspraxis tragen wollten, als auch für die Dozent/innen, die trotz langer Erfahrung mit Schreibwerkstätten hier in einer spezifischen Beraterrolle Neuland betraten (worauf besonders Thomas Richhardt hinweist), war dieser Übergang vom Lernen zum Lehren eine durchaus kritische Grenzüberschreitung. Es ging nun darum, Probleme der Schülermotivation und -kompetenz in den Treffen des zweiten Projektjahres zu diskutieren und neben den Erfolgen der Klassenprojekte auch Rückschläge zu thematisieren, ohne dabei die Motivation der Lehrer/innen zu zerstören, auf die Schüler/innen dringend angewiesen waren. Das konnte nur unter Rückgriff auf die im ersten Jahr gefestigten und gleichsam im Arbeitsprozess ausgehandelten Überzeugungen gelingen. „Was aber im zweiten Jahr wichtig war: die Verständigung untereinander, zwischen den Werkstätten, aber auch von den Werkstätten zu den Dozenten und den Didaktikern, die ist noch besser geworden" (Thomas Richhardt).

Realisierte Vorstellungen von Literatur

Um solche Überzeugungen diskurszugänglich und in ihrem Wert für das gesamte Weiterbildungsprojekt greifbar zu machen, haben wir den Interviews je einen thematischen Schwerpunkt gegeben (diesen kannten die jeweiligen Interviewpartner vorab, nicht aber einzelne Fragen). In diesem Sinn geht es im Interview mit Ulrike Wörner und Yves Noir im Schwerpunkt um die Frage, inwiefern Schreibende, was immer sie sonst mit ihrem Textentwurf wollen, stets auch *Vorstellungen von Literatur realisieren*. Die Aufgabe, bei null zu beginnen, verteidigt Ulrike Wörner als aus ihrer Erfahrung didaktisch hilfreich, auch wenn sie streng genommen unerfüllbar ist. Zentral für den Einstieg ist die Auseinandersetzung mit Sprache als fremdem Material, also mit ausgewählten Textauszügen, in denen sich eine bestimmte (traditionelle, moderne, postmoderne) Vorstellung literarischen Erzählens realisiert. Darüber lernen die Teilnehmer/innen, so die erfahrungsgesättigte Überzeugung, Sprache *überhaupt* als Material zu sehen, mit dem sich arbeiten lässt und das Gestalt annehmen soll und kann (vgl. Kap. 1.2.2). Kreativität im literarischen Schreiben beginnt nach dieser Überzeugung gerade nicht mit der eigenen Idee und ihrer literarisch originellen Umsetzung, sondern mit dem Hineinarbeiten in fremde Texte und dem Umarbeiten von Texten, die bereits Literatur *sind*: „Man nimmt vorgegebenes Material und betrachtet Sprache erst einmal nur als Material. Dies ist ein extrem kreativer und schöpferischer Akt." Auch imitativen Verfahren kommt dabei eine wichtige Funktion zu: „es geht nicht um Plagiate, es geht um Verarbeitung". Für Wörner (in Bezug auf den entstehenden Text) und Noir (in Bezug auf dafür eine Rolle spielende Fotos) wichtig ist eine *handwerkliche Sicht* auf literarisch-ästhetisches Arbeiten: eine Handlung so aufbauen, dass Spannung entsteht, dabei auch den Nebenfiguren Beachtung schenken und vor allem die Erzählperspektive(n) sorgfältig klären; auch beim Fotografieren die Perspektive reflektieren, daneben aber auch Bildausschnitt (Cadrage) und Bildaufbau. Fotos sollen nicht nur Texte „dekorieren", sondern ihren eigenen Beitrag zur Erzählung leisten. Sie sind nicht authentische Wiedergabe von Wirklichkeit, sondern immer inszeniert.

Authentizität und Inszenierung

Obwohl wir für das Interview mit Tilman Rau einen anderen Schwerpunkt („Schreibumgebungen“) gewählt hatten, finden wir auch hier diese handwerkliche Sicht auf die (andere) Textsorte („Mit diesem Material arbeite ich nachher, mehr gibt es nicht“), gepaart mit derselben Überzeugung, dass eine naive Vorstellung von Authentizität im Arbeitsprozess zu überwinden ist:

> Das sind vielleicht zehn Seiten Notizen, aus denen dann ein eineinhalbseitiger Text wird. Das ist dann der zweite Schritt und der findet tatsächlich auch an Stellen statt, wo andere Dinge geschrieben werden: aus diesem Material sozusagen das herauszulösen, was für meine Geschichte relevant ist, die ich damit erzählen will. (Tilman Rau)

Zwar muss das Material „akkurat“ sein, und Schlamperei hat hier keinen Platz; es geht um Sorgfalt des Recherchierens, Notierens, Dokumentierens. Aber es geht auch um die Erkenntnis, dass die fertige „Geschichte“ (hier nun im Sinn der Textsorte Reportage) nicht eine vollständige Wiedergabe von was auch immer ist, sondern Ergebnis einer Selektion und damit (wiederum) eine Inszenierung, zu der auch Fotos gehören können. Der Lernprozess beginnt dort, wo die Notwendigkeit der Inszenierung verstanden wird: „Am Anfang versuchen die Teilnehmer einfach alles abzudecken und dann wird es ein bisschen beliebig“ (Rau).

Prozesse und Produkte

Über Prozesse wird in allen Werkstätten nachgedacht. Denn gerade wer Qualitätsbewusstsein in Bezug auf Textprodukte entwickeln will (es gebe „Gestaltungsregeln“, sagt Yves Noir), muss klären, in welchen Schritten, über welchen Zeitraum hinweg und auf der Basis welcher Kommunikation er zu einem solchen Bewusstsein kommt. „Es ist ein Ausprobieren, ein Auf-die-Probe-stellen des Textes, ein Überprüfen, Erproben, Erspielen“, sagt Thomas Richhardt, den wir zum Schwerpunkt „Schreibprozesse“ befragt haben. Etappenziel sei es immer wieder zu prüfen, was fruchtbar, produktiv und weiterführend sei. Ohne Wertung von Zwischenergebnissen gehe das nicht ab; „von daher ist Werten bei dramatischen Texten auch ein produktiver Prozess“ (Richhardt). Inszenierbarkeit, Nachvollziehbarkeit und Spannung sind nach Überzeugung des Dramaturgen wichtige Kriterien, an denen Textentwürfe und auf ihnen basierende Spielversuche gemessen werden sollten. Der Umgang mit der Prozesshaftigkeit einer Stückentwicklung ist in der englischen Theatertradition, in der nur kurz geprobt werde und dann bereits Aufführungen vor Publikum angesetzt werden, anders als in der deutschen, in der lange Probenzeiten die Regel seien und das Publikum also kaum noch an der Entwicklung beteiligt werde:

> Manche machen beispielsweise eine Voraufführung, lesen den Text mit ihren Schülern vor einer anderen Klasse. Das ist auch eine Möglichkeit, den Text weiter zu bearbeiten. Und manche sagen, nein, ich mache das so, wie es im deutschen Theater ist. Wir machen das Skript erst komplett fertig, dann wird es inszeniert, dann kommt das Publikum. (Thomas Richhardt)

Die Werkstatt Szenisches Schreiben, so wie deren Leiter die Arbeit darin kommentiert, zeigt besonders deutlich einen Grundzug prozessorientierten Arbeitens aller Werkstätten: Die Rolle des Textautors ist nur eine unter mehreren, die von den Teilnehmer/innen eingenommen, erprobt und letztlich erlernt werden kann. „Es ist ein Wechsel der Rollen. Mal sind die Teilnehmer Autoren, mal sind sie Darsteller, mal sind sie auch Spielleiter oder Regisseure. Und es ist ein Prozess, sich da abzuwechseln in diesen verschiedenen Rollen. Das heißt, keiner ist immer nur Autor oder nur Darsteller oder nur Spielleiter" (Richhardt). Obwohl in den anderen drei Werkstätten die szenische Komponente weitgehend fehlt, lässt sich diese Aussage dennoch verallgemeinern: Der Wechsel zwischen Autor-, Leser- und Beraterrolle ist ein Kennzeichen der literarisch-medialen Anschlusskommunikation (vgl. Kap. 1.2.4), durch die sich die Werkstattarbeit an Texten zugleich ausdrückt und fortentwickelt.

Urteilen und gelten lassen

Wie besonders José F. A. Oliver im Interview betont, ist es dabei für die Einschätzung entworfener Texte entscheidend, eine Balance zu finden zwischen behutsamer Textbeurteilung und Respekt vor einer Leistung, die aus einer Persönlichkeit kommt und zu ihr gehört. So vorsichtig Oliver damit ist, gleichsam endgültige Urteile über Texte zu sprechen, in denen doch auch immer ihre Verfasser getroffen würden, so energisch klagt er wirkungsorientierte Kriterien der Wertung ein: „Es muss in einem Gedicht etwas passieren, es muss mich berühren, es muss mich in irgendeiner Form inspirieren, es muss mich sprachlich herausfordern, es muss mich von der Form her herausfordern."

Die Subjektivität und Affektivität der Reaktion auf Texte, die erwartbarer Weise gerade für die Lyrikwerkstatt ein wichtiges Thema ist, lässt sich auch aus den anderen Werkstätten nicht ausblenden; auch für die literarische Erzählung bringt Ulrike Wörner ein wirkungsorientiertes Kriterium in Anschlag („Spannung"). Für die Reportage ist es das ebenfalls kaum objektivierbare Kriterium, das Interesse des Lesers am Thema zu wecken und zu halten. Und für szenisches Schreiben ist die Aufführungsprobe, die in Thomas Richhardts didaktischem Konzept eine Schlüsselrolle spielt, ohne die Annahme einer unmittelbaren Wirkung auf die Zuschauer nicht denkbar. Olivers These, „dass auch die Bewertung [...] einen prozessualen Charakter hat", gilt deshalb weit über den Umgang mit Gedichten hinaus. Dass er viel lieber von „Verdichtungen" spricht, um Textentwürfe jedenfalls zunächst vor dem Absolutheitsanspruch der Rede vom Gedicht zu schützen, ist eine Konsequenz aus der Überzeugung, dass gerade das Werten nie endgültig sei. Wie viele Gedichte „bleiben", könne ohnedies niemand wissen („Und da stimme ich dann auch mit Gottfried Benn überein, der ja gesagt hat, er habe im Leben nicht mehr als sechs Gedichte geschrieben"). Es geht darum gelten zu lassen, was jemand formuliert habe, gewissermaßen bis auf Weiteres und immer im Bewusstsein, dass der Schreibprozess möglicherweise noch andauert kann, wenn der Schreiber nur Ermutigung erfährt.

Damit ist nicht geleugnet, dass es Qualitätsunterschiede zwischen literarischen Entwürfen (seien sie lyrischer, szenischer oder epischer Art) gibt, die wahrgenommen und diskutiert werden wollen; aber das hat nichts mit einer normativen Regelpoetik zu tun, die man den Lernenden aufzwingen wolle: „Ich spreche über das Gedicht und versuche, dass die Teilnehmer eigene Kriterien an die Sprache, an die Form und an die Übersetzung des Inhaltes anlegen, und das lasse ich herausarbeiten." So sehr sich nach der Überzeugung des Dichters die literarische Arbeit mit den Lehrer/innen, aber auch die mit Schüler/innen davor hüten sollte, einfach „tradierten Regeln" folgen zu wollen, so wichtig ist es doch, in der Anschlusskommunikation über vorgetragene oder still gelesene Entwürfe über kriterienlose Geschmacksurteile hinauszugelangen: „Ich muss eigentlich in jeden einzelnen Schüler hinein hören und versuchen, dass er etwas sagt. Und aus diesem Sagen heraus eigene Kriterien entwickeln, die auch zu einem Urteil führen."

Im Überblick über diesen Versuch, in den vier Interviews Spuren der Überzeugungen der Experten literarischer Praxis zu finden, zeigt sich unseres Erachtens, dass es bei aller der jeweiligen Persönlichkeit und/oder der literarisch-medialen Gattung geschuldeten Unterschiedlichkeit Gemeinsamkeiten gibt. In unsere Worte gefasst, bringen alle Werkstattleiter/innen ein hohes Qualitätsbewusstsein in Bezug auf die angestrebten Produkte mit, das aber gepaart ist mit Neugier auf immer wieder andere Lösungen für die Schreibaufgaben, deren didaktische Funktionalität sie im Lauf vieler Jahren sichergestellt haben. Was sie ebenfalls eint, ist das Insistieren auf der Sinnhaftigkeit von Schreib- und Überarbeitungsprozessen, die nicht unbedingt perfekte Ergebnisse hervorbringen müssen, um ihr Ziel zu erreichen: mit Geduld und Beharrlichkeit das zu fördern, was wir poetische Kompetenz nennen. „Auf den Punkt bringen, verdichten, eine Aussage komprimieren", sagt Yves Noir über das Fotografieren. Das lässt sich als übergeordnete Zielsetzung literarisch-ästhetischer Bildung auch bei den anderen wiederfinden. Um es zu erreichen, sind Fehlversuche wichtig und Scheitern wird vorkommen. Pointiert drückt das Tilman Rau aus, wenn er sagt: „Das ist für mich etwas, was ich hier gelernt habe: dass die schwierigste Aufgabe darin besteht, auch einem Lehrer zu erlauben, mal etwas Blödes zu machen."

2.3.2 Wissenschaft und literarisch-kulturelle Praxis

Zwei Welten begegnen einander

Obwohl „Wissenschaft" ebenso eine eigentlich unzulässige Verallgemeinerung ist wie „Kunst" – in beiden Fällen wird die Unterschiedlichkeit einzelner Wissenschaften bzw. Künste zugunsten einer prototypischen Vorstellung ignoriert – scheint es uns dennoch sinnvoll, hier zunächst von zwei grundsätzlich differierenden Weltzugängen auszugehen.[66] Sich Phänomenen und Strukturen der empirischen Realität **wissenschaftlich** zu nähern, bedeutet, Hypothesen aufzustellen, diese zu verifizieren/falsifizieren und so allmählich zu einer Theorie zu gelangen, die ein bestimmtes Wirklichkeitssegment beschreibt und oft beansprucht, dabei Kausalzusammenhänge aufzuklären, sei es in den Natur-, den Sozial- oder den Kultur- und Humanwissenschaften. Auch **Kunst** trifft Aussagen über die Wirklichkeit, aber ganz anders; sie beobachtet und thematisiert menschliches Verhalten, stellt Normen und Werte in Frage, problematisiert Kommunikationsstrukturen und Machtverhältnisse sowie Wahrnehmung überhaupt. Einzelne Künste (z. B. Theater, Film, bildende Kunst, Malerei, Literatur) haben unterschiedliche Verfahren entwickelt, um solche Aussagen zu treffen, und sie haben dabei keineswegs einen rein mimetischen Anspruch, bilden also Wirklichkeit nicht *ab*. Aber auch die Wissenschaften können und tun das nicht; auch sie können nur Diskurse über das führen, was wir als Realität wahrnehmen und verstehen wollen. Die Künste wiederum mischen sich in solche Diskurse ein, z. B. die Malerei und Literatur des Naturalismus in die sog. Soziale Frage des ausgehenden 19. Jahrhunderts. Im Unterschied zu den Wissenschaften behaupten sie aber nichts, sie formulieren keine allgemeingültigen Aussagen. Statt zu behaupten, stellen sie dar und zeigen, was – auf eine bestimmte Weise wahrgenommen – *ist*. Dies gilt auch dann noch, wenn – wie z. B. in der Malerei und Literatur der Moderne – jeder mimetische Anspruch aufgegeben wird zugunsten der Darstellung von Innenwelten. Auch dann bleibt das Prinzip in Kraft, dem Objektivitätsanspruch der Wissenschaft, die Aussagen über die Wirklichkeit verhandelbar machen möchte, eine subjektive Weltwahrnehmung gegenüberzustellen, die nicht zu beweisen, aber eben auch nicht zu widerlegen ist.

[66] Auf die von C. P. Snow (1960) angestoßene, immer wieder aufgegriffene Diskussion um „zwei Kulturen" der abendländischen Zivilisation (geisteswissenschaftlich-literarische Kultur und naturwissenschaftlich-technische Kultur) möchten wir uns hier ausdrücklich nicht einlassen; nach wie vor wird die These kontrovers diskutiert (vgl. Brockman 1996).

Theorien		**Praxen**
▸ ästhetischer Bildung ▸ kultureller Bildung ▸ der jeweiligen Einzelkunst auf semiotischer, rezeptionsgeschichtlicher, rezeptionsästhetischer, kulturwissenschaftlicher Grundlage	Analyse, Interpretation, Kritik → Normverletzung/Traditionsbruch ← Schnittstellen: Literatur-/Kunstkritik; Medien (v. a. „Kunstskandale"), Museen; Literaturhäuser; der Künstler als Lehrer/der Lehrer als Künstler ↔	▸ ästhetischen Gestaltens ▸ der jeweiligen Einzelkunst: Traditionen, handwerkliche Grundlagen, ästhetische Programme

Die beiden Welten, die damit – zugegeben, sehr grob – skizziert sind, haben nur wenige Schnittstellen: Literatur- und Kunstkritik im Feuilleton, soweit sie sich an wissenschaftlich abgesicherten Kriterien orientiert (also wenig); eher seltene literaturwissenschaftliche Versuche, die Schreibpraxis von (allerdings meist nicht mehr lebenden) Schriftsteller/innen als Praxis von „Schreiben und Streichen" zu rekonstruieren (vgl. Gisi Hrsg. 2011); Medien, soweit sie bei der Berichterstattung (v. a. bei sog. „Kunstskandalen") wissenschaftliche Expertise heranziehen, also ebenfalls eher wenig; Museen und Literaturhäuser, soweit sie beim Kuratieren von Ausstellungen und bei der Planung von Programmen auf wissenschaftliche Begleitung setzen. Zwar gibt es Grenzgänger zwischen beiden Welten, etwa Künstler oder Literaten, die auch in einer Wissenschaft etwas geleistet haben bzw. umgekehrt; prominente Beispiele auf dem Feld der Literatur sind Umberto Eco oder Jens Thiele. Aber die Tatsache, dass die Grenze zwischen Wissenschafts- und Kunstausübung individuell überschritten werden kann, ändert nichts daran, dass es sie weiterhin gibt. Einen systematischen Dialog zwischen den Welten gibt es dagegen kaum. Versuche, wie derjenige der Hamburger Literatur- und Medienwissenschaftlerin Sibylle Peters „Artistic Research als Wissensproduktion zwischen Kunst, Wissenschaft und Gesellschaft" (2013) aufzufassen, sind bislang die Ausnahme, ebenso wie das „Theater der Versammlung", das Jörg Holkenbrink in Bremen als Bühne und Labor zugleich versteht und an den „Schnittstellen zwischen Bildung, Wissenschaft und Kunst" verortet (vgl. http://www.tdv.uni-bremen.de/). Solche Ansätze können hier nicht dargestellt oder analysiert werden. Sie seien aber erwähnt, um die These zu illustrieren, dass künstlerische (z. B. theatralische oder literarische) Verfahren grundsätzlich **eingreifend genutzt** werden können, d. h. in wissenschaftlichen oder gesellschaftlichen Institutionen zu (Selbst-)Erkenntniszwecken einsetzbar wären. In den Äußerungen der am Stuttgarter LSiD-Projekt Beteiligten finden sich gelegentlich Hinweise darauf, dass nicht nur Unterricht, sondern Schule als Institution verändert werden könnte, wenn man bestimmte Formen **kultureller Praxis** dort (mehr) Raum gäbe. Der Lyriker José F. A. Oliver, einer dieser Beteiligten, hat unseres Erachtens durch Schreibseminare an Hauptschulen, die audiovisuell dokumentiert sind, eingreifender kultureller Praxis einen Weg gewiesen. Er ist sicher nicht verallgemeinerbar, aber er ist begangen worden, also begehbar.

Kulturelle Praxen und ihr Verhältnis zur „Theorie“

Die Rede von einer praxisfernen „Theorie“ und einer theoriefeindlichen „Praxis“ kennt jeder, der Lehrer/innen ausbildet. Die Auseinandersetzung damit mündet meist in ein mehr oder weniger reflektiertes „Sowohl-als-auch“ und bleibt nicht selten in einer Verzahnungs-Metaphorik stecken, die das Zueinanderpassen und Ineinandergreifen von Praxis und Theorie einfach behauptet, ohne es zu begründen.

Nicht erst seit „PISA“, aber besonders seit der öffentlichen und wissenschaftlichen Diskussion dieser OECD-Studien und ihrer Resultate wird fachliches Lernen mindestens in den davon erfassten Fächern Mathematik, Deutsch und Naturwissenschaften verstärkt in seinem Bezug zur Lebens- und Arbeitswelt wahrgenommen: Was in diesen Schulfächern erworben werden soll, ist eine jeweils domänenspezifische Fähigkeit, die gern – aber unscharf – als „Schlüsselkompetenz“ bezeichnet wird: lesen, schreiben, rechnen. Die Alltagsvollzüge (bezogen auf Beruf und Freizeit), deren Bewältigung mit Hilfe solcher Kompetenzen leichter fällt oder besser gelingt, wird mit zunehmender Selbstverständlichkeit als die „Praxis“ interpretiert, zu der die jeweilige fachwissenschaftliche und fachdidaktische „Theorie“ passen müsse. Am Beispiel der **Lesekompetenz** sei das erläutert: Sind Lernende in Hinblick auf ihre spätere Lebenstüchtigkeit zu befähigen, Texte aller Art, in allen Medien, verständig zu lesen und ihnen Informationen zu entnehmen, um diese eigenen Zielen und Zwecken gemäß verwerten zu können, so habe Deutschdidaktik die vordringliche Aufgabe, eine solche allgemeine Lesekompetenz, als *reading literacy*, zu modellieren und Konzepte für ihre Vermittlung zu entwickeln. Die Literaturdidaktik, die sich in Anlehnung an die Bezugswissenschaften Literatur- und Kulturwissenschaften um die Vermittlung von Kenntnissen und Fähigkeiten zum Verständnis literarischer Werke aus verschiedenen Epochen und in verschiedenen Gattungen und Genres bemüht, wird dadurch teilweise verdrängt: Eine allgemeine Lesedidaktik entsteht.

Damit ist aber ein verkürzter, in verschiedenen Schulfächern auf je eigene Weise wirksamer, Praxisbegriff entstanden, der der Korrektur bedarf. Praxis ist weder nur das in der Realität des Klassenzimmers anders als in der jeweiligen fachdidaktischen Theorie Vorfindliche (also *Unterrichtspraxis*), noch ist sie einfach das Maß an Tüchtigkeit, das Menschen in Beruf und Alltag brauchen (also *Lebenspraxis*). Der Erziehungswissenschaftler Dietrich Benner hat schon 1980 „Praxis“ allgemeiner bestimmt: „Praxis bedeutet immer zweierlei: einmal die Tat oder Handlung, die willentlich etwas hervorbringt; dann aber auch die Notwendigkeit im Sinn der Not, welche die Praxis wendet, auf welche die Praxis antwortet“ (Benner 1980, S. 486). Darauf folgt zwar durchaus, dass „Praxisbezug“ auf den Alltag zielt, genauer auf eine Verbesserung des Lebens.[67] Aber es folgt daraus auch, dass Praxis ein kreativer Akt ist, nämlich eine „schöpferische Tätigkeit im Sinn menschlicher Praxis" (Benner 1980, S. 486). Da es verschiedene Bereiche gibt, in denen solche Tätigkeit sich entfaltet, spricht Benner (ebd., S. 495) von **Praxen** in der Mehrzahl – den Praxen der Arbeit, der Sitte, der Politik, der Religion und nicht zuletzt der Erziehung selber. Zu ergänzen sind allerdings unbedingt die ästhetischen **Praxen der Kunst, Musik und Literatur** und der auf sie jeweils bezogene Unterrichtsdiskurs als eigene Praxis (z. B. *Literary Praxis*: Van de Ven/Doecke Hrsg. 2011): Wenn Benner nämlich als Prinzip pädagogischen Handelns die „Konzentration aller menschlichen Praxen auf die gemeinsame Aufgabe der Höherentwicklung der Menschheit" (ebd., S. 494) bezeichnet, so ist auch das Kunstschaffen eine darauf gerichtete Praxis.

Der damit begründete Praxisbegriff hat den Vorzug, nicht nur das in der Lebens- und Arbeitswelt als Bewährungsaufgabe gleichsam Vorfindliche zum Maßstab der Theoriebildung zu machen, sondern einen ethischen und damit normativen Anspruch (wieder-)einzuführen. Der Musikpädagoge Hermann Josef Kaiser meint etwas Ähnliches, wenn er sagt: „Praxis ist [...] eine auf das Gute, auf das gelingende Leben zielende und sich davor rechtfertigende verantwortete Lebensform." (Kaiser 2010, S. 52) Es ist angesichts der aktuellen Aufmerksamkeit für den „Output" als empirisch nachweisbarer Leistung von Bildungssystemen daran zu erinnern, dass pädagogische und didaktische Reflexion einen solchen **normativen Anspruch** einmal gehabt hat und nicht aufgeben sollte: John Dewey (1930), dessen Grundsatz des „learning by doing" gern verkürzt (so, als gehe es da nur um einen methodischen und motivationspsychologischen Trick) zitiert wird, hat sein Konzept erfahrungsgestützten Lernens vom Anliegen einer demokratisch(er)en Gesellschaft her entwickelt, nämlich als gemeinsames und kooperatives Lernen an den Dingen und Prozessen selber, deren Gestaltung dem Menschen möglich ist. Den Zusammenhang von Kunst und Erfahrung hat Dewey in einer eigenen Darstellung entfaltet (*Art as Experience*, 1934). In der in Chicago 1896 gegründeten *laboratory school* (dem Vorbild der späteren „Bielefelder Laborschule") lernten Kinder experimentierend in einer Lernumwelt aus Materialien, Werkstätten, Bibliothek und Schulgarten sowohl die Realität als auch sich selbst zu entdecken, und sie erfuhren **Kooperation als maßgeblich für Lernerfolg**. Der Lehrperson kam dabei nicht die Rolle des Wissenden und Bevormundenden zu, sondern die einer Mitarbeiterin.

„Praxis" ist damit nicht nur, wie die oben erwähnte pädagogik- und didaktikkritische Rede suggeriert, zu denken als Praxis des Unterrichtens im Unterschied zu einer Theorie des Unterrichtens, die praktische Erfordernisse verfehle, indem sie beispielweise Komplexität nicht genügend reduziere. Praxis ist vielmehr im-

[67] „Ein Wesen, das auf seine Weise ‚fertig', perfekt ist, wie Pflanze, Tier und Gott, ist weder der Praxis fähig noch bedürftig; der Mensch ist das einzige Wesen, das aufgrund seiner ‚Imperfektheit' durch eigene Praxis seine Bestimmung finden kann und muss. Die Bestimmung, die der Mensch durch seine eigene Praxis erlangt, ist erst seine substantielle Bestimmung" (Benner 1980, S. 486).

mer ein (fachspezifisch unterschiedlicher) Kontext gegenstandsbezogenen Handelns, aus dem heraus Disziplinen ihre Gegenstände und Methoden generieren und auf das hin die Lernenden fachliche Kompetenzen erwerben.

Kulturelle Praxis als Handeln

Eine wichtige Funktion kommt damit dem Handlungsbegriff zu. Auch er wurde seit den 1980er-Jahren verkürzt, nämlich auf „Handlungsorientierung" als in besonderer Weise erfahrungsgesättigtes und schülerzugewandtes Vorgehen in der Vermittlung von Gegenständen, deren Existenz indessen auch unabhängig von diesem methodischen Ansatz gedacht wurde. Hermann Josef Kaiser (2010, S. 50) rekurriert deshalb „auf jenen historisch weit zurückliegenden Impuls, den Aristoteles in der Nikomachischen Ethik gegeben hat und der bis in die gegenwärtige handlungstheoretische Diskussion hineinwirkt". Die darin vollzogene Abgrenzung der Praxis des kommunikativ-politischen Handelns von der herstellenden („poietischen") Tätigkeit, die auch für die Musik als bestimmend angesehen werden könne, sei jedoch „nach den Erfahrungen der industriellen Moderne" (ebd.) nicht mehr zu halten. Die Reservierung des Handlungsbegriffs ausschließlich für das kommunikativ-politische Tätigsein sei daher aufzugeben (vgl. Kaiser 2010, S. 50). Dieser Spur folgend, bestimmen wir Handeln als die Auseinandersetzung von Menschen miteinander und mit ihrer Umwelt, die zu bewältigen und zu gestalten das Ziel ist. Dafür sind unter anderem künstlerische Praxen sinnvoll, nach unserer Überzeugung sogar notwendig. „Bildung" ordnet sich noch vor aller Intervention durch Erziehung in diesen Zusammenhang ein als Selbst-Bildung in Auseinandersetzung mit dem „generalisierten Anderen", als das dem Individuum die Gemeinschaft und ihre Kultur gegenübertreten: So nämlich beschrieb George Herbert Mead (1934/dt. 1968) die Entstehung menschlicher Identität durch Sprache, Spiel und Wettkampf: Ein Mensch habe eine Persönlichkeit, weil und insoweit er einer Gemeinschaft angehöre und die Institutionen dieser Gemeinschaft in sein eigenes Verhalten hereinnehme. Eine Gemeinschaft wiederum entwickle sich weiter, wenn und insoweit eine wechselseitige Beeinflussung zwischen ihren Individuen stattfinde und die Reaktion der Gemeinschaft auf den Einzelnen institutionalisiert werde. Das Individuum stehe in einem permanenten Dialog mit der Gemeinschaft. Erst in diesem Dialog entwickle sich das „Me" als soziales Ich.

Der *cultural turn* in den Sozial- und Geisteswissenschaften baut auf diesem Fundament auf: Soziale oder kulturelle Praxis ist das Ausbilden und Aushandeln von sozialer und kultureller Identität in einem Prozessen, die Formen und Routinen des Zusammenlebens anzuerkennen, aber auch gestaltend zu verändern. Das Kunstschaffen, um das es in dieser Publikation geht, ist so gesehen eine ästhetische Sonderform solcher Praxis. Denn weit darüber hinaus gilt: Nicht jedes Tätigsein oder Sich-Beschäftigen ist schon Handeln; erst dieses aber konstituiert eine soziale oder kulturelle Praxis. In ihr werden die dem kulturellen Gedächtnis einer Gesellschaft schon vorliegenden Erfahrungen, Überzeugungen, Einstellungen und Wissensbestände immer wieder neu in ihrer Gültigkeit ausgehandelt (bekräftigt oder in Frage gestellt). So wird z.B. in der aktuellen (jugend-)kulturellen Praxis des „Poetry Slam" die Gültigkeit von Maßstäben für Literatur, speziell von Lyrik, neu ausgehandelt, und insoweit kann man sagen, es handle sich tatsächlich um Praxis im oben definierten Sinn. Damit ist aber eine Disziplin, die sich mit Literatur befasst (z.B. Germanistik/Deutschdidaktik) dadurch aufgefordert, ihren Gegenstandsbegriff („Lyrik") zu überprüfen. Dieser Gegenstandsbegriff hat sich an älteren kulturellen Praxen gebildet und ist auf Grund einer veränderten oder neu entstehenden Praxis zu revidieren.

Doing culture: Kulturelle Praxen und fachliches Lernen in der Schule

Der Deutschunterricht hat zwar, wie jedes Schulfach, seine Methoden und Gegenstände teilweise aus Praxiszusammenhängen herausgelöst und einer wissenschaftlichen Systematik unterworfen, bleibt aber in ihrer Vermittlung doch auf Praxis bezogen und arbeitet auf ihre reflexive Durchdringung hin. Dass das „Tun" im Unterricht dafür wichtig ist, ist seit der „Handlungs- und Produktionsorientierung" der 1990er-Jahre nicht mehr strittig; auch nicht, dass es didaktisch blind bliebe ohne die Ebene der Reflexion. Aber was das bedeutet, wenn es um künstlerische Praxen (wie etwa das literarische Schreiben, das Inszenieren von Texten oder die *spoken word performance*) geht, ist weithin nicht geklärt.

Ein rein methodischer Handlungsbegriff, wie ihn Teile der Erziehungswissenschaften verwenden, wird daher hier verworfen zugunsten eines performativen Handlungsbegriffs, wie ihn Kulturwissenschaften und Fachdidaktiken brauchen. Karl H. Hörning und Julia Reuter sagen in der Einleitung zu dem Band *Doing Culture* (2004, S. 9): „Kultur ist dynamisch; sie ist *in action*. Immer häufiger richtet sich das Forschungsinteresse nicht auf die Kultur, sondern auf die Vielfalt kulturellen Wandels." Untersuchungsgegenstände seien „Aktionen im Sinne eingelebter Umgangsweisen und regelmäßiger Praktiken der Gesellschaftsmitglieder, die zu dem zentralen Bezugspunkt von Kulturanalysen avancieren" (ebd., S. 9f.). „Doing culture" ist dabei ein Sammelbegriff „für das ‚Dickicht' der pragmatischen Verwendungsweisen von Kultur: doing gender, doing knowledge, doing identity oder doing ethnicity" (ebd., S. 10).

Nicht nur um offensichtlich kulturabhängige Fragen wie die nach dem Geschlechterverhältnis oder den Umgang mit ethnischen Minderheiten geht es also, sondern auch um „doing knowledge", also um die Praxis der (akademischen und schulischen) Wissensgewinnung. Auch sie muss zum Gegenstand der Reflexion werden. Insofern Praxis immer schon mit Interpretationen, Bewertungen, Selbst- und Fremddeutungen verknüpft ist, auch wenn diese im Alltag oft unbemerkt „mitlaufen" (ebd.), ist unter didaktischer Perspektive eine wertneutrale Wissensvermittlung nicht erwünscht, ja nicht einmal denkbar. Eine Trennung fachlicher Fragen von ethischen ist letztlich nicht möglich. Weder (Natur-, Sozial-)Wissenschaft noch Ästhetik sollten in der Schule abgetrennt werden von der Aufgabe der Reflexion des „doing culture-Prozesses".

Die Kooperation mit den Dozent/innen

Eine solche praktische Reflexion eines „doing culture-Prozesses" liegt im LSiD-Weiterbildungsprogramm vor. Gemessen an der Übersicht oben, ordnet sich die Kooperation, die im Literaturhaus Stuttgart zu diesem Programm geführt hat, grundsätzlich den eher seltenen positiven Beispielen für einen Dialog zwischen Wissenschaften und Kunstpraxen zu. Die Vermittlung von Traditionen, handwerklichen Grundlagen und (jeweils eigenen) ästhetischen Programmen betrachten die Werkstattleiter/innen selbstverständlich als ihre Aufgabe. Dass sie nur handelnd (schreibend, ggf. inszenierend) und nicht durch rein instruktionsbasiertes Lernen zu erfüllen ist, bedarf keiner weiteren Begründung. So weit möglich und sinnvoll, übertrugen die Werkstattleiter/innen Erfahrungen, die sie mit Schüler/innen schon gemacht hatten, auf die Arbeit mit Deutschlehrer/innen. Im Prozess dieses Transfers klärte sich aber auch ihr eigenes prozedurales Wissen; es wurde von einem stummen zum diskurszugänglichen Handlungswissen. Die zwischen 2011 und 2014 erschienen vier Bände, in denen das jeweilige Konzept erläutert und mit Beispielen illustriert wurde, belegen das eindrucksvoll.[68] Es wäre zwar theoretisch denkbar, dass sie auch ohne das LSiD-Projekt hätten geschrieben und publiziert werden können; so wie sie jetzt vorliegen, haben sie aber mit Sicherheit den seit Anfang 2011 (dem Beginn der konkreten Projektplanung) laufenden und bei vielen Gelegenheiten, v. a. den Seminarwochenenden und den Gesprächsabenden fortgeführten Dialog mit der Fachdidaktik in sich aufgenommen. So war im Rahmen der Gesamtplanung die Frage, mit welchen „Paarungen" die Gesprächsabende im ersten Durchgang (2011–13) besetzt werden sollten, eine Frage des Aushandelns der von Seiten der Werkstattleiter als Vertretern der kulturellen Praxis mitgebrachten Erwartungen mit denen der Deutschdidaktik, die fachdidaktischen, linguistischen, literatur-, medien- und kunstwissenschaftlichen Sachverstand repräsentiert sehen wollte.

Neben diesen sichtbaren Ergebnissen der Zusammenarbeit gibt es Hinweise auf Lernprozesse, die ohne diese Kooperation kaum so zustande gekommen wären. Es gibt aber auch Hinweise auf Reibungsflächen zwischen der Werkstattarbeit („Praxis") und der wissenschaftlichen Begleitung („Theorie"). Insbesondere nach dem ersten der drei Seminarwochenenden des ersten Projektjahres haben Werkstattleiter die ambivalenten Reaktionen von Teilnehmer/innen verstärkend aufgegriffen und neben solchen Reaktionen, die gegenüber einer wissenschaftlichen Perspektive auf literarisches Schreiben Offenheit und Neugier zeigten, vor allem die hervorgehoben, in denen sich Skepsis und Befremden artikulierte. So notiert der Leiter der Werkstatt Szenisches Schreiben, Thomas Richhardt, im Rahmen seines Zwischenberichts im Januar 2012 u. a. folgende Teilnehmeräußerungen:

[68] Im Einzelnen vgl. hierzu die Nachworte von Ulf Abraham zu Wörner/Noir/Rau 2012, Richhardt 2013, Oliver 2013, Rau 2014.

- Die Universitätssprache: Ist ganz nett als Erinnerung, aber nicht zielgruppengerichtet. Wir wollen doch was anderes. Wir sind wegen was anderem hier.
- Bemerkenswert, wie weit weg man als Hauptschullehrer davon ist.
- Wir sind das Feigenblatt für die Theorie.
- Wissenschaftsschauspiel
- Ich habe von der Theorie keine Ahnung: Es erreicht mich nicht.

Solche Äußerungen fallen hinter das, was oben über kulturelle Praxen und ihr Verhältnis zur „Theorie" gesagt wurde, in eklatanter, durch die Spontaneität einer Augenblicksreaktion allerdings entschuldbarer Weise zurück.

Eine Kooperation, die Brücken zwischen den „zwei Welten" zu schlagen versucht, muss, wenn sie nicht scheitern will, solche Reibungsflächen aufspüren und das *tacit knowledge*, das beide Seiten mitbringen, zur Sprache bringen. Es geht dabei auch, aber keineswegs nur, um den Abbau von Vorurteilen (spontane, chaotische Künstler vs. alles verkomplizierende Wissenschaftler), sondern um die Klärung der sehr unterschiedlichen mentalen Modelle vom selben Prozess (literarisches Schreiben mit Lehrer/innen). Das folgende Gedächtnisprotokoll entstand nach einer Sitzung mit den Werkstattleiter/innen, in der es nicht nur um organisatorische Fragen, sondern auch um Grundsätzliches ging.

„Ich bin auch mein Text." Eine Diskussion über das Urteilen[69]

Eine Planungsbesprechung mit den Dozent/innen (nach dem 3. Schreibtag im Dezember 2011 und vor dem 1. Seminarwochenende im Januar 2012) führt zu einer Grundsatzdiskussion über das Beurteilen und Bewerten von Texten, zunächst solchen aus den Schreibwerkstätten, dann aber auch Texten der Autor/innen selbst. Der Leiter der Lyrikwerkstatt, J. F. A. Oliver, fordert einen neuen Sprachgebrauch, in dem die Vokabel „werten" gar nicht vorkommt (auch nicht im Rahmen der wissenschaftlichen Begleitforschung als „auswerten"), wenn man den didaktischen Ansatz der ganzen Weiterbildung ernstnehmen und die Qualität der Kommunikation über Texte verbessern wolle. Von seiner eigenen Erfahrung als Schriftsteller aus („Ich bin auch mein Text") nimmt er auch für die Teilnehmer/innen das Recht in Anspruch, in einer Atmosphäre arbeiten zu dürfen, in der sie (Ab-)Wertung und (Qualitäts-)Urteile nicht zu fürchten haben, und bestreitet die Trennbarkeit des Textprodukts von der Persönlichkeit seines Verfassers. Schließlich bringt er auch eine Aversion gegen eine wissenschaftliche Beobachtung der Weiterbildungsarbeit insgesamt zum Ausdruck: „Ich möchte nicht ausgewertet werden." Insbesondere bestreitet er der beteiligten Fachdidaktik die Möglichkeit, Texte aus den Werkstätten kriterienorientiert nach Merkmalen einer Textsorte/einer Gattung/eines Genres einzuschätzen, weil es darum nicht gehe: „Den entstehenden Text nenne ich nie Gedicht".

[69] Gedächtnisprotokoll: U. A.

Allerdings zeigt die weitere Diskussion dann nicht nur mögliche Mentalitätsunterschiede zwischen den Werkstätten, deren Teilnehmer/innen teils große, teils kaum Vorbehalte gegen eine wertende Einschätzung ihrer Arbeit haben, sondern auch Differenzen zwischen den Werkstattleiter/innen: Die Dozenten unterscheiden sich hinsichtlich der Frage der Textbewertung in ihrem Selbst- bzw. Rollenverständnis. Von zwei anderen Dozenten (Rau, Richhardt) wird ausdrücklich betont, dass der Textentwurf von seinem Schreiber getrennt werden müsse, wenn eine Entwicklung stattfinden solle; solange die Identifikation mit dem eigenen Text nicht gebrochen sei, könne keine Distanz hergestellt und die Aufgabe der Textrevision nicht angegangen werden. Eine Annäherung der Positionen findet nicht statt; allerdings bringt die Fachdidaktik (U. Abraham) die Perspektive ein, dass das Thema der Bewertung nicht nur im Rahmen der Begleitforschung thematisiert worden sei, sondern von den Lehrer/innen selbst immer wieder aufgebracht werde, und zwar gerade von solchen, die mit literarischen Schreibaufgaben arbeiten oder gern arbeiten würden, aber unsicher seien, wie sie mit den Resultaten kommunikativ umgehen sollten: Die schulische Arbeit mit solchem Schreiben setze die Existenz und kommunikative Vermittlung von Bewertungskriterien voraus.

Nicht nur ist damit die oben skizzierte Konfrontation von Wissenschaft und literarisch-kultureller Praxis illustriert („Ich möchte nicht ausgewertet werden"), sondern es wird ein zentrales Thema des gesamten LSiD-Projekts angesprochen (vgl. auch oben, Kap. 1.2.3): Verständigung über Textentwürfe und Möglichkeiten der Weiterarbeit daran setzt voraus, dass *Textqualität* erkannt, benannt, begründet werden kann. Die Werkstattleiter, die in der Praxis des Schreibens zu Hause sind, setzen einfach voraus, dass das möglich ist, und berufen sich auf ihre Erfahrung; Wissenschaft aber hat zu fragen, auf welcher gedanklichen Basis und auf Grund welcher Erfahrungen Texte eingeschätzt werden; sie muss Kategorien benennen und, so weit möglich, auch an authentischen Textentwürfen überprüfen.

Die zunächst kontroverse, zunehmend aber konstruktive Auseinandersetzung darüber wird fortgesetzt in den Fragebögen, die wir den Werkstattleiter/innen zur Erstellung ihrer Zwischenberichte für das Ende des 1. Projektjahres gaben. Darin wurde u. a. gefragt: *Wie häufig sind Qualitätsurteile über einen Text in Ihrer Werkstatt? Wie sehen diese Urteile aus? Wonach richten sich diese Urteile? Unterbinden Sie solche Urteile? Lassen Sie die TN sich in ihrem Urteil durch den Diskussionsverlauf beeinflussen?*
Tilman Rau (Werkstatt *Journalistisches Schreiben*) antwortet darauf:

> Die häufigsten Urteile, die man als Urteil bezeichnen kann, kommen von den jeweiligen Autoren selbst. Die Teilnehmerinnen zeigen sich sehr wissbegierig, bislang sind noch keinerlei beleidigten Reaktionen spürbar gewesen. Was aber auch daran liegen mag, dass noch niemand private Ambitionen hatte, journalistische Texte zu schreiben. Die Teilnehmerinnen begreifen sich als Anfängerinnen und erlauben sich Schwächen, sich selbst aber auch gegenseitig.

> Außerdem pflege ich eine Kultur der Trennung zwischen Autor und Text. Das wird oft wiederholt und thematisiert.

Ulrike Wörner (Werkstatt *Erzählendes Schreiben*) beantwortet die zitierten Fragen nach dem Urteilen so:

> Positive Qualitätsurteile werden ausgesprochen, wenn ein Text oder einzelne Textstellen bzw. eine Idee besonders gelungen sind und dann auch explizit begründet. Bei schwächeren, d. h. unlogischen, sprachlich schlechten u. Ä. Textstellen wird der TN hingewiesen, welche Möglichkeiten der Verbesserung es gibt. In vielen Fällen sagen die TN auch ganz konkret, womit sie bei ihren Texten unzufrieden sind, wo die Schwierigkeiten liegen. Wichtig erscheint mir, dass vor allem bei schwächeren Texten die positiven Stellen hervorgehoben werden, eine ehrliche Kritik am Text aber dennoch stattfindet.

Diese zwei Antworten zeigen exemplarisch eine Tendenz, Maßstäbe für Textqualität implizit vorauszusetzen („Schwächen", „schwächere Texte"), aber nicht zu benennen, und stattdessen die Qualität der Kommunikation im Werkstattgespräch hervorzuheben. Das ist insofern richtig, als sich Maßstäbe tatsächlich nur als Ergebnisse eines Aushandlungsprozesses darstellen lassen (vgl. Kap. 1.1.2), und es ist gegenüber der fachdidaktischen Begleitung kooperativ, insofern es die Klärung möglicher Maßstäbe bzw. Urteilskriterien dem 3. Seminarwochenende vorbehält, der das Thema „Werten" fokussierte. Dafür hatten wir u. a. Schülertextproben ausgewertet. Widerspruch gegen das Auswerten generell (s. o.) hat sich danach nicht mehr artikuliert. Stattdessen zeigt sich zum Abschluss der beiden ersten Jahre, dass der im Gedächtnisprotokoll zitierte J. F. A. Oliver zum Thema „Urteilen" differenzierter und weit weniger konfrontativ argumentiert (vgl. Kap. 2.2.4).

Der Dialog im Rahmen der Gesprächsreihe

Die Anbindung der Literatur an das Prinzip des Dialogs betrifft sowohl den Gegenstand Literatur selbst wie auch den Umgang mit literarischen Texten, also die kulturelle Praxis. Die Übergänge von primärer Mündlichkeit zu schriftbasierter Literatur skizzieren eine phylogenetische Entwicklung, deren Entsprechung sich in der Ontogenese des Literaturerwerbs von Lesern zeigt, da literarische Erfahrungen und ihre Entwicklung von Anfang an auf Gesprächsprozesse angewiesen sind.

Zu Wort kommen, sich austauschen und miteinander verständigen: **Literarische Kommunikation** gründet zum einen in den Text-Leser-Beziehungen, zum anderen in den Beziehungen, die Leser in ihrem Bezug auf Gelesenes zueinander herstellen. Literatur in ihrer sozialen Funktion entspricht damit der Möglichkeit als „Katalysator […] der Selbstverständigung einer Kultur über sich selbst, ihre Werte, Normen und ‚Geschichte(n)'" (Abraham 2005, S. 45) zu wirken. Dialogizität, verstanden als Hinwendung zu einem Anderen, Gleichberechtigung von

Partnern, Wechselseitigkeit ihrer Beziehung sowie Konfrontation als Grundlage für die Akzeptanz von Differenz, erscheint dieser Bestimmung inhärent.

Das Selbstverständnis der Deutschdidaktik als einer eigenständigen Disziplin schließt den **Dialog mit mehreren Bezugswissenschaften** ein. So sucht die Literaturdidaktik den Dialog mit der Literaturwissenschaft, wenn literaturwissenschaftliche Methoden bestimmte literaturdidaktische Konzeptionen oder unterrichtliche Verfahren begründen und damit auch das Verhältnis zwischen Theorie und Praxis reflektiert wird (vgl. oben sowie Bredella 2004). Dies gilt insbesondere auch für den Austausch mit der Kinder- und Jugendliteraturforschung, deren Gegenstand die Heranwachsenden über den Deutschunterricht hinaus in ihrer außerschulischen Lebenswelt begegnen. Literarisches Schreiben von Schülern (und Lehrenden) situiert sich per se an einer Schnitt-/Dialogstelle zwischen Schreib- und Literaturdidaktik. Konzepte und Theorien der Linguistik, der Psycholinguistik, vor allem der kognitiven Psychologie (z.B. Schreibforschung, Rezeptionsforschung), sind entsprechende Anschlussstellen schreib- und lesedidaktischer Forschung und Lehre. Ohne die Leistung der Pädagogik und der Soziologie als weiterer Bezugswissenschaften vernachlässigen zu wollen, rekurriert der vorliegende Kontext des Lesens und Schreibens von Literatur vorrangig auf einen Dialog mit kulturwissenschaftlichen Nachbardisziplinen wie der Bildenden Kunst und der Kunst- und Medienwissenschaft, mit deren Hilfe die Rezeption und Produktion z.B. von Text-Bild-Konstellationen in den Blick genommen wird, der Theaterwissenschaft, welche neben den dramatischen Texten die Aufführungspraxis und die Institution Theater erforscht, der Interkulturalitätsforschung, deren Erkenntnisse die Auseinandersetzung mit der Literatur des 21. Jahrhunderts, beeinflusst durch Globalisierungs- und sprachlich-kulturelle Hybridisierungsprozesse, befördern. Eine interkulturelle Literaturdidaktik orientiert sich dabei an der Ausdifferenzierung ihres nunmehr transnationalen Gegenstands, sie berücksichtigt die Literatur von Minderheiten ebenso wie Autoren, die in der Zweitsprache schreiben oder mehrsprachige, sprachmischende Texte produzieren, und sie richtet ihren Blick auf die sprachlichen und kulturellen Wechselbeziehungen, die zwischen Literaturen entstehen und unter anderem in Übersetzungen ihren Ausdruck finden. Die interkulturelle Literaturdidaktik schließt damit notwendigerweise an die gegenwärtigen Voraussetzungen und Bedürfnisse der Migrationsgesellschaft und an die ethnisch heterogene Schülerschaft im Klassenzimmer an; die zentrale Auseinandersetzung mit dem Phänomen der Mehrsprachigkeit (und relevanten Fragen des Spracherwerbs) fokussiert die Didaktik des Deutschen als Zweitsprache am eindringlichsten.

Jede dieser Disziplinen artikuliert aus unterschiedlichen Perspektiven Fragestellungen über Literatur und verhandelt Aspekte der Vermittelbarkeit literarischer Rezeption und Produktion. Die einschlägigen Diskurse prägen die Auseinandersetzung über Literatur, sie koexistieren und bewegen sich in weitreichenden Überschneidungsfeldern, welche den Dialog ermöglichen, ihn gleichzeitig aber auch unerlässlich machen.

Der summarische Überblick mag genügen, um die Vielstimmigkeit aufzuzeigen, auf welche die 2011 am Literaturhaus Stuttgart implementierte Gesprächsreihe *Literatur und ihre Vermittler. Kunst, Wissenschaft und Schule im Dialog* abzielt. Abgestimmt auf die Ausrichtung der ebenfalls dialogisch orientierten Weiterbildung LSiD (vgl. Kap. 1.2.4) wurden Themenschwerpunkte gesetzt, die im Zeitraum von zwei Jahren zu zehn öffentlichen Abendveranstaltungen im Literaturhaus geführt und professionell literarisch Schreibende in einen Dialog mit Fachwissenschaftlern und -didaktikern gebracht haben. Auf dem (von José F. A. Oliver moderierten) Podium begegneten sich folgende Tandems:

- Georg Klein/Ulf Abraham: Literatur und Alltag,
- Katja Lange-Müller/Kaspar H. Spinner: Literatur und Handwerk,
- Feridun Zaimoglu/Jürgen Trabant: Literatur und Sprache,
- Ilija Trojanow/Gerd Bräuer: Scheitern als Chance,
- Harald Hartung/Jürgen Baurmann: Literatur und Bewertung,
- Yoko Tawada/Konrad Ehlich: Text und Identität/ Fremde,
- Jaroslaw Rudiš/Hubert Sowa: Text und Bild,
- Ulrike Draesner/Matthis Kepser: Text und innere Wahrnehmung,
- Janne Teller/Ina Brendel-Perpina: Text und Lesealter,
- Thomas Richhardt/Gabriela Paule: Text und Inszenierung.

Indem hier Wissenschaftler mit Schriftstellern ihre Denkrichtungen thematisch verhandeln, erhält der für die Fachdidaktik gängige interdisziplinäre Dialog eine weitere innovative Facette.[70] Den Gesprächen liegt jeweils ein von den Autoren verfasster Essay zugrunde (vgl. Krottenthaler/Oliver 2013), an dessen Vortrag unterschiedliche Fragestellungen anknüpfen.

Die **Perspektive der Autoren** ins Gespräch zu bringen, stimmt damit überein, dass „in den vergangenen Jahren der Autor/die Autorin wieder zu einer zentralen Kategorie im Literaturdiskurs geworden ist, nachdem sie Ende der 1960er-Jahre totgesagt worden war" (Neuhaus 2011, S. 153).[71]

Den Autor als „Akteur literarischer Kommunikation" (Bogdal 1995) zu begreifen, impliziert, die Kategorie „Autor" in *funktionaler Perspektive* (Zuschreibung und Abgrenzung von Autorschaft bis hin zu Fragen des Urheberrechts) zu betrachten, *Selbstbilder von Autoren* zu vergleichen (vom Dichter-Genie zum Zeitschriftsteller) und die *soziale Realität von Autoren* und ihre Stellung im Literaturbetrieb zu eruieren. Literaturwissenschaftliche Perspektiven auf den Autor richten sich daher auf Autorbiografie, die Soziologie des Autors und dessen Pro-

[70] Dass das öffentliche Podiumsformat auch Möglichkeiten der Autorinszenierung bietet, soll in unserem Rahmen unberücksichtigt bleiben.

[71] Neuhaus verweist auf die Anfänge der berühmten literaturtheoretischen Debatte über den Stellenwert des Autors mit Roland Barthes („Der Tod des Autors") und Michel Foucault („Was ist ein Autor?") sowie deren Fortsetzung über die „Rückkehr des Autors" in den 1990er-Jahren.

duktionstheorien (vgl. Bogdal 1995, S. 285). Alle drei Aspekte stehen im Zentrum der Gesprächsreihe „Literatur und ihre Vermittler", wenn die Essays und Podiumsdiskussionen als neben den Werken stehende Selbstaussagen als „Sprechen neben dem Schreiben", als „erlaubter[r] Blick ins ‚Hausgemachte'" und als „Präsenz von unterschiedlichen Schreibbiografien" grundlegende Einsichten in produktionsästhetische Zusammenhänge vermitteln, wie es das Vorwort der Essay-Publikation rekapituliert (Krottenthaler/Oliver 2013, S. 9). Exemplarisch soll dies im Folgenden der Blick auf drei Essays und ihre Diskussionsansätze verdeutlichen.

So begreift Georg Klein in „Literatur und Alltag" sein Schriftstellertum als alltagstrukturierende Erwerbstätigkeit über die Jahre. Gleichzeitig skizzieren seine Ausführungen eine sichtbare Abgrenzung: Sein Arbeits- und „Erfahrungsraum" liegt „siebzehn Stufen, die erklommen werden müssen" (Klein 2013, S. 16), über der Alltagsrealität. Deren Eindringen z. B. durch Telefonate berührt die Aura des kunstschaffenden Raumes (und des Künstlers) kaum. Ist literarisches Schreiben Arbeit? Klein verweist auf das Unverständnis, das manche Menschen dem Beruf des Autors entgegenbringen und die befremdliche gesellschaftliche Ausgrenzung des schreibenden Künstlers: „so ein Asozialer aus Berlin" (Klein 2013, S. 20).

Biografische Einblicke gestattet Kleins Essay insofern, als die „Urszene [s]eines literarischen Textverfassens" (Klein 2013, S. 21) im Zusammenhang einer Stimmungsschilderung im Deutschunterricht erinnert wird. Aus der (anekdotischen) schulischen Verortung seiner literarischen Anfänge leitet Klein Forderungen für Literaturunterricht ab: „Ab der Mittelstufe sollten nur noch Schüler mit Literatur zu tun bekommen, die eine erkennbare Neigung zur Lektüre und sogar eine gewisse Bereitschaft für das Verfassen literarischer Texte zeigen. Ähnliches sollte unbedingt auch für die Deutschlehrer gelten" (Klein 2013, S. 22). An diese Äußerung knüpft der Dialog mit der Fachdidaktik (Ulf Abraham) an, wenn die Frage nach der Legitimation von Literatur im Unterricht, Aspekte der Gegenstandsauswahl und des adäquaten Umgangs mit literarischen Texten in den Raum gestellt werden. Indem Literatur immer (auch in der Fantastik) Stellung zur Wirklichkeit bezieht, reißt sie Perspektiven auf und kann Wahrnehmungsroutinen der Rezipienten in Frage stellen. Dieses Potenzial müsse für alle Heranwachsenden als mögliche Perspektive zugänglich gemacht werden. Georg Kleins Klage über den Geltungsschwund der Literatur in der Gesellschaft wird im Gespräch kritisch-konstruktiv aufgegriffen; in Bezug auf Unterricht sei die Frage nach der Bedeutung der Klassiker anders zu stellen, da die Berücksichtigung multiethnischer Schülerschaften ohne eine Erweiterung des Gegenstandsbereichs, d. h. über die „Weltliteratur" des westlichen Abendlands hinaus, nicht denkbar ist.

Über das Verhältnis von „Literatur und Bewertung" reflektiert Harald Hartung, dessen Biografie als Lyriker, Kritiker und Literaturprofessor eine mehrfach perspektivierte Teilhabe an der kulturellen Praxis Literatur ausweist und seinem Selbstverständnis Geltung verleiht verleiht: „Wer mehr als fünfzig Jahre Literatur und Literaturbetrieb mitverfolgte, als Autor wie Rezensent, darf als hartnäckig und skeptisch gelten. Etwa wenn es um die neueste literarische Saison geht." (Hartung 2013, S. 61) Den Zustand der gegenwärtigen Literaturkritik hält Hartung für fragwürdig, da Buchtipps und Kaufempfehlungen im Dienst ökonomischer Verwendbarkeit stehen und die literaturkritische Auseinandersetzung als echte Kontroverse abgelöst haben. Dies führe den Leser zum „Verlust einer kritischen Aufklärung" (Hartung 2013, S. 58). Die Krise der Literaturkritik sieht Hartung gespiegelt im literarischen Dilettantismus der Post-Moderne, deren Innovationen ohne Rekurs auf die Tradition der Moderne zur „schillernde[n] Blase" (Hartung 2013, S. 62) verkommen. Im Austausch mit der Fachdidaktik (und damit implizit in Anbindung an die Zielsetzungen der Weiterbildung LSiD) kommt diese Kritik nochmals zur Sprache, wenn Hartung ein Plädoyer für eine sorgfältige handwerkliche Ausbildung des literarisches Schreiben formuliert und im Sinne „keine Neuerung ohne Tradition" auf die notwendige Kenntnis vorhandener literarischer Muster hinweist. Die Einschätzung literarischer Qualität verlangt dabei nach Kriterien, die in Werturteilen begründete Eigenschaftszuschreibungen ermöglichen, jedoch ebenso an die Zuordnungsvoraussetzungen und die Subjektivität des Kritikers angebunden sind. Die Formulierung der „produktiven" Kritik (Goethe) greift Jürgen Baurmann auf und schlägt damit eine Brücke von der Praxis des Literaturbetriebs zur Beurteilungsforschung und zum schulischen Unterricht. Unter produktiver Kritik versteht der Schreibdidaktiker förderndes Beurteilen, die Möglichkeiten mäeutischer Korrektur, welche die Entstehung von Texten begleiten, und nicht zuletzt durch das Sprechen über Texte und Textentwürfe den Dialog zu einem wichtigen Instrument der Textberatung und -beurteilung erheben.

Das Podiumsgespräch mit Janne Teller und ihrem Essay „Text und Lesealter" macht schließlich die Kinder- und Jugendliteratur zum Thema. Dabei ergeben sind auffällige Schnittstellen zwischen Produktions- und Rezeptionsperspektive. Die Autorin stellt die Identifikation mit den Figuren heraus („Wenn ich schreibe, werde ich mit meinen Figuren eins", Teller 2013, S. 103), erachtet Empathie als Grundvoraussetzung ihres Arbeitsprozesses und geht von der eigenen Erkenntnissuche als Motivation aus, womit ein gewichtiges Thema für sie den Beginn des Schreibens auslöst. Dies entspricht auf der Rezeptionsseite den Lesebedürfnissen von Heranwachsenden, die ihre Lektüren oft aus thematischem Interesse auswählen, darin Horizonterweiterungen suchen und in eine Geschichte eintauchen wollen. Gute Literatur, so Janne Teller, vermittle jedoch keine Botschaft, sondern erzähle Geschichten und ermögliche den Lesern Vorstellungsbildung, Probehandeln und Alteritätserfahrungen. Auch dies stimmt mit literaturdidaktischen Vorstellungen von im Unterricht auszubildenden literarischen Kompetenzen überein. Die Autorin, die Werke für Erwachsene und Literatur für Jugendliche schreibt, differenziert daneben die Möglichkeit unterschiedlicher Lesarten bei Rezipienten unterschiedlicher Altersgruppen. Damit wird auf ein Phänomen Bezug genommen, das die Kinder- und Jugendliteraturforschung unter dem Stichwort der mehrfachadressierten Literatur mit verschiedenen Botschaften (Doppelsinnigkeit) untersucht. Die Biografie Janne Tellers, ihre Beraterin-Tätigkeit für die EU und die UNO, findet nicht zuletzt Ausdruck in ihrem poetologischen Verständnis von Literatur: „Sie stärkt uns und erinnert uns an unsere Menschlichkeit" (Teller 2013, S. 108).

Zusammenfassend sei festgehalten, dass im Rahmen der hier exemplarisch angeführten sowie der anderen Gesprächsabende immer wieder und aus ganz verschiedenen Perspektiven die Literatur, der/die Literaturschaffende und die Leserschaft thematisiert werden. Das Gespräch darüber ist Teil der kulturellen Praxis Literatur, und zwar nicht nur aus der Sicht der Literaturkritik oder anderer Formen von Literaturvermittlung, sondern auch aus der (für das LSiD-Projekt insgesamt so wichtigen) Produktionsperspektive: „Am Anfang aller Literatur ist das Gespräch" (Härle 2004, S. 137).

2.3.3 Kommunikation über Didaktik: der Dialog mit den Teilnehmern

„*Ich* brauche jedenfalls keine Didaktik", sagt ein älterer Deutschlehrer im Rahmen eines kleinen Pausengesprächs im Lehrerzimmer einer Schule, die ein Semester lang jeden Mittwoch von fünf Praktikantinnen und einem Praktikanten besucht wird. Der Kollege sagt es nicht unfreundlich – eher amüsiert darüber, dass die Studenten eine fachdidaktische Begleitung haben.

Er täuscht sich; insofern er täglich, ja stündlich begründet und auf der Basis von Überzeugungen zwischen Alternativen für unterrichtliches Handeln entscheidet, hat natürlich auch er eine Didaktik. Es fragt sich nur, was für eine. Gespräche über Didaktik sind in Lehrerzimmern aller Erfahrung nach stets möglich, aber nicht unbedingt wahrscheinlich. Die Routinen für unterrichtliches Handeln sind in der Regel eingespielt, das Handlungswissen ist eher *tacit knowledge* (vgl. Kap. 2.3.2) als bewusstes Wissen. Nur durch extreme Erfolgs- oder Misserfolgserfahrungen ist im Schulalltag didaktische Routine dazu zu bringen, ihre eigenen Prämissen zu reflektieren. Auch dann aber wenden sich Lehrkräfte nicht notwendigerweise an die Fachdidaktik. Daniel Scherf hält als eines der Ergebnisse seiner Studie zu *Leseförderung aus Lehrersicht* (2013, S. 434) fest, dass viele Lehrkräfte fachdidaktische Angebote gar nicht als an sie gerichtete wahrnehmen; nur insofern es einen Kommunikationsprozess über didaktische Konzepte (in diesem Fall der Leseförderung, aber grundsätzlich übertragbar auf Schreibförderung) gebe, sei zu hoffen, dass Lösungen für Unterrichtsprobleme in fachdidaktischen Angeboten gesucht würden: „Fachdidaktische Wissensangebote müssen offenbar innerschulisch von einer Lehrergruppe wahrgenommen werden und ein verhandelter Inhalt einer Lehrergruppe sein, um Leseförderhandlungen nachhaltig zu beeinflussen" (Scherf 2013, S. 434 f.).

Eine solche Lehrergruppe, außerhalb der täglichen Handlungsroutine, bildet sich im Rahmen der LSiD-Weiterbildung im Literaturhaus. In der Begegnung mit Kolleg/innen teilweise anderer Schularten und mit Expert/innen der Wissenschaft und der künstlerischen Praxis, entstehen immer wieder Gesprächsgelegenheiten, die als Einladungen zum Austausch über Didaktik verstanden und angenommen werden können. Die mit der Weiterbildung LSiD intendierte Professionalitätsentwicklung von Lehrenden (vgl. Kap. 1.1.3) an Schreibtagen, Seminarwochenenden, Seminartagen und im Rahmen der Gesprächsreihe vermittelt nicht nur einen Dialog zwischen Lehrenden und Experten der kulturellen Praxis und zwischen Wissenschaft und Kunst, sondern ermöglicht gleichsam die regelmäßige Begegnung von Deutschlehrer/innen mit Deutschdidaktikern. Deren Input zielt im 1. Programmjahr darauf ab, die Teilnehmer in ihrem Handeln in den Werkstätten zu begleiten, um diese ihrerseits zu Experten weiterzubilden, die die kulturelle Praxis Sprache und Literatur verstehen, betreiben und dann auch vermitteln zu können (vgl. Kap. 2.1.2 und 2.1.4). Diesen Input der Seminarwochenenden, der mit der Werkstattarbeit erst noch verknüpft werden muss, verstehen manche Teilnehmer/innen anfangs noch als etwas nur bedingt Brauchbares, eine Art wissenschaftliches Beiwerk zur eigentlichen (Schreib-)Arbeit. Erst in der Konzeption eigener Umsetzung von Literarischem Schreiben im Unterricht (2. Programmjahr) wird deutlich, dass es sich vor allem um ein Reflexionsangebot handelt.

Die Einladung zum „Dialog Deutschdidaktik“ ist thematisch organisiert; sie basiert auf Erkenntnissen des fachdidaktischen Forschungsstandes: Präsentationen, Vorträge und Podiumsdiskussionen (von Vertretern der Didaktik mit den Werkstattautoren) betreffen den Literaturbegriff, den Schreibprozess, die Bewertung von Texten, weiterhin Identitätsfrage und Selbstreflexion in Schreibprozessen, Schreiben in Rollen sowie Vorlesen, Vortragen und Präsentieren von Texten. Dieser thematische Rahmen gewährleistet, dass der avisierte Dialog genrespezifische Aspekte einzelner Werkstätten aufgreifen kann und dem Plenum entsprechende Teilnehmer-Texte als Einblick in die Werkstätten präsentiert werden, darüber hinaus jedoch eine werkstattübergreifende fachdidaktische Auseinandersetzung, zur Kommunikation über Didaktik, anregen möchte. Inwieweit dies (aus der Sicht der Teilnehmer) gelingen kann bzw. gelungen ist, wird in Kap. 3.2 aufgezeigt.

Die Seminarwochenenden und Seminartage bieten jedoch auch Raum für informelle Gespräche, die ausgehend von der Praxis der Lehrenden unterschiedliche Bedürfnisse, Problemstellungen und Anregungen zur Sprache bringen. Drei wiederkehrende Themen („verhandelte Inhalte“ in Anlehnung an Scherf 2013) solcher informeller Gespräche wollen wir näher beleuchten.

Legitimation der Weiterbildung

Relativ frühzeitig wurde für einige Teilnehmer der ersten Kohorte die Frage nach der Legitimation ihrer Weiterbildung sowie deren Umsetzung in eigenen Unterrichtsvorhaben dringend. Nach Aussage dieser Teilnehmer standen sie in der Pflicht, Literarisches Schreiben im Deutschunterricht gegenüber der Schulleitung sowie einzelnen Elternvertretern rechtfertigen zu müssen. Gespräche verdeutlichten, dass die Teilnehmer selbst von dem Konzept der Weiterbildung und seiner Übertragbarkeit in unterrichtliche Lehr-Lern-Szenarien durchaus überzeugt waren, sich jedoch von einschlägiger Seite (die universitäre Deutschdidaktik gilt ihnen diesbezüglich als Autorität) Unterstützung in der argumentativen Rechtfertigung wünschten. Daraus entstand ein von der Fachdidaktik entworfenes Positionspapier, das auf die KMK-Standards für den Mittleren Bildungsabschluss (2004) Bezug nimmt und darlegt, inwiefern die Zielsetzungen der Lehrerweiterbildung und die sich daraus entwickelnden kreativitäts- und persönlichkeitsfördernden Unterrichtsvorhaben zur Erfüllung fachlicher Bildungsstandards, im Einzelnen Schreib-, Lese- und literarische Kompetenz, Gesprächs-, Spiel- und Präsentationskompetenz der Lernenden, beitragen.

Das sich in Gesprächen artikulierende Bedürfnis nach einer solchen Legitimationsgrundlage begrüßen wir, auch wenn sich nicht zeitnah eine Erfolgsmeldung einstellt in Bezug auf die praktische Nützlichkeit des von uns entworfenen und auf der elektronischen Plattform hochgeladenen Papiers. Wir nehmen wahr, dass Teilnehmer/innen nach Wegen suchen, das Neue in ihren Unterrichtsalltag aufzunehmen und gegebenenfalls dafür auch zu kämpfen. Es sei allerdings nicht verschwiegen, dass es auf die Interviewfrage danach, ob sich die eigene Didaktik verändert habe, auch ernüchternde Antworten gibt. IT16 verneint (im 2. Programmjahr) die Frage unter Verweis auf einen Wahlkurs, der eine Umsetzung ermöglicht hat, ohne dass die sonstige Unterrichtsarbeit davon tangiert werde: „... weil ich das ganz ausgelagert habe in diesen Kurs. Natürlich, so einen Kurs vorzuschlagen, einzurichten – das gab es davor nicht und ist eine Veränderung. Aber ob ich in meinem normalen Deutschunterricht anders geworden bin oder da den Deutschunterricht anders strukturiere, würde ich sagen nein."

Der institutionelle Rahmen Schule

Insofern die Unterrichtsvorhaben oft als Literarische Schreibprojekte angelegt sind und damit eine didaktische, methodische und institutionelle Öffnung von schulischem Unterricht erfordern (z. B. durch Zusammenarbeit mit einem Fotografen, Schreiben an außerschulischen Orten, Probenbesuch im Theater, Planung einer öffentlichen Textpräsentation), treten hier Probleme auf, die in gleicher Weise schon immer auch für andere Projekte im Deutschunterricht galten. „Je mehr organisatorische Regularien (Stundentafel, Stundenplan, Räume, feste Unterrichtszeiten etc.) und inhaltliche Vorgaben (Richtlinien, Lehrpläne) ein Schulsystem benötigt, umso schwieriger ist Projektarbeit" (Fritzsche/Ivo u. a. 1992, S. 104). Von den Teilnehmern werden die strukturellen Bedingungen der Institution Schule mit ihren vielfach vorgegebenen systemvermittelnden Lernumgebungen (vgl. Gudjons 2006, S. 74) als einschränkend empfunden, was zur Konsequenz hat, dass manche Erfahrungen der Weiterbildung *(doing culture)* nicht ohne Weiteres in die alltägliche Unterrichtspraxis integrierbar erscheinen. Vor allem weisen die Lehrer auf curriculare Verpflichtungen und die Anforderungen der Schulabschlüsse hin, deren Aufgabenprofile in ihren Augen oft schwer mit den in der Weiterbildung vermittelten Kompetenzen in Übereinstimmung zu bringen sind. Thematisiert wird in diesem Zusammenhang beispielsweise der Wegfall der Aufgabenstellung zum Gestaltenden Erschließen literarischer Texte im baden-württembergischen Abitur. Das Ausweichen auf schulische Wahlangebote (Literaturkurs), wie dies von einzelnen Teilnehmern an ihren Schulen praktiziert wird, stellt eine Möglichkeit dar, das schulische Leben außercurricular durch eine kulturelle Praxis zu bereichern, ist aber keine Alternative zur Integration des Konzepts im regulären Deutschunterricht.

Weiterhin beklagen einzelne Teilnehmer, dass die Erprobung und Reflexion innovativer fachlicher Unterrichtskonzepte in der Schulorganisation als ganzer eine randständige Position einnimmt. Kritische Stimmen klingen im Dialog mit der Didaktik an und manifestieren sich auch in Teilnehmerinterviews (vgl. Kap. 3.2) auf die Frage nach möglichen Veränderungen, die durch das Fortbildungsprogramm initiiert werden konnten oder könnten. „Die Schulen sind zugekleistert mit Schulentwicklung und solchen Dingen. [...] Und da bleibt für wesentliche Dinge wie so etwas [i. e. literarisches Schreiben] [...] kaum Spielraum" (IT09). Solche Differenzerfahrungen aushalten zu müssen und diese auch reflektieren zu wollen, gehört zu den Kommunikationsbedürfnissen etlicher Teilnehmer; und es gehört natürlich auch zu unserer Arbeit in diesem Projekt. Was eine Teilnehmerin (IT01) im Interview sagt – „Ich finde es ziemlich schlimm, wie wenig geschrieben wird. Ich finde auch schlimm, wie wenig Deutschlehrer lesen. Also moderne Literatur spielt an unserer Schule oder an anderen Schulen auch gar keine Rolle" – können wir im informellen Gespräch (anders als im Rahmen einer Diskussion auf dem Podium, wo wir wissenschaftlich relativieren und hinterfragen müssten) als Einstellungsäußerung unterstützen, sehen uns aber gleichzeitig damit an die Grenzen unserer Wirksamkeit als Fachdidaktiker gebracht.

Tauglichkeit vorliegender schreib- und literaturdidaktischer Konzepte

Wir erinnern uns, ohne jeweils schriftliche Aufzeichnungen von solchen Situationen zu haben, an eine Reihe von Gelegenheiten, bei denen in Werkstatt- oder Pausengesprächen die Rede auf Vorschläge und Ideen aus der praxisorientierten Fachliteratur kommt. Es geht dann darum, aus der Fülle dessen, was zur Begründung und Organisation von prozessorientiertem Schreib- oder produktionsorientiertem Literaturunterricht in Zeitschriften und Monografien vorliegt, das zu nennen und zu erläutern, was als Antwort auf die aktuelle Frage möglicherweise taugt. Anders als für die Plenumsphasen der Seminarwochenenden und -tage ist hier, für informelle Gespräche, kaum eine gezielte Vorbereitung unsererseits möglich. Wenn beispielsweise eine Teilnehmerin wissen will, wie sie es im Schulalltag schaffen soll, die literarischen Entwürfe von 28 Schülern einer Projektklasse zu lesen und zu kommentieren, und sich dabei immer wieder neu und anders auf ein Thema, einen Schreibstil einlassen zu sollen, dann schlagen wir ihr Konzepte des *peer feedback* vor: nicht alle Textentwürfe selber lesen, sondern eine „Textwanderung" (Grau/Seidler 2004) durch die Klasse veranstalten oder auf der schulischen Moodle-Plattform alle Texte hochladen lassen und verabreden, dass jede(r) Lernende zu zwei von ihnen Rückmeldung gibt. Nicht selten stellt sich dann im weiteren Gespräch heraus, dass die Betreffenden durchaus schon von Konzepten wie der „Schreibkonferenz" gehört, sie aber bisher als Element einer wirklichkeitsfernen Didaktik wahrgenommen und auf ihren Unterrichtsalltag gedanklich nicht bezogen haben. Der informelle Dialog über didaktische Fragen und mögliche Lösungen leistet dann genau das: Es wird deutlich, auf welche Fragen Fachdidaktik Antwort geben kann, und unter welchen konkreten Bedingungen die Antworten (nicht) weiterhelfen.

Zu unserer Erfahrung mit solch informellen Gesprächen gehört allerdings auch, dass wir nicht auf alle Fragen der Teilnehmer eine Antwort wissen.

Ungeachtet dessen kann für das Gespräch unter Fachkollegen der Austausch über die literarische Praxis als wünschenswert und ergiebig gelten:

> Welche Grundfertigkeiten sind unabdingbar, werden unsere standardisierten Fragestellungen den literarischen Texten und dem Leseinteresse der Schüler gerecht, dominieren in unserem Unterricht Schreibrituale oder realistische Schreibanlässe? Wer hat Erfahrungen mit kreativem Schreiben gemacht, mit literarischem Rollenspiel und szenischem Spiel? [...] Da hat eine Kollegin in der Nachbarschule ein Projekt über Körpersprache gemacht, kann man die nicht mal einladen? Ich habe gehört, da gibt es eine Koordinierungsstelle Schultheater, die vermitteln auch Spiel-Theaterpädagogen, Schauspieler und Dramaturgen für den Unterricht. Mach doch mal eine Literaturwerkstatt mit einem Jugendbuchautor [...]. (Fritzsche/Ivo u. a. 1992, S. 5)

Was Fritzsche seinerzeit relativ unsystematisch gefordert hat, erscheint wie eine Vorwegnahme der Diskussionen und Gespräche, welche die Teilnehmer in der Weiterbildung LSiD miteinander führen. Nicht selten wird dabei die Fachdidaktik zum konkreten Ansprechpartner für fachliche Fragen.

Die Teilnehmer, von denen einige selbst als Multiplikatoren, Fachbetreuer oder Seminarausbilder tätig sind, wünschen sich von der Fachdidaktik Informationen und Anregungen, Beratung und Austausch über bestimmte Themen, Inhalte, Verfahren und Konzeptionen, so z. B. über den Essay als einer schulisch bedeutsam gewordenen Schreibform, über Kinder- und Jugendliteratur, über Auswahlkriterien für die Lektüre einer bestimmten Jahrgangsstufe bis hin zu konkreten Titelempfehlungen, über Leseförderung und Schreibwettbewerbe. Dies kann für die Fachdidaktiker bedeuten, sich punktuell auch mit den Profilen einzelner Schulen vertraut zu machen, um Beratung und Impulse anbieten zu können, etwa im Hinblick auf mögliche zu implementierende Schritte auf dem Weg zur „Lesenden Schule". Diese Anliegen gehen zum Teil über die Arbeit in den Werkstätten hinaus, sie gehören aber notwendigerweise zu einem Dialog, der sich der kulturellen Praxis anzunähern sucht.

3 Lehrer/innen als Lernende

3.1 Die Wahrnehmung von Teilnehmer/innen

Zu erfahren, wie die Teilnehmer/innen (TN) der ersten Kohorte (2011–13) LSiD wahrnehmen, was sie darüber denken und wie sie darüber urteilen, musste schon wegen der Finanzierung durch die Robert-Bosch-Stiftung,[73] die einen evaluativen Abschlussbericht über die Begleitforschung[74] erwarteten durfte, in unserem Erkenntnisinteresse liegen; darüber hinaus aber lag und liegt uns daran, zu einer empiriegestützten Diskussion der in Kap. 1 herausgearbeiteten Themen und Probleme der Literatur- und Schreibdidaktik beizutragen sowie die in Kap. 2 formulierten konzeptionellen Vorstellungen und Ziele einer in dieser Form vorher nie durchgeführten Deutschlehrerweiterbildung an der Wirklichkeit zu überprüfen. Im Einzelnen haben wir dafür Gründe für Teilnahme und die Wahl einer Werkstatt erhoben, Vorkenntnisse und Vorerfahrungen der TN, ihre mitgebrachten Einstellungen zu literarischen Gattungen sowie ihre diesbezüglichen Kompetenzen nach Selbsteinschätzung zu Beginn und nach dem ersten Jahr. Ferner interessierten wir uns für den Stellenwert Literarischen bzw. im weiteren Sinn „Kreatives Schreibens" in der bisherigen Unterrichtspraxis der TN, und selbstverständlich für ihre Erwartungen an das Weiterbildungsprogramm zum späteren Vergleich mit ihrer Zufriedenheit im Ganzen sowie ihrer Bewertung einzelner Programmelemente.

3.1.1 Gründe für Teilnahme

Für die Anmeldung zu einer Fort- oder Weiterbildung gibt es erfahrungsgemäß meist mehrere Gründe und eventuell komplexe Motive, über die sich die Beteiligten gar nicht immer Rechenschaft ablegen. Die erste Kohorte des LSiD-Programms hatte die Gelegenheit dazu über die Fragebögen und hat sie genutzt. Unter persönliche Gründe fallen in Bezug auf die Teilnahme am Weiterbildungsprogramm LSiD (vgl. *Downloadmaterial*; Abb. 1): „Interesse/Lust am Schreiben" und „Selbsterfahrung" (je 12 TN), „Fortbildungshunger/Weiterbildung/Horizonterweiterung" (11 TN), „Eigene (Qualitäts-)Verbesserung" und „Sprache/ Schreiben als Lebensbestandteil/Herzblut/Liebe/Leidenschaft" (je 10 TN), „Interesse/Lust generell" (8 TN), „Neue Impulse/ Ideen" (7 TN), „Austausch/Kommunikation/Kooperation" und „Neugier" (je 5 TN). Insbesondere möchten wir unter diesen vielfältigen Stichwörtern die affektbezogenen hervorheben (Liebe, Leidenschaft, Neugier) und diejenigen, die ein Interesse an gemeinsamer und

73 Wir danken hiermit der Robert-Bosch-Stiftung, die das Projekt in ihren Programmbereich „Bildung, Gesellschaft und Kultur" aufgenommen und damit einen großen Teil des finanziellen Aufwands für die Durchführung des Programms übernommen hat (und diesen auch für die 2. und 3. Kohorte weiterhin trägt).

74 Wir danken an dieser Stelle auch dem Projektmitarbeiter Christian Thierauf M.A., der die Begleitforschung nach unseren Vorgaben durchgeführt und den Abschlussbericht erstellt hat. Im vorliegenden Kapitel gehen wir über die dortige Präsentation und knappe Interpretation der Daten hinaus und stellen Befunde aus der Fragebogen-, Interview- und Beobachtungsauswertung in den Kontext des in Kap. 1 und 2 Dargestellten.

interaktiver Erkundung entsprechender Möglichkeiten „literarischer Geselligkeit“ (Mattenklott 1979) dokumentieren (Austausch, Kommunikation, Kooperation). Aber auch in Bezug auf die anderen genannten Stichwörter wird sich zeigen, dass aus der Perspektive starker persönlicher Motive LSiD von vielen TN als Chance der Persönlichkeitsbildung wahrgenommen wird (vgl. Kap. 3).

Naturgemäß sachlicher nehmen sich die **fachlichen Gründe** aus (vgl. *Downloadmaterial*, Abb. 2); der häufigste unter ihnen ist „Kenntnis- und Fähigkeitserweiterung für Möglichkeiten, Schüler besser zu fördern und/oder Interesse zu wecken“ (25 TN). Danach folgen spezifischere Motive wie die Existenz oder Planung einer Theater- oder Schreib-AG, eines Seminarkurses oder kreativen Schreibkurses an der eigenen Schule (insges. 11 TN). Etwas allgemeiner, gleichsam in fachlicher Verlängerung persönlicher Gründe, die das Stichwort „Neugier“ angedeutet hat, formulieren einige (6 TN): „Neue Bereiche erschließen/neue Impulse“ erhalten (vgl. *Downloadmaterial*, Abb. 3).

Davon als dritte Kategorie **berufliche Gründe** zu unterscheiden, ist sinnvoll: Hier geht es um weniger auf Persönlichkeitsbildung oder Fachkompetenz als auf die eigene Stellung in der Schule gerichtete Motive. Die häufigsten Nennungen in der Kategorie entfallen auf „Integration/Umsetzung in den Deutschunterricht/an der Schule“ (vgl. *Downloadmaterial*, Abb. 4).

Unter **sonstige Gründe** ordnete eine Reihe befragter TN (31) ein, was sie in den drei Kategorien nicht unterbringen konnten. Dass die Auslegung der Kategorien hier differiert, zeigen Stichwörter, die von anderen TN so oder ähnlich als **persönlich** rubriziert worden sind: „Lust an Neuem/Horizont“ (5 TN), „Sehr gute Erfahrungen mit dem/Interesse am Literaturhaus“ (5 TN), „Schulalltag/Trott entkommen“ und „Selbsterfahrung“ (je 4 TN) sind die am stärksten vertretenen Antworten (vgl. *Downloadmaterial*, Abb. 5).

3.1.2 Vorkenntnisse und Vorerfahrungen

Dass ein praxisorientiertes Kennenlernen der Schreib- bzw. Aufsatzdidaktik im Rahmen der Lehrerausbildung der TN eher die Ausnahme gewesen sein könnte, haben wir vorab vermutet; es bewahrheitet sich hier. Während des Studiums haben nach eigener Aussage 43 von 50 TN Schreib- bzw. Aufsatzdidaktik gar nicht praxisorientiert kennengelernt. Während des Referendariats liegt dieser Anteil noch immer bei 32 (vgl. *Downloadmaterial*, Abb. 5). Damit bestätigt sich eine in der Phase der Konzeption des Programms für uns handlungsleitende Annahme: Das Germanistikstudium bringt die meisten Lehramtsstudierenden (Sek I/II) nicht systematisch und nicht obligatorisch genug mit der Praxis des Schreibens in Berührung.

Auch das selbstständige Verfassen literarischer Texte nimmt, was uns wenig überrascht hat, während der Ausbildung der TN keinen großen Raum ein. Über alle erfassten literarischen Gattungen hinweg (Lyrisches, Journalistisches, Szenisches und Erzählendes Schreiben) liegt der weitaus geringste Anteil an selbst verfassten literarischen Texten in der Zeit des Referendariats (8 TN), allerdings dicht gefolgt von der Studienzeit (10 TN). Etwas höhere Anteile an selbst verfassten literarischen Texten lassen sich im beruflichen (20 TN) und privaten Kontext (19 TN) finden (vgl. *Downloadmaterial*, Abb. 6).

Betrachtet man die jeweiligen literarischen Gattungen über die einzelnen Bereiche (Studium, Referendariat, Beruf, Privat) hinweg, wurde die meiste Erfahrung mit selbst verfassten Texten in der Gattung des Erzählenden Schreibens gesammelt (Ø 22%). Etwas weniger Erfahrung machten die TN mit den Gattungen des Lyrischen (Ø 31%) und Journalistischen Schreibens (Ø 28%). Am seltensten wurden selbstständig Texte in der Gattung des Szenischen Schreibens verfasst (Ø 16%). Diese Ergebnisse dürften den jeweiligen Stellenwert der literarischen Gattungen im Schreibunterricht der Sekundarstufen recht gut abbilden.

3.1.3 „Kreatives Schreiben“ im (bisherigen) Deutschunterricht der Teilnehmer/innen: Überzeugung und Praxis

Nach den Zielen eines produktionsorientierten Unterrichts in einzelnen literarischen Gattungen zu fragen, wäre angesichts der in 3.1.2 genannten Zahlen (die Mehrheit der TN hat das ja nicht betrieben) wenig sinnvoll. Wir haben daher etwas breiter gefragt, nämlich nach den Zielen „kreativen Schreibens“ in der Überzeugung der Teilnehmer/innen: „Kreatives Schreiben“ ist ein Oberbegriff, der literarisches Arbeiten grundsätzlich einschließt (vgl. Kap. 1.1.1). Unter den vorgegebenen Antwortmöglichkeiten auf diese Frage werden vor allem die Ziele „Sprachliche Fähigkeiten fördern“ und „Freude an Literatur vermitteln“ (je 4,8) hervorgehoben, gefolgt von „Zum Lesen anregen“ (4,3). Weniger wichtig beim „Kreativen Schreiben“ waren den TN die Ziele „Wissen über Literatur vermitteln“ (2,5)[75] und „Normen der Schriftlichkeit vermitteln“ (2,4). In der Kategorie „Weitere Ziele“ (3,4) nennen 7 TN die „Auseinandersetzung mit sich selbst und dem eigenen Ausdruck“ und je 3 TN „Freude an Schreiben/Sprache“, „Kreative Fähigkeiten fördern“, „Literatur als Bereicherung/Lebenshilfe“ und „Selbstbewusstsein fördern“ (vgl. *Downloadmaterial*, Abb. 8).

Zu den Vorerfahrungen der TN, die wir als programmrelevante Elemente ihrer beruflichen Sozialisation und Professionalität erfassen wollten, gehört nun aber auch das Ausmaß, in dem das Verfassen literarischer Texte in ihrem bisherigen Deutschunterricht vorkam. Das Ergebnis ist wiederum wenig überraschend, bestätigt es doch unsere Vorannahme, dass solche – in der Wahrnehmung der TN „kreative“ – Schreibversuche nicht nur insgesamt wenig (vgl. Kap. 3.1.3), sondern auch mit einer gewissen Einseitigkeit vorkommen: Die mit bzw. von den Schülern am häufigsten bearbeitete literarische Gattung im Deutschunterricht ist

75 Vgl. *Downloadmaterial* Abb. 7. – Dieses in Bezug auf die Arbeit mit Schülern weniger wichtige Ziel wird aber von den TN in eigener Sache für wichtiger gehalten: Es taucht in Kap. 3.1.4 unter „Erwartungen an das Programm“ als Fortbildungsziel auf (vgl. Kap. 3.2.2); die Auswertung der Interviews (Kap. 3.4) wird dann zeigen, dass der Wissenserwerb über Literatur und Schreiben durchaus nicht marginal ist.

mit Abstand das Erzählende Schreiben, weit vor dem „selten" praktizierten Lyrischen, Journalistischen und Szenischen Schreiben. „Nie" werden die letzteren von einem knappen Drittel im Unterricht berücksichtigt; wenig besser sieht es beim Journalistischen und Lyrischen Schreiben aus. Das Erzählende Schreiben dagegen kommt in der Kategorie gar nicht vor (vgl. *Downloadmaterial*, Abb. 9).

Hier zeigt sich zum einen die praktische Folge einer curricularen Einseitigkeit, die den Schreibunterricht der Sekundarstufen seit Jahrzehnten bestimmt: Während Lehr- und Bildungspläne, von der Primarstufe aufwärts, gleichsam seit jeher die „(Erlebnis-), Fantasie-)Erzählung" kennen und diese Formen des Schreibens seit den 1980er-Jahren relativ leicht in Konzepte eines gattungsorientierten „kreativen Schreibens" integrieren ließen (vgl. z. B. Waldmann/Bothe 1992), gibt es für die anderen literarischen Gattungen eine solche Tradition nicht oder kaum.

Vergleicht man dieses Ergebnis mit dem, was die TN über Ziele „Kreativen Schreibens" sagen, so wird andererseits deutlich, dass eine durchaus vorhandene Überzeugung in diesem Bereich sich weithin nicht in Praxis übersetzt: So wichtig es den TN ist durch Schreiben sprachliche Fähigkeiten zu fördern, Freude an Literatur zu vermitteln und eine Auseinandersetzung mit sich selbst und dem eigenen Ausdruck voranzubringen, so wenig werden die Möglichkeiten literarischen Schreibens dazu in der bisherigen Praxis genutzt. Dass diese Diskrepanz den TN bewusst ist, zeigen nun die Erwartungen an das Programm, wie sie in den Fragebögen dokumentiert sind.

3.1.4 Erwartungen an das Programm LSiD

Die Antworten auf unsere Frage nach Teilnehmererwartungen an das Programm korrespondieren mit den Antworten aus 3.1.1. Auch hier unterscheiden wir persönliche, fachliche, Laufbahn- und sonstige Erwartungen. Dominant unter den **persönlichen Erwartungen** ist (bei 17 antwortenden TN) „Wissen/Kompetenz erweitern" (20 TN). Es folgen „Selbsterfahrung" (12 TN), „Eigene Schreiberfahrung/Textproduktion" (11 TN), „Austausch/ Dialog" (9 TN) und „Eindrücke/Erfahrungen/Horizonte" (7 TN; vgl. *Downloadmaterial*, Abb. 10).

Die **fachlichen Erwartungen** konzentrieren sich stark auf die Kategorien des Wissenserwerbs und einer darauf bezogenen Vermittlungsfähigkeit „Vertiefung/Erweiterung/Professionalisierung von Wissen/Fachkenntnis/Didaktik in Theorie/Praxis" (37 TN). Mit einigem Abstand folgt dann „Neue Impulse/ Ideen" (13 TN; vgl. *Downloadmaterial*, Abb. 11). Angaben zu **Erwartungen für die eigene Laufbahn** machen die Hälfte der TN. Vor allem genannt werden hier „Multiplikation"/„Fortbildungstätigkeit" (5/4 TN) und „Umsetzungsmöglichkeit" (4 TN; vgl. *Downloadmaterial*, Abb. 12) **Sonstige Erwartungen** an das Weiterbildungsprogramm, im Einklang mit entsprechenden Gründen für die Teilnahme, sind schließlich „Kontakte/Austausch/Netzwerk" (12 TN), „Neue Impulse/ Ideen" (5 TN), „Persönliche und fachliche Reifung" (4 TN) und „Spaß/Freude" (3 TN, vgl. *Downloadmaterial*, Abb. 13).

Vorgreifend (auf Kap. 3.1.8) sei gesagt, dass die drei „wichtigsten Veränderungen", von denen dann die TN gegen Ende des 2. Jahres berichten, nicht zufällig solche sind, die diese Diskrepanz verkleinern helfen: *(1) Kreatives/Literarisches Schreiben verstärkt umsetzen; (2) eigene Sicherheit (die sich auf Schüler überträgt)/mehr Kompetenz, literarisches Schreiben zu unterrichten; (3) mehr Raum und Offenheit für Schülertexte/mehr Verständnis für Schwierigkeiten.*

Verstärkte Umsetzung braucht eigenes Fachwissen (über Produktion, nicht über Analyse von Literatur), und aus ihr resultierend mehr Verständnis für die Herausforderungen, die Literarisches Schreiben für Lernende bietet. Phrasen wie „Der Kreativität sind keine Grenzen gesetzt", die man immer wieder hört, helfen nicht weiter. Nötig ist Kompetenz. Wie es um deren Entwicklung nach Einschätzung der TN bestellt ist, klärt der folgende, wegen der notwendigen Auffächerung der Situation in den einzelnen Werkstätten etwas längere Abschnitt. Es wird sich dabei zeigen, dass die Formulierung „persönliche und fachliche Reifung", die eine zentrale Zielsetzung des Programms umschreibt, als Interdependenz der Ebenen persönliche Entwicklung und fachliche Horizonterweiterung interpretierbar ist.

3.1.5 Eigene Kompetenzen und deren Veränderung nach Selbsteinschätzung

Am Anfang und am Ende des ersten sowie am Ende des zweiten Programmjahres wurden die TN der ersten Kohorte gebeten, ihre gegenwärtigen Kompetenzen bezüglich der Aspekte „Theoretisches Wissen", „Praktische Schreibkompetenz", „Didaktische Kompetenz der theoretischen Vermittlung" sowie „Didaktische Kompetenz der praktischen Vermittlung" einzuschätzen.[76] Die Konstrukte „Theoretisches Wissen" (was wissen die TN über sprachliche und strukturelle Spezifika ihrer Gattung und der Literatur überhaupt aus einer produzentenorientierten Sicht?) und „Praktische Schreibkompetenz" (wie gut können sie entsprechende Gestaltungsabsichten umsetzen?) sind dabei ebenso aufeinander bezogen wie „Didaktische Kompetenz der theoretischen" sowie „der praktischen Vermittlung" (wie gut glauben sie, Spezifika von Gattung und Literatur allgemein als Theoriewissen an Lernende vermitteln zu können, und wie gut eine praktische Gestaltungskompetenz?).

Zur Validierung der aus diesen Items der Fragebögen gewonnenen Ergebnisse, zur Vermeidung möglicher Bias-Effekte sowie zur Erhöhung der Fallzahlen wurden die TN darüber hinaus am Ende des ersten und am Ende des zweiten Jahres gebeten, den Zuwachs ihrer Kompetenzen durch das jeweilige Programmjahr anzugeben. Darüber hinaus stuften sie im Zuge der Kompetenzeinschätzung am Ende des zweiten Jahres zusätzlich ihren Kompetenzzuwachs über die gesamte Zeit des Programms in einigen spezifischen Bereichen ein (vgl. *Downloadmateri-*

76 Vgl. *Downloadmaterial*, Abb. 14. – Wir haben die Kompetenzeinschätzung von allen TN für alle Werkstätten vornehmen lassen. Die Angaben für die drei jeweils nicht besuchten Werkstätten ergeben, was durchaus nicht von vornherein klar war, keine bzw. nur geringfügige Interaktionseffekte und bleiben hier unberücksichtigt.

al, Abb. 15). Die Einschätzungen erfolgten auf einer Skala von 0 = „Keine Kompetenz" bzw. „Kein Kompetenzzuwachs" bis 10 = „Höchste Kompetenz" bzw. „Höchster Kompetenzzuwachs".[77]

Selbsteinschätzung der gegenwärtigen Kompetenzen zu drei Zeitpunkten

Generell, über alle Bereiche hinweg, geben die TN zu Beginn des ersten Jahres eine nur leicht über dem Skalenmittelwert (=5,0) liegende Kompetenz (5,8) an.[78] Am Ende des ersten Jahres schätzen sie ihre gegenwärtigen Kompetenzen in allen Bereichen deutlich höher ein,[79] am Ende des zweiten Jahres noch einmal höher.[80] Auch die Selbsteinschätzung des Kompetenzzuwachses über das erste und zweite Jahr hinweg (*Downloadmaterial*, Abb. 15) ergibt, dass in der Wahrnehmung der TN insgesamt ein deutlicher Zuwachs stattfindet – und dies in den einzelnen Bereichen in unterschiedlicher, durch das Programm intendierter Form: Im zweiten Jahr kehren sich, wie dies nach unserem Konzept im Prinzip zu erwarten war, die Verhältnisse um: Während die „Didaktische Kompetenz der praktischen Vermittlung" jetzt auf den höchsten Wert (7,3) steigt und auch die „Didaktische Kompetenz der theoretischen Vermittlung" (7,0) im Verhältnis zum ersten Jahr eine deutliche Steigerung erfährt, fallen die Kompetenzzuwachswerte beim „Theoretischen Wissen" und bei der „Praktischen Schreibkompetenz".[81] Hier bestätigt sich die intendierte Programmkonzeption: Während im ersten Jahr der Schwerpunkt auf der Vermittlung von Wissen sowie der Förderung der eigenen Schreibkompetenz liegt, wird im zweiten Jahr vor allem die Fähigkeit der TN gefördert, das Erlernte in ihrem Unterricht umzusetzen.

Selbsteinschätzung des Kompetenzzuwachses in spezifischen Bereichen

Bei dieser Frage wurden die TN gebeten, ihren Kompetenzzuwachs sowohl in Bezug auf sich selbst als auch in Bezug auf die Arbeit mit ihren Schülern über die gesamte Programmlaufzeit einzuschätzen. Dabei geht es um die Fähigkeit und Motivation zur eigenen Textproduktion und -revision, die Fähigkeit, Schüler zum Literarischen Schreiben und Überarbeiten anzuleiten, die Anwendung und Vermittlung von Beurteilungskriterien und die Kommunikation über Texte sowie wiederum die Fähigkeit, Schüler zu einer solchen Kommunikation anzuleiten. Insgesamt erfahren zwar die TN in all diesen Bereichen einen Kompetenz-

77 Um möglichst aussagekräftige Ergebnisse zu erhalten und Verzerrungen zu vermeiden, werden auch hier nur diejenigen TN berücksichtigt, die zu allen drei Erhebungszeitpunkten Angaben gemacht haben. Ebenso werden bei der Auswertung der Selbsteinschätzung des Kompetenzzuwachses nur diejenigen TN berücksichtigt, die zum zweiten und dritten Erhebungszeitpunkt Angaben gemacht haben.

78 Vgl. *Downloadmaterial*, **Abb. 14**; die höchste Kompetenz liegt danach im Bereich der „Didaktischen Kompetenz der theoretischen Vermittlung" (6,2), die geringste Kompetenz im Bereich der „Praktischen Schreibkompetenz" (5,4).

79 Durchschnittlich 1,4 Skalenpunkte mehr als zu Beginn des Programms (vgl. *Downloadmaterial*, Abb. 15); die deutlichste Steigerung gibt es hierbei im Bereich des „Theoretischen Wissens" (+1,9).

80 Am Ende des zweiten Jahres werden die gegenwärtigen Kompetenzen mit durchschnittlich +1,8 Skalenpunkten höher eingeschätzt als zu Beginn. Die deutlichsten Steigerungen gibt es auch hier beim „Theoretischen Wissen" (+2,4).

81 Beim „Theoretischen Wissen" auf 7,1 und bei der „Praktischen Schreibkompetenz" auf 6,6.

zuwachs, aber er fällt unterschiedlich stark aus. Der deutlichste Zuwachs wird in der Fähigkeit gesehen, Schüler zum Schreiben zu motivieren (7,1), der geringste in der Fähigkeit, eigene Texte zu formulieren (5,6): Es wird deutlich, dass die TN durch das Programm tendenziell ihre Fähigkeiten der Textproduktion und -revision mit Schülern und somit in ihrer Funktion als Deutschlehrer stärker verbessert zu haben glauben, als dies mit der eigenen Textproduktion und -revision der Fall ist.[82]

Bei der Kommunikation über Texte (also der „Anschlusskommunikation" im Sinn von Kap. 1.2.4) lässt sich ebenfalls ein deutlicher Kompetenzzuwachs feststellen, gleich, ob die TN selbst über Texte sprechen (6,8) oder Schüler zur Kommunikation über Texte anleiten (6,8). Die Anwendung von Kriterien ist der einzige Bereich, bei dem der Kompetenzzuwachs in Bezug auf die eigene Person höher eingestuft wird als in Bezug auf den schulischen Bereich.[83]

3.1.6 Kompetenzeinschätzungen in den einzelnen Werkstätten

Insgesamt schätzen also die TN des Programms ihre gegenwärtigen Kompetenzen, im Verhältnis zum jeweils vorgelagerten Erhebungszeitpunkt, zwar kontinuierlich besser ein. Neben dieser allgemeinen Einschätzung über alle TN hinweg ist aber hier von Interesse, was in den vier Werkstätten unterschiedlich eingeschätzt wird. Zwar waren in keiner Werkstatt alle TN zu allen drei Messzeitpunkten anwesend bzw. haben den Fragebogen ausgefüllt (manchmal sinkt dadurch die Fallzahl stark ab), aber dennoch lassen sich aus der folgenden Übersicht einige Tendenzen ablesen:

- Die *theoretische Kompetenz* in Bezug auf die gewählte Gattung steigt im ersten Jahr erwartungsgemäß stärker an als im zweiten; das gilt für alle vier Werkstätten.
- Gleichmäßiger ist der Anstieg bei der *praktischen Kompetenz* in Bezug auf die gewählte Gattung, wobei allerdings das szenische Schreiben gegen die sonst beobachtbare Tendenz im zweiten Jahr einen Abfall zeigt.
- Uneinheitlich ist das Bild bei der Selbsteinschätzung der *didaktischen Theorie*: Einen halbwegs linearen Anstieg gibt es nur im Erzählenden Schreiben; die anderen drei Werkstätten verzeichnen hier entweder Einbrüche zu Ende des ersten Jahres (Journalistisches Schreiben) oder Rückschläge am Ende des zweiten (Lyrisches und Szenisches Schreiben).
- Auch bei der *didaktischen Praxis* ist das Bild nicht klar. Am ehesten entspricht die Entwicklung im Lyrischen Schreiben unserer Vorerwartung, denn hier steigt die geschätzte Kompetenz bis zum Ende des ersten Jahres nur wenig

82 Der Kompetenzzuwachs der Textplanung, -formulierung und -überarbeitung wird zwischen 0,5 und 0,9 Skalenpunkten höher eingestuft.

83 6,6 gegenüber 6,3: vgl. *Downloadmaterial*, Abb. 16.

und dann – im zweiten Jahr, das jeweils ein Projekt im Unterricht umsetzt – stärker an. Die anderen drei Werkstätten wichen von diesem erwarteten Muster mehr oder weniger deutlich ab. Das auffälligste Ergebnis zeigt auch hier wieder das Szenische Schreiben, da hier die TN ihre praktisch-didaktische Kompetenz am Ende sogar wieder niedriger einschätzen als ein Jahr früher.

Gegenwärtige Kompetenzen nach Selbsteinschätzung der TN zu drei Zeitpunkten: vergleichende Übersicht

Theorie

	Anfang 1. Jahr	Ende 1. Jahr	Ende 2. Jahr
Lyrisches Schreiben (n=9)	5,9	7,3	7,8
Journalistisches Schreiben (n=4)	5,5	7,8	8,3
Szenisches Schreiben (n=8)	5,5	7,9	7,9
Erzählendes Schreiben (n=10)	5,9	7,2	8,3

Praxis

	Anfang 1. Jahr	Ende 1. Jahr	Ende 2. Jahr
Lyrisches Schreiben (n=9)	4,3	6,1	6,8
Journalistisches Schreiben (n=4)	6,0	6,8	8,0
Szenisches Schreiben (n=8)	4,8	7,4	6,0
Erzählendes Schreiben (n=10)	6,5	6,7	7,9

Didaktische Theorie

	Anfang 1. Jahr	Ende 1. Jahr	Ende 2. Jahr
Lyrisches Schreiben (n=9)	6,6	7,4	5,8
Journalistisches Schreiben (n=4)	6,8	5,8	8,5
Szenisches Schreiben (n=8)	4,6	7,3	6,6
Erzählendes Schreiben (n=10)	6,7	7,8	8,3

Didaktische Praxis

	Anfang 1. Jahr	Ende 1. Jahr	Ende 2. Jahr
Lyrisches Schreiben (n=9)	5,9	6,7	8,3
Journalistisches Schreiben (n=4)	6,5	8,3	8,3
Szenisches Schreiben (n=8)	4,8	7,6	6,3
Erzählendes Schreiben (n=10)	6,6	7,4	8,1

Den höchsten Kompetenzzuwachs nach Selbsteinschätzung erzielt im ersten Jahr die Werkstatt Szenisches Schreiben, deren TN aber im 2. Jahr deutlich weniger Zuwachs wahrnehmen (wir kommen darauf zurück). Umgekehrt ist in der Werkstatt Erzählendes Schreiben das zweite Jahr dasjenige mit deutlich mehr Zuwachs. Im Lyrischen Schreiben fällt die Differenz gemäßigt aus, das Journalistische Schreiben stagniert.

Kompetenzzuwachs nach Selbsteinschätzung: Vergleich der Werkstätten

	Lyrisches Schreiben (n = 9) 1. Jahr | 2. Jahr	Journalistisches Schreiben (n = 4) 1. Jahr | 2. Jahr	Szenisches Schreiben (n = 8) 1. Jahr | 2. Jahr	Erzählendes Schreiben (n = 10) 1. Jahr | 2. Jahr
Theorie	6,1 | 6,7	6,8 | 6,8	8,4 | 6,5	7,9 | 8,3
Praxis	6,6 | 7,4	6,6 | 6,8	8,4 | 4,4	7,0 | 7,6
Didaktik – Theorie	4,9 | 6,9	6,5 | 7,3	6,9 | 5,3	7,1 | 8,5
Didaktik – Praxis	5,8 | 6,9	6,5 | 7,0	7,8 | 6,0	7,1 | 9,2

Diese Befunde zu interpretieren, fällt nicht leicht und wäre angesichts der teilweise kleinen Fallzahlen auch angreifbar. Es scheint uns aber plausibel, solche Unterschiede nicht nur auf die in dieser Hinsicht zufällige Zusammensetzung der Werkstattgruppen zurückzuführen, sondern auch auf die stark unterschiedliche Ausgangssituation: Wo es eine curriculare Tradition gibt, v. a. also beim Erzählenden Schreiben, mag die Kompetenzentwicklung anders verlaufen als dort, wo dies nicht der Fall ist, also v.a. beim Szenischen Schreiben (vgl. hierzu auch *Downloadmaterial*, Abb. 6 und Abb. 9).

Einige weitere Beobachtungen seien nun auf die Gemeinsamkeiten und Unterschiede der Werkstätten bezogen, soweit sie sich durch unsere Befragungen erschließen.

Generell, über alle Bereiche hinweg, geben die TN der Werkstatt „Lyrisches Schreiben" zu *Beginn des 1. Jahres* an, dass ihre höchste Kompetenz im Bereich der „Didaktischen Kompetenz der theoretischen Vermittlung" liege, die geringste Kompetenz im Bereich der „Praktischen Schreibkompetenz".[84] Die TN der Werkstatt „Journalistisches Schreiben" geben zu Beginn ihre höchste Kompetenz ganz ähnlich an („Didaktische Kompetenz der theoretischen Vermittlung"), die geringste Kompetenz aber im Bereich des „Theoretischen Wissens".[85] Vergleichbare Werte liegen für die Werkstatt „Erzählendes Schreiben" vor (vgl. *Downloadmaterial*, Abb. 26). Nur in der Werkstatt „Szenisches Schreiben" schätzen sich die TN anders ein; hier liegt im ersten Jahr die höchste Kompetenz im Bereich des „Theoretischen Wissens") an und die *geringste* Kompetenz im Bereich der „Didaktischen Kompetenz der theoretischen Vermittlung".[86]

[84] 6,6 gegenüber 4,3, vgl. *Downloadmaterial*, Abb. 17.
[85] 6,8 gegenüber 5,5, vgl. *Downloadmaterial*, Abb. 20.
[86] 5,5 gegenüber 4,6, vgl. *Downloadmaterial*, Abb. 23.

Am *Ende des ersten Jahres* schätzen die TN im Lyrischen Schreiben ihre gegenwärtigen Kompetenzen in allen Bereichen deutlich höher ein.[87] Das gilt auch für das „Szenische"[88] und das „Erzählende Schreiben"[89] sowie, mit einer Einschränkung, für die TN des „Journalistischen Schreibens".[90]

Dass am *Ende des zweiten Jahres* die gegenwärtigen Kompetenzen erneut in den meisten Bereichen höher eingeschätzt werden,[91] gilt für die TN aller Werkstätten außer dem Szenischen Schreiben, wo die Werte wieder abfallen.[92] Da sich bei der Zuwachseinschätzung für das Szenische Schreiben ein ähnliches Bild abzeichnet,[93] kann ein Bias hier ausgeschlossen werden; es liegt in dieser Werkstatt offenbar wirklich eine spezifische Situation vor. Im ersten Programmjahr ist der Kompetenzzuwachs im Vergleich zu den anderen Werkstätten ausgeprägter, im zweiten Jahr bricht er viel stärker ein (vgl. *Downloadmaterial*, Abb. 24). Diese Werkstatt zeigt die größte Abweichung von einem Muster, das prototypisch das „Erzählendes Schreiben" verkörpert: Hier werden die gegenwärtigen Kompetenzen, im Verhältnis zum jeweils vorgelagerten Erhebungszeitpunkt, als kontinuierlich besser eingeschätzt (vgl. *Downloadmaterial*, Abb. 26); wegen der guten Übereinstimmung mit dem in beiden Programmjahren ausgeprägten Kompetenzzuwachs (vgl. *Downloadmaterial*, Abb. 27) darf man dieser Selbsteinschätzung einer kontinuierlich wachsenden Kompetenz Glauben schenken. Es gehört zu diesem Muster, dass die TN zu Beginn des Programms ihre Stärke in der „Didaktischen Kompetenz der theoretischen Vermittlung" sehen und ihre Schwäche in der eigenen „Praktischen Schreibkompetenz".

Auch in den jeweils eigens dargestellten „spezifischen Bereichen"[94] erfahren die TN prototypisch einen deutlichen Kompetenzzuwachs, wobei alle Werkstätten bis auf das „Szenische Schreiben" homogen wirken: Stets ist der geschätzte Zuwachs am höchsten bei der Fähigkeit, *Schüler zum Schreiben zu motivieren*.[95]

[87] Durchschnittlich 1,2 Skalenpunkte mehr als zu Beginn. Die deutlichste Steigerung gibt es hierbei erwartungsgemäß im Bereich der „Praktischen Schreibkompetenz" (+1,8).

[88] Durchschnittlich 2,7 Skalenpunkte höher; die deutlichste Steigerung liegt im Bereich der „Didaktischen Kompetenz der praktischen Vermittlung" (+2,8).

[89] Durchschnittlich 0,5 Skalenpunkte höher; die deutlichste Steigerung liegt im Bereich des „Theoretischen Wissens" (+1,3).

[90] Die deutlichste Steigerung liegt auch hier im Bereich des „Theoretischen Wissens" (+2,3). Dagegen fällt zwar die „Didaktische Kompetenz der theoretischen Vermittlung" ab (–1,0); nachdem allerdings bei der Selbsteinschätzung des Kompetenzzuwachses in diesem Bereich ein regulärer Zuwachs erfolgt, kann diese Diskrepanz mit einem möglichen Bias in der subjektiven Gegenwartseinschätzung erklärt werden.

[91] Vgl. *Downloadmaterial*, Abb. 17, 20, 26.

[92] Vgl. *Downloadmaterial*, Abb. 23: „Praktische Schreibkompetenz": 1,1; „Didaktische Kompetenz der theoretischen Vermittlung": 0,7; „Didaktische Kompetenz der praktischen Vermittlung": –1,3.

[93] Im 1. Jahr schätzen die TN der Werkstatt „Szenisches Schreiben" den Zuwachs über alle Bereiche hinweg mit durchschnittlich 7,9 Skalenpunkten ein, im zweiten Jahr dann wieder insgesamt deutlich geringer (durchschnittlich –2,4 Skalenpunkte).

[94] Vgl. *Downloadmaterial*, Abb. 16, 19, 22, 25.

[95] Vgl. *Downloadmaterial*, Abb. 28: „Lyrisches Schreiben": 6,9; Journalistisches Schreiben: 7,0; Erzählendes Schreiben: 7,9.

Den geringsten Zuwachs sehen die TN leicht unterschiedlich, nämlich entweder in der Fähigkeit, *Schüler zum Umgang mit Kriterien anzuleiten* (Lyrisches Schreiben) oder in der Motivation, *selbst Texte zu produzieren*.[96]

Der Versuch, das „Szenische Schreiben" als Abweichung von diesem Muster zu erklären, könnte bei der Tatsache ansetzen, dass es im ersten Durchgang (2011–13) die einzige Werkstatt ist, in der neben der Schreib- noch eine andere Kompetenz gebraucht bzw. entwickelt wird – diejenige im darstellenden Spiel. Diese haben wir aber leider nicht untersucht; auch zeigt sich hier, wie empfindlich der zwar geplante, aber nicht realisierte Kompetenznachweis über das Rating von Textproben der TN zu verschiedenen Zeitpunkten fehlt: Es gibt nun keine Triangulationsmöglichkeit, um dieses von den Resultaten der anderen Werkstätten deutlich abweichende Ergebnis im „Szenischen Schreiben" zumindest in Bezug auf die Gestaltungskompetenz zu bestätigen: In den „spezifischen Bereichen" wird hier der höchste Zuwachs in der Fähigkeit gesehen, *Schüler zum Umgang mit Kriterien* sowie *zur Kommunikation über Texte anzuleiten*, der geringste aber – wie in anderen Werkstätten – in der Fähigkeit, *eigene Texte zu produzieren*.[97]

3.1.7 Die wichtigsten erlernten Aspekte

Am Ende des ersten Jahres wurden die TN in einer offenen Frage gebeten, die drei wichtigsten Aspekte zu nennen, die sie während des Weiterbildungsprogramms gelernt haben. Das Ergebnis zeigt im Überblick die folgende Tabelle, die – nach Werkstätten geordnet – den jeweils als wichtigsten genannten Aspekt erfasst:

Genannte Aspekte	Lyrisches Schreiben (n =12) Häufigkeit	Journalistisches Schreiben (n = 8) Häufigkeit	Erzählendes Schreiben (n =12) Häufigkeit	Szenisches Schreiben (n =16) Häufigkeit	Häufigkeit gesamt
Prozessorientierung der Arbeit	3	4	4	2	13
Schreiben/Arbeit erfahren/ durchleben	–	–	3	7	10
Fachliche/didaktische Impulse/Anregungen	3	–	1	4	8
Art und Weise mit Texten umzugehen	3	–	–	–	3
Es gibt keine schlechten Texte	1	–	–	–	1

[96] Vgl. ebd.: „Journalistisches Schreiben: 5,2; „Erzählendes Schreiben: 5,6.

[97] Je 7,0 gegenüber 5,0, vgl. *Downloadmaterial*, Abb. 25.

Lyrik für alle (auch Schüler) lohnend	1	–	–	–	1
Schärfung des Blicks auf Sprache	1	–	–	–	1
Kritik zulassen und aufnehmen	–	1	–	–	1
Nicht alles ist im Alltag realisierbar	–	1	–	–	1
Schreibblockaden akzeptieren	–	1	–	–	1
Zutrauen zur eigenen Schreib- und Beurteilungskompetenz	–	1	–	–	1
Austausch	–	–	1	–	1
Literalität	–	–	1	–	1
Neue Leselust	–	–	1	–	1
Nicht zum Schriftsteller geboren	–	–	1	–	1
Auseinandersetzung (selbst/ Schüler) mit Ich und Welt	–	–	–	1	1
Differenzierte Literaturbetrachtung	–	–	–	1	1
Selbstverwirklichung als Autor/Darsteller	–	–	–	1	1

Bemerkenswert hieran ist, dass einer großen Vielfalt der Einzelaspekte zum Trotz über alle Werkstätten hinweg die (als einziger Aspekt in allen Werkstätten genannte) *Prozessorientierung* sowie – in etwas abgestufter Ausprägung – die *Schreib- bzw. Texterfahrung* und dann erst die *Fachlichen/didaktischen Impulse/Anregungen* genannt werden: Die in herkömmlichen Fortbildungsveranstaltungen häufig geäußerte (aber ebenso häufig dann nicht wirklich befriedigte) Erwartung, fachliche und/oder didaktischen Impulse/Anregungen zu bekommen, wird hier in die dritte Reihe verwiesen. Wichtiger ist die eigene, nur langfristig (und nicht in wenigen Fortbildungstagen) zu machende Erfahrung, dass prozessorientierte Arbeit an Texten zwar Zeit kostet, aber diese Kosten wieder einspielt, indem sie Kompetenzentwicklung ermöglicht (vgl. Kap. 3.1.6).[98]

Für diese Interpretation spricht auch die ansonsten breite Streuung weiterer genannter Aspekte, die natürlich eine Folge des offenen Frageformats ist. Vorgegebene Antwortmöglichkeiten hätten hier mehr (scheinbare) Klarheit geschaf-

[98] Dass auch „Fachliche/didaktische Impulse/Anregungen" wichtig sind, ist keine Überraschung, wobei die Auswertung der Interviews (vgl. Kap. 3.2) zeigen wird, dass auch in unserer Weiterbildung einige TN in diesem Bereich Erwartungen hatten, die von der fachdidaktischen Begleitung nicht immer erfüllt werden konnten.

fen, uns aber nicht erlaubt, die Antworten als Heuristik zu nutzen: Einsichten wie „Es gibt keine schlechten Texte", „Schreibblockaden akzeptieren" oder des Schreibens als einer „Auseinandersetzung (selbst/Schüler) mit Ich und Welt" stehen neben Ergebnissen wie einem gestärkten „Zutrauen zur eigenen Schreib- und Beurteilungskompetenz" oder einer gewachsenen Kritikfähigkeit. Die Zielsetzungen des LSiD, wie wir sie in Kap. 2 entwickelt haben, werden so einerseits bestätigt, andererseits aber auch erweitert. Die eigene *Gestaltungskompetenz* thematisieren Antworten wie „Prozessorientierung der Arbeit", „Zutrauen zur eigenen Schreibkompetenz" oder „Schärfung des Blicks auf Sprache"; um die eigene *Urteilskompetenz* geht es offenbar in den Antworten „Differenzierte Literaturbetrachtung", „Kritik zulassen und aufnehmen" oder „Es gibt keine schlechten Texte". Die *Fähigkeit zur Anschlusskommunikation* scheint auf in „Art und Weise mit Texten umzugehen", oder „Kritik zulassen und aufnehmen".

3.1.8 Veränderungen im eigenen Unterricht

Am Anfang des ersten und am Ende des zweiten Jahres gaben die TN an, wie viel Prozent ihres Deutschunterrichts für literarisches Schreiben aufgewendet werden.[99] Im Ergebnis steigt der Durchschnittswert des prozentualen Anteils vom ersten zum dritten Erhebungszeitpunkt um 5,3 Prozentpunkte.[100]

n = 35	Mittelwert	Minimum	Maximum	Standardabweichung
Anfang 1. Jahr	17,9	1	60	12,4
Ende 2. Jahr	23,2	5	80	15,9

Diese Entwicklung mag auf den ersten Blick nicht sonderlich beeindrucken; zu bedenken ist aber, dass die TN als Lehrkräfte auch in ihren Projektklassen des zweiten Programmjahres nicht von all dem befreit waren, was sie in vielen Interviews als die Implementierung Literarischen Schreibens grundsätzlich hemmend hervorheben (vgl. Kap. 3.2). Das sind v.a. die Obligatorik der Prüfungsformen im Fach Deutsch und die für die Vorbereitung aufzuwendende Zeit, der sekundarstufentypische 45-Minuten-Takt der Stundenpläne und räumliche Einschränkungen (Nichtverfügbarkeit geeigneter Räume zum ungestörten Arbeiten in einer Schreibgruppe oder zum Erspielen verfasster Szenen; vgl. Kap. 3.4).

Die für die TN wichtigste Veränderung ihres Unterrichts durch das Programm betrifft über alle Werkstätten hinweg den Vorsatz, Kreatives bzw. Literarisches Schreiben verstärkt umzusetzen. Aber auch der Zugewinn an Sicherheit sowie

99 Um Bias-Effekte zu vermeiden, werden auch hier nur diejenigen TN berücksichtigt, die zu beiden Erhebungszeitpunkten den Fragebogen ausgefüllt haben.

100 Von 17,9% auf 23,2%; das Minimum erhöht sich von 1% auf 5% und das Maximum von 60% auf 80%. Die Standardabweichung steigt von 12,4 auf 15,9.

eine gewisse Offenheit und Wertschätzung gegenüber den Schülern spielen eine übergreifende Rolle:

	Lyrisches Schreiben (n = 10)	**Journalistisches Schreiben (n = 6)**	**Erzählendes Schreiben (n = 13)**	**Szenisches Schreiben (n = 11)**	**Häufigkeit gesamt**
	Häufigkeit	**Häufigkeit**	**Häufigkeit**	**Häufigkeit**	**Häufigkeit**
Kreatives/Literarisches Schreiben verstärkt umsetzen	3	2	5	4	14
Eigene Sicherheit (die sich auf Schüler überträgt)/mehr Kompetenz literarisches Schreiben zu unterrichten	1	–	2	1	4
Mehr Raum und Offenheit für Schülertexte/mehr Verständnis für Schwierigkeiten	2	–	–	1	3
Durchführung eines Projekts/ Einbindung des Literarischen Schreibens in den Unterricht	1	1	1	–	3
Schüler wertschätzen/mehr zutrauen	2	–		–	2
Größere Gewichtung von Schreibprozessen/Prozessorientierung	–	–	–	2	2
Anregung zur Entwicklung von Kriterien	1	–		–	1
Schüler selbstständig arbeiten lassen	–	1	–	–	1
Spezifische Textauswahl	–	1	–		1
Flexibilität der Methodik auch außerhalb des Deutschunterrichts	–	–	1	–	1
Höherer Schwerpunkt auf Literatur	–	–	1	–	1
Schaffung der richtigen Schreibatmosphäre	–	–	1	–	1
Struktur	–	–	1	–	1
Improvisation	–	–	–	1	1
Mehr Mut zum freien Schreiben	–	–	–	1	1
noch offen	–	–	–	1	1

3.1.9 Zusammenfassung und Bewertung

Eine grundlegende handlungsleitende Annahme bei der Initiation des Weiterbildungsprogramms LSiD war, dass das Germanistikstudium die meisten Lehramtsstudierenden nicht systematisch und nicht obligatorisch genug mit der Praxis des Schreiben(-lernens) in Berührung bringt. Diese Annahme wird im Rahmen der Begleitforschung bestätigt. So lernt nur ein geringer Teil der TN die Schreib- bzw. Aufsatzdidaktik während des Studiums kennen, etwas mehr dann im Verlauf des Referendariats. Auch das eigenständige Verfassen literarischer Texte über die vier untersuchten literarischen Gattungen Lyrisches, Journalistisches, Erzählendes und Szenisches Schreiben hinweg ist während der Studiums- und Referendariatszeit als gering einzustufen.[101] In absteigender Rangfolge werden Erfahrungen mit Texten aus der Gattung des Erzählenden, Lyrischen, Journalistischen und Szenischen Schreibens gesammelt. Diese Rangfolge spiegelt sich auch in der Integration Literarischen Schreibens der TN in den eigenen Unterricht wider, in der am weitaus häufigsten Texte aus der Gattung des Erzählenden Schreibens verfasst werden. Generell finden die vier Gattungen allerdings eher selten Eingang in die Unterrichtspraxis der TN. Das scheint den TN jedoch bewusst zu sein. Entsprechend wird als Grund für die Teilnahme an dem Weiterbildungsprogramm von den TN am häufigsten angegeben, dass sie ihre Kenntnisse und Fähigkeiten erweitern möchten, um Schüler besser motivieren und fördern zu können. Weitere häufig genannte Teilnahmegründe sind, Selbsterfahrung zu sammeln, sich weiterzubilden, sich selbst zu verbessern und/oder die Liebe zum und Lust am Schreiben zu leben.

Aus diesen Gründen zur Teilnahme leiten sich schließlich auch die Erwartungen der TN an das Programm ab. Dabei steht an oberster Stelle, dass die TN ihr Wissen und ihre Kompetenzen in Theorie und Praxis vertiefen, erweitern und damit sich selbst professionalisieren möchten. Auch die Selbsterfahrung, das Kennenlernen neuer Impulsen und Ideen sowie der Austausch mit anderen Beteiligten spielen hier eine bedeutende Rolle.

Die persönlichen Veränderungen bei den TN durch das Weiterbildungsprogramm sind vielfältig. Zunächst ist hierbei der Aspekt des Kompetenzzuwachses von besonderer Bedeutung. Nach Einschätzung der TN erfahren diese im Verlauf des Programms einen deutlichen Kompetenzzuwachs über alle vier Bereiche des „Theoretischen Wissens", der „Praktischen Schreibkompetenz", der „Didaktischen Kompetenz der praktischen Vermittlung" sowie der „Didaktischen Kompetenz der theoretischen Vermittlung" hinweg. Die Programmkonzeption bestätigt sich dabei in der Selbsteinschätzung des Kompetenzzuwachses der TN in den beiden Jahren: Während im ersten Jahr der Schwerpunkt auf der Vermittlung von Wissen sowie der Förderung der eigenen Schreibkompe-

[101] Dass im beruflichen und privaten Kontext dieser Anteil etwas höher ist, dürfte nur für die TN gelten, keineswegs für die Gesamtheit der Deutschlehrer/innen.

tenz liegt, wird im zweiten Jahr vor allem die Fähigkeit der TN gefördert, das Erlernte in ihrem Unterricht umzusetzen.

Damit ist das Konzept der Weiterbildungsmaßnahme grundsätzlich wirksam, so weit es durch Selbsteinschätzung von Lerneffekten in seiner Wirksamkeit bestätigt werden kann. Eine (sehr wünschenswerte) Triangulation dieser Ergebnisse hätte vorausgesetzt, die Werkstattarbeit zu mehreren Zeitpunkten einer Testung zu unterwerfen. Eine solche Vorstellung verträgt sich aber mit der hier umgesetzten didaktischen Konzeption und vor allem mit dem Selbstverständnis der Akteure und Adressaten (vgl. Kap. 2.1.3) so wenig, dass wir darauf verzichten mussten.[102]

[102] Erst recht konnten wir die Unterrichtsarbeit in den Projektklassen des zweiten Jahres (fast 50 unterschiedliche Schulen in ganz Baden-Württemberg) nicht so evaluieren, dass die Aussagen der TN damit hätten abgeglichen werden können.

3.2 Überzeugungen und Urteile ausgewählter Teilnehmer/innen

3.2.1 Zur Auswertung der Interviews

Die im Folgenden dargestellten Aussagen über Überzeugungen und Urteile ausgewählter TN verdanken sich der Auswertung der insgesamt 19 leitfadengestützten Interviews, die wir geführt haben (10 im ersten und 9 im zweiten Jahr). Die Interviewteilnehmer (IT) des ersten Jahres wählten wir nach Sichtung der aus dem ersten Schreibtag hervorgegangenen Textproben[103] (fast) aller TN aus. Unser Ziel war, in den Interviews eine möglichst große Spannweite unterschiedlicher Ausgangsvoraussetzungen zu erfassen; Verfasser von Texten, die unsere studentischen Rater als besonders gelungen eingestuft hatten,[104] sollten ebenso zum Zug kommen wie solche TN, deren Textentwürfe hier weniger gut abgeschnitten hatten. Es liegt dabei auf der Hand, dass die Tagesform und die Schnelligkeit, mit der einzelne TN sich auf das Konzept der Werkstattleitung einstellten, eine Rolle gespielt haben werden; aber da es uns bei diesen Interviews um die Frage ging, wie TN mit unterschiedlichen Ausgangsvoraussetzungen und mitgebrachten gattungsbezogenen Schreibkompetenzen mit unserem Weiterbildungskonzept zurechtkommen, mussten wir das in Kauf nehmen und konnten nicht noch weitere Schreibtage abwarten, um dann eine Auswahl zu treffen.[105] Die IT des zweiten Jahres wählten, um dazu ein Gegengewicht zu schaffen, auf unsere Bitten hin die Werkstattleiter/innen aus.[106]

In der Auswertung der Interviews sind wir von folgenden Hypothesen (als fachdidaktisch begründeten Annahmen über mögliche Kompetenzerweiterungen und Verhaltensänderungen der TN) ausgegangen: Die TN...

- schätzen das Konzept der Weiterbildung LSiD im Vergleich zu ihnen bekannten Fortbildungskonzepten als wirksamer und nachhaltiger ein und können dessen Nutzen durch ihre Erfahrungen und Projektergebnisse bestätigen;

[103] Unsere Vorgabe dafür: ca. 1 Seite (handgeschrieben), jedoch abgeschrieben am PC. Die Texte sollen „noch frisch" sein, also trotz einer Überarbeitungsschleife, die sich ja schon aus dem Abschreiben ergibt, nicht lange abgelagert oder grundlegend umgeschrieben.

[104] Die gattungsspezifischen Kriterienraster, die wir dafür entwickelt und gemeinsam mit studentischen Rastern optimiert haben, finden sich in Kap. 1.2.3.

[105] Unsere ursprüngliche zweite Absicht beim Ziehen der Textproben, diese im zweiten Jahr mit erneut gezogenen Textproben abzugleichen und daraus auf einen individuellen Kompetenzzuwachs zu schließen (was es erlaubt hätte, die Ergebnisse der Kompetenzeinschätzung aus den Fragebögen zu triangulieren), ließ sich leider nicht realisieren. Zum einen sahen die Konzepte der Werkstattleiter/innen später ganz andere Schreibaufgaben vor, was den Vergleich in drei von vier Werkstätten sehr erschwert hätte, zum andern gab es sowohl bei diesen als bei einigen TN erhebliche und verständliche Vorbehalte gegen etwas, was sie „Kompetenzmessung" nannten.

[106] Wir haben die Werkstattleiter/innen gebeten, uns je zwei TN zu nennen, die sie unter einem von mehreren möglichen Aspekten als *unterschiedlich* wahrnehmen: z.B. im Kurs eher aktiv vs. eher rezeptiv, in Bezug auf das eigene Schreiben eher stark oder eher wenig überarbeitungsfreudig, in Bezug auf die Texte anderer eher affirmativ oder eher kritisch.

- sind in ihrer Einschätzung von Schülertexten weniger normativ und rigide als vor der Weiterbildungsmaßnahme;
- haben an poetischer Gestaltungskompetenz hinzugewonnen;
- haben an Sicherheit gewonnen in Bezug auf die Möglichkeit, über die Qualität literarischer Texte zu diskutieren und ihre Urteile zu begründen;
- glauben, dass die eigene Erfahrung im literarischen Schreiben ihren Schreibunterricht verändert bzw. bereichert (hat).

3.2.2 Beurteilungen existierender Lehrerfort-/-weiterbildung

> Also so was, wie ich hier erlebt habe, habe ich noch nie in der Schule angeboten bekommen. (IT01)

Fortbildungen für Deutschlehrer gibt es viele – doch bisher keine, so die einhellige Aussage der IT, wie das Weiterbildungsprogramm „LSiD". Viele andere Fortbildungen werden als uninteressant, zu „pädagogisch" oder sogar als schlecht empfunden. Auch wenn sich so manches in den letzten Jahren verbessert haben mag, weisen Fortbildungen im Urteil der IT häufig noch immer ein geringes Niveau auf. Der Erwartung, auf fachlicher Ebene auf adäquatem Niveau gefördert zu werden, innovative Methoden kennenzulernen und neue Impulse zu bekommen, wird das Programm nach Aussagen der IT gerecht.[107] Entsprechend fällt die Beurteilung insgesamt gut bis sehr gut aus.

> Wir werden zugespamt mit Fortbildungsangeboten und ich klicke die, ehrlich gesagt, fast immer sofort weg. Weil 80 Prozent davon ist: „Wie geht man mit schwierigen Schülern um? Wie führt man einen Dialog? Wie verbessert man die Schnittstellen von Grundschule und Gymnasium?" [...] und es interessiert mich alles null, weil da habe ich keinen Bedarf, keine Handlung. (IT01)

Solchen pädagogisch oder allgemeindidaktisch ausgerichteten Angeboten gegenüber wird die Bedeutung fachlichen Wissens und fachlicher (in diesem Fall literaturbezogener) Kompetenzen betont; hieran vor allem wird der Wert einer Fortbildung gemessen:

107 „Ich finde es auch sehr schön, dass wir von den Unimitarbeitern diese Vorträge oft als Input bekommen. Ich schreibe die auch mit oder wir haben sie sogar zugeschickt bekommen. Weil die auch auf einem sehr hohen Niveau sind, und das mag ich eigentlich gerne. Ich finde, wir kriegen als Lehrer sonst fachlich wenig Input. Wir kriegen viele so pädagogische Hinweise, die man aber, wenn man jetzt länger an der Schule ist, nicht mehr braucht. Und fachliches Input kriegen wir eigentlich gar nicht. Irgendwie meinen wohl alle, wir wissen mit dem Studium genug und so kann man uns dann in die Schule schicken. Erstens gibt es ja immer neue Entwicklungen, von denen wir eigentlich abgeschnitten sind. Das, was an der Uni passiert, kriegen wir auch nicht mit. Und gerade in Germanistik weiß man ja nie alles. Da gibt es immer was Neues, was man noch erfahren kann und da bin ich eigentlich froh darüber, dass wir hier eine Möglichkeit bekommen." (IT01)

> Und das Fachliche, finde ich, kommt zu kurz, also was auch wirklich neu ist für uns. Also so was, wie ich hier erlebt habe, habe ich noch nie in der Schule angeboten bekommen. [...] Also ich hatte ja früher Fortbildungen durchaus gemacht, wo man dann unendlich viele rosa und blaue und grüne Zettel ausfüllen musste und vor sich hinlegen und dann in der Reihe aufstehen. Wenn man sich gut fühlt: Ganz oben. Wenn man sich schlecht fühlt: Ganz unten. Und solche Sachen. [...] Sowas finde ich inzwischen ziemlich unverschämt, weil das ist ja auch Lebenszeit. Und meine letzte Fortbildung, die war eine erzwungene, die war für das ganze Kollegium von einem Fachleiter [...]. Und das ganze Kollegium – wir sind 120 Leute – hat diesen Nachmittag als völlig in den Sand gesetzt empfunden, hat aber niemand gesagt, weil man höflich ist. Und, ja, das sind unsere Fortbildungen. (IT01)

Auch der zweijährige Aufbau des Programms wird als wichtig und sinnvoll empfunden: Die IT stimmen ausnahmslos unserer Entscheidung zu, im ersten Jahr den direkten Schulbezug zunächst auszuklammern, weil man sich dadurch persönlich und fachlich entwickeln könne, um dann im zweiten Jahr den Schwerpunkt auf die schulische Umsetzung bzw. den Projektunterricht legen zu können. Auf die Frage, was am Programm LSiD besser oder schlechter als an anderen Fortbildungen ist, werden primär positive Aspekte genannt; hervorgehoben werden die Vermittlung von Neuem, die Dauer, die gute Organisation, die Qualität der Bildungsangebote, die Nachhaltigkeit, der Schülerbezug, der Ort und die Atmosphäre. All das sei im Vergleich zu anderen Fortbildungen besser. Vereinzelte negative Aspekte sind, dass das Programm (zeit-)aufwendig ist und dass für die TN Selbstkosten entstehen:

> Also erst mal eine Dauer, die ich gut finde. Es ist einfach, dass man eben nicht einen Nachmittag hat, an dem was passiert, sondern dass man langfristig sich beobachten kann, andere beobachten kann und dass man auch beobachtet wird. Ja, das gefällt mir gut. [...] Und die Qualität, wie gesagt, wie das angelegt ist, wie es organisiert ist, das überzeugt mich ganz einfach. (IT04)

> Und, wie ich schon sagte, ich finde es eben sehr, sehr wichtig, dass man hier für sich auch etwas macht. [...] Man lernt hier nicht nur etwas mit Blick auf schulische Vermittlung, sondern man lernt hier etwas für sich selbst und das ist, glaube ich, gerade in unserem Beruf sehr, sehr wichtig. Weil wenn man das nicht will, dann ist das andere auch nichts. Schüler merken sehr genau, ob jemand selbst sich für eine Sache interessiert und ob jemand selbst etwas drauf hat. (IT11)

Erwartungsgemäß ist das, was an dem Weiterbildungsprogramm für wichtig gehalten wird, sehr divers. Es lassen sich jedoch zwei Kernaspekte identifizieren, die in die Kategorien „persönlicher Bezug" und „schulischer Bezug" fallen. Zum einen (persönlicher Bezug) stellt das Programm eine Horizonterweiterung dar, und die eigene Schreiberfahrung sowie der Austausch mit Kollegen wird als persönlicher Gewinn empfunden. Zum andern (schulischer Bezug) ist dieser persönliche Gewinn auch ein Gewinn für die Schüler und damit letztendlich auch für die Schule als Institution. Nicht nur, dass man zum Teil während des Studiums wichtige Kenntnisse und Fähigkeiten im Bereich des Literarischen Schreibens nicht erwirbt oder dass der Zugang zum Schreiben, zu Konzepten und Methoden fehlt; auch die Bedeutung des Literarischen Schreibens und die Förderung der Schreib- und Lesekompetenz gehen ja im schulischen Alltag oft verloren:

> Ich halte es für sehr wichtig. Ich denke, das ist ein stark benachteiligter Bereich gewesen in den letzten Jahren. War sehr viel zur Leseförderung und ich denke, das ist ein wichtiger Bereich für die Schüler. Also die Lesekompetenz und die Schreibkompetenz, also eigene Texte verfassen und überarbeiten. Ein Bereich, der gefördert werden muss und auch ein schwieriger Bereich und ein komplexer Bereich. (IT03)

Deshalb ist es wichtig, das Methodenrepertoire zu erweitern, neue Impulse zu erhalten und auch Wege zu gehen, auf denen sich dann wiederum die Schüler sowohl fachlich als persönlich besser entwickeln können. Der Begriff *Persönlichkeitsentwicklung,* der hier fällt, kann also sowohl auf die Lehrenden als die Lernenden bezogen werden:

> Es hat jetzt für mich persönlich einen Gewinn, es hat damit auch für die Schüler Gewinn. Ich denke, dass das Literarische Schreiben mehr Bedeutung für die Schule haben sollte. Es hat in meinem bisherigen Deutschunterricht nicht so sehr die Rolle gespielt, was mich auch gestört hat, einfach weil bei mir die Konzepte fehlen, die Methoden fehlen, auch der eigene Zugang zum Schreiben eher gefehlt hat. [...] Und wie gesagt, für mich ist es wichtig einfach, dass das mehr Bestandteil in meinem Deutschunterricht wird und auch eine Bereicherung für die Schüler, einfach für die Persönlichkeitsentwicklung. Das ist mir bisher immer in meinem Unterricht reflektierend als etwas Negatives aufgefallen. Das ist einfach in den vielen Anforderungen, die der Deutschunterricht hat, untergegangen. (IT04)

3.2.3 Schreiberfahrung: eigene Textproduktion und -revision

> Das ist jetzt nichts, was ich wieder auf die Seite legen kann. Das ist jetzt da. Das begleitet mich jetzt. (IT05)

Unter den TT herrscht eine sehr weitgehende Übereinstimmung darüber, warum es wichtig ist, eigene Schreiberfahrungen zu machen: Der Prozess des Schreibens muss selbst durchlebt und gestaltet, die damit verbundenen Probleme müssen selbst erfahren und gelöst werden. Darüber hinaus wird es als positiv beurteilt, dass man sich im Rahmen des Weiterbildungsprogramms selbst Zeit zum Schreiben nehmen kann:

> Überhaupt, dass ich mir mal zutraue, etwas zu schreiben und dass ich mich dann auch wirklich hinsetze und das mache. Ich habe jetzt Spaß am Schreiben. Also das letzte Mal, ich kam hier raus, ich bin in den Zug eingestiegen und ich habe praktisch schon im Laufen meinen Block ausgepackt und ich habe das Ding gleich geschrieben im Zug, weil ich noch so drin war. Es war wirklich ein tolles Erlebnis. Ich kam total glücklich daheim an. Also es ist ein Riesenunterschied zu seither, und ich finde, das nimmt man dann schon mit und behält es auch. Das ist jetzt nichts, was ich wieder auf die Seite legen kann. Das ist jetzt da. Das begleitet mich jetzt. (IT05)

Die emotional auffällig positive Besetzung dieser Erfahrung ist, wie Interviews des zweiten Jahres exemplarisch zeigen, kein Strohfeuer, sondern begleitet den gesamten Prozess:

> Jedes Mal, wenn ich hier bin, habe ich Lust, etwas Neues auszuprobieren. Manchmal gibt einem der Schulalltag gleich einen Schlag, dann geht es nicht – brauche ich gar nicht zu erzählen, wie es an den Schulen zugeht. Aber es ist sehr motivierend. Vor allem zu sehen, dass man um junge Menschen ringt, deren Stellung in der Gesellschaft, deren Zukunft, deren Lebensbewältigung und das anhand von Literatur und der Vermittlung von Literatur im Unterricht, nicht anhand von Theorie. Und das mit sehr guten Kolleginnen und Kollegen, die dieselben Ziele haben. (IT14)

Es verwundert daher nicht, dass diese eigene Schreiberfahrung von einigen IT auch ausdrücklich als Beitrag zur Persönlichkeitsentwicklung, als eine Bereicherung für sich selbst und erst dadurch auch für den schulischen Bereich, gesehen wird:

> [Eigene Schreiberfahrungen] sind für mich extrem wichtig, weil es nicht nur etwas mit Schreiben zu tun hat, sondern auch mit einer Persönlichkeitsentwicklung. Ich habe es bisher so ein bisschen ausgeklammert gehabt und bin eigentlich jetzt durch das Schreiben dazu gekommen, dass ich sage, ich reflektiere bestimmte Dinge auch für mich, für mein eigenes Leben. (IT04)

Wie sich das konkret äußern kann, zeigt ein kleiner Wortwechsel aus Interview 05 (1. Jahr):

> IT05: „Ich habe jetzt eine Kurzgeschichte geschrieben."
> I: „Das hätten Sie vorher nicht so einfach ohne Weiteres?"
> IT05: „Wäre ich nicht darauf gekommen. Weil das hat mich richtig *schupps* und dann ging es."

Aber nicht nur die für viele neue Erfahrung des Schreibens und literarischen Gestaltens, sondern auch der Austausch mit andren wird dafür als besonders wichtig empfunden. Daneben werden weitere Aspekte genannt, wie z. B. neuen fachlichen (nicht nur pädagogischen) Input zu erhalten oder einen *Prozess* (des Gelingens oder des Scheiterns) zu erleben.

> Ich persönlich bin der Ansicht, dass man eigentlich nichts vermitteln kann, was man nicht selber durchlebt hat, auch als Prozess manchmal durchlitten hat. Deshalb ist dieses erste Jahr – ich finde es von der Struktur her sehr klug aufgebaut, diese Fortbildung – dass man erst einmal einfach am eigenen Leib erlebt, wie das ist, in diesen Prozess reinzukommen. Auch Höhen und Tiefen zu erleben und es auch mit anderen zu teilen, um dann das nachher umsetzen zu können für Schulklassen. [...] Ich meine, ja gut, Kreatives Schreiben ist schon auch im Lehrplan oder im Bildungsplan verankert, aber es ist eben Wildwuchs im Moment. Wir haben uns hier im Kollegenkreis auch oft die Frage gestellt: „Was muten wir unseren Schülern eigentlich zu?" So auf Knopfdruck oder auch in einem bestimmten Zeitlimit kreativ zu sein. Wenn man das selber dann mal erfahren hat, dass man da sagt: „Was? Das waren jetzt 20 Minuten? Es waren gefühlte sieben. Das sind ganz wichtige Erfahrungen. (IT08)

Zur Sprache kommt in den Interviews auch die Überarbeitung von Texten (Textproduktion und -revision). Ein IT aus der Werkstatt „Journalistisches Schreiben" bringt im zweiten Jahr seine Erfahrung damit auf den Punkt:

> Man kriegt einen Expertenblick: Dass man einen Text auch „checkt", wie soll ich sagen: Sind Zitate drin, ist das drin, sind beschreibende Elemente drin – da hat man schon eine Brille auf, die das scannt. Am Anfang waren wir immer so „ja, der Text ist noch nicht rund", aber das ist nichts Handfestes, sondern mehr ein Gefühl. Mittlerweile können wir das schon ganz gut benennen, was jetzt den Text gut macht oder – wie es so schön heißt – überarbeitungswürdig. (IT19)

Insoweit in den Interviews das Thema Textrevision auch auf die Arbeit im Unterricht bezogen wird, betrachten fast alle IT zum einen den Austausch mit der Lehrkraft, zum anderen den zwischen den Schülern als zentral bedeutsam: Die eigene Schreiberfahrung im Rahmen von LSiD denken einige IT bereits im ersten Jahr – also einige Zeit, bevor sie ein eigenes Unterrichtsprojekt planen und durchführen werden – mit der Erfahrung zusammen, die sie ihren Schülern ermöglichen wollen. Das Verständnis für Lernende, die vor einer Schreibaufgabe sitzen, wächst:

> Das kann ich nicht trennen, weil ich mich als Lehrer natürlich mit diesem Reifeprozess, den ich selber durchmache, auch in die Schule einbringe. Und diese Erfahrung zu formulieren, zu scheitern, stundenlang zu sitzen, nichts auf einen Platz zu bekommen, auch keine Idee mehr zu haben, das sind natürlich Erfahrungen, die für mich wichtig sind, aber die auch gleichzeitig für meine Arbeit wichtig sind. Also ich kann das eigentlich kaum trennen, weil die Schüler ja vor ähnlichen Erfahrungen stehen werden. Da bin ich ganz dankbar, dass ich sie gemacht habe, weil ich einfach dann die Schüler aufgrund meiner eigenen Erfahrung, denke ich, vielleicht auch sinnvoll begleiten kann. (IT04)

Besonders gegenüber der Bewertung solcher Schreibversuche artikulieren etliche IT Vorbehalte, die allerdings nicht grundsätzlich sind, sondern aus Unsicherheit und Vorsicht herrühren:

> Da habe ich halt wenig Erfahrung, weil ich es wenig mache. [...] Das Phänomen ist meistens, dass die Schüler sich erst mal reingeworfen fühlen, so in dieses kalte Wasser und dass ich es grundsätzlich nicht bewerte, damit der Schüler nicht den Eindruck hat, dass jetzt wieder Druck aufkommt. Also das lasse ich erst mal prinzipiell weg, lasse manchmal auch in Gruppen arbeiten erst mal, dass sie Ideen sammeln und lasse die dann aufschreiben. (IT04)

Um Schüler überhaupt zum Verfassen eines literarischen Textes zu motivieren, werden in der Überzeugung der TN Schreibsituationen (und wohl auch -aufgaben) gebraucht, „zu denen Schüler Zugänge haben" (IT10) Damit ist eine emotionale Ebene angesprochen, denn derselbe IT fährt fort, es gehe unter anderem darum „Emotionen bei Schülern irgendwo zu versprachlichen" (IT10).

Einerseits wird also nicht nur für das „kreative Schreiben" allgemein, sondern auch für literarische Schreibaufgaben die Funktion der *Expression* betont (vgl. oben, Kap. 1.1.1), die einem Grundbedürfnis des Menschen entspricht, was Literarisches Schreiben gleichsam zum Selbstläufer machen würde. Auf der anderen Seite werden von einigen auch konkrete Verfahren und Methoden benannt, mit Hilfe derer Schüler zum Literarischen Schreiben geführt werden könnten, wie z.B. Mind-Maps, Bildkarteien, Blitzlicht, Schreiben von Parallelgedichten, Textlupen oder Schreibkonferenzen.

> Einen Text vorgeben im Lesebuch jetzt zum Beispiel. Dann kommt es darauf an, was ich mit dem Text möchte für die Schüler oder was die Schüler machen wollen mit dem Text. Manchmal nur durch Mind-Maps, manchmal nur durch Vorgabe von bestimmten Wörtern. Es kommt auch auf das Alter an. Manchmal mache ich ein Wortgitter am Anfang, so rätselhaft. Oder ein Blitzlicht, dass sie nur so einzelne Wörter aus dem Kopf dann schreiben müssen, um dann zu dem Text hinzuführen. (IT06)

Die aus unserer Sicht nicht unproblematische Kleinteiligkeit vieler didaktischer Anleitungen zum „Kreativen Schreiben" bildet sich hier also ebenso ab wie die Grundüberzeugung, dass der Schreiber etwas zu sagen haben müsse und sich ganz von selbst äußern werde, wenn er sich nur emotional auf seine Aufgabe einlasse.

Der latente Widerspruch zwischen diesen Aussagen begegnet auch in der Frage des Austauschs über Textentwürfe. Einerseits besteht Einigkeit darüber, dass Schüler interaktiv über eigene Texte bzw. Texte anderer sprechen können sollten. Wie bzw. wie kleinschrittig das anzuleiten sei, ist aber eine Frage, auf die es unterschiedliche Antworten gibt. „Zunächst einmal bitte ich die Schüler, sich ein, je nachdem was es für eine Produktionsaufgabe war, ein oder mehrere Gesprächspartner, vielleicht höchstens zwei, zu suchen, denen sie dann ihre Texte vorlesen" (IT 10). Hierzu werden den Schülern gelegentlich auch Kriterien an die Hand gegeben (z.B. *Authentizität, Stil, Textstimmung*), nach denen Texte besprochen, eingeschätzt und beurteilt werden können:

> Die Schüler kriegen dann, entweder erarbeiten sie selbst oder wir haben das im Vorfeld gemacht, Fragen: „Wie empfinde ich den Text? In welche Stimmung versetzt er mich? Habe ich alles verstanden? Gibt es Stellen in dem Text, die man verdeutlichen müsste?" Einfach solche Leitfragen, die aber die Schüler mit mir zusammen auch entwickelt haben oder die die Schüler selber im Gespräch sich stellen. Und dann gibt es eine Schreibkonferenz, wo dann die Schüler die Möglichkeit haben, mit Nachschlagewerken, mit dem PC und so ihr Produkt einmal zu untersuchen: „Wie ist es sprachlich?" Und so weiter. Und dann aber auch in einem Gespräch wirklich sich bei einem anderen Rat zu holen: „Wie hättest du an dieser Stelle geschrieben?" Und dafür kriegen sie schon auch einmal eine Unterrichtsstunde Zeit, in so einer Schreibkonferenz ihre Texte zu überarbeiten und die Texte dann entweder auf Folie oder als Handout der Klasse zu präsentieren, wenn sie möchten. (IT10)

Im zweiten Jahr wird zwar nicht direkt der Nutzen solcher Leitfragen bestritten, aber das Problem der Verständigung über Textqualität und Überarbeitungsbedarf wird auf einer anderen Ebene thematisiert. Es wächst das Bewusstsein, dass weniger das Abarbeiten eines Fragenkatalogs als der Kommunikationsprozess selbst es ist, der über Rückmeldung, Nachfragen und Aushandeln von Lösungen die Basis für eine zweite Textfassung schafft. Auf die Frage, wie sich die Kommunikation über Texte in der Werkstatt entwickelt und verändert habe, antwortet IT14:

> Das war interessant, festzustellen: Ganz ähnlich wie bei Schülern; Kolleginnen/Kollegen mit wenig Erfahrung waren wie Oberstufenschüler in der Beziehung enttäuscht, dass man den Text nicht als fertig angesehen hat am Anfang, überrascht über Fragen und dann aber sehr schnell dankbar für Hinweise, und das hat sich sehr schnell auf hohem Niveau verändert.

Verändert hat sich – auch das eine Äußerung aus dem zweiten Jahr – die Haltung, mit der ein TN als Lehrperson an die Herausforderung des Rückmeldens und Kritisierens herangeht insofern, „als dass ich jetzt für mich sage, ich muss für mich selber festlegen, drei oder vier Dinge […], das sind die Kriterien, aufgrund dessen eine Bewertung oder Rückmeldung oder wie auch immer stattfinden kann. Das war wichtig und hilfreich" (IT13).

Die eigene Erfahrung mit gelingender Anschlusskommunikation an einen ersten Textentwurf verändert also auch die Sicht auf Schülertexte und die Kommunikation über diese; sie bewirkt nämlich,

> … dass man sehr viel vorsichtiger umgeht mit den Produkten anderer. Das ist auch eine völlig neue Situation gewesen, dass man überhaupt so viel über Texte redet und das auch recht persönlich und ich denke an den Reaktionen am Anfang – man hat sich nicht so klargemacht, wie sehr das auch die Person desjenigen tangiert und ist da vorsichtiger und zurückhaltender. (IT17)

Was in den Interviews des zweiten Jahres immer wieder zur Sprache kommt, ist in diesem Sinn ein lange andauernder Prozess, in dem sich eigene Schreiberfahrung mit der Erfahrung verbindet, dass es möglich und meist gewinnbringend ist, sich mit einem Textentwurf dem Urteil der anderen auszusetzen, vorausgesetzt, es ist ein halbwegs vertrauensvoller Austausch möglich. IT17 gesteht: „Ja. Ich bin schon rot geworden, als da vor fünfzehn Leuten ein Text von einem gelesen wird, von dem man überhaupt noch nicht weiß, ob der irgendwie Qualität hat oder nicht." Der Interviewer (I) fragt dann nach dem kommunikativen Umgang mit einem solchen Textentwurf:

> IT 17: „Das war sehr wertschätzend."
> I: „Also schon konstruktiv, wertschätzend?"
> IT17: „Ja, total. Schon von Anfang an."

Ähnlich versichert IT16: „Da habe ich wirklich hier zum ersten Mal so eine Gruppe gefunden, wo wir wirklich ganz angstfrei unsere Texte vorgestellt haben und wirklich konstruktiv damit umgegangen sind. Das habe ich hier als sehr angenehm empfunden." Gerade diese Erfahrung ermöglicht dann auch das Aushalten und Annehmen ernsthafter Kritik,

> ... weil wir jetzt zwar höflich sind, aber wenn was schlecht ist, kriegt man es auch mitgeteilt. Und das finde ich auch wichtig, weil wir dafür ja hier sitzen. Also wir sitzen hier nicht, um uns Nettigkeiten rüberzuschieben. Nein, man kriegt schon mit, wenn was nicht gelungen ist. (IT01)

Dass Textkritik mit dem Ziel der Überarbeitung ernsthaft betrieben werden muss und Arbeit macht, ist eine Erfahrung, die auf die Arbeit im Klassenzimmer übertragen werden kann. In einem anderen Interview heißt es:

> Erst einmal die Freiwilligen vor und dann nehme ich mir gezielt die Leute heraus, bei denen ich denke, die hätten vielleicht Verbesserungsbedarf und dann ist es ganz wichtig, dass man Gesprächskultur vorher entwickelt. Dass nicht gelesen wird und die lachen sich alle krumm, sondern da wird nicht gelacht und da wird zugehört. Schwierig, fünfte, sechste Stunde brauchen Sie das gar nicht anfangen, das ist einfach so. Muss man natürlich taktisch so legen, dass die Kinder auch konzentrationsmäßig in der Lage sind, den Text anständig zu würdigen. Es wird oft Beifall gespendet, bewusst für die Kinder auch, wo ich weiß, es ist für sie eine große Leistung, so einen Text zu schreiben. Und dann versucht man wirklich die Sachen herauszugreifen, wo sie noch etwas verändern können. Ich lasse auch die Kinder die Verbesserungsvorschläge machen. Es ist harte Arbeit, es ist mühsam. (IT06)

Es geht im ersten Jahr des Programms also nicht nur darum, eventuell neuartige Schreibaufgaben zu erproben und selbst „Methoden" kennenzulernen, wie man mit Lösungen für diese im Unterricht umgehen könnte; es geht um eine fundamentale Verunsicherung, die dem Kompetenzerwerb vorausgehen muss. IT03 merkt (in einem Interview des ersten Jahres) an, „wie wenig Lehrer auch mit Kritik umgehen können". Da steht nun die Autorität der Lehrkraft zur Disposition; aber wer – wie IT03 – das feststellen und das Problem auf den Punkt bringen kann, gewinnt sie zurück.

TN, die im ersten Jahr Kritik und Weiterentwicklung von Textentwürfen in der Werkstatt als kooperativen Prozess erlebt haben, können im zweiten Jahr den Wert analoger Entwicklungen in der Projektklasse wahrnehmen und schätzen:

> Das Interesse am eigenen Text und auch am Text der anderen – das finde ich enorm, das habe ich so noch nie erlebt, dass am Schluss ein gemeinsames Stück steht, was hoffentlich aufgeführt wird. Das hat eine wahnsinnige Bedeutung für sie, den anderen Ratschläge zu geben; ich habe noch nie erlebt, dass Schüler über so eine lange Zeitspanne – das sind da ganze Doppelstunden, wo man wirklich im Kreis sitzt und immer wieder reflektiert, was ich eigentlich wahnsinnig anstrengend finde, wo die auf einer Meta-Ebene reflexiv unterwegs sind und dass die an der Stelle so mitgehen und so ein Interesse daran haben, auch die Szenen der anderen zu verbessern und das Ergebnis zu steigern und mit einer großen Ernsthaftigkeit dabei sind, einer Konzentrationsfähigkeit – das finde ich ganz enorm. (IT17)

3.2.4 Einschätzung der eigenen Gestaltungskompetenz

> Meine Texte sind jetzt natürlich um Längen besser. (IT18)

Gefragt nach der Einschätzung eigener Gestaltungskompetenz literarischer Texte der jeweiligen Gattung, reagieren die IT unterschiedlich. Es gibt eine Gruppe von Skeptikern, die sich in ihrer Gestaltungskompetenz relativ niedrig einschätzt, da sich diese TN hinsichtlich der Textproduktion als Anfänger sehen, unsicher sind oder ihnen die Notwendigkeit potenziell stetiger Textoptimierung bewusst ist.

> Also da kann ich noch viel lernen [...]. Man kann ja jeden Text immer optimieren. Es gibt ja kein Finish, wo man jetzt sagen kann: „Jetzt kann es nicht mehr besser werden." Man kann jeden Text jeden Tag noch mal besser machen. Insofern würde ich da immer was erwarten. (IT01)

Eine mittlere Position nimmt eine zweite Gruppe ein, die ihre Gestaltungskompetenz sehr schwankend einschätzt – abhängig vom Aufgabentypus und/oder vom persönlichen Zugang zu einem Thema:

> Es kommt auf den Aufgabentyp drauf an. Es ist mir schon ganz gut gelungen, manchmal auch weniger gut gelungen. [...] Also es kommt wirklich darauf an, was mich persönlich anspricht. Also ich tue mich schwer mit Aufgaben, wo ich wenig Zugang finde und was mich persönlich nicht anspricht und dann blockiere ich mich natürlich auch. (IT04)

> „Ich weiß es nicht, ich weiß es einfach wirklich nicht. Seit dem ersten Schreibtag stelle ich mir da ganz viele Fragen und der Kopf schaltet sich ein und die innere Kritikerin und ich bin im Moment sehr am Zweifeln. [...] Ich habe auch schon einmal mehr von mir gehalten. (IT08)

Und schließlich gibt es die Gruppe der Selbstbewussten, bei der die Selbsteinschätzung der Gestaltungskompetenz durchweg hoch ausfällt, da sie bereits auf viel eigene Erfahrung zurückgreifen können:

> Weil ich es einfach schon immer gemacht habe, weil ich immer schreiben konnte und mir das auch immer sehr bestätigt wurde. Also auch in der Schule schon, dann im Abitur und einfach weil ich viel schreibe und das auch kann. (IT07)

Schwierigkeiten beim Gestalten literarischer Texte gibt es allerdings durchaus. Nur ein geringer Anteil hat überhaupt keine Probleme damit oder sagt, dass dies eine noch ausstehende Frage sei. Alle anderen thematisieren Schreibprobleme, etwa mit der Sprache an sich:

> Ja, ich denke die Sprache. Jetzt nicht, dass ich das Gefühl habe, ich habe mit der Sprache ein Problem, sondern dass wir jetzt [...] ganz viele Sachen hatten, Wörter - also jetzt nicht nur in meinen Texten, auch in anderen – wo man sagt: „Sprachbedeutung." (IT03)

In anderen Äußerungen geht es eher um Ideengenerierung oder Inhalte schlechthin:

> Aber erst mal tue ich mich, denke ich, schwerer eine Idee zu haben, einen Inhalt zu haben, um den erst mal gedanklich auszubauen. (IT04)

Aber die Verunsicherung, die die Werkstattarbeit in Bezug auf das Zutrauen zur eigenen Gestaltungskompetenz durchaus auch mit sich bringt, wird ausgeglichen, vielleicht sogar aufgehoben durch die Erfahrung, dass es oft hilft, Schreibprobleme von einer handwerklichen Seite aus anzugehen; Inspiration ist nicht alles:

> Als eine Begleiterscheinung des Kurses würde ich schon sagen, dass so der Blick [...] aufs Handwerkliche auch etwas geschärft ist. (IT11)

> „Was ich jetzt mache, tatsächlich, ist herangehen mit dem kritischeren Auge und mit dem Kürzungsstift in der Hand. Vorher habe ich ganz furchtbar viel geschrieben und da war mit Sicherheit eine Menge überflüssiger Ballast dabei und da habe ich jetzt ein bisschen den Rotstift in die Hand gekriegt, um diesen überflüssigen Ballast [wegzustreichen] – finde ich gut. (IT 18)

Damit aber ist eine die Gestaltungskompetenz herausfordernde Schreiberfahrung, zu der allerdings Textrevision untrennbar gehört, nach dem Zeugnis der Mehrheit der TN ein Erfolgserlebnis; die Texte werden besser:

> Meine Texte sind jetzt natürlich um Längen besser – nein. Ja, die sind gut, ich schreibe nach wie vor gut – mir gefällt es, den anderen auch. Das fand ich nett, dass man Sachen vorlesen kann, die man geschrieben hat und dann kommen sie gut an und das ist gut. (IT18)

Der Gewinn, den die TN aus dieser Erfahrung ziehen, ist ein fachlicher, auf einen vertieften Einblick in Schreiben und Literatur bezogener (IT18: „Ich habe hier unglaublich viel gelernt, vor allem darüber, wie man Texte angucken kann und was da alles drinsteckt."). Aber er geht darüber weit hinaus; es geht ausdrücklich um „Selbstbewusstsein":

> Das Selbstbewusstsein wurde gestärkt in der Richtung, dass man einen wahnsinnigen Kompetenzzuwachs bekam im ersten Jahr, wenn man nicht gewohnt ist, literarisch zu schreiben. Und dass viele Kolleginnen und Kollegen eingesehen haben, dass man Sicherheit haben muss in dem, was kreatives Schreiben bedeutet und wie schön es sein kann, vor so einem Produkt zu stehen, weil man das dann vermitteln kann. Auch, wie schwierig es ist, ein Geschmacksurteil zu begründen und wie schwierig es ist, ein fremdes Geschmacksurteil anzunehmen. (IT14)

Die Frage des Interviewers nach der Einschätzung des Gewinns für die eigene Gestaltungskompetenz wird gelegentlich nicht nur mit der Beobachtung beantwortet, die Texte würden besser, sondern auch mit einer „Schärfung" des Blicks für Textqualität überhaupt:

> Fachlich. Schärfung – also, dass ich noch genauer hinschaue, mehr Zutrauen bekomme, in dem, was ich mache – dass ich da auf dem richtigen Weg bin. Und dann eine Schärfung, eine gewissere Wahrnehmung und genaueres Hinschauen auch auf das, was für Texte Schüler machen und auch den Mut, was sehr schwierig ist, da Tipps zu geben. (IT13)

Indem es nun auch darum geht, „was für Texte Schüler machen", ist die Kategorie der Urteilskompetenz bereits angesprochen.

3.2.5 Einschätzung der eigenen literarisch-ästhetischen Urteilskompetenz

> Ich stolpere jetzt nicht mehr so über solche kleinen Fehlerchen, sondern mehr über die größeren Sachen. (IT18)

Bei der Selbsteinschätzung der Urteilskompetenz zeichnen die TN ein günstigeres Bild von sich als bei der eigenen Gestaltungskompetenz. Angesichts ihres professionellen Selbstverständnisses als Leistungsbeurteiler überrascht das nicht. Es gibt nur wenige IT, die sich als überhaupt nicht gut einschätzen und äußern, es sei schwierig, ein Urteil über Texte zu fällen. Im Großen und Ganzen wird die eigene Urteilskompetenz in der eigenen Wahrnehmung relativ gut eingeschätzt, was hauptsächlich durch vorliegende eigene private und/oder berufliche Erfahrung begründet wird („weil ich mich einfach schon ewig damit beschäftige. Einfach lange Erfahrung und ich meine, dass ich jetzt einen schlechten Text von einem guten Text unterscheiden kann. Bilde ich mir ein"; IT07).

Das heißt aber nicht, dass in Bezug auf die Urteilskompetenz keine Lernprozesse zu verzeichnen wären. In einigen Interviews des zweiten Jahres kommen sie deutlich zur Sprache. Exemplarisch sei IT18 ausführlich zitiert:

> Weil ich sehr ahnungsfrei hier angekommen bin und jetzt bin ich wenigstens so, dass ich sage – ich will nicht sagen, ich weiß Dinge; wissen ist immer so eine Sache – aber ich höre hier sehr viel und ich kann sehr viel auch mitnehmen und sehr viel weitergeben an meine Schüler und das habe ich vorher nicht gehabt. Ich hätte vielleicht mit denen Texte schreiben können, aber mit Sicherheit nicht in der qualitativen Form, wie es jetzt ist. Weil ich jetzt auch eher einen Finger darauf legen kann und kann sagen, daran liegt es, dass der Text nicht funktioniert oder daran liegt es, dass der Text funktioniert – guck mal, das ist toll formuliert, kannst du da nicht ein bisschen weiterarbeiten. Das hat mir sehr geholfen. Auch den Erwartungshorizont zu verschieben – was kann ich von meinen Schülern überhaupt verlangen, das die können sollen. (IT18)

Die Entwicklung eigener Urteilskompetenz und die Schärfung eines Blicks für Textqualitäten wird von IT18 ausdrücklich hervorgehoben.

> Ich kann jetzt den Finger auf Wunden legen und nicht nur auf Wunden, sondern auch auf das, was wirklich schon toll ist und sagen, das ist klasse und kann aber auch knallhart an den Kopf werfen, du hast dir keine Mühe gegeben, das kann man sehen an deinem Text. Da sind sie dann immer etwas erstaunt. Das ist wirklich wesentlich besser geworden. (IT18)

Als wichtig stellt sich dafür auch der Vergleich zwischen Schülertexten gleicher Art, aber nach Schule, Schulart und Projektzusammenhang unterschiedlicher Herkunft, heraus (IT18: „Vor allem weil wir hier auch Texte von anderen Schülern sehen"). Eine solche Vergleichsmöglichkeit haben Lehrkräfte im Schulalltag äußerst selten:

> ... und das sind durchaus gelungene Texte von anderen Schülern, und ich habe ein bisschen mehr den Vergleich, man denkt immer, mein Gott, die schreiben Zeug zusammen und dann ist das hier so, dass es nicht signifikant anders ist, als das, was meine schreiben. Ich stolpere jetzt nicht mehr so über solche kleinen Fehlerchen, sondern mehr über die größeren Sachen. (IT18)

Deutlich wird sich in diesem Zusammenhang allerdings, dass die TN fremde Texte für einfacher beurteilbar halten als eigene:

> Ich denke, ich kriege schon Schwachstellen bei Texten heraus. Also ich sage, wo ich Widersprüche sehe oder wo ich sage, da stimmt das Konzept nicht oder das passt nicht zusammen.

> Dafür habe ich schon ein Gespür. Also es fällt mir teilweise oder ziemlich sicher leichter zu meckern über einen Text, als einen eigenen zu schreiben oder auch den eigenen zu beurteilen. Ich denke, das geht ganz gut. (IT04)

Auffallend oft werden Begriffe benutzt, die eine ganzheitliche Textwahrnehmung zum Ausdruck bringen: „Gefühlsmäßig, befürchte ich. Ich nehme ihn auf und denke: Ja schön" (IT06). Diese ganzheitliche Wahrnehmung ist gratifikationsorientiert: „Es muss ein Text sein, den ich [...] gerne lese" IT11). Auch Aussagen wie die Folgende interpretieren wir als Zeichen für eine ganzheitliche Textwahrnehmung, die erst in einem zweiten Zugriff gleichsam in einzelne Kriterien aufgelöst wird:

> Qualitätsurteilen, wenn man es überhaupt so benennen kann, ist für mich: spricht mich der Text an; ist es für mich interessant, ihn zu lesen; spricht er mich an, vom Inhalt, vom Stil, Sprache, alles, was dazu gehört. Das ist für mich erst mal wichtig. (IT04)

Über die ganzheitliche Beurteilung hinaus können also spezifische Aspekte aufgeführt werden; auch andere IT tun das. Es ist die Rede von Inhalt, Struktur, Orthografie, Zeichensetzung, Wortschatz, Textaussage, Texthighlights, Texttiefe oder Metaphorik, anhand derer Qualitätsurteile über einen Text gefällt werden.

> Aber ich erkenne, denke ich mal schon, die Qualität von einem Text dann auch, wenn der mich nicht so anspricht. Wichtig sind für mich sprachliche Bilder, die Assoziationen wecken, die aber keine Platitüden sind. Also in der Nachvollziehbarkeit und manchmal auch solche kleinen Überraschungen. Also mir fällt jetzt nichts ein, aber einfach bestimmte Metaphern oder Vergleiche, die man nicht unbedingt erwartet. Wenn da jemand einfach Originalität zeigt. Und das ist für mich ein Kriterium und auch ein Durchhalten von einem Stil. Zum Beispiel, wenn man jetzt einen sehr trockenen, nüchternen Stil hat und der wirklich komplett durchgehalten wird und nicht schwankt zwischendurch, ist das auch ein Merkmal. (IT07)

In diesem Zusammenhang von großer Bedeutung ist der Aspekt der Klärung von Kriterien für die (Schüler-)Textbeurteilung. Der Wert ausformulierter Urteilskriterien wird jedoch recht unterschiedlich beurteilt. So sind sie für einige wichtig und sinnvoll als Orientierungshilfen:

> Es ist für mich als Lehrer sinnvoll, denke ich, da ein Spektrum an Kriterien zu haben, an dem ich eine Bewertung festmachen muss. Es ist ganz einfach eine Sache, die mein Job mit sich bringt, dass ich dann eventuell solche Schreibaufgaben auch bewerten muss und dass der Schüler auch eine Rückmeldung in Form der Note bekommen wird. (IT04)

Wie und welche Kriterien bei der Bewertung von Schülertexten Anwendung finden, ist allerdings sehr unterschiedlich, abhängig von unterschiedlichen Textformen, Gattungen und Aufgabentypen sowie natürlich der eigenen Beurteilungserfahrung. Die hierzu getroffenen Aussagen reichen von Hilflosigkeit („also gerade bei neuen Themen […] sind auch die alten Hasen total hilflos“: IT05) über den systematischen Aufbau eigener Kriterien bis hin zur Existenz eines Kriterienkatalogs der Fachschaft:

> I: „Also da gibt es schon einen Katalog quasi?“
> IT05: „Ja, den hat die Fachschaft entwickelt […]. Also sie sind nicht allgemein gültig. In Deutsch ist das sowieso so eine Sache für sich. Und da entwickelt die Fachschaft dann so kleine Abschnitte und da gibt es dann Aufbau, Inhalt, Satzbau, Ausdruck und so weiter. Und entsprechend werden die Punkte zugeordnet in einem Hunderter-Schlüssel.“

Solche Aussagen zeigen, dass das Thema Bewertung und Benotung in der Praxis der Deutschlehrer/innen eine (vielleicht zu) wichtige Stellung einnimmt; sie zeigen aber auch, dass und warum die in vielen Schulen gängigen Beurteilungsvorgaben, die nicht selten in Analogie zu anderen Fächern konzipiert sind („Punkte“) und innerhalb des Deutschunterrichts für jede Art von Schriftlichkeit taugen müssen, für LSiD vielleicht gerade dann eher hinderlich sind, wenn derartige (fachschafts-)verbindliche Festlegungen existieren: Diese Praxis hat, was angesichts der in Kap. 3.1.2 dokumentierten äußerst schwachen Professionalisierung von Schreiblehrer/innen in der Lehrerausbildung nicht Wunder nimmt, einen prozessorientierten Schreibunterricht kaum im Blick. Beurteilungskriterien beziehen sich in der Praxis wohl immer noch vorwiegend auf Textprodukte und sind in der Annahme formuliert, dass sich die Schülerleistung als jeweils graduelle Teilerfüllung einer Norm messen ließe. Zur Anschlusskommunikation über (noch oder überhaupt nicht zu benotende) Textentwürfe taugen derartige Kriterien wenig. Diejenigen TN, die sich im Interview in der Beurteilung und Bewertung poetischer Textentwürfe sicherer zeigen, greifen darauf auch weniger zurück als auf eine umfangreiche Erfahrung aus dem beruflichen und/oder privaten Bereich:[108]

> Da fühle ich mich relativ sicher, wie ich Texte beurteile. Also ich glaube, da habe ich durch eigenes Schreiben ein gutes Gefühl, wie Texte entstehen, wie der Autor, egal, ob das jetzt ein Schüler ist oder ein Profi, wie er an den Text herangeht. Das merke ich relativ schnell und wo der rote Faden ist. Also das ist, das sind bei mir keine Fragen, wie man jetzt einen Text beurteilt. (IT01)

Wieder andere sehen, durchaus in Einklang mit der in Kap. 1.1.1 dargestellten Diskurstradition, die Notwendigkeit von und den Umgang mit Kriterien grundsätzlich kritisch. So stellen sich einige die Frage, ob für das Literarische Schreiben oder bestimmte Bereiche, wie z. B. das Theater, Kriterien notwendig

[108] Einige TN haben uns relativ frühzeitig im Rahmen der Weiterbildung von ernsthafter eigener Textproduktion im literarischen Bereich berichtet. In einem Fall (M. M. Jung, Freiburg) liegt auch eine Reihe von literarischen Publikationen und Auszeichnungen vor; vgl. http://de.wikipedia.org/wiki/Markus_Manfred_Jung.

sind und ob Noten vergeben werden müssen bzw. überhaupt vergeben werden können.

> Ich persönlich benote es bis jetzt in meinem Unterricht nie, weil ich persönlich der Auffassung bin, dass Schüler sich in ihrer Persönlichkeit öffnen und das steht uns nicht zu, das zu bewerten. Also mit Noten. Man kann ein Feedback geben, auf eine liebevolle Art. Man kann zusammen auch Kriterien erarbeiten. Aber benoten, das hat jedenfalls, so wie ich es bisher praktiziere, überhaupt keinen Platz. [...] Alles was sonst mit Schule und Leistungsmessung in Verbindung gebracht wird, das finde ich, ist hier gar nicht der richtige Ort. Aber Schule sollte eben solche Freiräume unbedingt ermöglichen auch, dass man mal wertfrei, benotungsfrei zum Eigenen finden kann. (IT08)

Eine solche Position, die eigene Urteilskompetenz gerade dadurch absichert, dass sie auf die Grenzen des Urteilens hinweist,[109] hat durchaus ihre Berechtigung, auch wenn sie keine Mehrheitsmeinung darstellen dürfte.[110] Revisionsbedürftig erscheint uns dagegen eine andere Spielart der Notenablehnung im Bereich des poetischen Schreibens, in der aus unserer Sicht Begriffe durcheinander geraten:

> [Kriterien sind] weniger wichtig, weil ich das eine sehr umstrittene Sache finde. Denn wer erstellt diese Regeln? Die Schriftsteller, die Autoren zum Beispiel durchbrechen all diese Regeln, die scheinbar noch in der Didaktik gelten und schreiben hervorragend. [...] In manchen Fächern denke ich auch, dass Schreiben etwas Ganzheitliches ist und wenn ich dann sage, es gibt die und die und die Kriterien und nach denen musst du dich orientieren, glaube ich eher, dass das Schreiben verhindert. (IT10)

Kriteriengeleitetes (kompetenzorientiertes) Urteilen ist nicht identisch mit regelgeleitetem (normorientiertem) Urteilen: Dass der Normbruch in der Entwicklung der Literatur immer wichtig war und sein wird, hat mit dem hier verhandelten Problem der kriterialen Beurteilung wenig zu tun. Die „Regeln", die „scheinbar noch in der Didaktik gelten" (gemeint kann hier eigentlich nur eine traditionelle Aufsatzdidaktik sein), sind Schreib-, keine Bewertungsregeln. *Schreibregeln* aber wären ein anderes Thema.[111]

---

109 Zu dieser Position vgl. auch das in Kap. 2.2.4 wiedergegebene Interview mit J. F. A. Oliver.

110 Dazu vgl. unsere Auswertung der Erfahrungsberichte der TN in Kap. 3.4.

111 Die sog. Regelpoetik geht u. a auf Johann Christoph *Gottscheds Versuch einer critischen Dichtkunst vor die Deutschen* (Leipzig 1729) zurück (vgl. auch oben, Kap. 1.2.3); aber spätestens um 1770 spielt die Überzeugung, der poetische Text folge Regeln, deren Beachtung beim Schreiben für seine Qualität bürge, keine Rolle mehr (vgl. Bosse 1978).

3.2.6 Anschlusskommunikation (Sprechen über Textentwürfe)

> Man merkt, man ist nicht alleine. (IT14)

Im Ablauf der Anschlusskommunikation, also des Sprechens über Textentwürfe, verfahren die Werkstätten relativ einheitlich. So steht das Vortragen selbst produzierter Texte oder der Texte Dritter an erster Stelle und wird durch eine anschließende Diskussion in der Gruppe ergänzt.

> Also, ich denke, es ist erst mal ganz sinnvoll, dass oder wie die Frau [Ulrike] Wörner das macht. Es wird einfach sehr behutsam mit diesen Texten umgegangen. Ich denke, dass es auch ganz wichtig ist und ein gutes Beispiel, wie wir später dann mit den Texten von Schüler umgehen sollen. Das ist gar nicht so dieses Bewertende, sondern eher, dass man eine fundierte Meldung bekommt und auch Einzelgespräche zu den Texten. (IT04)

Es entstehen teilweise sehr umfangreiche Diskussionen, die sich mit sehr unterschiedlichen Aspekten der vorgetragenen Texte auseinandersetzen. Die Diskussion wird dabei in der Regel von den Dozenten gezielt geleitet und ergänzt (vgl. Kap. 3.3).

> Es liest meistens jemand einen Text vor. Wie haben den in gedruckter Form vorliegen, können mitlesen. Das Vorlesen bringt dann so die eigene Note hinein von dem, der es geschrieben hat. Das ist nochmal was ganz Eigenes, wenn man das nur lesen würde. Dann ist meistens für einen Moment erst mal Stille [...]. Dann kommt man also wie heute ins Gespräch, auch sehr gezielt. Da bin ich schon sehr erstaunt, was andere so sehen. Oder dass man sich widerspricht und sagt: „Ich sehe das überhaupt nicht so, es ist doch recht stimmig." Und dass es dann manchmal um eine Geschmacksfrage geht oder manchmal auch sagt: „Das ist wirklich nicht stimmig, so kann es nicht bleiben, es muss nochmal umgeändert werden oder da wäre noch ein Punkt zum Einhaken." Dann geht es zum nächsten Text. (IT04)

Dieses Vorgehen wird in den Interviews durchweg positiv beurteilt. Dies wird insbesondere dadurch begründet, dass sich für Gespräche über Texte ausreichend Zeit genommen wird. Des Weiteren erfolgt die Kommunikation in einer konstruktiven Art und Weise, bei der sich die TN und Dozenten kritisch und sachlich äußern.

> Das sehe ich als positiv, weil wir jetzt zwar höflich sind, aber wenn was schlecht ist, kriegt man es auch mitgeteilt. Und das finde ich auch wichtig, weil wir ja dafür hier sitzen. Also wir sitzen hier nicht, um uns Nettigkeiten rüberzuschieben. Nein, man kriegt schon mit, wenn was nicht gelungen ist. (IT11)

Ein anderer IT des zweiten Jahres drückt es so aus:

> Hier sitzen bestimmte Typen von Lehrern, die offen sind. Es sind alles Lehrer, die Jugendliche mindestens schätzen, wenn nicht lieben. Es ist kein Stänkerer hier, keiner, der von seinem Fach überzeugt ist und der denkt, wäre das toll, wenn nur die Schüler nicht wären, und das sind Leute, die auch etwas verändern wollen und das ist natürlich sehr inspirierend. Man merkt, man ist nicht alleine. (IT14)

Gefragt nach der Qualität der Kommunikation über Texte, konnten seit Beginn des Programms manche keine Veränderung feststellen. Andere spüren diese allerdings durchaus. Dass überhaupt über eigene Texte und Texte von Kollegen gesprochen wird, dass die eigenen Texte nun zur Diskussion stehen, ist für so manchen neu und ungewohnt. Fast nebenbei wird ein Kompetenzzuwachs festgestellt: „Am Anfang hat der Tilman [Rau] viel rückgemeldet und mittlerweile können wir das auch gut untereinander" (IT19).

Durch die ausgeprägte Kommunikation über die selbst produzierten Texte in den Werkstätten stellen einige IT auch fest, dass ihnen die Anschlusskommunikation leichter fällt und sie fachlich fundierter argumentieren können, wenn es um die Textanalyse sowie die Diskussion über Texte geht.

> Ja, dass man überhaupt über eigene Texte spricht oder auch Texte von Kollegen. Das ist ja als, ja, denke ich, manche Lehrer sind ein ganz eigenes Völkchen, da sie ja eigentlich immer nur bewerten. Und jetzt stellen wir uns selber zur Diskussion. Das ist ein ungewohntes Feld, macht aber Spaß. Das hat sich schon verändert. (IT04)

> Ich denke mal schon, man ist jetzt schon anders drauf und sagt, da fehlt vielleicht noch so diese Dramatik oder da fehlt vielleicht noch die genauere, prägnantere Fassung des Ortes. (IT10)

3.2.7 Umsetzung des Konzepts im eigenen (Projekt-)Unterricht

> Komischerweise habe ich im Kontext mit dem Projekt noch nie gehört. „Wie viel muss es denn sein?" (IT17)

Die IT werden zu dem jeweiligen Projekt, das sie im zweiten Programmjahr an ihrer Schule umsetzen, fast ausschließlich durch das erste Jahr inspiriert:[112] Ideen für das Projekt werden aus dem in der jeweiligen Werkstatt Erlernten gezogen und entweder eins zu eins übernommen („Ja, ich habe das mehr oder weniger eins zu eins umgesetzt. Was hier mit uns im ersten Jahr gemacht wurde, habe ich auch versucht, so mit meinen Schülern zu machen"; IT16) oder in modifizierter Form den schulischen Gegebenheiten angepasst:

[112] Vgl. hierzu auch Kap. 3.4.1, die Auswertung der Erfahrungsberichte aus den Projektklassen.

> Schon viel. Wir haben viele Sitzungen gehabt, wo wir nur über mögliche Themen geredet haben und wir waren im ersten Jahr ja selber in dieser Schülerrolle. Da nimmt man viel mit. Wobei bei Themen, die mich interessieren und die meine Schüler interessieren, da muss man auch wieder den Lebensweltbezug herstellen. (IT19)

Ohne die Teilnahme an LSiD hätten sich die meisten die Umsetzung eines derartigen Projekts nicht zugetraut; dieses wird vielmehr durch die Selbsterfahrung im ersten Programmjahr, die Erfahrenheit der Dozenten sowie durch den Austausch mit anderen TN möglich.

> Ich hätte das, glaube ich, nicht von alleine gemacht mit Schülern. Ich wäre schön am Lehrplan entlang gebastelt. Was heißt am Lehrplan entlanggebastelt – prüfungsorientiert gearbeitet: „Das müsst ihr können und dann machen wir das." Das ist auch nötig – das ist sehr schade, dass das nötig ist – aber dieses Sich-trauen, dass man tatsächlich so ein Großprojekt in Angriff nimmt, das hätte ich nicht gemacht, muss ich ehrlich sagen. (IT18)

Neben dem Wissens- und Kompetenzerwerb im ersten Jahr, der gleichsam eine Grundausrüstung für die Umsetzung in den Unterricht darstellt, ist einigen TN aber auch die positive Verstärkung wichtig, die sie im Austausch mit den Dozenten und Kollegen erfahren:

> Ich bin bestätigt worden. Es ist toll, zu hören, was andere Kolleginnen und Kollegen ausprobieren und was die für Erfahrungen machen. Natürlich ist mit dem Seminarleiter [...] auch einer da, der einschätzen kann, wie weit man gehen kann und wie weit man gehen muss, um diesen kreativen Aspekt im Unterricht zu verankern; wo man Kompromisse eingehen muss und wo man keine Kompromisse eingehen soll. Doch, es war sehr inspirativ. Vor allem das erste Jahr mit dem selber Ausprobieren. Das hat viel Freude gemacht, muss ich sagen. (IT14)

Einige IT sind dabei auf der Basis eingerichteter Wahlkurse in der Gestaltung ihres Projekts relativ frei:

> Es gab bei uns noch nie einen Literaturkurs an der Schule und da habe ich gesagt, ich mache gerade diese Fortbildung „Literarisches Schreiben". Jetzt biete ich einen Literaturkurs an, Kreatives Schreiben mit dem Schwerpunkt Journalistisches Schreiben. Das habe ich auf meine Kappe genommen. Ich glaube, dass normalerweise im Literaturkurs etwas ganz anderes gemacht wird, aber weil wir so einen Kurs noch nie an der Schule hatten, habe ich gesagt, ich mache das jetzt einfach, um in dem Kurs zu verwirklichen, was ich hier gelernt habe. Das sind sehr feudale Zustände; ich bekomme in der Woche eine Doppelstunde dafür. Das ist toll. Da bin ich verwöhnt worden. (IT16)

Alle anderen müssen sich am Lehrplan orientieren, wenngleich auch hierbei selbst in der Oberstufe ein gewisser Spielraum vermerkt wird. Ein solches Projekt lässt sich durchaus in die lehrplanorientierte Unterrichtsarbeit integrieren:

> Wir haben verschiedene Themen, die im Abitur vorgegeben sind. Das ist eben Lyrik, Dramatik, Epik und bei der Lyrik ist es Liebeslyrik. Ich konnte das nicht anders, so viel Freiraum habe ich nicht. [...] Das war eine Einheit, das läuft immer 16 Sitzungen. Das sind immer Doppelstunden [...]. Aber wie gesagt, das war immer parallel. Also ich musste diesen Spagat – also traditionelle Lyrikvermittlung, Vorbereitung auf die Klausur und eben das Schreiben. (IT13)

In beiden Fällen wird als wichtig gesehen, das im Literaturhaus Erlernte auf die Unterrichtsebene zu transponieren und die Umsetzung des Projekts kontinuierlich zu reflektieren. Diesbezüglich gibt es sehr unterschiedliche Erfahrungen während der Entwicklungs- und Umsetzungsphase. So empfinden einige wenige das als sehr leicht oder antworten auf die Frage nach auftauchenden Problemen:

> Eigentlich nicht. Fast leider nicht. Es war wirklich so gut geplant, auch hier, dass die Dinge funktionieren. Also das war klar. Nein, Probleme gab es überhaupt keine, auch keine menschlichen, weil das eben eine feine Gruppe ist. (IT14)

> Ich glaube, die [Schüler] haben vorher noch nie so viel geschrieben und sind auch unheimlich bereit, viel zu schreiben. Komischerweise habe ich im Kontext mit dem Projekt noch nie gehört: „Wie viel muss es denn sein?" (IT 17)

Der Großteil wird jedoch im Verlauf des Projektunterrichts mit Schwierigkeiten konfrontiert.[113] Generell wird die Entwicklungsphase bzw. der Einstieg in die Projektarbeit als eher leicht eingeschätzt. Schwerer fällt zum Teil die Umsetzungsphase: Schüler kontinuierlich zu motivieren, sie zur stetigen Überarbeitung bzw. Weiterentwicklung zu bewegen, empfinden eine Reihe von TN als herausfordernd.

> Von der Planung her finde ich es sehr einfach, weil diese Orientierungsgröße da ist und weil man es selber durchlebt hat und wir letztes Jahr mitgeschrieben haben und man nur reflektieren muss: „Was habe ich damals gemacht?" Das finde ich einfach. Problematisch wird es in der Durchführung. An Stellen, wo die Professionalität fehlt. [...] Das jetzt selber am eigenen Leib nur einmal erfahren und hier ein paar Mal Texte gemeinsam besprochen zu haben – davon ausgehend für 55 Schüler die Kompetenz zu haben, immer reaktionsschnell in der Situation sagen zu können: „Du hast hier ein Problem. Dir gebe ich den Tipp. Hier kann ich so beraten. Ihr müsst so weitermachen." – Das empfinde ich als schwer [...] Dafür finde ich das zweite Jahr jetzt gut. (IT17)

IT14, der sich für ein Projekt in der Mittelstufe entschieden hat, betont im Interview, wie viel Frustrationstoleranz nötig ist, um im Prozess der Umsetzung nicht zu früh aufzugeben:

[113] Vgl. genauer Kap. 3.4.7 an Hand der Erfahrungsberichte.

> Die verschiedenen Zugänge hatte ich eigentlich alle fast schon einmal ausprobiert. Insofern meine Enttäuschung. Ich war nicht ganz unbefleckt, hatte zu viel erwartet am Anfang. Hatte auch unterschätzt, wie viel Geduld und Zeit man braucht mit Mittelstufenschülern, diese Widerstände abzubauen gegen Überarbeiten von Texten. Auch gegen das Präsentieren der Texte den anderen gegenüber, obwohl die Klasse super funktioniert [...]. Da war der Weg über die Kleingruppe und dann die etwas größere Gruppe und als ich schon nicht mehr gehofft hatte, dass das richtig klappt am Ende der zweiten Phase, da lief das plötzlich. Die haben dann auch gerne vorgetragen. Aber das war ein Prozess, bei dem man Geduld brauchte. (IT14)

Was mehrfach als schwierig hervorgehoben wird, ist erwartungsgemäß die Aufgabe, die Schülerarbeiten einzuschätzen und zu bewerten. In einem Fall (IT12) verbindet sich diese Beobachtung mit einer kritischen Bemerkung gegenüber den Akteuren des Weiterbildungsprogramms; über die ausführliche Thematisierung von Urteilskriterien und Bewertungsaspekten am dafür reservierten 3. Seminarwochenende sowie einige andere Gelegenheiten hinaus haben sie sich offenbar konkrete Vorgaben oder Vorschläge erhofft (die aber nach unserer Überzeugung aus der Arbeit mit der Klasse erwachsen sollten):

> Was ich jetzt noch schwierig finde, ist die Bewertung des Ganzen. Das ist mir selber noch nicht ganz klar, wie ich es bewerten würde. Ich habe das in den Raum gestellt, dass es bewertet wird, aber ich habe nicht genau gesagt, wie. Und jetzt habe ich mich eigentlich dazu durchgerungen, dass sie die Szenen abgeben und ich eine Pi-mal-Daumen-Note mache: Ein bisschen aus Mitarbeit, ein bisschen aus Qualität. Aber da schwimme ich ziemlich. Auch da hätte ich mir noch mehr Begleitung gewünscht [...]. Da hätte man noch mehr machen können, glaube ich. (IT12)

Viele IT bestätigen, solches Schreiben im Projektunterricht als innovativ und bereichernd zu empfinden.

> Was wir hier mitkriegen an Anregungen, an Dingen, das ist umsetzbar, ich weiß, wie es geht, ich habe es gesehen, ich habe es probiert und ich kann es nehmen. Ich kann es auch umwandeln, wenn ich das möchte oder ich kann es anders verpacken oder ich kann andere Texte als Ausgang nehmen [...]. Das hilft mir auch, dann habe ich auch ein Sicherheitsgefühl, dass das, was ich da mache nicht einfach so „jetzt gucken wir mal und dann schauen wir mal, was dabei herauskommt", sondern dass das schon probiert worden ist, dass das geklappt hat. (IT18)

Allerdings gibt es in der Intensität der Bestätigung graduelle Unterschiede; sie ist offenbar abhängig von (persönlich oder institutionell) vorliegenden Unterrichtsgewohnheiten. So ist das Schreibprojekt für einige nicht vollständig innovativ, da sie selbst derartige Ansätze und/oder Projekte bereits praktizieren oder derartige Ansätze und/oder Projekte an der Schule öfter umgesetzt werden.

Vielleicht nicht so innovativ, wie man denken könnte. Bei uns an der Schule machen wir solche Dinge schon länger. Ich bin Fachabteilungsleiter in Deutsch, ich habe das schon immer favorisiert. Ich habe so vor fast 30 Jahren angefangen, auch in der Schule, mit solchen kreativen Projekten. Auch mit Schülerzeitungen, mit einem großen Teil selber geschriebener Texte von Schülern. Wir haben eine Begabtenförderung in Sachen „Schreiben". Also wir haben viel an der Schule. Ganz innovativ ist es nicht, aber es wäre natürlich schön, wenn es wirklich verankert werden würde im Lehrplan, denn dann könnten sich Kolleginnen und Kollegen dem nicht mehr entziehen. (IT14)

Für andere ist es durchaus innovativ, da weder sie selbst derartige Ansätze und/oder Projekte praktizieren noch an ihrer Schule derartige Ansätze und/oder Projekte umgesetzt werden.

Innovativ ist er schon – es ist sicher etwas ganz Neues. Ich habe die Schüler danach auch mal befragt, wie sie das fanden und sie haben gemeint, es sei mal was anderes als normaler Unterricht. Es wird als etwas sehr Außergewöhnliches erlebt. (IT12)

Ich würde sagen, das ist schon relativ innovativ – inspiriert durch diese ganzen Schreibaufträge, die wir hier auch vermittelt bekommen haben. Das regt natürlich auch dazu an, andere Dinge, die einem auffallen, mit einzubauen. (IT15)

Fragt man nach Interesse am und Akzeptanz für Projektunterricht durch die Schüler, so ist eine insgesamt recht positive Tendenz zu erkennen:

Es gibt einige, die wirklich richtig begeistert sind, würde ich sagen. Viele, die es einfach mitmachen, weil es auch etwas Neues ist, weil sie es auch ausprobieren wollen und es gibt immer ein paar, die eher zurückhaltend sind und wenig Lust am Schreiben haben. Aber bei einigen kreativen Aufgaben, wo sie selber etwas schreiben mussten, wo auch ein Bild oder ein kleiner Text ein Anlass waren zum Schreiben, haben sie ganz kreative Sachen geschrieben, wo man gemerkt hat, dass sie auch Schreibfreude haben, ohne dass ich das in ihrem Gestus mitbekommen habe. Also die hatten trotzdem das Gesicht, dass man merkt, da kann man nicht drin lesen und die sind eher negativ eingestellt, aber was dann als Ergebnis herausgekommen ist, war eigentlich toll. (IT15)

Der Unterricht wird generell gut angenommen, auch wenn vereinzelt Probleme auftauchen. Diese betreffen insbesondere den prozessualen Charakter der Schreibprojekte und das damit verbundene Problem, die Schüler zur kontinuierlichen Arbeit bzw. Überarbeitung zu motivieren:

Sie machen es sehr gerne oder sie haben zumindest am Anfang sehr gerne mitgemacht. Wie gesagt, jetzt haben wir diese Durststrecke, wo die Selbstkritik gegen null läuft. Aber insgesamt, wenn ich sage: „Wir sind heut im PC-Raum, ihr dürft das Ganze tippen, ihr dürft es schreiben." – Ich sehe wirklich beschäftigte Menschen. Die sitzen da, sie schreiben. Klar, es

> gibt immer ein paar, die keinerlei Zugang zu irgendwelcher Form von Literatur haben (...), aber ich sehe doch sehr viele, die wirklich daran arbeiten an ihren Texten, an sich, die auch sagen: „Wir haben wirklich etwas gelernt und das bringt uns auch etwas." (IT18)

Veränderungen können bei den Schülern von vielen IT (noch) nicht festgestellt werden. Einige haben allerdings das Gefühl, dass es den Schülern etwas leichter fällt, zu schreiben bzw. zu formulieren und dass sie offener und kritischer geworden sind: „Nein, ich glaube, die nehmen das dann so hin; das ist gefordert und dann macht man es halt" (IT19).

> Ich habe den Eindruck, dass die jetzt etwas kritischer hinschauen. [...] Da habe ich schon gemerkt, dass dann mit der Zeit, je mehr Texte wir besprochen haben, die Kritik umso konstruktiver wurde oder umso genauer hingeschaut wurde. (IT16)

Nur ein IT stellt uneingeschränkt positive Veränderungen bei den Schülern fest:

> Das Interesse am eigenen Text und auch am Text der anderen, das finde ich enorm [...] – ich habe noch nie erlebt, dass Schüler über so eine lange Zeitspanne [...] so mitgehen und so ein Interesse daran haben, auch die Szenen der anderen zu verbessern und das Ergebnis zu steigern und mit einer großen Ernsthaftigkeit dabei sind, einer Konzentrationsfähigkeit – das finde ich ganz enorm. (IT17)

Auch in der Sicht derjenigen IT, die ihren Schülern noch keinen erkennbaren Kompetenzzuwachs attestieren können, sprechen aber andere Überlegungen und Beobachtungen entschieden für Literarisches Schreiben im Unterricht. Schreibkompetenz, die dabei erworben wird, befähigt auch zu einem besseren Umgang mit anderen Formen der Schriftlichkeit:

> Ich finde dieses literarische Schreiben so wesentlich und diesen ganzen anderen Mist, was da kommt, finde ich so unwesentlich – ob die jetzt einen Bericht schreiben können, klar werden sie es später einmal brauchen, aber ich denke, wenn ich es schaffe, eine lustige Kurzgeschichte zu schreiben, kann ich auch später einmal irgendwann einen Bericht schreiben. Und auch so, dass derjenige, der den Bericht kriegt, den auch lesen will. Oder jetzt müssen wir Bewerbungsschreiben aufsetzen und solches Zeug, was ich einfach furchtbar bitter finde – klar, natürlich ist das Deutschunterricht und klar, natürlich ist das nötig und klar, natürlich müssen sie hinterher auch einen Text interpretieren können – wie auch immer – und auch ein Gedicht interpretieren können, aber das ist alles so mühsam und so weg von dieser wunderbaren literarischen Beschäftigung mit Schreiben ... (IT18)

Transfermöglichkeiten auf den regulären Deutschunterricht sieht die Hälfte der IT ausdrücklich. So bejaht ein IT aus der Werkstatt „Szenisches Schreiben" die Frage nach Transfereffekten emphatisch:

> Ja, beim Erörtern brutal. Weil bei den Dramen im Mittelpunkt steht, wo ist der Konflikt, also wo ist die These – wo ist die Antithese – und diese Begriffe kennen [meine Schüler] im Schlaf und das ist wirklich etwas, was bei der Erörterung – ich habe das vorher gar nicht überlegt gehabt, ich habe nach den Herbstferien Erörterung gemacht und das lief dermaßen fluppig, weil das alles die gleiche Struktur ist. Auch erörtern, argumentieren – ich meine, wenn die streiten in ihren Dialogen, was tun die anderes? (IT17)

Neben strukturellen Analogien zu anderen Formen des Schreibens sind es vorwiegend Transfereffekte, die sich entweder auf die Lehrerrolle beziehen oder auf stärker kooperative Arbeitsformen mit den Schülern sowie einen reflexiven, weniger normativen Umgang mit Textprodukten. Stellvertretend dafür seien zwei Einschätzungen zitiert:

> Was sich schon sehr verändert hat, ist, man nimmt seine Lehrerrolle zurück. Dadurch, dass wir wirklich oft im Gesprächskreis sitzen [...] sodass sich da etwas verändert hat, in dem, dass sie wirklich sich sehr ernst genommen fühlen, dass sie eine beratende Rolle für die anderen haben und nicht immer ich das sein muss. Ich finde, da hat sich sehr viel verändert. Dass ich nicht immer in der leitenden Rolle bin, sondern wirklich mehr moderiere; dafür sorge, dass das im Fluss bleibt und die richtigen Fragen stelle, aber das Inhaltliche, in dem, was kommt, die Schüler sehr viel selber leisten. (IT17)

> Das Rollenverhältnis ändert sich. Man ist nicht die „auf dem Sockel stehende Lehrerin", die jetzt doziert, sondern es ist mehr ein Miteinander; dass man auch viel darüber redet, wo stehst du jetzt und wie kann es weitergehen. (IT19)

3.2.8 Erlernbarkeit literarischen Schreibens

> Ich denke, es ist vielleicht nicht erlernbar, in dem Sinne erlernbar, aber es ist erfahrbar. (IT08)

Wie in Kap. 1 skizziert, hat die Frage nach der Erlernbarkeit literarischen Schreibens eine lange Geschichte in der Kulturellen Praxis Literatur und wurde vor 1800 grundsätzlich anders (mit dem Hinweis auf die Regeln und Maximen der Rhetorik und Stilistik) beantwortet als nach der „Geniezeit" (der Dichter ist, stark vereinfacht gesagt, geboren und inspiriert). Dass wir heute auf der Basis dieser Diskursgeschichte zwischen zwei Sichtweisen auf Prozesse literarischer Entwicklung schwanken, zeigen die Antworten der IT, denen wir diese Frage vorgelegt haben. Manche fassen die Frage gleichsam methodisch auf und beantworten sie entsprechend:

> Ja, auf jeden Fall. Ich dachte ja eigentlich, dass ich schon ziemlich viele Übungen kenne und ich kenne auch viele [...] aber ich habe hier wirklich erst gerade heute wieder zwei Übungen kennengelernt, die ich noch nicht kannte und die ich für sehr geeignet halte, gerade um mit Schülern zu arbeiten, und um bei denen so eine Überraschung hervorzurufen und zu wecken, um dann loszulegen. Das ist ja immer das Wichtigste. Das halte ich für total anwendbar, was wir hier machen. (IT01)

Andere verstehen die Frage grundsätzlicher und reagieren nachdenklich abwägend:

> Ich denke, es ist im gewissen Rahmen erlernbar. Ich glaube, dass wir sehr talentierte Schreiber in der Gruppe haben, die sich auch vielleicht durch die Übung schon freigeschrieben haben, oder auch ein gewisse Begabung dafür haben. Aber ich denke, das ist auf alle Fälle erlernbar. Die Frage ist vielleicht immer, was man selber damit machen möchte, mit dem eigenen Schreiben. (IT04)

Ein IT ersetzt in seiner lesenswerten, das Konzept von LSiD geradezu auf den Punkt bringenden Antwort den Begriff des Lernens durch den der Erfahrung:

> Ich denke, es ist vielleicht nicht in dem Sinne erlernbar, aber es ist erfahrbar. Man kann, wenn man den Zugang zu sich selbst findet und zu seinen Quellen, Mut zu sich selber fassen und zu seinem Eigenen, dann entwickelt sich, ähnlich wie in anderen Bereichen, wie bei Musik, wie bei Kunst, wie bei Theater, wie beim Tanz, was Eigenes. Das muss vielleicht nicht immer mit gängigen Schönheitskriterien übereinstimmen oder mit dem, was andere als schön empfinden, aber es ist das Eigene und das hat seine Berechtigung. Erlernbar, nein. Das halte ich nicht für das richtige Wort, erfahrbar. Und das kann wachsen. (IT08)

Abschließend sei eine Antwort auf die Frage nach der Erlernbarkeit Literarischen Schreibens aus einem anderen Zusammenhang – dem zweiten Abend im Rahmen der Gesprächsreihe – zitiert. Gegeben hat sie als Expertin die Schriftstellerin Katja Lange-Müller im Rahmen des Essays, den sie vorgetragen hat:

> Kann man schreiben lernen? Diese nur scheinbar simple oder gar törichte Frage wird ein erwachsener Analphabet anders beantworten als ein kindlicher – vielleicht auch noch linkshändiger – Legastheniker, ein Alphabet anders als ein Legastheniker in Therapie, ein Lehrer anders als ein Autor ... Dabei ist es möglich, dass der Analphabet und der Legastheniker, obwohl sie im handwerklichen Sinne nicht oder nicht „richtig" schreiben können, fantasievoller, beobachtungsfreudiger, sensibler und intelligenter, also literarisch begabter sind als Lehrer und Autor, obwohl oder gerade weil ihnen die geschriebene Sprache Schwierigkeiten bereitet.
>
> Ich weiß, wovon ich fabuliere, denn ich war bis zu meinem siebenten Lebensjahr Analphabetin und etwas länger linkshändige Legasthenikerin, allerdings eine, die ihr Problem als Herausforderung begriff, und viel später war ich zeitweise sogar Lehrerin, Schreib-Lehrerin; und als

Autorin, die immer wieder aufs Neue mit der Sprache und um ihren Text kämpfen muss, lerne ich das Schreiben bis heute."
(Krottenthaler/Oliver (Hrsg.) 2013, S. 27)

3.2.9 Zusammenfassung und Bewertung

Aussagen aus den 19 Interviews bestätigen und differenzieren vielfältige Erwartungen an das Programm, und zwar sowohl an die der Planer und Akteure als die der Teilnehmer. Nicht überrascht hat uns das Ausmaß, in dem die im Literaturhaus praktizierte und reflektierte Art der Arbeit an und mit Literatur den meisten neu war, auch nicht der deutliche Schwerpunkt der Beurteilungs- und Bewertungsthematik unter den angesprochenen Problemen. In dieser Höhe nicht erwartet hatten wir aber die Bedeutung, die dem Literaturhaus als Lernort und Alternative zu einer (im Prinzip kritisch gesehenen) konventionellen Lehrerfortbildung zugesprochen wird, und die Deutlichkeit der Zustimmung zu unserem Konzept der Langfristigkeit auch noch zu Ende des zweiten Jahres. Ziemlich einmütig betonen die TN den Wert eines so langen Weges von eigener Schreiberfahrung und aus ihr hervorgehendem Kompetenzerwerb zum Versuch, auf dieser Basis den Unterricht in einer Projektklasse so umzustellen, dass auch dort Schreiberfahrung als Prozesserfahrung möglich wird. Alle, also auch diejenigen, deren Erfahrungsberichte (vgl. hierzu unten, Kap. 3.4) mehr oder weniger missglückte Versuche dokumentieren, sind sich dabei einig darüber, dass die Teilnahme am LSiD für sie selbst ein **Reifungsprozess** und ein Beitrag zur **Persönlichkeitsbildung** war und sie insofern nicht bereuen, sich dafür entschieden zu haben. Im Interesse nachfolgender TN empfehlen lediglich einige aber die organisatorische Straffung der Programmelemente des zweiten Jahres.

Von besonderem Interesse sind nun die Gestaltungs- und Urteilskompetenz, die Qualität der Anschlusskommunikation, die Motivation sowie die Entwicklung und Anwendung von Kriterien. Die eigene **Gestaltungskompetenz** wird von den TN – ihren Vorkenntnissen und Erfahrungen entsprechend – unterschiedlich eingeschätzt. In Bezug auf den Akt des Schreibens sehen die meisten TN Probleme, die insbesondere die Sprache, die Inhalte oder den Schreibzugang betreffen. In Abhängigkeit zu den Vorkenntnissen ergeben sich im Verlauf des Programms jedoch durchweg positive Veränderungen, die sich in spürbar besseren Texten sowie einem sensibleren und kritischeren Umgang mit den eigenen Produkten bemerkbar machen. In der Entwicklungs- und anfänglichen Umsetzungsphase eines Projekts treten seltener Probleme auf als im weiteren Verlauf. Die (organisatorischen und motivationalen) Schwierigkeiten entstehen typischerweise aus dem langfristigen, prozessualen Charakter des Projektunterrichts. Positive Entwicklungen bei der Gestaltungskompetenz der Schüler hat nur eine Minderheit der TN bereits festgestellt. Solche Entwicklungen bedürften sicherlich einer längerfristigen Beobachtung.

Im Vergleich zur Gestaltungskompetenz wird die eigene **Urteilskompetenz** zwar von Anfang an als besser eingestuft. Festgemacht wird sie an einer ganzheitlichen Textwahrnehmung sowie spezifischen Beurteilungskriterien. Aber auch hier können im Verlauf des Programms positive Veränderungen festgestellt werden. Diese drücken sich in einem geschärften Blick, einer wachsenden Vorsicht vor zu schnellem Urteilen, einem erhöhten Bewusstsein für gattungs-/genrebezogene Qualtitätskriterien sowie einer verbesserten Fähigkeit zur entsprechenden Urteilsbegründung aus. Hinsichtlich der Urteilskompetenz ihrer Schüler allerdings können die TN, ähnlich wie bei deren Gestaltungskompetenz, bisher nur vereinzelt Verbesserungen erkennen.[114]

Dass auch die Fähigkeit zur **Anschlusskommunikation** einen Zuwachs erfährt, liegt zum einen daran, dass überhaupt eigene Texte und Texte anderer zu Diskussion gestellt werden, was für viele in ihrer Rolle als Deutschlehrer/in eine ungewohnte und neue Situation darstellt. Zum anderen trägt generell die Art und Weise der Werkstattkommunikation dazu bei. So erfolgt die Kommunikation innerhalb der Werkstätten zumeist sachlich sowie konstruktiv, und für Gespräche und Diskussionen nimmt man sich ausreichend Zeit. Die vorherrschende Form der Kommunikation ist in allen Werkstätten der interaktive Austausch zwischen TN und dem/der Dozenten/in oder zwischen einzelnen TN. Dabei stehen die eigenen Texte bzw. Projekt- und Werkstattarbeiten, die Texte bzw. Projekt- und Werkstattarbeiten anderer sowie der individuelle Schulbezug im Mittelpunkt. Der/die Dozent/in leitet den Kommunikationsverlauf an und den TN steht es frei, sich einzubringen. Insgesamt tragen diese Aspekte dazu bei, dass die Anschlusskommunikation eine Professionalisierung und Steigerung des fachlichen Niveaus erfährt, sodass den TN insgesamt eine Beteiligung an textbezogenen Gesprächen leichter fällt. Sie können fachlich fundierter argumentieren, wenn es um Textanalyse und -bewertung geht. Nicht nur die Diskussion von Texte innerhalb einer Werkstatt, sondern auch Gespräche im eigenen Unterricht profitieren davon.[115]

Auch zur **Motivation** hat das Programm viel beigetragen. So haben die TN wieder Lust, etwas Neues auszuprobieren, sie sind motiviert, wiederum Schüler zu motivieren und sie sind bereit, neue Inhalte und Methoden in den Unterricht einzubauen.[116] Entsprechend ergeben sich auch für den eigenen Unterricht der TN Veränderungen: Neben einer generellen Erhöhung des prozentualen Anteils an Literarischem Schreiben im eigenen Deutschunterricht geben die TN über alle

[114] Interessant ist in diesem Zusammenhang auch, dass laut Fragebögen drei von vier Werkstätten ihre eigene Fähigkeit, Kriterien zur Beurteilung von Texten zu entwickeln und anzuwenden, höher einschätzen als ihre Fähigkeit, Schüler zum Umgang mit Kriterien anzuleiten (vgl. *Downloadmaterial*, Abb. 16).

[115] Damit passt zusammen, dass laut Selbsteinschätzung der eigenen Kompetenzen (vgl. *Downloadmaterial*, Abb. 16) sowohl die Fähigkeit, *selbst über Texte zu sprechen,* als *die Fähigkeit, Schüler zur Kommunikation über Texte anzuleiten*, auf einem gleich hohen Niveau liegen (je 6,8 Skalenpunkte).

[116] Allerdings schätzen die TN, im Rahmen der Selbsteinschätzung ihrer Kompetenzen auch danach gefragt, ihre eigene *Motivation, Texte zu produzieren* deutlich schlechter ein als ihre *Fähigkeit, Schüler zum Schreiben zu motivieren* (6,0 vs. 7,1 Skalenpunkte – vgl. Downloadmaterial, Abb. 16).

Werkstätten hinweg am häufigsten an, Kreatives bzw. Literarisches Schreiben weiterhin verstärkt im Unterricht umsetzen zu wollen. Diese Veränderung kann in direktem Zusammenhang mit der Einstellungsmessung gesehen werden. Auch wenn keine direkte Einstellungsänderung festgestellt werden konnte, da die Einstellung gegenüber Literarischem Schreiben erwartungsgemäß von Anfang an sehr hoch war, konnte erhärtet werden, dass vielen der TN der Wert Literarischen Schreibens bewusster geworden ist und sie Sicherheit gewonnen haben, Literarisches Schreiben in den Unterricht zu integrieren und auch motivierter sind, dies zu tun. Darüber hinaus konnten tendenziell grundlegende persönliche Veränderungen festgestellt werden, die sich auf die eigene Lehrerrolle beziehen und einen stärker kooperativen sowie weniger normativen Umgang mit Schülern.

So werden schließlich Nutzen, Wirksamkeit und Nachhaltigkeit des Programms hoch eingestuft (vgl. dazu auch unten, Kap. 3.5.3): Auf der Basis der Selbsteinschätzungen kann insgesamt der Kompetenzzuwachs als hoch und das Erlernte als direkt oder modifiziert umsetzbar bezeichnet werden. Allerdings stellt sich so mancher IT die Frage, inwieweit die (langfristige) Implementierung im Schulalltag durchführbar ist und inwieweit schulische Strukturen diese Veränderungen zulassen. Letztendlich kommt es darauf an, was jeder Einzelne daraus macht, ob schulische Gegebenheiten den Lehrkräften entgegenkommen und/oder ob den Deutschunterricht betreffende strukturelle Veränderungen diesen unter die Arme greifen. Nichtsdestotrotz geben die TN fast geschlossen an, zukünftig, sofern sie das nicht bereits getan haben, das Erlernte in ihrem Unterricht umzusetzen, Erlerntes an ihre Kollegen weiterzugeben und zu Veränderungen an ihrer Schule beizutragen.

Insgesamt dürfen die meisten unserer Hypothesen als verifiziert gelten, insoweit eine begrenzte Datenbasis Schlüsse zulässt (nicht unbedingt auf die Grundgesamtheit aller Deutschlehrer/innen, aber doch auf weitere Interessenten an einer derartigen Weiterbildung). Die Teilnehmer …

- schätzen das Konzept der Weiterbildung LSiD im Vergleich zu ihnen bekannten Fortbildungskonzepten als wirksamer und nachhaltiger ein und können dessen Nutzen durch ihre Erfahrungen und teilweise ihre Projektergebnisse bestätigen,
- sind in ihrer Einschätzung von Schülertexten nach eigener Aussage mehrheitlich weniger normativ und rigide als vor der Weiterbildungsmaßnahme,
- haben nach Selbsteinschätzung an poetischer Gestaltungskompetenz hinzugewonnen, insofern sie bessere Texte schreiben,
- berichten von mehr Sicherheit in Bezug auf die Möglichkeit, über die Qualität literarischer Texte zu diskutieren und ihre Urteile zu begründen,
- glauben insofern begründet, dass die eigene Erfahrung im Literarischen Schreiben ihren Schreibunterricht verändert bzw. bereichert, und zwar über die Durchführung von an das Stuttgarter Konzept angelehnten Schreibprojekten hinaus.

Dass den meisten unter ihnen in Studium und Referendariat Kenntnisse und Fähigkeiten im Bereich des Literarischen Schreibens nicht vermittelt wurden (vgl. oben, Kap. 3.1.2) und damit Zugänge zum Schreiben, zu Konzepten und Methoden fehlten, ermessen sie in seiner Tragweite erst im Lauf der Weiterbildung. Dass Literarisches Schreiben in seiner möglichen Bedeutung für den Unterricht viel zu gering geschätzt wird, betont eine Mehrheit der Interviewpartner; und dass die Prüfungsrelevanz Literarischen Schreibens derzeit gering und eine umfangreiche Integration in bestehende Strukturen schwierig sei, sehen sie als Herausforderung erst jetzt.

3.3 Schreiben und darüber sprechen: Die Kommunikation in den Werkstätten, systematisch beobachtet

3.3.1 Über eigene Texte sprechen – Herausforderung für die Sprachdidaktik

In der Literaturdidaktik gibt es seit Längerem eine Forschungsdiskussion über das „literarische Gespräch" (vgl. auch oben, Kap. 1.2.3); der Literaturunterricht, traditionell lehrergesteuert und ergebnisorientiert, sollte in Richtung einer demokratischeren Gesprächskultur sowie gemeinsamen Sinnsuche und Erprobung von Lesarten umgestaltet werden.[117] Im Einzelnen geht es darum ...

- weniger lehrergelenkt und damit kommunikativer vorzugehen;
- der Gefahr des „Elitären" durch demokratischere Strukturen zu begegnen und ein „Gespräch unter Peers" zu führen;
- die üblichen „Leitfragen" zur Textinterpretation zurückzunehmen und das eigenständige Nachdenken über den Text zu begünstigen;
- auf die Frage nach der Autorintention zu verzichten (vgl. Härle/Steinbrenner 2004, S. 2ff.).

Für die Sprach- bzw. Schreibdidaktik gibt es eine vergleichbare Diskussion im deutschen Sprachraum kaum. In der angelsächsischen und besonders der niederländischen Schreibforschung werden allerdings Dinge diskutiert, die dieser Forderung nach einem Interpretationsgespräch unter „Peers", die gemeinsam die besten Interpretationsansätze finden, begründen und anwenden, recht nahe kommt. Auf der Basis dessen, was in Kap. 1.1.1 über kollaboratives Schreiben referiert worden ist ("Writing and reading are [...] collaborative, social acts": Lunsford/Ede 1990, S. 114 f.) wird hier das dialogische Prinzip der (schulischen) Schreibentwicklung betont:

> The heart of writing development is the dialogue in which teachers and students collaborate, inform, question, think aloud, self-correct, challenge, and construct meaning together. (Englert/Mariage/Dunsmore 2006, S. 211)

> Peer work should [...] include talking about the writing task and the contents and purpose of writing before and during writing the first draft. (Rijlaarsdam et al. 2008, S. 3)

Mit einer Didaktik des literarischen Gesprächs über fremde Texte haben solche Überlegungen gemeinsam, dass sie besser nicht von einer Lehrerautorität ausge-

[117] Vgl. Christ et al. Hrsg. 1995, Merkelbach 1998, Härle/Steinbrenner 2004, Bräuer 2011, Abraham 2011.

hen, die die „richtige Lösung" für ein in Rede stehendes Problem schon kennt.[118] Ähnlich wie im „literarischen Gespräch" sollte auch hier die Konsensfindung über die Beschreibung und Deutung eines Textes in der Lerngruppe im Mittelpunkt stehen, ergänzt allerdings um diejenige zu seiner Bewertung (vgl. dazu oben, Kap. 3.2.5).

Die Werkstattkommunikation im Weiterbildungsprogramm LSiD taugt, wie die im Folgenden zusammengefassten Beobachtungen zeigen, in gewissen Grenzen als Modell einer Kommunikation über eigene Texte, die solchen Erwartungen entspricht. Schon die bisher dargelegten Ergebnisse der Begleitforschung zeigen, dass die Teilnehmer in den Interviews unter anderem ausführlich Rechenschaft ablegen über die in der Weiterbildung erworbenen Erfahrungen im Bereich der Kommunikation über Texte. Es entsteht weitgehend durchgängig ein Bewusstsein dafür, dass das Sprechen über Texte und Textentwürfe in der Gruppe ein unverzichtbarer Bestandteil nicht nur literarischen Verstehens, sondern auch literarischer Schreibprozesse ist.

Von den TN thematisiert werden die Brauchbarkeit und Entwicklung von Kriterien, Probleme der Begründung von Geschmacksurteilen und der Verständigung über Textqualität sowie mögliche gesprächsförmige Verfahren des Textfeedbacks und der Textüberarbeitung. Ebenso nehmen sie wahr, dass gelingende Anschlusskommunikation an eigenes Schreiben eine veränderte Rolle und Haltung des Lehrenden benötigt, die den behutsamen und wertschätzenden Umgang mit den Texten Lernender kultiviert. Formen wie der moderierte Gesprächskreis tragen, so die Aussage mehrerer Teilnehmer, zur Entwicklung einer förderlichen Gesprächs- und Schreibkultur als literarischer Geselligkeit in Werkstatt und Klassenzimmer bei. Mit ihren Hinweisen auf **Gesprächsgegenstand, Gesprächsatmosphäre, Gesprächssetting und -dynamik** heben die Teilnehmer auf Aspekte ab, die sowohl die einzelnen Teilnehmer und die Gruppe (das „Miteinander-Kommunizieren") als auch die Bedeutung des Themas (das „Über-etwas-Kommunizieren") betreffen. Die genannten Aspekte und ihre Anforderungen gelten als konstitutive Bestandteile gelingender Anschlusskommunikation (vgl. Kap. 1.2.4).

Die subjektive Wahrnehmung und Einschätzung der Teilnehmer aus den Befragungen wird im Folgenden (im Sinn des Triangulationsmodells) noch aus einem anderen Blickwinkel dargestellt und insofern validiert, als die Methode der **Systematischen Beobachtung** nicht-sprachliche Daten von Kommunikationsprozessen erfasst und sich damit gleichfalls auf Verhaltens- und Interaktionsweisen von und zwischen Werkstattleitung und Teilnehmern richtet. Die Beobachtungen erfolgten im ersten Programmjahr (auf dem 2. Seminarwochenende im März 2012) durch zwei externe, stille Beobachter. Vorgehen und Zweck der Beobach-

[118] Auch ein wesentlicher Unterschied sei am Rande erwähnt: An die einer konstruktivistischen Literaturdidaktik verdächtige „Autorintention" wird die Kommunikation über eigene Texte sehr viel unvoreingenommener herangehen können; der Autor ist ja in der Regel anwesend.

tung wurden den TN im Vorfeld erklärt.[119] Eine vorab festgelegte Systematik in sieben Kategorien strukturiert die Beobachtung:

- Wer spricht? Welche TN sprechen?
- Wer ist angesprochen?
- Worüber wird gesprochen, gibt es einen Werkstattbezug der Äußerung?
- Bezieht sie sich auf theoretische oder praktische Arbeit?
- Wie äußern sich die TN (Sozialform und emotionale Tönung)?

Das Strukturierungsinstrument gewährleistet eine objektivierte Nachvollziehbarkeit der Art, wie sich Interaktion, Kommunikation und Gruppendynamik in den einzelnen Werkstätten und im Vergleich zueinander konkretisieren.

3.3.2 Werkstattimpressionen

Die Systematische Beobachtung von einzelnen Interaktionsaspekten der Werkstätten wird jeweils durch ein **Impressionsprotokoll** ergänzt, das die subjektiven Eindrücke der Werkstatt-Beobachter ganzheitlich festhält. Damit wird die Systematik der Beobachtungskategorien in einen Bezugsrahmen gestellt, der vor allem die emotionale Komponente im Interaktionsgefüge der Anwesenden ergänzt und beleuchtet.

Allen vier Werkstätten wird in gleicher Weise eine **gesprächsförderliche Atmosphäre** attestiert. Die Stimmung in der Werkstatt Lyrisches Schreiben wirkt nach Aussage der Beobachter entspannt, gelassen und ruhig. Alle Fragen, Rückfragen und das konstruktive Textfeedback werden im Gespräch sehr detailliert und erschöpfend behandelt. Die TN scheinen ausnahmslos die Möglichkeit zu haben, sich ausführlich zu äußern, ohne durch die Leitung oder andere Teilnehmer unterbrochen zu werden. Damit charakterisiert diese Werkstatt ein Eindruck der Entschleunigung, der Zeitlassen und Zeitgeben als wichtige Rahmenbedingungen literarischer Lern-und Schreibprozesse deutlich suggeriert. Dem Dozenten wird zudem die Fähigkeit zugesprochen, die Kommunikation zurückhaltend und gleichzeitig bestimmt zu organisieren. Der von den TN selbst gestaltete Kommunikationsverlauf, der auch Pausen zulässt, wird nur vereinzelt durch moderierende Eingriffe der Leitung gelenkt.

[119] „Im Rahmen der wissenschaftlichen Begleitung der Weiterbildungsmaßnahme werden während des 2. Seminarwochenendes zwei Mitarbeiter (Christian Thierauf und Bernhard Schrauth) jede Werkstatt einmal besuchen, um Einblick in den Arbeitszusammenhang zu gewinnen. Die beiden werden so wenig wie möglich stören, und sie sollen auch nicht in die Kommunikation einbezogen werden. Die auf diese Weise gewonnenen Beobachtungen dienen nicht der Bewertung oder „Evaluation" der Werkstattarbeit, sondern bieten lediglich die Möglichkeit des Abgleichs mit anderen uns vorliegenden Erkenntnissen. Die Beobachtung ist neben den Fragebögen, den Interviews und der Textprobensichtung unser viertes Erhebungsinstrument. Es kommt absichtlich erst jetzt zum Einsatz, da die Werkstatt-Teams schon gut aufeinander eingespielt sind." (Anschreiben 13.3.2012)

In der Werkstatt *Journalistisches Schreiben* herrscht eine freundliche und entspannte Atmosphäre, die zur konstruktiven Diskussion innerhalb der Gruppe anzuregen vermag. Die strukturierte Anleitung durch den Dozenten macht dessen Position deutlich, schafft aber gleichzeitig Rederaum für den Einzelnen.

Die Atmosphäre in der Werkstatt *Erzählendes Schreiben* wird von den Beobachtern gleichfalls als heiter, freundlich und kollegial bezeichnet. Der zielgerichtete Kommunikationsverlauf wird durch die Dozentin unterstützt; die offene Kommunikation lädt dabei zu Nebengesprächen ein und es ergeben sich mehrfach kommunikative Überlappungen, die aber insgesamt keine Störung hervorrufen.

Als locker und offen erscheint die Atmosphäre in der *Werkstatt Szenisches* Schreiben. Auch hier ist die behutsame Führung und Moderation durch die Leitung erkennbar, die ein Gleichgewicht zwischen durch die TN selbstorganisierten Interaktionsphasen, Pausen und Anleitung schaffen. Die Beiträge einzelner TN sind umfänglich; außerdem fällt in dieser Werkstatt die besondere emotionale Tönung der Beiträge, die zum Teil auch recht forsch artikuliert werden, ins Auge. Ob damit innere oder äußere Störungen, wie sie die Themenzentrierte Interaktion vorrangig zu berücksichtigen versucht, ausgedrückt werden, kann in vorliegendem Fall nicht näher untersucht werden.

Die Beobachtungen aus den Impressionsprotokollen deuten in ihrer Gesamtaussage an, dass die von Experten geleiteten gattungsbezogenen Werkstattgespräche für die Einzelnen und die Gruppe unter den gegebenen institutionellen, situativen und personellen Bedingungen einer Weiterbildung von Deutschlehrer/innen unterschiedlicher Schularten der Sekundarstufe ein Format anbieten, mit dem Gespräche über literarische Texte und Textentwürfe erfolgreich initiiert und unterstützt werden. Ein Blick auf die Kategorien der systematischen Beobachtung liefert weitere Erklärungen und bildet gleichzeitig Unterschiede in der Interaktionsgestaltung ab.

3.3.3 Interaktion, Kommunikation und Gruppendynamik

Die Kategorienbildung lehnt sich an ein dem vorliegenden Forschungszweck angepasstes Modell der Lasswell-Formel an; ihr liegt folgende Fragestellung zu Grunde: Wer spricht mit wem worüber auf welche Weise?

Wer spricht?

Die **Verteilung der Redezeit** zeigt in der Werkstatt *Lyrisches Schreiben* ein ausgewogenes Verhältnis von Dozent (47%) und Teilnehmern (46%), bei dem auch Momente der Stille Raum finden (8%). Im *Journalistischen Schreiben* nimmt der Dozent mehr Redezeit (63%) ein als die Teilnehmer (35%), was in der Werkstatt *Erzählendes Schreiben* noch verstärkt auftritt. Die TN aus dem *Journalistischen Schreiben* kommen auf etwas mehr als die Hälfte der Redezeit ihres Dozenten, in der Werkstatt *Erzählendes Schreiben* steht den TN rund ein Drittel der Dozentenredezeit zu. Die Dozentin hat damit den größten Redeanteil in ihrer Werkstatt (36 %), die TN kommen auf einen Anteil von 13 %, daneben nehmen eine Einzelarbeit (38 %), kommunikative Interaktionsüberschneidungen sowie einzelne Momente der Stille Raum ein (14 %). In der Werkstatt *Szenisches Schreiben* nehmen die TN die Redezeit maßgeblich für sich in Anspruch (33 %), der Dozent folgt mit 24 %. Die beobachtete Werkstattsequenz beinhaltet daneben eine Gruppenarbeit (30 %) sowie einige Momente der Stille und kommunikative Interaktionsüberschneidungen (12 %).

Neben der Frage nach der Redezeitverteilung ist der **Anteil der an der Kommunikation beteiligten Sprecher** ein Merkmalsindikator für gruppenkommunikative Prozesse. Von den elf anwesenden TN in der Werkstatt Lyrisches Schreiben bringen sich während der Beobachtungszeit acht TN aktiv ins Gespräch ein, von denen zwei den hauptsächlichen Anteil der Kommunikation für sich beanspruchen. Von den neun TN der Werkstatt Journalistisches Schreiben sind acht TN in die Kommunikation eingebunden, wobei der kommunikative Anteil der einzelnen TN breit verteilt ist, wenngleich drei von ihnen als stärker involviert auftreten. Ein ungleich anderes Verhältnis stellt sich in der Werkstatt Erzählendes Schreiben dar, wo von zwölf anwesenden TN nur fünf als Sprecher aktiv an der Kommunikation beteiligt sind und zwei von ihnen die Kommunikation dominieren. In der Werkstatt Szenisches Schreiben wird das Gespräch aktiv von elf der insgesamt 14 TN geführt, dessen dominierende Redeanteile von fünf TN bestritten werden.

Wer angesprochen ist

In allen Werkstätten wird primär **die gesamte Gruppe** angesprochen: Lyrisches Schreiben (72%), Journalistisches Schreiben (61%) Erzählendes Schreiben (67%), Szenisches Schreiben (60%). In den Werkstätten Lyrisches Schreiben und Journalistisches Schreiben findet sekundär eine **Ansprache einzelner TN** (je 21%) statt, die **Ansprache des Dozenten** ist hier drittrangig (7% und 17%). In den Werkstätten Erzählendes und Szenisches Schreiben ist das Verhältnis umgekehrt, da die sekundäre Ansprache sich an den Dozenten richtet (18% und 23%), während einzelne TN tertiär mit 15% und 17% angesprochen werden.

Die Ergebnisse zeigen, dass die beobachtete Interaktionsdynamik keine Fokussierung auf den Dozenten aufweist, sondern weitgehend die gesamte Gruppe miteinander ins Gespräch bringt, wie dies in authentischen Gesprächen der Fall ist. Die TN sind also nicht nur Reagierende, sondern auch Impulsgeber und bringen sich aktiv in die Auseinandersetzung ein. Wenngleich die Anteile der Sprecher in den einzelnen Werkstätten variieren, erweist sich die Kommunikation im Ganzen als wechselseitig und gleichberechtigt.

Worüber gesprochen wird

In allen vier Werkstätten orientieren sich die Gespräche nahezu ausschließlich an den **Werkstattinhalten**, Gesprächsphasen ohne erkennbaren Werkstattbezug (6% in der Werkstatt Journalistisches Schreiben) sind die Ausnahme.

Schwerpunktmäßig werden in den Werkstattgesprächen vier inhaltlich-thematische Kategorien verhandelt: **Eigene Erfahrung/Arbeit/Texte, fremde Erfahrung/Arbeit/Texte, Vorgaben des Dozenten** und **Schulbezug** (der stärker individuell statt systemisch akzentuiert ist). In der Werkstatt Lyrisches Schreiben wird vor allem über eigene und fremde Texte gesprochen (je 33%), gefolgt von einer Auseinandersetzung über Dozentenvorgaben (22%), weniger gewichtig ist hier der Schulbezug (2%). Dieser steht im Mittelpunkt der Werkstatt Journalistisches Schreiben (32%), gleichrangig mit dem Gespräch über die Vorgaben des Dozenten. Die eigene Projekt- und Werkstattarbeit (17%) überwiegt hier über die Auseinandersetzung mit den Texten und Erfahrungen anderer (6%). Der starke Schulbezug in diesem Gespräch signalisiert, dass v. a. die unterrichtlichen Transfermöglichkeiten der Werkstattkonzeption und ein Erfahrungsaustausch über die konkreten Schreibprojekte in den Schulen vor Ort den TN (zumindest in diesem Moment) als vorrangig erscheinen. Auffällig hoch ist die Auseinandersetzung der TN mit den Vorgaben der Dozentin (67%) in der Werkstatt Erzählendes Schreiben, was mit dem relativ großen Redeanteil der Werkstattleiterin korreliert. Daneben werden die eigene Werkstattarbeit der TN (18%), der Schulbezug (10%) und die Werkstattarbeit anderer TN (5%) verhandelt. Die fremde Erfahrung, also die Auseinandersetzung mit den Texten anderer, steht im Mittelpunkt der Werkstatt Szenisches Schreiben (75%), während die Beschäftigung mit den eigenen Texten kaum zum Gesprächsinhalt wird (2%). Die Thematisierung der Vorgaben des Dozenten liegt bei 17%, der Schulbezug dagegen nur bei 4%.

Gesprochen wird (mit Ausnahme der Werkstatt Erzählendes Schreiben) in den Werkstätten am Rande auch über private Texte, private Lektüre sowie über Sonstiges. Ausnahmslos erweisen sich diese prozentualen Anteile im Gespräch jedoch als so gering, dass sie vernachlässigt werden können.

Die Ausdifferenzierung von **theoretischer und praktischer Arbeit** kommt zu dem Ergebnis, dass in drei Werkstätten eine sehr weitgehende Konzentration auf die theoretische Arbeit in der Auseinandersetzung über Textentstehung und Textentwürfe vorliegt. Eine Ausnahme bildet die Werkstatt Szenisches Schreiben, wo ein Praxisanteil mit 18% notiert wird. Dies lässt sich als spezifisches Kennzeichen der genrebezogenen Werkstattkonzeption interpretieren, da das Entwickeln aufführungsbezogener Texte immer auch auf andere, nicht schriftbasierte Ausdrucksmöglichkeiten angewiesen ist.

Wie sich die Teilnehmer äußern

In allen vier Werkstätten dominiert die Interaktionsform des **Gesprächs** (Journalistisches Schreiben 90%, Szenisches Schreiben 81%, Lyrisches Schreiben und Erzählendes Schreiben je 72%). Diese wird in zwei Werkstätten durch die **Lesung von Texten** ergänzt: Lyrisches Schreiben und Szenisches Schreiben (je 20%). Weiterhin nehmen vereinzelt **Vorträge** Raum ein. Dies ist der Fall in den Werkstätten Erzählendes Schreiben (29%) und Journalistisches Schreiben (10%) sowie punktuell einmal in der Werkstatt Lyrisches Schreiben (8%).

Die emotionale Tönung der Beiträge ist zumeist **neutral** (Lyrisches Schreiben 93%, Erzählendes Schreiben 92%, Szenisches Schreiben 90%, Journalistisches Schreiben 79%). Weniger stark bis schwach ausgeprägt sind **positive Äußerungen** (Journalistisches Schreiben 17%, Erzählendes Schreiben 8%, Lyrisches Schreiben 6%, Szenisches Schreiben 4%). Dieser geringe Anteil hält sich weitgehend die Waage mit dem Anteil **negativer Äußerungen** (Szenisches Schreiben 6%, Journalistisches Schreiben 4%, Lyrisches Schreiben 1%), während negative Äußerungen in der Werkstatt Erzählendes Schreiben völlig fehlen.

Dies deutet darauf hin, dass die TN sich bemühen, eine sachliche und vorrangig sachbezogene Auseinandersetzung über Texte zu führen, die vor allem die Analyse auffälliger Textmerkmale in den Mittelpunkt stellt, bevor explizite (Be-)Wertungen auf einer Positiv-Negativ-Skala artikuliert werden.

3.3.4 Zusammenfassung

Die aufgezeigten Formen des Miteinanderredens stützen sich in den Werkstätten der Weiterbildung, so verdeutlicht die Gesamtschau, auf ein **Klima des Vertrauens** und der gegenseitigen Wertschätzung. Die Ausbildung einer solchen kommunikationsfördernden Atmosphäre gilt in Gesprächsprozessen als Grundvoraussetzung, ohne die keine **Bereitschaft zur dauerhaften Beteiligung** entstehen kann. Die dokumentierte breite Beteiligung[120] und das Interesse der TN an den Gesprächen ist also Ausweis dafür, dass sich im Laufe der regelmäßigen Werkstattzusammenkünfte eine positive kommunikationsorientierte Gruppendynamik entwickeln und erhalten konnte. Der Aufbau von Vertrauen und die Entwicklung einer (Gesprächs-)Gemeinschaft benötigen Zeit und Raum; diese stehen im Rahmen der langfristig angelegten Weiterbildung über zwei Jahre entsprechend zur Verfügung.

Atmosphäre und Gesprächssetting sind nach den Maßgaben der Themenzentrierten Interaktion Teil des GLOBE (vgl. Kap. 1.2.4) und stehen in engem Zusammenspiel zu den anderen Faktoren (der Einzelne, die Gruppe, das Thema). Im Hinblick auf eine anzustrebende Balance richtet die TZI besonderes Augenmerk auf den Umgang mit **Störungen**. Explizite Störungen treten in den beobachteten Werkstattsequenzen nicht auf, jedoch ergeben sich stellenweise kommunikative Überlappungen und **Nebengespräche**. Diese werden zugelassen und von den Werkstattleitern nicht unterbunden, womit ihnen eine Berechtigung zuzufallen scheint, die in diesen Momenten das ICH und das WIR gleichbedeutend mit dem ES (Thema) stellen.

120 Die beobachtete Beteiligung der aktiven Sprecher umfasst eine Spannbreite von unter 50% der Gesamtteilnehmerzahl (fünf von zwölf TN) bis hin zu einer annähernd vollständigen Beteiligung aller (acht von neun TN). Bei allen Beobachtungen bleibt zu berücksichtigen, dass das Ergebnis eine Momentaufnahme abbildet, so dass spätere Beobachtungen durchaus zu anderen Verteilungsbildern innerhalb der Werkstätten und im Vergleich kommen können. Daher richtet sich unser Blick vorrangig auf abzuleitende Tendenzen, die vor allem in den werkstattübergreifenden Gemeinsamkeiten sichtbar werden.

Die Werkstattleiter organisieren Gesprächsverläufe, in denen sie selbst eine deutlich sichtbare Funktion einnehmen. Sie nehmen die **Rolle der Gesprächsleitung** wahr, bringen sich mit eigenen Beiträgen ein und moderieren die inhaltlich-strukturelle Sequenzierung der Gespräche. Ihre zentrale Position zeigt sich auch darin, dass die Gespräche inhaltlich mehrfach um die Vorgaben der Dozenten kreisen. Die Dozenten sind aber in keinem Fall ausschließlicher oder hauptsächlicher Ansprechpartner, da die Gesprächsbeiträge sich in allen Werkstätten vorrangig an die gesamte Gruppe richten. Außerdem treten die Werkstattleiter in den Gesprächen ihre Leitungsfunktion durchaus auch ab, sodass phasenweise einzelne TN die **Gesprächsdynamik** dominieren. Der durchgehende Eindruck von den Werkstattgesprächen erweist sich daher als wechselseitig dialogisch und zeugt vom Aufeinanderbezogensein der TN untereinander sowie zwischen den TN und dem Dozenten. Zum Ausdruck kommt die ausgeprägte kommunikative Grundhaltung der Werkstattgruppen, in denen sich viele einzelne Akteure immer wieder mit ihren Äußerungen in die Gespräche einbringen, sie mitgestalten und weiterführen und so erfolgreich an der Beziehungsarbeit (WIR) mitwirken.

Wenngleich kommunikative Beziehungen sich (in anderen Kontexten) auch in unterhaltsamer Plauderei ausbilden können, erheben die Werkstattgespräche den Anspruch, ein **Thema** zu bearbeiten. Dieses ist nicht von außen vorgegeben, sondern angebunden an den Prozesscharakter der Werkstattkonzeption und des literarischen Schreibens. Das Sprechen über eigene Werkstatterfahrungen und Texte, über die Erfahrungen mit Texten anderer ist daher **zentraler Gesprächsinhalt** und verdeutlicht in dieser Ausrichtung das Interesse der TN, an vielfältigen Beispielen Texteigenschaften wahrzunehmen, zu reflektieren, um daraus Anregungen und Feedback für die Überarbeitung der eigenen Textentwürfe zu erhalten. Die Auseinandersetzung mit den Urteilen anderer impliziert gleichsam wichtige Lernprozesse der Akzeptanz und des Aushaltens von Kritik.

Das Gespräch über eigene Texte und Textentwürfe lohnt – in einem Kreis, der Lesende und Schreibende im wechselseitigen Austausch zueinander in Beziehung treten lässt und dabei (durch Anteile in Form von Lesungen) auch immer wieder die Texte selbst zum Sprechen bringt. Das gleichberechtigte Setting und der vielstimmige Verlauf der vier beobachteten Werkstattgespräche tragen diesem Anspruch Rechnung.

3.4 Unterrichtsprojekte in den Klassen der Teilnehmer/innen im zweiten Jahr der Weiterbildung

Eine weitere Möglichkeit, die in der Weiterbildung erworbenen Kompetenzen der Lehrenden im konkreten Praxistransfer in den Blick zu nehmen, ergibt sich aus der Analyse der Erfahrungsberichte über die in ihrem Unterricht initiierten und durchgeführten Projekte Literarischen Schreibens. Mit ihnen lassen sich Gelingensaspekte, aber auch mögliche Problempotenziale herausstellen. Die vorliegenden 44 Berichte, die das Literaturhaus Stuttgart 2013 in einer Broschüre[121] zusammengefügt und publiziert hat, sind den Werkstätten Erzählendes Schreiben (13), Lyrisches Schreiben (9), Szenisches Schreiben (14) und Journalistisches Schreiben (8) zuzuordnen. Den Dokumentationen liegt eine vorher verabredete gemeinsame Struktur zugrunde (Vorhaben, Durchführung und Ergebnisse), welche die einzelnen Teilnehmer in unterschiedlicher Detailliertheit füllen; stellenweise veranschaulichen Schülertextbeispiele einzelne Ergebnisse.

Erwähnt sei, dass viele Projektklassen einen hohen Anteil an Schülern mit Migrationshintergrund haben, deren besonderer sprachlicher Förderbedarf wiederholt explizit benannt wird.

3.4.1 Planung der Schreibprojekte

Die Schreibprojekte, die von der Erprobung einzelner Formen Literarischen Schreibens über die Erarbeitung von Hörspielszenen, einer Enzyklopädie oder eines Filmdrehbuchs bis hin zum gemeinsamen Verfassen eines Romans reichen, finden zum größten Teil im **regulären Deutschunterricht** unterschiedlicher Klassenstufen statt. Ihre Umsetzung erfolgt im wöchentlichen oder zweiwöchentlichen Rhythmus und umfasst kontinuierlich eine Einzel- oder eine Doppelstunde. Die Kontinuität unterstützt die nachhaltige Ausbildung von Schreibroutinen; es wird angemerkt, dass es Schülern im Laufe des Schuljahres immer leichter fällt, ins Schreiben einzusteigen (*Erfahrungsberichte*, S. 35). Daneben werden die Projekte aber auch in mehrstündig angelegten Zeitblöcken umgesetzt. Die Organisation in Blöcken erscheint manchen Teilnehmern insofern vorteilhaft, als „kaum eine Schreibunternehmung […] in einer Doppelstunde befriedigend abzuschließen [ist]“ (ebd., S. 55) und „die eigenen Texte eine bestimmte Ruhezeit benötigen, was ich ja durch das erste Projektjahr selbst erfahren konnte“ (ebd., S. 95). Literarisches Schreiben findet in einem Projekt am Wochenende im Landschulheim statt (ebd., S. 115), ebenso wird die Einbettung des Schreibvorhabens in die von der Gesamtlehrerkonferenz festgelegten Projektwochen erprobt, womit weitere Zusatztermine einhergehen.

[121] Die folgenden Seitenzahlen beziehen sich auf diese Broschüre: „Literarisches Schreiben im Deutschunterricht. Erfahrungsberichte aus dem Fortbildungsprogramm für Deutschlehrkräfte aller weiterführenden Schularten in Baden-Württemberg (von Oktober 2011 bis Juli 2013)“. Stuttgart 2013. Zit. als *Erfahrungsberichte*.

Der für umfangreiche Schreibprojekte veranschlagte **Zeitrahmen** beträgt, insoweit hierzu genaue Angaben vorliegen, einmal 26 Stunden (ebd., S. 162) und einmal rund 30 Stunden, verteilt auf vier Arbeitsphasen (ebd., S. 125). Aus den verhältnismäßig hoch angesetzten Stundenzahlen („ein Viertel der Gesamtstundenzahl", ebd., S. 163) erwachsen aber nicht selten organisatorische Probleme in der Durchführung und machen im weiteren Verlauf Kürzungen notwendig. Gefordert wird daher die Möglichkeit eines institutionell abgesicherten Freiraumes für Literarisches Schreiben:

> Nach meinen jetzigen Erfahrungen würde ich für in die Jahresplanung fest eingeplante institutionalisierte Schreibwochen plädieren, und zwar in allen Klassenstufen. Mit meinen übers Jahr verteilten „Schreibstunden" wollte ich ein Kontinuum erreichen, was mir dabei lediglich gelang, waren „Tropfen auf den heißen Stein". (Ebd., S. 80)

Mit Ausnahme der Werkstatt Lyrisches Schreiben haben Teilnehmer aus allen anderen Werkstätten (insgesamt sechs) die Umsetzung der Schreibprojekte vom regulären Deutschunterricht abgekoppelt und Literarisches Schreiben in wöchentlichen **Zusatzstunden** zur „Individuellen Förderung", in **Arbeitsgemeinschaften „Schreibwerkstatt", Seminarkursen und jahrgangsübergreifende Literaturkursen** vermittelt. Dabei wird das Format der Schreibwerkstatt vereinzelt in Opposition zum Deutschunterricht gesetzt und nicht als Möglichkeit wahrgenommen, Literarisches Schreiben im Deutschunterricht zu implementieren.

> Der Bildungsplan stellt Schreiben allenfalls als Orchideenthema dar. Schreiben findet in den vorgegebenen Aufsatzformaten statt, die auch wichtig sind, die aber mit den Schreibprozessen aus didaktischer Sicht nicht viel zu tun haben. Je nach Klassenstufe werden im DU bestimmte Textformen eingefordert, die jede für sich einem starren Aufbau folgen. Oft orientieren sich weder Inhalt noch Form an der Erfahrungswelt der Schüler. In der Schreibwerkstatt nehmen wir uns die Zeit und den Raum, mit Wort und Inhalt zu spielen, zu experimentieren.
> (Ebd., S. 180)

Die literarischen Schreibprojekte werden jedoch auch vielfach nicht als isolierte Einheiten verstanden, sondern angebunden an **integrative und fächerübergreifende Unterrichtsvorhaben**. Entsprechende Beispiele sind das Schreibprojekt im Rahmen eines Schüleraustausches (deutsch-indische Schülertandems schreiben „Webcams" zu einem Tag in Mumbai, ebd., S. 52 f.), die Kooperation mit der Theater-AG der Schule (ebd., S. 84), die Verbindung des szenischen Schreibens mit einem Theaterangebot als „Premierenklasse" (ebd., S. 162) sowie journalistisches Schreiben in Anbindung an Projekte wie „Zeitung in der Schule" (ebd., S.171/192). Unterstützung und zusätzliche Impulse erfahren die Schüler dabei auch durch **externe Experten** (z.B. Autoren oder Journalisten), die zu Lesungen und Werkstattgesprächen ins Klassenzimmer eingeladen werden, oder sie suchen selbst **außerschulische Lernorte** auf („Besuch einer Zeitungsredaktion", ebd., S. 196). Einige wenige Teilnehmer berichten weiterhin von Versuchen, die Schreibvorhaben im Unterricht im **Team-Teaching** („eine gemeinsame Wochenstunde über ein halbes Schuljahr hinweg", ebd., S. 130) umzusetzen und organisieren Tandems von Deutsch- und Kunstlehrer (ebd., S. 37), Deutschlehrerin und Leiterin der Theater-AG (ebd., S. 130), Klassenlehrerin und Schulsozialarbeiterin (vgl. ebd., S. 196).

3.4.2 Anbahnungsphasen und Einstiege ins Schreiben

Die Erfahrungsberichte dokumentieren, dass die Lehrkräfte mehrheitlich ihre **Unterrichtsvorhaben in enger Anlehnung an die Werkstattkonzeption der Weiterbildung** planen und durchführen. Anbahnungsphasen und Wege ins Schreiben spielen dabei eine entscheidende Rolle, um bei den Schülern Motivation und Interesse am Literarischen Schreiben zu erzeugen, denn nur in zwei Fällen verfügen diese bereits nachweislich über einschlägige Erfahrungen.

Die eigenen Gestaltungserfahrungen der Lehrenden mit unterschiedlichen Verfahren Literarischen Schreibens und die Publikationen der Werkstatt-Leiter bilden die Grundlage dafür, dass entsprechende Lehr-Lern-Prozesse im Klassenzimmer angeleitet werden: „Am Anfang der Überlegungen standen viele Ideen aus dem ersten Jahr der Fortbildung." (*Erfahrungsberichte*, S. 10); „Ich hatte mir vorgenommen, die Erfahrungen aus dem ersten Fortbildungsjahr möglichst eins zu eins umzusetzen." (Ebd., S. 147) „Das von Thomas Richhardt erarbeitete Verfahren erschien mir nach dem ersten Jahr der Fortbildung, in dem wir die einzelnen Schritte intensiv erarbeitet hatten, absolut plausibel und gut übertragbar auf die von mir ausgewählte Klasse." (Ebd., S. 162) Die **Einstiege** ins erzählende Schreiben werden fast durchgehend durch handwerkliche Cut-ups initiiert, durch Übungen zum Automatischen Schreiben sowie durch Ergänzungen zu und stilistische Variationen von Fremdtexten (vgl. Wörner 2012, S. 15 ff.). Annäherungen an das lyrische Schreiben gehen von der Suche nach einzelnen bedeutungstragenden Wörter aus und folgen dem von J. F. A. Oliver entworfenen Schema „Vom Wort in den Satz, vom Satz in den Text, vom Text in die Poesie" (vgl. Oliver 2013, S. 37 ff.), um die Arbeit an „poetischen Verdichtungen" (ebd., S. 94 ff.) vorzubereiten. Die Wege ins szenische Schreiben (vgl. Richhardt 2011, S. 77) werden durch theaterpädagogische Warming-up-Übungen geebnet, durch Texte und Fotos angeregt und durch in der eigenen Weiterbildung erprobte Verfahren wie Partner-Interview, Streitgespräch und Rollenbiografie unterstützt. Beim Journalistischen Schreiben steht die Themensuche am Anfang; außerdem wird, neben Automatischem Schreiben und isolierten Stilübungen, vor allem das Verfahren der Spontanreportage, d. h. Recherche vor Ort, Kurzinterviews und Materialsammlung für einen ersten Textentwurf, genutzt (vgl. Rau 2014, S. 15 ff.).

> Aus eigener Erfahrung weiß ich, dass es sehr schwerfällt, quasi aus dem Nichts eine Reportage schreiben zu müssen, dennoch war diese Erfahrung sehr wichtig und hat verhindert,

> dass man beim Schreiben [...] ständig von dem Gefühl begleitet wurde, keine Reportage schreiben zu können, weil man es noch nie zuvor gemacht hat. (*Erfahrungsberichte*, S. 194)

3.4.3 Schreiben, Fotografie(ren) und Recherchieren an außerschulischen Schreiborten

Fotos spielen vor allem als **Schreibanlässe** zum Einstieg ins Schreiben eine große Rolle. Schüler suchen aus Porträtfotos ihr Romanpersonal aus (ebd., S. 47) oder setzen sich beim szenischen Schreiben mit ihrer Vorstellung von Schönheit auseinander, indem sie Monologe über die Schönheit von dargestellten (Alltags-)Objekten verfassen und ihre Textentwürfe miteinander vergleichen (ebd., S. 116). Fotos von Jugendlichen und jungen Erwachsenen bieten Schreibanlässe, um die Innenwelten von Figuren zu erkunden: „Ich wollte dir schon lange sagen, dass ..." (ebd., S. 121).

Neben dem Schreiben zu vorgelegten oder von der Klasse mitgebrachten Fotografien fotografieren die Schüler auch selbst (im Anschluss an eine Einführung in die Bildgestaltung) oder lassen sich fotografieren (vgl. Wörner 2012, S. 140 ff.).

Die Schüler einer Schreibprojektklasse, die sich in der Ausbildung zum Friseur befinden, setzen ihr Lieblingsarbeitsgerät in Szene und werden für die weitere Textarbeit mit Schere, Fön & Co. fotografiert. Ihr Schreibauftrag besteht darin, einen Liebesbrief an das Objekt zu verfassen (*Erfahrungsberichte*, S. 15). Eine andere Schreibklasse fotografiert geliebte Dinge oder Personen; dem Fotografieren vorausgegangen ist die Arbeit an Listen zum Thema „Was ich liebe" (ebd., S. 43). Die vom Kunstlehrer fotografierten Porträts der eigenen Person mit offenen und geschlossenen Augen führen weiterhin zum Schreiben von Innen- und Außensichten über „Das Ich" (ebd., S. 44).

In diesen Schreibprojekten wird der Anspruch eingelöst, dass Fotografie und literarischer Text sich durchdringen und einen Schaffensprozess der Hybridisierung zwischen zwei unterschiedlichen kulturellen Codes in Gang setzen. Das **Gestalten in Worten und Bildern** reicht damit über das Moment der Einstiegsmotivation zum Schreiben weit hinaus. Dennoch erscheinen Aufgabenstellungen zum Schreiben nach Fotos in Einzelfällen („Projekt Enzyklopädie") auch weniger gelungen: „Insgesamt gesehen haben die stärker geleiteten Stunden am Anfang des Projekts besser funktioniert als die mehr oder weniger freien Aufgaben, also das Schreiben zu den gemachten Fotos oder mitgebrachten Gegenständen" (ebd., S. 50).

Besondere Bedeutung erhält die Fotografie als traditionelles Medium der Dokumentation beim **Schreiben an außerschulischen Lernorten**. Dies wird vor allem in zwei Projekten besonders herausgestellt: Die fotografische und literarische Erkundung eines Stadtteils wird durch Schreibaufträge zu Fotos aus *Little people in the city* des Streetart-Künstlers Slinkachu vorbereitet, dessen Figureninstallationen die Schüler zu ungewohnten Perspektiven beim Schreiben anregen. Danach begeben die Schüler sich auf ihre eigene Motivsuche im heimischen Stadtteil: „Wir entdecken Bad Cannstadt". Unterstützt durch mehrere Aufgaben zum Fotografieren und Schreiben (z. B. Entdeckung von Türen und Toren, Titelsuche für ein Foto, Finden eines besonderen Ortes, Sprechblasen des Stadtverbesserers, ebd., S. 25) sind auf diese Weise zahlreiche kreative und kritische Texte entstanden.

Ebenso integriert das beim Schüleraustausch in Mumbai durchgeführte Webcam-Projekt („der Tagesablauf der Metropole als Narrativ"; ebd., S. 56) das Medium Fotografie. Neben Schreibaufträgen zur Wahrnehmung von Impressionen einzelner Orte erhalten die Schüler einen Fotografierauftrag (angelehnt an *Observations* von Roman Ondák, 1995), bei dem sie zu einer bestimmten Bildunterschrift Fotos mit passenden Bildmotiven aufnehmen sollen. Die Kombination von Literarischem Schreiben und Fotografieren trägt zur Entwicklung von Wahrnehmungskompetenz bei und wird als modellhafte methodische „Paarung" für Austausch- und Studienreisen empfohlen.

> Beide Unternehmungen schärfen, wie die Ergebnisse belegen, den Blick fürs Detail, das entweder gleich (bei den Fotos) oder erst in Arrangement und sprachlicher Verdichtung (bei den Webcam-Texten) als signifikant begriffen wird. (Ebd., S. 56)

Auch beim journalistischen Schreiben lässt sich die Fotografie in den Schreibprozess und dessen Reflexion einbeziehen, was jedoch nur in einem Erfahrungsbericht dokumentiert wird (die Wirkung von Fotos und daraus entstehende Möglichkeiten der Rezipientenbeeinflussung im Rahmen einer Einheit über das Medium Zeitung/Zeitschrift, vgl. ebd., S. 170). Wenn die Schüler Reportagen (v. a. über lokale Themen) verfassen, gehen sie gleichwohl als **Reporter vor Ort**, um zu recherchieren, um Räume, Personen, Situationen und Stimmungen erfahr- und erfassbar zu machen. Im Zentrum der Textplanung und -umsetzung stehen die Erprobung und Reflexion von Elementen journalistischer Arbeit: Themensuche, Recherche und Interview. „Eine Spontanreportage. Ich habe den Weihnachtsmarkt im Dezember gewählt, weil es genügend Interviewpartner auf kleinem Raum gibt" (ebd., S. 175). Recherche und Interviewführung (zum Teil durch Rollenspiele vorbereitet, vgl. ebd., S. 193) werden in den meisten Fällen von den Schülern gut angenommen, doch es gibt auch Ausnahmen: „Zwar verbrachten wir einen AG-Nachmittag in der Tübinger Bahnhofhalle […]. Aber das Ansprechen bzw. das Interviewen von fremden Personen stellte eine unüberwindliche Hürde dar" (ebd., S. 183).

3.4.4 Prozessorientierung: Textentwürfe beurteilen und überarbeiten

Nahezu alle Erfahrungsberichte gehen auf den Aspekt der Textüberarbeitung ein. Mehrfach genannt werden die Verfahren der Schreibkonferenz und der Textlupe, die Arbeit in Tandems mit Schreibberatern, Gespräche über vorgetragene Texte und

Textentwürfe im Plenum („Vorleserunden mit anschließender Diskussion", ebd., S. 20) sowie Einzelgespräche. Die Akzeptanz des Überarbeitens durch die Schüler fällt dabei unterschiedlich aus. Mehrere Lehrkräfte betonen, dass die anfängliche Schreibmotivation schnell zu „fertigen" Texten führte und Schüler vielfach nicht bereit waren, sich erneut mit den ersten Textentwürfen auseinanderzusetzen. Das Überarbeiten wird als „mühsam" (ebd., S. 148) empfunden, Schreibkonferenzen werden abgelehnt oder erscheinen „richtig unergiebig" (ebd., S. 176), redaktionelle Sitzungen im Klassenverband „funktionieren" aufgrund „unsachgemäßer Kommentare" nicht (ebd., S. 106). Verbesserungen werden teilweise dadurch erreicht, dass das Überarbeiten in Kleingruppen bzw. Partnerarbeit verlagert wird. Wenn es Schülern schwerfällt, ihre Meinung zu Textentwürfen zu begründen, erweist es sich als förderlich, Fragen an die Texte der Mitschüler stellen zu können. Auch die Arbeit mit gelungenen Beispielen („Reportagen von professionellen Schreibern", ebd., S. 179) kann beim Schreiben und Überarbeiten der eigenen Texte helfen. Außerdem wird bemerkt, dass Routinen im prozessorientierten Schreiben langsam entstehen und Schüler die Überarbeitungsprozesse manchmal erst im Rückblick als gewinnbringend anerkennen.

> Was sich im Laufe der Zeit zeigte, war, dass fast alle Schüler besser und konkreter ausdrücken konnten, wie ein Text wirkt und warum er so wirkt. So wurden oft Sätze oder einzelne Wörter herausgegriffen, die ihnen beim Vorlesen gut gefallen hatten oder für die sie Veränderungsvorschläge anbrachten." (Ebd., S. 26)

Etliche Lehrkräfte zeichnen daher auch ein **positives Bild von gelingendem Textfeedback** im Klassenzimmer. Die Schüler haben ein dezidiertes Bedürfnis, ihre Texte mitteilbar zu machen, wollen diese ohne Aufforderung vorlesen, hören aufmerksam zu und sind daran interessiert, ihre Entwürfe zu überarbeiten und zu verbessern. Verbesserungen am Computer vorzunehmen, erleichtert das Überarbeiten und erhöht die Bereitschaft, sich auf die nochmalige Auseinandersetzung mit dem gleichen Text einzulassen (vgl. ebd., S. 12). Die Rückmeldungen in den Gesprächen über Texte sind „konkret" (ebd., S. 75), „konstruktiv" (ebd., S. 137) und erweisen sich als intensive Begutachtung und Kommentierung (vgl. ebd., S. 176). Ein Textbeispiel mag verdeutlichen, wie solche Überarbeitungsprozesse[122] konkret aussehen können, und poetische Verdichtung veranschaulichen.

1. Fassung:

> **Herzklopfen**
> *Ich höre das Geräusch aus dem Tunnel*
> *Es wird lauter, lauter und noch lauter*

[122] „Angeregt wird über sein dreistrophiges Gedicht ‚Herzklopfen' gesprochen, zahlreiche Veränderungsvorschläge werden gemacht. Die wohlwollende Kritik seiner Kurskameraden motiviert Michael, den Text zu verändern. Noch am Nachmittag erhalte ich per Mail seine zweite Fassung" (*Erfahrungsberichte*, S. 78f.).

Mein Gesicht wird geküsst von dem sanften Windzug
Die U-Bahn fährt ein, hält an und es geht die Tür auf
Die Einschläge von tausend Blitzen, Du stehst da, Herzklopfen
Man sagt, die Augen, sie seien der Spiegel zur Seele
Ich schau in deine und weiß, warum ich lebe
Tage, Monate, Jahre – verschwendet, bis ich dich sah, mein Engel
Möchte zu dir gehen, doch meine Beine bewegen sich nicht
Mein Blick, er klebt auf deinen Lippen
Aus den meinen kommt kein Wort heraus
Und dann geht die Tür zu

2. Fassung:

Herzklopfen 2.0
Geräusch aus dem Tunnel
Lauter, lauter und noch lauter
Ein sanfter Windzug küsst mein Gesicht
Die U-Bahn fährt ein, hält an, die Tür geht auf
Einschläge von tausend Blitzen, da stehst du
Herzklopfen
Man sagt, die Augen seien der Spiegel zur Seele
Ich schau in deine und weiß, warum ich lebe
Tage, Monate, Jahre – verschwendet, bis ich dich sah
Möchte zu dir gehen, doch meine Beine bewegen sich nicht
Mein Blick, er klebt auf deinen Lippen
Kein Wort kommt aus meinen
Dann geht die Tür zu

Mehrfach wird in den Erfahrungsberichten betont, dass die Schüler selbstverantwortlich arbeiten (vgl. ebd., S. 68), respektvoll und behutsam mit den Texten umgehen und es ihnen gelingt, sich dem Ideal der literarischen Geselligkeit anzunähern:

> Bewundernswert waren Mut und Gestimmtheit während der Vortragsphasen. Die Schüler reagierten hochsensibel und aufmerksam auf die Produkte ihrer Mitschüler, nahmen positiv Stellung und äußerten gegenseitige Anerkennung. Dies wirkte sich überaus stärkend auf die [...] Schüler aus, Gemeinschaft erfuhr neue Impulse. (Ebd., S. 131)

Dies enthebt die Lehrenden jedoch nicht der Verpflichtung, sich selbst im Textfeedback als Experten einzubringen und Überarbeitungen von Schülertexten konkret anzuregen, was vereinzelt als durchaus schwierig erachtet wird: „Ich habe mich sehr schwer getan, die Schülertexte gewinnbringend zu analysieren, Überarbeitungshinweise zu formulieren oder in gemeinsamen Gesprächsrunden spontan genau reagieren zu können [...]" (ebd., S. 126).

3.4.5 Präsentation der Texte

In vier Fällen erfolgt die Präsentation der Schülertexte durch **Lesungen** innerhalb der Schule: Eine Auswahl an Prosatexten wird zur Verabschiedung der Abschlussklassen vorgetragen (vgl. ebd., S. 17), Gedichtvorträge finden im Rahmen eines Musischen Nachmittags (ebd., S. 90) statt, Szenische Collagen werden an ungewöhnlichen Orten der Schule aufgeführt (ebd., S. 126), ebenso ein Theaterstück im Schulmeeting und zur Einschulungsfeier der 5. Jahrgangsstufe (ebd., S. 158). Zwei weitere Projektklassen präsentieren ihre Ergebnisse einer größeren Öffentlichkeit außerhalb der Schule: Gedichtvorträge beim Sommerkonzert „Musik und Lyrik" in der Musikakademie Schloss Weikersheim (ebd., S. 75) sowie eine Lesung von Textbeiträgen aus der Schreibwerkstatt im Landratsamt Tübingen (ebd., S. 184).

Der Vortrag von Texten auf einer Bühne erfordert entsprechende Vorbereitungen mit Sprech- und Vorlese-, Körper- und Atemübungen. „Interessant war, dass die Schüler bereits nach einer ‚exemplarischen' Vortragsbesprechung erfuhren, dass es einiger Schliffe (Haltung, Stimmführung, Pausen, Atmung, Betonungen etc.) bedurfte, um die eigenen und fremden Texte ‚angemessen' in den ‚Raum' zu stellen" (ebd., S. 75). Der öffentliche Charakter der Veranstaltungen unterstreicht die kulturelle Bedeutsamkeit der literarischen Schreibprojekte und würdigt die Leistung der Schüler auf diese Weise in besonderem Maße.

> Das Vorlesen klappte so gut wie nie zuvor. Die Schüler lasen mit dem Bewusstsein, einen guten Text geschrieben zu haben, der es verdiente, auf einer Bühne vor Publikum präsentiert zu werden. Unter den Gästen war auch die Schulleitung, was die Autoren als Auszeichnung ihrer Leistung empfunden haben. Einer der Autoren wurde von einem Reporter vom *Reutlinger General-Anzeiger* interviewt, ein anderer bekam später eine Einladung von einer Grundschule in Reutlingen, um dort den Kindern in zwei Unterrichtsstunden über seine Schreiberfahrungen zu berichten. (Ebd., S. 184)

Aufgrund des nicht unerheblichen Zeitaufwands für die Vorbereitung einer Lesung dokumentieren einige Lehrkräfte aber auch, dass die ursprünglich geplante Präsentation schließlich (zum Teil auch aus anderen Gründen wie der anstehenden Abschlussprüfung oder des zu geringen Elterninteresse an einer solchen Veranstaltung) nicht stattfinden konnte.

Neben der Präsentation in Lesungen und Aufführungen werden die Schülertexte als Beiträge in verschiedenen Zeitungen und in der Anthologie *Sich in Sprache fallen lassen* (hrsg. vom Förderkreis Kreatives Schreiben und Musik e. V., Stuttgart 2013) veröffentlicht. Weiterhin werden Schülertexte auf Wandzeitungen im Klassenzimmer, auf dem Schulfest und beim Tag der Offenen Tür ausgestellt. Besondere **Präsentationsformate** stellen das „Lapbook" („Klappbücher in DIN-A3-Größe mit unterschiedlich gefalteten und beschrifteten Innenleben", ebd., S. 109) und der „Literaturwechsler" (ein mehrfach neu gefüllter und an unterschiedlichen Orten des Schulhauses platzierter Postkarten-Rollständer mit literarisch gestalteten

Postkarten, ebd., S. 33) dar. Eine Projektgruppe dokumentiert ihr Ergebnis über die Aufnahme einer **Hörspiel-CD** mit sechs Hörspiel-Szenen (vgl. ebd., S. 152).

Die Handwerklichkeit Literarischen Schreibens findet schließlich ihre Entsprechung in **handwerklich hergestellten Büchern**, die die in einer Klasse entstandenen Texte enthalten und von den Schülern selbst gebunden und gestaltet werden (vgl. ebd., S. 30, 51 und 56)[123]. Mehrfach wird von den Lehrkräften der Erinnerungswert einer gestalteten Schreibmappe betont; dabei kann das Heft auch als Anerkennung an die Schüler überreicht werden:

> Die Texte und Fototexte aller Schüler wurden am Schuljahresende von mir farbig ausgedruckt und in einer Erinnerungsmappe abgeheftet. Jeder erhielt zum Abschied eine solche Mappe. Die Schüler hatten es nach der Zeugnisausgabe nicht eilig, die Schule zu verlassen, sie blätterten andächtig und erfreut in ihren Erinnerungsmappen. (Ebd., S. 12)

3.4.6 Bewertung und Benotung

Vier Lehrkräfte situieren das Schreibprojekt in einem **notenfreien Raum** und verzichten (unter anderem auf Wunsch von Eltern und Schülern) explizit auf Textbewertungen durch eine Ziffernnote. Formen wie die Erinnerungsmappe dokumentieren stattdessen die Schreiberfahrungen der Schüler und bringen Wertschätzung und Anerkennung ihrer Leistung zum Ausdruck. Eine andere Lehrkraft stellt am Ende personalisierte **Urkunden** aus: „Um das Projekt positiv ausklingen zu lassen, bekam jeder Schüler von mir eine Art Urkunde, mit der ich meine Anerkennung für die Schreibleistung zum Ausdruck brachte. Auf jeder Urkunde ist ein Satz oder ein Absatz aus einem Text des jeweiligen Schülers zu finden, der mir besonders gelungen erschien" (ebd., S. 20).

In den meisten Schreibprojekten allerdings erfolgt eine Bewertung der Leistung durch eine Note. In einem Fall handelt es sich um eine „freiwillige Benotung" als zusätzliche Klassenarbeit (vgl. ebd., S. 30), was von der Hälfte der Klasse in dieser Form angenommen wird. Alle anderen Lehrkräfte lassen die Schreibprojekte in die reguläre Notengebung einfließen, entweder als Teil- oder Gesamtnote einer Klassenarbeit, als Berücksichtigung unter „sonstige Leistungen" (ebd., S. 176) oder als mündliche Note, wenn vor allem auch der Textvortrag (beim szenischen Schreiben) in die Bewertung einfließen soll: „Bewertet wurden die kreative Idee, die rhetorische Gestaltung, die Beziehung zum Ort sowie die Qualität des Vortrags." (Ebd., S. 135) Konsens unter nahezu allen Teilnehmern besteht darüber, dass nicht nur einzelne Texte als Produkte benotet werden, sondern immer die Schreibprozessleistung als ganze. Daher organisieren die Schüler die Dokumentation ihres Arbeits- und Entwicklungsprozesses in Portfolios, die Textentwürfe, Überarbeitungen und fertige Texte enthalten und dann zur Benotung vorge-

[123] Vgl. auch Esther K. Smith: *How To Make Books. Fold, Cut & Stich Your Way to a One-of-a-Kind Book.* New York 2007.

legt werden. Die Benotung erfolgt meist kriteriengeleitet, wobei aber die einzelnen zum Teil vorgegebenen, zum Teil gemeinsam mit den Schülern entwickelten Kriterien zur Einschätzung von Textqualität leider kaum näher benannt werden. Ein Erfahrungsbericht stellt aber heraus, dass Kriterien nicht erst nachträgliche Bewertungsmaßstäbe sind, sondern auch Hilfen für die Schüler zum Textverfassen darstellen können. In Anlehnung an eine Aufgabenstellung aus dem Szenischen Schreiben (Referat über Bühnenbildvorschlag) werden hier Kriterien konkretisiert:

> In die Bewertung geht vor allem auch ein, wie gut du deine Ideen begründet hast und wie originell deine Einfälle sind (Beispiel: Ein Mobbingszene auf dem Schulhof ist realistisch, aber wenig einfallsreich. Die gleiche Szene wegen der Rollenverteilung (starke, schwache Schüler, die jeweils oben oder unten stehen) im engen und düsteren Seitentreppenhaus zu spielen, hat sehr viel mehr Reiz und könnte ausführlich begründet werden. D. h. du muss unbedingt auch auf den Inhalt der Szenen, die Figuren, den eigentlichen Ort zu sprechen kommen. (Ebd., S. 127)

Der Hinweis, dass formalsprachliche Richtigkeit (Rechtschreibung, Grammatik und Zeichensetzung) bei der Bewertung Literarischen Schreibens weniger stark gewichtet wird, findet sich in den Erfahrungsberichten zweimal (vgl. ebd., S. 123 und S. 188). Dass Urteilsprozesse und die Einschätzung von Textqualität, sowohl als eine das Überarbeiten unterstützende Rückmeldung des Lehrers (s. o.) wie auch als prüfende Bewertung zur Notengebung, schwierig erscheinen und ein **Problem** darstellen, geben Lehrkräfte aus allen Werkstätten an:

> Zu Benotung wurden neben der Qualität der Texte auch Aspekte wie Kreativität/Originalität, Stringenz und Engagement herangezogen. Dabei war es nicht immer leicht, Entscheidungen in Bezug auf die Benotung zu treffen, da auch eine große Bereitschaft zum Schreiben und Überarbeiten die nicht immer sehr gute Qualität der Texte zu einem Teil aufheben konnte. (Ebd., S. 45)

> Auch war meine eigene Unsicherheit, zu bewerten, ob Texte sich verbessert oder verschlechtert haben, bei diesem ersten Projektversuch [...] groß. (Ebd., S. 126)

> Besonders die Qualität der entstandenen Texte zu beurteilen, war mir (noch) nicht wirklich möglich (die Bewertung untereinander, die beabsichtigt war, fiel dem Zeitfaktor zum Opfer), was dann zu insgesamt guten und sehr guten Noten führte. (Ebd., S. 164)

> „Die Bewertung stellte für mich ein Problem dar. Worin besteht der Unterschied zwischen einem guten und einem sehr guten Text?" (Ebd., S. 179)

3.4.7 Problemstellungen, Hindernisse, Scheitern

Wie die vorangegangenen Ausführungen zeigen, deuten sich in den literarischen Schreibprojekten immer wieder Probleme und Hindernisse hinsichtlich unterschiedlicher Aspekte und Phasen des Schreibprozesses an, die für die Lehrenden und die Schüler besondere Herausforderungen darstellen. Dies macht teilweise Veränderungen in der Durchführung der ursprünglichen Planung notwendig, teilweise bleiben unbefriedigende Ergebnisse auch bestehen.

In etlichen Fällen wird die angedachte **Zeitplanung** zum Problem, sodass die Lehrkräfte im Laufe des Schuljahres ihr Programm straffen müssen und auf einzelne Bausteine des Konzepts verzichten. Mehrfach findet die geplante **Abschlusspräsentation** der Texte nicht statt bzw. wird unter den Gegebenheiten, dass eine Lehrkraft ihre Klasse im folgenden Schuljahr weiter unterrichtet und das Projekt fortsetzen kann, aufgeschoben (vgl. ebd., S. 144). Der Klassenroman liegt ebenfalls nur als Fragment vor, da die einzelnen Kapitel geschrieben sind, eine Verknüpfung jedoch fehlt. Aus der Gesamtschau der Lehrkraft bedeutet dies: „Somit könnte man sagen, das Projekt sei gescheitert. Aber das stimmt nur zum Teil." (Ebd., S. 59)

In zwei Fällen bleibt das **Projekt in den Anfängen** stecken, da zwar erste Schreibanlässe erprobt wurden, aber die Phase der Überarbeitung fehlt und somit keine Entwicklung der Schülertexte sichtbar geworden ist (vgl. ebd., S. 41 und 140). Eine Lehrkraft spricht explizit vom Scheitern des Projekts aus Zeitgründen: „Gerade in der neunten Klasse der Realschule stehen so viele außerunterrichtliche Termine und fachliche Inhalte auf dem Plan, dass ich in den vier Wochenstunden das Projekt nicht weiterführen konnte" (ebd., S. 140). Ein weiteres Projekt endet in einer noch früheren Phase, da lediglich die Projektvorstellung und eine erste Themenwahl durch die Schüler stattfinden, die eigentliche Durchführung aber an institutionellen und personellen Schwierigkeiten scheitert. Die anfänglich durchaus motivierten Schüler sind nach ihren Abschlussprüfungen am Schuljahresende nicht mehr bereit, sich zu diesem Zeitpunkt noch auf das Schreibvorhaben einzulassen (vgl. ebd., S. 199)

In anderen Fällen wird die **Perspektive von Schülern** zum Problem, die den Eindruck haben, durch das literarische Schreibprojekt Inhalte des regulären Fachunterrichts zu versäumen. Die Verweigerung der weiteren Mitarbeit der Schüler zu Beginn des zweiten Halbjahrs macht es notwendig, den Schülern die Bedeutsamkeit von Teilkompetenzen wie Zugänge ins Schreiben finden, eigene Ideen entwickeln und gestalterisch umsetzen, Texte überarbeiten und präsentieren können zu vermitteln, was in diesem Fall auch gelingt (vgl. ebd., S. 32).

Die konkreten Probleme und Hindernisse während des Schreibprojekts im Klassenzimmer schaffen bei den Lehrkräften insgesamt ein überwiegend positives Bewusstsein dafür, dass mit dem Literarischen Schreiben **neue Wege** der Gestaltung von Deutschunterricht beschritten wurden, die gleichzeitig didaktisch-methodische Alternativen nicht ausschließen, sondern für weitere Entwicklungen zur Diskussion stellen. Diese Einsicht wird mehrfach formuliert; wenn Teilnehmer dann aufgrund der erworbenen Erfahrungen auf **zukünftige Planungen** und Projekte abheben, ändert sich die Perspektive der Erfahrungsberichte: Der Rückblick wird zum Ausblick.

3.4.8 Zusammenfassung

Die Erfahrungsberichte aus der ersten Kohorte, die ihre Unterrichtsprojekte im Schuljahr 2012/13 an sehr unterschiedlichen Schultypen durchgeführt hat (vgl. dazu oben, Kap. 2.1.3), liefern wichtige Hinweise sowohl auf das Entwicklungspotenzial Literarischen Schreibens in der Schule als auf Hindernisse, die diesem im Weg stehen.

Einerseits zeigt eine Reihe von Berichten, mit welch großem Engagement (auf Lehrer- und Schülerseite) die Werkstattkonzepte der Literaturhaus-Dozent/innen umgesetzt wurden;[124] die Textbeispiele aus solchen Projekten sind beeindruckend; die Kommentare und Erklärungen der jeweiligen Lehrkräfte lassen auf einen Arbeits- und Lernprozess schließen, der mit großer Ernsthaftigkeit und Ausdauer nicht nur ein konkretes Projektthema umgesetzt, sondern damit auch aller Einschränkungen des Schulalltags zum Trotz einen Erfahrungsraum geschaffen haben, in dem alle jeweils Beteiligten (z. T. auch Eltern und Schulleitungen) erleben konnten, dass sprachliches und literarisches Lernen auch ganz anders sein könnte, als Bildungsstandards und Prüfungsvorgaben dies nahezulegen scheinen.

Andererseits werden so gut wie alle Schwierigkeiten und Einschränkungen, die bereits in der fachdidaktischen Literatur (vgl. oben, Kap. 1.1.1.) thematisiert sind, in diesen Erfahrungsberichten konkret belegt und verdeutlicht. Aus der Sicht unseres LSiD-Projekts lassen sie sich vor allem fassen als Zeitmangel, zu große anderweitige Beanspruchung von Lehrern und Schülern sowie zu geringe Frustrationstoleranz bei der Arbeit an Schreibaufgaben und v. a. Textentwürfen (Textrevision). Hinzu kommen gelegentlich andere Schwierigkeiten, die so nicht vorherzusehen waren und die zu einer Verkürzung oder gar zum Abbruch eines Projekts führten.

Der Gesamteindruck ist der einer vorsichtig optimistischen, dabei aber realistischen Einschätzung der Chancen Literarischen Schreibens. Sie liegen in der Fähigkeit der Lehrkraft, selbst erfahrene Begeisterung für solches Schreiben auch gegen Widerstände an die Lernenden weiterzugeben und ihnen deutlich zu machen, dass hier (wie meist auch sonst im Leben) nicht der schnelle Erfolg zählt, sondern der langfristige Kompetenzerwerb in einer kulturellen Praxis, die nicht nur die Leistungen im Schulfach Deutsch auf die Dauer verbessern hilft, sondern das eigene Leben bereichert.

Dafür können wir Deutschlehrer/innen auszurüsten; die Arbeitsbedingungen in den Schulen haben wir nicht in der Hand.

124 Bereits die Tatsache, dass fast alle TN neben ihren zahlreichen Verpflichtungen bereit waren, überhaupt so ausführliche Erfahrungsberichte zu liefern, spricht für ein solches Engagement, das auf der Überzeugung gründet, dass es sich um ein wichtiges Anliegen mit großem Veränderungspotenzial handelt. Wären entsprechende Berichte auch über anderweitig abgehaltenen Unterricht vorgesehen, so würden sich auch in ihnen Gelingen und Scheitern die Waage halten.

3.5 Erfüllte und nicht erfüllte Erwartungen

3.5.1 Programmbeurteilung

Die Programmbeurteilung, die in den Fragebögen am Ende des ersten und am Ende des zweiten Jahres jeweils anhand einer Skala von 1 bis 6 erfolgte,[125] ist insgesamt als gut bis sehr gut einzustufen. Insbesondere die fachliche und soziale Kompetenz der Dozenten/-in sowie die Atmosphäre in den einzelnen Bereichen und die Programmorganisation erzielen bemerkenswert hohe Werte. Das gilt besonders für Aufbau und Inhalte der Werkstätten sowie die literarische/poetische und didaktische Kompetenz der Dozent/innen. Die fachdidaktischen Inhalte der Plenumsphasen sowie Aufbau und Inhalt der Gesprächsreihen fallen in der Bewertung durch die TN dagegen im ersten Jahr etwas ab.[126] In beiden Jahren sind es insbesondere die fachliche und soziale Kompetenz der Dozent/innen sowie die Arbeitsatmosphäre, die die höchsten Werte erzielen. Auch die guten Bewertungen für die Organisation, die Projektbetreuung durch die Dozenten sowie deren didaktische Kompetenz wird im zweiten Jahr bestätigt.[127]

Veränderungen der Beurteilung von Jahr 1 auf Jahr 2

Bei der Programmbeurteilung ergeben sich von Jahr 1 auf Jahr 2 allerdings Veränderungen. So werden in den Fragebögen die Fachdidaktik im zweiten Jahr, die Inhalte der Gesprächsreihen und der Aufbau der Gesprächsreihen etwas besser bewertet als im ersten, während sich bei den Dozenten auf fachlicher Ebene keinerlei Veränderungen ergeben. Etwas schlechter bewertet werden im zweiten Programmjahr aber die Inhalte der Präsenztage, die Dozenten auf sozialer und didaktischer Ebene, der Aufbau der Präsenztage, die Programmorganisation, die Atmosphäre der Präsenztage, die Programmatmosphäre sowie die Dozenten. Insgesamt ist damit die Gesamtbewertung im zweiten Programmjahr ausgeglichener: Während die im ersten Jahr tendenziell niedriger bewerteten Programmaspekte (fachdidaktischer Input, Gesprächsreihen) eine leichte Aufwertung erfahren, werden die im ersten Jahr im Verhältnis tendenziell besser bewerteten Aspekte (Programm, Präsenztage, Dozenten) leicht abgewertet (vgl. *Downloadmaterial*, Abb. 31).

In den Interviews des zweiten Jahres bestätigt sich dieser Eindruck. Im Vergleich zu den durchweg extrem positiven Aussagen über die Präsenztage im ersten Jahr fallen diese nun etwas ab. Als besonders wichtig werden der Austausch mit anderen TN sowie die Projektbetreuung erachtet.

[125] Für die Darstellung der Programmbeurteilung am Ende des ersten Jahres sowie am Ende des zweiten Jahres werden im Folgenden alle Fragebögen einbezogen. Für die Darstellung der Veränderungen der Programmbeurteilung werden nur diejenigen Fragebögen einbezogen, die von derselben Person sowohl am Ende des ersten Jahres sowie am Ende des Zweiten Jahres ausgefüllt wurden.

[126] Sie liegen etwas unterhalb von 5,0 in der 6er-Skala (vgl. *Downloadmaterial*, Abb. 29).

[127] Vgl. *Downloadmaterial*, Abb. 30; alle anderen Bereiche liegen etwas, aber nicht wesentlich, darunter.

> Ich finde sie in vielen Teilen sehr wichtig, weil gerade in unserer Werkstattgruppe wir uns ausgetauscht haben: Was ist der Stand der Dinge? Was hat man gemacht? Wie geht es weiter? Da konnte man schauen: Wie weit sind die anderen? Was machen die? Man konnte sich auch Impulse holen oder Aufgaben, die man für sich nutzen konnte und das fand ich wirklich gut. Dann außerdem auch die didaktische Einführung, die auch immer war [...], dass man da noch einmal einen theoretischen Input bekommen hat und für sich die Themen, die wichtig waren, herausziehen konnte. (IT15)

In der Wahrnehmung von IT15 wird hier auch der latente Widerspruch bearbeitet, unter dem Kreativitätsförderung in der Schule grundsätzlich steht:

> Ich finde auch immer die Freitag-Abend-Veranstaltungen[128] wichtig, weil ich denke, da kommen diese beiden Seiten zusammen, mit denen wir auch ein Stück weit in der Schule zu kämpfen haben: Einmal das Individuelle, Kreative und dann eigentlich doch wieder diese didaktisierte Form, in die wir das dann wieder pressen, um das irgendwie benoten oder bewerten zu können. (IT15)

Damit ist das Programmelement regelmäßiger Zusammenkünfte auch im zweiten Jahr gut begründet. Allerdings sind die „Präsenztage" trotz ihrer wichtigen Begleitfunktion für einige IT etwas überdimensioniert; man sieht hier auch Leerlauf. Darüber hinaus wünschen sich manche im zweiten Jahr auch noch mehr Input innerhalb der Werkstätten:

> Da habe ich mir, wie gesagt, ein bisschen mehr erhofft vom zweiten Jahr. Das zweite Jahr, fand ich, war ein bisschen überdimensioniert. Ich fand, von Anfang an hätte es mir gereicht, im zweiten Jahr das nur noch eintägig zu machen. Ich fand die zwei Tage zu viel. Sehr oft war ich dann völlig fertig. Ich bin dann auch ein-, zweimal samstags nicht mehr hin, weil ich gemerkt habe, das wird mir zu viel mit dem Ganzen, was ich sonst noch so hatte. Und generell hätte ich es da besser gefunden, nur noch einen Tag zu machen. Vielleicht dieses Frontalprogramm zu stoppen und stattdessen bewusst auf die Praxissachen zu gehen und das klarer vorzubereiten wer was bringt und auch mehr in kleinen Gruppen zu arbeiten und konkret an den Projekten zu feilen. Also da fand ich, war ziemlich Luft drin. (IT12)

Von den anderen Werkstätten bekommen die TN wenig mit, was die Programmkonzeption in Kauf genommen hat und was sich hier bestätigt. Sie zeigen durchaus Interesse, auch Inhalte und Verfahren anderer Werkstätten kennenzulernen, was im informellen Austausch und werkstattübergreifenden Plenumsphasen begrenzt möglich ist; hier können einige weitere Impulse und Anregungen mitgenommen werden. Allerdings bemerken die TN selbst, dass es nicht sinnvoll wäre, tiefergehend in die Arbeit anderer Werkstätten vorzudringen, da der Fokus auf die literarische Gattung verlorengehen würde und dies der eigenen Ent-

[128] Gemeint sind die Gesprächsabende; vgl. Kap. 2.1.4 und Kap. 2.3.2.

wicklung eher im Weg stünde. Für einzelne IT wären nichtsdestotrotz weiterführende Veranstaltungen in den Ferien und/oder eine Abschlussveranstaltung von Interesse, bei der man die Arbeitsergebnisse anderer Werkstätten zu Gesicht bekäme.

> IT14: „Nur an diesen Vormittagen, wenn etwas vorgestellt wurde. Das war immer interessant. Man hat dann Lust bekommen, etwas anderes auszuprobieren. Also in dem Literaturkurs, den ich jedes Jahr habe, hat sich das so eingebürgert. Wir beginnen mit Prosa [...] dann kommt Lyrik und dann kommt szenisches Spiel, wo die Schüler die Texte selber schreiben und dann spielen. Und das wäre hier natürlich auch super, da reinzugehen. Aber wenn ich da bin, konzentriere ich mich eigentlich auf unsere Gruppe."
> I: „Wäre Ihnen mehr Austausch wünschenswert gewesen?"
> IT15: „Nein, das hätte uns überfordert. Mir hat das so gereicht, vorgestellt zu bekommen, was diese Gruppen machen. Aber im Grunde genommen ist es auch zu wenig Zeit für das, was wir machen in unserer Gruppe. Man könnte das fast jedes Wochenende machen, um die Fortschritte zu diskutieren, um noch mehr zu zeigen [...]. Es ist so, dass man Lust hat, bei den anderen dabei zu sein, aber mehr Austausch würde bedeuten, man hat weniger Zeit für die eigene Gruppe."

Die eigens für LSiD vom Literaturhaus implementierte Internetplattform allerdings, die unter anderem diese Funktion wahrnehmen sollte, löst vorwiegend kritische Kommentare aus. Das dürfte zwei Gründe haben: Zum einen ist so mancher der IT grundsätzlich nicht computeraffin oder stellt sich die Frage nach Aufwand und Ertrag:

> Das ist für mich ein Kokolores. Ich gehöre nicht zu der Generation, die internetversiert ist und zweitens ist mir das zu viel Zeit. Ich bin auch nicht diese Tipper-Generation. Ich mag diese Geschwätzigkeit nicht. Ich bin jemand, der sich mit jemandem Auge-in-Auge unterhält. Dann finde ich das auch hilfreich, aber das andere nimmt mir zu viel Zeit. [...] Das ist für mich auch eine Frage des Aufwands und dessen, was herauskommt. Dann würde ich lieber anrufen und würde mit einer Teilnehmerin sprechen. (IT13)

Zum anderen ist die Plattform aufgrund einer fehlenden Betreuung bzw. der fehlenden konkreten Einbindung in das Fortbildungsprogramm von zu wenigen TN der ersten Kohorte genutzt worden. Wurden anfangs noch von allen beteiligten Seiten Dinge eingestellt, so ist dies nach und nach im Sand verlaufen und es gab keine relevanten Bewegungen mehr. Allerdings könnte die Plattform – nach Ansicht eines/r IT – sinnvoll sein, wenn sie besser eingebunden, betreut und genutzt wird:

> Da ist zu wenig Bewegung gewesen. [...] Ich habe auch keine großen Unterrichtsentwürfe da reingestellt und so ging es den anderen wahrscheinlich auch. Die haben abgewartet und wenn von den anderen nichts kommt, stellt man selber auch nichts groß rein. Es gab also wenig, was da war. Ich hätte mir von den Dozenten auch ein bisschen mehr erwartet. Dozenten müs-

> sen da im Prinzip Schwung machen und da kam auch nicht viel. Die haben am Anfang mal etwas reingestellt und dann war es das. Ich hätte mir auch erhofft, dass man auch ein bisschen in die anderen Seminare mit reingucken kann, das war ziemlich schnell blockiert, weil das Einzelne nicht wollten. Aber das wäre die Chance gewesen, dass man da ein bisschen mehr das Wissen aus den anderen Gruppen vernetzt. (IT12)

In den Fragebögen fallen die mit großem Abstand häufigsten Nennungen hinsichtlich dessen, was im ersten Jahr besser war, in die Kategorie „Eigenes Arbeiten/mehr praktische Übungen, Input, Anregungen, theoretische Grundlagen". Mit „einzelne Tage/weniger Stress" ist offenbar die Tatsache gemeint, dass die Schreibtage des ersten Jahres, an denen nur die Werkstätten getagt haben und es kein Rahmenprogramm gab, unaufwändiger waren als die Veranstaltungen (von denen es allerdings auch im ersten Jahr schon drei gab) des zweiten Jahres:

n = 38	Häufigkeit
Eigenes Arbeiten/mehr praktische Übungen, Input, Anregungen, theoretische Grundlagen	22
Einzelne Tage/weniger Stress	5
Besser strukturiert, konzeptioniert/straffer, spannender	4
Auseinandersetzung mit Werken anderer Autoren	1
Begleitung durch die Fachdidaktik	1
Dozent/in/en zeigte/n mehr Engagement	1
Mehr Termine	1
Nichts	1
Sich persönlich einbringen	1

Die häufigsten Nennungen dessen, was im zweiten Programmjahr besser war, fallen erwartungsgemäß in die Kategorie der „Projektumsetzung, -begleitung, -betreuung/Schulbezug/Anbindung an den Schulalltag". Aber auch der „Austausch (Werkstätten, Kollegen, Plenum)" wird interessanterweise im zweiten Programmjahr als besser erachtet:[129]

n = 35	Häufigkeit
Projektumsetzung, -begleitung, -betreuung/Schulbezug/Anbindung an den Schulalltag	17
Austausch (Werkstätten, Kollegen, Plenum)	10
Praxisbezug der/Begleitung durch die Didaktik	4
Gruppenzusammenhalt, -unterstützung	3

[129] Es liegt auf der Hand, dass Kooperation zunehmend besser funktioniert, wenn a) sich die TN besser kennen und b) in Form von Berichten und Dokumenten (Schülertexten) aus den Projektklassen Material vorliegt, über das ein praxis- und problemorientiertes Gespräch lohnt.

Nichts	3
Abendveranstaltungen	1
Besuch verschiedener Redaktionen	1
Treffen in größerem zeitlichen Abstand	1
Zweitägige Veranstaltungen	1

3.5.2 Einstellungen

Zur Erfassung des Konstrukts „Einstellung“ gegenüber dem Literarischen Schreiben wurden für die Fragebögen mehrere Items formuliert, die auf einer Skala von 1 bis 6 bewertet werden konnten. Diese Fragen kamen sowohl im ersten als auch dritten Fragebogen zum Einsatz, um eine mögliche Einstellungsänderung durch das Programm nachzuweisen.[130] Um die Ergebnisse zu validieren bzw. die Reliabilität der Messung zu erhöhen, wurde der dritte Fragebogen darüber hinaus um eine offene Frage ergänzt, bei der sich die TN hinsichtlich ihrer Einstellungsänderung äußern können.

Vergleicht man nun die statistischen Kennzahlen aus den beiden Fragebögen, lassen sich folgende Ergebnisse festhalten: Die positive Einstellung gegenüber dem Literarischen Schreiben ist, was angesichts der von uns erwarteten und im Vorfeld deutlich kommunizierten Selbstverpflichtung über zwei Jahre hinweg nicht erstaunt, bereits zu Beginn des Weiterbildungsprogramms hoch. Am Ende des zweiten Jahres sind nur marginale Veränderungen festzustellen. Eine Einstellungsänderung lässt sich aus diesen Ergebnissen nicht interpretieren, lediglich eine minimal positivere Einstellung gegenüber dem Literarischen Schreiben könnte hierbei – mit gutem Willen – unterstellt werden.[131]

Ein ähnliches Bild zeichnet sich bei der offenen Frage zur Einstellungsänderung ab. Hier macht knapp die Hälfte der TN keine Angabe bzw. gibt an, keine Veränderung wahrgenommen zu haben. Allerdings lassen sich aus den gegebenen Antworten dieser offenen Frage interessante Ergebnisse ziehen, und für einige der TN kann durchaus hinsichtlich gewisser Aspekte eine Einstellungsänderung unterstellt werden. So geben 12 TN an, der „Wert Literarischen Schreibens (für Schüler)“ sei ihnen „bewusster geworden“. 9 TN halten für das wichtigste einstellungsrelevante Ergebnis, LSiD habe ihnen „Angst genommen“; sie hätten „Sicherheit gewonnen Literarisches Schreiben in den Unterricht zu integrieren“ bzw. „verstärkt in den Unterricht einzubinden“. 7 TN betonen, LSiD habe ihren „Blick geschärft“, und stellen eine „Horizonterweiterung“ fest:

[130] Auch hier sind wiederum nur diejenigen TN berücksichtigt, die sowohl den ersten als auch letzten Fragebogen ausgefüllt haben.

[131] Dennoch ist dieses Ergebnis weder trivial noch unwichtig, weil theoretisch ja auch eine negative Entwicklung denkbar wäre, in deren Verlauf TN zu dem Schluss kommen, Literarisches Schreiben sei schwieriger und damit weniger vermittelbar, als sie angenommen haben (vgl. dazu auch die Nutzen- und Wirksamkeitseinschätzungen in Abschnitt 3.5.4).

n = 29	Häufigkeit
Wert Literarischen Schreibens (für Schüler) bewusster geworden	12
Angst genommen/Mut gefasst/Sicherheit gewonnen, Literarisches Schreiben in den Unterricht zu integrieren/verstärkt in den Unterricht einzubinden	9
Blick geschärft/Horizonterweiterung	7
Nichts/Schon immer befürwortet	4
Motivation	3
Schreiben schwerer als gedacht	2
Eigener Schreibprozess sehr wichtig	1
Einbindung des Literarischen Schreibens im Deutschunterricht	1
Es lohnt sich	1
Nicht Perfektion, sondern Ernsthaftigkeit, mit der der Verfasser und Leser Texten begegnet, wichtig	1
Spaß am eigenen Schreiben	1
Vom Kompetenzgewinn der Schüler überzeugt	1
Wichtigkeit von Freiwilligkeit und guter Atmosphäre	1
Wie persönlich selbstproduzierte Texte sind	1

Auch in den Interviews haben wir nach Einstellungen und deren möglicher Veränderung gefragt. Viele der Interviewten haben darauf zunächst mit der Versicherung reagiert, ihre Einstellung zum Literarischen – oder im weiteren Sinn Kreativen – Schreiben sei bereits zu Beginn des Programms sehr positv gewesen, geprägt von Aufgeschlossenheit und Experimentierfreude, sodass sich hier nicht viel zu ändern brauchte. Dennoch gibt es auch Hinweise auf einstellungsrelevante Veränderungen. Bereits im ersten Jahr sagt ein IT aus der Werkstatt Lyrisches Schreiben:

> Wir haben die Texte überarbeitet und ich stelle fest, dass ich jetzt dazu neige, zu reduzieren. Das, was mir vorher zu viel vorkam, das wird immer noch mehr ausgedünnt. Ob das Gedicht oder der Text am Schluss noch so ist, wie ich ihn eigentlich haben wollte, weiß ich noch nicht. Aber das ist ja der Prozess, das lassen wir jetzt mal offen. (IT06)

Einstellungsänderungen haben mit Reflexion von Routine zu tun. Auf die Frage, als wie erfolgreich oder befriedigend er sein Literarisches Schreiben jetzt empfinde, antwortet IT08 nicht nur mit einer interessanten Ausbruchsmetapher: „Für mich hat sich jetzt so der Vulkan, der fängt wieder mal an Feuer zu spucken, so ungefähr", sondern bezieht seine eigene aktuelle Erfahrung auf das, was auch herkömmliche Schreibaufgaben für Schüler oft bedeuten: „Ich bin da teilweise sehr nachdenklich geworden, und was auch manchmal so selbstverständlich erschien bis dahin, was ich auch von Schülern einfach mal so verlangt habe, das stelle ich mittlerweile sehr in Frage" (IT08).

Im zweiten Jahr kommt zu dieser Erfahrung mit prozessorientiertem Arbeiten als einstellungsverändernd hinzu, dass trotz der Widrigkeiten des Schulalltags die Begeisterung für das Schreiben sich überträgt:

> Erst einmal wurde bei vielen, glaube ich, die Einstellung verändert. Die Lust, die Einstellung zu verändern, war da, sonst hätte man sich nicht angemeldet. Aber dass das dann wirklich so nachhaltig ist, wenn man zuhört, wie begeistert die Kolleginnen und Kollegen erzählen von ihren Erfahrungen mit dem, was sie gemacht haben. Auch immer der Tenor, der Alltag verhindert vieles, man würde gerne noch mehr machen; dass man abgeordnet wird, dass die Klasse weggenommen wird – das ist der Schulalltag [...]. Aber da hat sich bei vielen die Einstellung geändert – bei mir einfach in Richtung von Bestätigung. (IT14)

Es ist zu hoffen, dass eine veränderte Einstellung sich dann auch im Verhalten den Schülern und ihren Texten gegenüber bemerkbar macht: Ein IT (im zweiten Jahr) glaubt,

> ... dass gerade das Gespräch über Texte eine gewisse Entspannung einbringt; das Gefühl habe ich, dass man Dinge zulassen kann, die man früher vielleicht nicht so gut fand und andere sagen „hey, das geht doch so auch" – ich glaube, da bin ich wesentlich entspannter geworden. Und denke, es muss eine innere Logik da sein, aber im Großen und Ganzen kann man auch etwas zulassen, was einem nicht gefällt; womit wir die Individualität des Textes ein bisschen versuchen, beizubehalten. (IT15)

3.5.3 Einschätzung von Nutzen, Wirksamkeit und Nachhaltigkeit

In den Fragebögen fällt bereits am Ende des ersten Programmjahres die Nutzeneinschätzung des Programms hinsichtlich der fachlichen und persönlichen Entwicklung sowie für den Schulalltag und das Schulfach Deutsch recht hoch aus. Am Ende des zweiten Jahres kann die Nutzeneinschätzung erneut zulegen und erreicht über alle Bereiche hinweg noch einmal einen Zuwachs von durchschnittlich 0,4 Skalenpunkten. Wirksamkeit und Nachhaltigkeit des Weiterbildungsprogramms werden am Ende des zweiten Programmjahres gleich hoch (5,0) eingestuft.[132] Mit den Ergebnissen unserer kompetenzbezogenen Fragen stimmt dieses Resultat gut überein, schätzen doch die TN so gut wie alle ihren Kompetenzzuwachs über die zwei Jahre hinweg als eindrucksvoll hoch ein, auch wenn die Kompetenzentwicklung nicht durchweg linear verläuft und es auch Rückschläge zu geben scheint (vgl. Kap. 3.1.6).

Allerdings zeigt eine Reihe von Interviews, dass die Wirksamkeit des Programms von einzelnen TN doch differenzierter betrachtet wird. Ein Beispiel ist IT14:

[132] Beide Fragen wurden von je 42 TN beantwortet (vgl. *Downloadmaterial*, Abb. 32).

> Das Selbstbewusstsein wurde gestärkt in der Richtung, dass man einen wahnsinnigen Kompetenzzuwachs bekam im ersten Jahr, wenn man nicht gewohnt ist, literarisch zu schreiben. Und dann viele Kolleginnen und Kollegen eingesehen haben, dass man Sicherheit haben muss in dem, was Kreatives Schreiben bedeutet und wie schön es sein kann, vor so einem Produkt zu stehen, weil man das dann vermitteln kann. Auch wie schwierig es ist, ein Geschmacksurteil zu begründen und wie schwierig es ist, ein fremdes Geschmacksurteil anzunehmen.

So wenig also die Wirksamkeit in Bezug auf die TN in Frage steht, so sehr zweifeln einige an der Umsetzbarkeit des Konzepts in der Schule. Sicherlich könne das Weiterbildungsprogramm eine große Wirkung auf jeden einzelnen TN und somit auch auf deren jeweilige Schüler entfalten, aber es müssten auch entsprechende Rahmenbedingungen in der Schule geschaffen werden, damit das Erlernte eine nachhaltige Wirkung haben könne:

> Also wenn man den Dingen Raum und Zeit geben muss – wir haben kaum Raum. Wenn man eine Klasse mit 30 Schülern in einem konventionellen Klassenzimmer hat, ist es fast schon unmöglich, Gruppenarbeit zu machen. Also man hat Raumprobleme, aber man hat vor allem auch Zeitprobleme. Die Anforderungen an die Schüler, was sie am Ende eines Schuljahres alles können sollen, sind so enorm. Da einfach die Gelassenheit zu haben, Dinge wegzulassen, einfach […] „Ich gehe in die Tiefe, ich gehe in eine motivationale Einheit, ich wecke Freude an der Sprache, ich wecke Freude am eigenen Produzieren", was viel wichtiger ist und was spätere Wege verkürzt im Unterricht. Das sich zu trauen, ich glaube, das haben jetzt einige hier doch gelernt. (IT14)

Ähnliches gilt auch für unsere Interviewfrage nach der Nachhaltigkeit. Zweifelsohne wird das in den zwei Jahren Erlernte – zumindest in einem gewissen Umfang – langfristig erhalten bleiben, doch auch hier spielen individuelle und strukturelle Faktoren eine tragende Rolle. Letztendlich kommt es darauf an, was jeder Einzelne daraus macht, inwieweit schulische Gegebenheiten den Lehrkräften entgegenkommen und/oder ob den Deutschunterricht betreffende strukturelle Veränderungen ihnen stützend unter die Arme greifen.

> Das kommt drauf an, ob sie wirklich die Ergebnisse zeigt, die vorgesehen sind. Das heißt: „Wird es verankert im Lehrplan der Zukunft? Gibt es Raum für so etwas? Gibt es weiter Fortbildungen? Werden weitere Kolleginnen und Kollegen über den nächsten 2-Jahres-Rhythmus hinaus ausgebildet? […] Wird es in die Referendariats-Didaktik mit eingeführt?" […] so etwas braucht einen langen Atem, so etwas braucht Zeit, bis es umgesetzt wird. Da bin ich eher etwas skeptisch. Was ich an Änderungen gesehen habe in den letzten Jahren, die, bevor sie richtig ausprobiert waren, schon wieder in der Versenkung verschwunden sind. (IT14)

Was die Umsetzbarkeit in die Schule betrifft, so haben wir in den Fragebögen (auch von dieser Seite aus indirekt die Nachhaltigkeit des Projekts überprüfend) nach Chancen der Weitergabe des Erlernten an das Fachkollegium der eigenen

Schule gefragt sowie nach dem möglichen Beitrag Literarischen Schreibens zu Veränderungen in dieser Schule in Gegenwart und Zukunft. Am Ende des ersten Jahres geben kann zwei Drittel der TN an, bereits etwas, das sie in ihrer Werkstatt gelernt haben, in ihrem Unterricht umgesetzt zu haben. 42% haben darüber hinaus bereits etwas, das sie in ihrer Werkstatt gelernt haben, an ihre Kollegen weitergegeben und ein Drittel hat auch schon zu Veränderungen in ihrer Schule beigetragen. Für die Zukunft ist die Tendenz eindeutig: fast alle TN – mit einigen wenigen Ausnahmen – wollen das in ihrer Werkstatt Erlernte im Unterricht umsetzen und an Kollegen weitergeben. Auch will der Großteil der TN zu Veränderungen an der Schule beitragen (vgl. *Downloadmaterial*, Abb. 33).

Im zweiten Jahr geben 60% der TN an, etwas, das sie in ihrer Werkstatt gelernt haben, in ihrem Unterricht umgesetzt zu haben. Zwei Drittel haben darüber hinaus etwas, das sie in ihrer Werkstatt gelernt haben, an ihre Kollegen weitergegeben und gut ein Drittel haben zu Veränderungen in ihrer Schule beigetragen. Für die Zukunft ist die Tendenz, wie bereits am Ende des ersten Programmjahres, eindeutig: Alle TN wollen das in ihrer Werkstatt Erlernte im Unterricht umsetzen, und die meisten wollen das Erlernte an Kollegen weitergeben. Auch will der Großteil der TN zu Veränderungen an der Schule beitragen. Im Vergleich zum ersten Programmjahr ergeben sich insgesamt kaum Veränderungen – mit einer Ausnahme: Im zweiten Jahr haben deutlich mehr TN etwas, das sie in ihrer Werkstatt gelernt haben, an ihre Kollegen weitergegeben (vgl. *Downloadmaterial*, Abb. 34).

In den Interviews gibt es neben einer vorherrschenden Zufriedenheit und Äußerungen großer Dankbarkeit auch einige kritische Anmerkungen, die hauptsächlich das zweite Jahr betreffen. Vor allem geht auch aus einigen Interviews hervor, dass das zweite Jahr gestrafft werden sollte bzw. auch hier verstärkt inputorientiert gearbeitet werden sollte. Vereinzelt gibt es noch Anmerkungen dahingehend, dass eine gemeinsame Abschlussveranstaltung am Ende inklusive der Präsentation von Resultaten und Produkten der einzelnen Werkstätten bzw. aus einzelnen Projekten wünschenswert wäre. Auch die Organisation von Übernachtungen zu günstigen Konditionen und die Möglichkeit einer zumindest teilweisen Kostenerstattung für TN, die von weit her kommen, wären erfreulich:

> Ich finde es eine tolle Möglichkeit, würde ich abschließend sagen. Ich würde jedem raten, daran teilzunehmen, weil das eine unheimliche Chance ist, sich persönlich zu bereichern, weil man viel Erfahrung macht mit dem Selber-Schreiben und auch das Positive an die Schüler weitergeben kann. Und das relativ konkret, weil man selber in diesem Schreibprozess drin war und das finde ich richtig gut, weil man, wie ich vorhin schon gesagt habe, relativ nah an die Schüler herankommt. Ich finde auch die Atmosphäre sehr angenehm und unsere Dozentin unheimlich motiviert und das macht es sehr angenehm. Und ich komme vom Bodensee. Das sind zwei Stunden Anfahrt und das ist schon aufwendig. Und es ist immer so, dass ich samstags nach Hause fahre und denke: „Toll." Dass man immer mit einer Motivation in den Alltag zurückkehrt, auch wenn diese zwei Tage anstrengend sind. Da denke ich, etwas Besseres kann einem gar nicht passieren. (IT15)

> Mir hat es sehr gut gefallen hier. Ich fand es schön im Literaturhaus [...]. Ich habe zu einem Kollegen gesagt: „Das ist ein bisschen wie Champions League." [...] Ich bin immer sehr gerne hergekommen und dafür möchte ich mich bei dem Literaturhaus bedanken; für die Gastfreundschaft und auch das anregende Beiprogramm. Und ich wünsche dem Projekt, dass es einen guten Fortgang nimmt. (IT12)

3.5.4 Zusammenfassung und Schlussfolgerungen aus den Ergebnissen

Die (in Kap. 3.1.9 zusammengefassten) Erwartungen der TN werden durch das Programm insgesamt gut erfüllt; den Evaluationsergebnissen zu Folge ist seine Konzeption außerordentlich zustimmungsfähig, seine Programmelemente sind im Wesentlichen stimmig und das Niveau ist hoch. Angesichts des hohen Aufwands, der bei Planung und Durchführung von LSiD im Literaturhaus betrieben wird (IT12: „Das ist ein bisschen wie Champions League"), also angesichts der erfahrenen Werkstattdozenten, der aufwändigen fachdidaktischen Beratung und der großenteils sehr namhaften Gäste bei den Gesprächsabenden, könnte man nun eine so positive Gesamtevaluation für erwartbar oder gar für selbstverständlich halten. Aber die äußerst kritischen Äußerungen einiger TN zu Lehrerfortbildung im Allgemeinen sowie die differenzierte Bewertung einzelner Programmelemente zeigt, dass sich die Gesamtbewertung keineswegs von selbst versteht. Im Unterschied zu manchen anderen Fort- bzw. Weiterbildungen werden die TN ihrer eigenen Wahrnehmung nach (vgl. oben, Kap. 3.1) auf fachlicher Ebene und einem angemessenem Niveau gefördert, erhalten neue Impulse und lernen innovative Methoden kennen. Darüber hinaus ist die vergleichsweise lange Dauer der Weiterbildung von Bedeutung, bei der im ersten Jahr die persönliche und fachliche Entwicklung der TN im Vordergrund steht, damit dann im zweiten Jahr den Schwerpunkt auf dem Projektunterricht liegen kann. Dabei werden im ersten Jahr der anspruchsvolle Input sowie die eigene Schreiberfahrung als besonders wichtig empfunden, durch die der Prozess des Schreibens und die damit verbundenen Probleme selbst erfahren werden. Im zweiten Jahr ist dann die Projektbegleitung von besonderer Bedeutung, ohne die sich viele die Umsetzung eines derart umfangreichen Projekts nicht zugetraut hätten. Jedoch betrachten die TN der ersten Kohorte für das zweite Jahr eine zeitliche und inhaltliche Straffung als wünschenswert.[133] Insgesamt haben beide Jahre umfassend zu einer fachlichen und methodischen Verbesserung der TN beigetragen; die Arbeit in den Werkstätten, der informelle Austausch mit Kolleg/innen sowie das Rahmenprogramm (Seminarwochenenden und -tage, Gesprächsabende) tragen dazu jeweils das Ihrige bei. Auch auf didaktischer Ebene konnten Verbesserungen festgestellt werden, die allerdings nicht die Tiefe und Breite der fachlichen und methodischen Verbesserungen erreichen.

---

133 Für die zweite Kohorte (2013–15) haben wir dieses Evaluationsergebnis in der Planung des 2. Jahres berücksichtigt.

Eine tragende Rolle spielen die Werkstattdozenten, die übergreifend (sehr) gut bewertet werden und durch ihre fachliche, soziale und didaktische Kompetenz überzeugen. Auch die Beurteilung sämtlicher Aspekte des Programms fällt über beide Jahre durchweg positiv aus. Bei der Programmbeurteilung im zweiten Jahr, im Verhältnis zum ersten Jahr, findet darüber hinaus eine tendenzielle Nivellierung statt: die im ersten Programmjahr „schlechter" bewerteten Aspekte (Fachdidaktik, Gesprächsreihen) legen zu, wohingegen die „besser" bewerteten Aspekte (Programm, Präsenztage, Dozenten) etwas abnehmen. Insgesamt ist das Bewertungsniveau jedoch bemerkenswert hoch. Lediglich die Internetplattform, die das Literaturhaus zum leichteren Austausch von Materialen, Planungsdateien und Schülertexten eingerichtet hat, findet nur wenig Anklang.[134]

Gründe der Beurteilungsveränderungen vom ersten auf das zweite Jahr lassen sich in den Angaben der TN finden. So empfinden die TN im ersten Programmjahr das selbstständige Arbeiten in Verbindung mit mehr praktischen Übungen und erhöhtem Input, die einzelnen Tage in Verbindung mit weniger Stress sowie die strukturiertere und straffere Organisation besser als im zweiten Jahr. Umgekehrt wird im zweiten Jahr die Projektumsetzung und Anbindung an den Schulalltag, der Austausch mit allen Beteiligten sowie der Praxisbezug der Fachdidaktik als besser empfunden. Einhellig besonders gelobt werden – in Fragebögen und Interviews – die kompetenten Dozenten und Fachleute, die Räumlichkeiten und die Ausstattung, die Dauer und der Umfang des Programms sowie die Möglichkeit zur Selbsterfahrung.

> Ich denke, wovon hier diese Fortbildung ungemein profitiert hat, waren die Dozenten. Dass es alles Fachleute, Experten waren, die nicht aus dem schulischen Bereich kamen. [...] Das ist etwas anderes, als wenn nur Deutschlehrer unter sich sitzen, die alle eine ähnliche Ausbildung haben, einen ähnlichen Background [...] Was auch sehr gut war, dass es über einen längeren Zeitraum hinweg stattgefunden hat und dass man sich immer wieder in einer festen Gruppe getroffen hat. [...] Und natürlich auch das praktische Arbeiten. Dass wir die Dinge selber haben ausprobieren müssen – ganz wichtig. (IT16)

> Das ganze Gerüst. Das ist ein angenehmer Ort. Ich finde, Räumlichkeiten spielen auch eine Rolle. Es hört sich banal an, aber schöne Räumlichkeiten, wo alles vorhanden ist und auch zentral gelegen [...] (IT19)

Aus diesen Ergebnissen, die angesichts der – wie bereits erwähnt – gewöhnlich kritischen Einstellung von Lehrkräften gegenüber Fortbildungsangeboten nicht

[134] Wenn allerdings TN, die die Internetplattform für überflüssig halten, gleichzeitig beklagen, dass sie im 2. Jahr für den Unterricht in ihrer Projektklasse zu wenig Hilfe durch die fachdidaktische Begleitung bekommen hätten, so sehen wir darin einen Widerspruch, der den implizierten Vorwurf auf die TN selbst zurückfallen lässt: Didaktisch kommentiert werden kann nur, was zugänglich gemacht worden ist.

selbstverständlich sind, folgern wir, dass die Konzeption des LSiD-Programm richtig ist und das Projekt als wegweisend gelten kann, wenn es darum geht, Literarisches Schreiben in Lehrerbildung und Deutschunterricht zu verankern und zu zeigen, dass es weder fachlich noch didaktisch oder methodisch unüberwindliche Hindernisse gibt: Literarische Gattungen lassen sich *fachlich* in ihrer sprachlichen und ästhetischen Struktur so klären, dass eine Arbeit mit ihnen und eine Einschätzung von Arbeitsergebnissen *didaktisch* prinzipiell möglich wird; und ihre produktive Erschließung kann *methodisch* so gestaltet werden, dass eine Übertragung des von den TN Erlernten auf den Unterricht prinzipiell möglich ist. Für Beides ist es nach der Überzeugung der befragten ersten Kohorte sinnvoll, beim Konzept arbeitsteiliger Werkstätten zu bleiben, das nicht so sehr die Breite als die Tiefe poetischen Kompetenzerwerbs zum Ziel hat.

Dieses positive Projektergebnis (aus dem 2013 eine Fortführung für zunächst weitere zwei Jahre resultierte) ermutigt zwar – hoffentlich – zur Nachahmung, steht aber ungeachtet aller finanziellen, organisatorischen und personellen Möglichkeiten aus unserer Sicht immer unter dem Vorbehalt einiger Grundvoraussetzungen. Wir wollen sie abschließend nennen:

- Es bedarf geeigneter, an Schule und an Jugendlichen interessierter, sowohl literarisch als didaktisch ausgewiesener Werkstattleiter/innen, damit die in Bezug auf das Literaturhaus Stuttgart von allen Beteiligten als so fruchtbar empfundene Anregungs- und Arbeitsatmosphäre entstehen kann.
- Unabdingbar ist – dem im 1. Programmjahr noch suboptimalen Evaluationsergebnis zum Trotz – eine fachdidaktische Begleitung, die bereits die Programmkonzeption mitgestaltet und die Möglichkeit erhält, immer wieder einen eigenen Input einzuspeisen und auf diese Weise eine Metaebene der didaktischen Reflexion sowie der (nicht abstrakten, sondern projektbezogenen) Kommunikation über Fachdidaktik zu schaffen und zu erhalten.
- Unbedingt empfehlenswert ist darüber hinaus der Einbezug weiterer Expert/innen, die als Gäste hinzukommen, um eigene Perspektiven auf Literatur und literarisches Leben, auf Schreibprozesse und nicht zuletzt auf literarische Qualitätsmaßstäbe einzubringen. Das im Literaturhaus gewählte Format des Gesprächsabends ist sicherlich nicht das einzig denkbare, allerdings sollte auch in Bezug auf diese Gäste eher dialogisch als in Begriffen von Vortrag oder Lesung gedacht werden.

Und schließlich möchten wir noch einmal betonen, dass eine lange zeitliche Erstreckung außerordentlich wichtig ist, den literaturbezogenen Lernprozessen und der auf ihnen basierende didaktische Reflexion ausreichend Raum zu geben. Schnelle Ergebnisse sind nicht zu erwarten. Bildung braucht Zeit – das gilt auch für Lehrer/innen!

4 Zusammenfassung und Ausblick: Erfolg und bleibende Aufgabe

Der summarischen Rückschau auf die Konzeption, Durchführung und Wirksamkeit des Weiterbildungsprogramms LSiD sollen einige Bemerkungen zur Programmeffizienz vorausgehen und einige Vorschläge folgen, in welche größeren Diskussionszusammenhänge das hier Dargestellte eingeordnet werden könnte.

4.1 Erfolg und Erfolgsfaktoren

Die Programmeffizienz einer Maßnahme berücksichtigt Aufwand und Kosten in ihrem Verhältnis zum Nutzen.

> Während sich diese Gegenüberstellung beispielsweise in Wirtschaftsunternehmen vergleichsweise einfach vornehmen lässt, indem sowohl Kosten als auch Nutzen in Geldbeträgen ausgedrückt bzw. umgerechnet werden, gestaltet sich dies in pädagogischen und psychologischen Arbeitsfeldern ausgesprochen schwierig. Denn häufig lässt sich der ‚Nutzen' in diesen Praxisfeldern aus ethisch-moralischen Gründen nicht in geldwerten Einheiten ausdrücken.
>
> (Ennemoser 2006, S. 521)

Damit wird ein Grundhindernis benannt, das einer expliziten Kosten-Nutzen-Analyse entgegensteht. Dass die Implementierung der Weiterbildung am Literaturhaus Stuttgart mit erheblichen finanziellen und personellem Aufwand verbunden und ohne die Förderung der Robert-Bosch-Stiftung auch nicht möglich gewesen wäre, haben unsere Ausführungen zu den Bestandteilen des zweijährigen Programms (Schreibtage, Seminarwochenende und -tage, Gesprächsreihe und Zusatzangebote) hinreichend verdeutlicht. Dennoch lässt sich der mögliche Vorwurf entkräften, mit dem Weiterbildungsangebot ausschließlich die begrenzte Anzahl von knapp 60 von vornherein interessierten, d. h. über grundsätzlich eher günstige affektiv-motivationale Voraussetzungen und Dispositionen verfügende, Lehrer/innen („ein elitärer Kreis"?) erreicht zu haben, die unter den gegebenen Bedingungen eine hervorragende Lernumgebung/-förderung erfahren und entsprechende Zufriedenheit mit dem Weiterbildungsangebot attestiert haben: Man könnte sagen, angesichts des nicht unbeträchtlichen finanziellen und organisatorischen Aufwands sowie der Beteiligung angesehener Fachleute aus Wissenschaft und literarisch-kultureller Praxis sei der Erfolg des Konzepts erwartbar gewesen, allerdings eben auf einen kleinen, handverlesenen Kreis beschränkt.

Eine solche Argumentation macht es sich indessen zu einfach. Zum einen ist auch bei ambitionierten Projekten, die Neuland beschreiten, Scheitern immer eine Option; zum andern sollte nicht bereits ein gleichsam flächendeckend schulalltagstaugliches Konzept für Literarisches Schreiben im Deutschunterricht implementiert, sondern ein Modell entwickelt werden, das von der Expertise einschlägig ausgewiesener Wissenschaftler, Literaturvermittler und Schriftsteller profitiert. Die Effektivität der Weiterbildung, ihre Reichweite und die Übertragbarkeit ihrer Ergebnisse in die Praxis des schulischen Deutschunterrichts überschreiten den kleinen Teilnehmerkreis insofern, als hiermit ein wegweisendes **Modellprojekt** implementiert und evaluiert wurde, dessen didaktische Konzeption den Anforderungen einer kompetenzorientierten Aus- und Weiterbildung von Deutschlehrern grundlegend Rechnung trägt. Auf der Grundlage bisheriger deutschdidaktischer Forschung und Erkenntnisse wurde ein konsequenter **Brückenschlag zwischen Schreib- und Literaturdidaktik** gesucht, der mit neuen Akzentsetzungen und dem Schwerpunkt des eigenen ästhetischen Gestaltens die Lernbereiche Schreiben und Umgang mit Texten in ein Verhältnis gegenseitiger Befruchtung überführt. Begründet werden soll eine eigenständige **Didaktik Literarischen Schreibens**, die in den Traditionen der subjektorientierten Formen kreativen Schreibens und der literaturdidaktisch begründeten Produktionsorientierung ihren Ausgang nimmt, aber über beide Zielorientierungen hinausweist, indem sie sich als produktions- und prozessorientierte **Literaturpädagogik** versteht: Neben die Förderung des Selbstausdrucks einerseits und des Literaturverständnisses andererseits tritt die handwerkliche Erkundung von literarischem Sprachgebrauch, von Bauformen, Techniken, Genres und Gattungen durch die eigene gestalterische Auseinandersetzung. Die kulturelle Praxis literarischen Schreibens wird erfahrbar als **Produktions- und Reflexionspraxis**, genauer: als eine Praxis der Entdeckung und Entwicklung eigener Gestaltungsfähigkeit, die die Erlernbarkeit des Urteilens über ästhetische Qualität von Texten und Textentwürfen einbezieht. Die Prinzipien der Prozessorientierung, der Kooperation und Kommunikation begünstigen über gemeinsames Textfeedback und geteilte ästhetische Erfahrung die Entwicklung literarischer Geselligkeit. Diese fördert intersubjektive Verständigungsbemühungen über Literatur und individuelle (literarische) Schreibentwicklung gleichermaßen und in wechselseitigem Stimulus. Eine Orientierung an der kulturellen Praxis Literatur der Gegenwart kann darüber hinaus sicherstellen, dass die Erprobung literarischer Bauformen sich nicht auf die Schreibmuster der schulischen Tradition beschränkt, sondern Anschluss sucht an innovative, auch intermedial inspirierte, literarische Formen im Dazwischen der Künste.

4.2 Weiterer Handlungsbedarf

Die wissenschaftliche Evaluation von LSiD (vgl. Kap. 3) weist die Weiterbildung in Orientierung an dem Rahmenmodell von Lipowski (2010) als recht weitgehend erfolgreich im Sinn einer wirksamen Interventionsmaßnahme aus, zeigt aber ebenso auch entsprechenden weiteren Handlungsbedarf auf.

Die Einschätzung der TN bestätigt die hohe **Akzeptanz** der Maßnahme, deren Nützlichkeit und Relevanz in dem von den TN wahrgenommenen Zuwachs an poetischer Gestaltungskompetenz, ihrem Zugewinn an Sicherheit im Verhandeln von Urteilen und im Einschätzen poetischer Textqualität liegt. Daraus resultiert die gestiegene **Motivation** und Bereitschaft der Lehrenden, literarisches Schreiben im Unterricht zu implementieren und den Schreib- und Literaturunterricht insgesamt als veränderbar zu begreifen. Solche **Veränderungen in den Lehrerkognitionen** stehen nachweislich in engem Zusammenhang zu einem veränderten Verhalten in der Berufsausübung und sind von Einfluss auf die Planung und Gestaltung von Unterricht.

Veränderungen im unterrichtspraktischen Handeln werden vielfach in den strukturierten Erfahrungsberichten sichtbar, da diese innovative Konzeptionen, Aufgaben, Methoden und Bewertungsverfahren der literarischen Schreibprojekte dokumentieren. Die in diesen Erfahrungsberichten präsentierten Schülertextprodukte bzw. Textvarianten, die durch Überarbeitungen entstanden sind, ermöglichen Rückschlüsse auf entsprechende Lernprozesse der Schüler/innen im literarischen Gestalten. Als besonders erfolgreich hat sich dabei die reflektierte Übernahme der in den Werkstätten vorher erprobten Konzepte erwiesen. Das verbindet *Lernen am Modell* mit *Lernen in sozialer Interaktion*.[73]

Auch belegen die TN-Interviews und die Erfahrungsberichte **Veränderungen auf Schülerebene**, vor allem im Bereich der kommunikativen Auseinandersetzung über Texte und Textentwürfe. Gelingende Anschlusskommunikation benötigt Feedback, Dialog und Reziprozität und ermöglicht dann den Austausch von Sichtweisen und Wertungen im respektvollen Miteinander, ganz im Sinne literarischer Geselligkeit.

Die lehrkompetenzförderlichen Erfolgsvariablen der Weiterbildung im literarischen Schreiben betreffen erstens den **Zeitfaktor**: Die sich über zwei Jahre erstreckende Intervention verfolgt einen längerfristigen Kompetenzaufbau mit der kontinuierliche Ausbildung der eigenen Gestaltungs- und Urteilskompetenz im ersten Weiterbildungsjahr sowie einem späteren Transfer in die schulische Alltagspraxis. Insbesondere die interne Begleitung der Curriculaentwicklung und der unterrichtlichen Umsetzung (zum einen durch konstruktive Rückmeldung von Werkstattleiter und Dozenten der Fachdidaktik, zum anderen durch den

73 Damit sind zwei von Escher/Messner (2009) unterschiedene Konzepte schulischen Lernens gemeint, nämlich Modelllernen nach Bandura (vgl. ebd., S. 95–125) und Lernen im sozialen Austausch nach Vygotskij (vgl. ebd., S. 127–147).

Austausch mit anderen TN) hat am Ende des ersten und im Laufe des zweiten Jahres die anhaltende Transfermotivation auf Seiten der TN sehr weitgehend gesichert, und zwar auch angesichts auftauchender Probleme und Hindernisse in der Praxis.

Eine weitere Variable stellt die **Organisationsform** dar. Die strukturelle und didaktische Ausrichtung des Weiterbildungskonzepts profitiert von dem produktiven Zusammenspiel mehrerer Bestandteile und beteiligter Experten aus unterschiedlichen Disziplinen und mit unterschiedlichen Denkweisen. Eigene literarische Gestaltungserfahrungen (Werkstatt) werden von fachdidaktischer Seite (Seminarwochenenden und -tage) gerahmt, was den TN durchgehend gestattet, handlungspraktische Erprobungen und Reflexion aufeinander zu beziehen, Gelerntes in Frage zu stellen, in neuen Zusammenhängen zu vertiefen oder zu erweitern (Gesprächsreihe). Die Weiterentwicklung von Lehrkompetenzen stützt sich in dieser rahmengebenden Struktur auf eine funktionierende „Community of practice" (Baumert/Kunter 2006, S. 487). Insbesondere der Werkstattcharakter wird von den TN als eine **modellhaft konstruktiv-unterstützende Lernumgebung** wahrgenommen, in der alle Geduld und Respekt im Umgang mit Texten und ihren Autoren praktizieren. Das Arbeiten in der Werkstatt wird als Möglichkeit des eigenen Ausprobierens empfunden, aus dessen Praxis heraus sich eine zunehmende Sicherheit in literarischen Gestaltungs- und Urteilsfragen entwickelt.

Die **Professionalität und Kompetenz der Ausbilder** als dritte Erfolgsdeterminante wird in Bezug auf die Werkstattleiter durchweg von den TN bestätigt. Als Experten der kulturellen Praxis haben sie die didaktische Ausrichtung ihrer genrespezifischen Schreibwerkstätten langfristig entwickelt, optimiert und dabei einem mehrfachen „Praxistest" mit Schülern unterworfen. Die gegenwärtig vorliegenden vier Monografien (Richhardt 2011, Wörner/Noir/Rau 2012, Oliver 2013, Rau 2014) dokumentieren den Aufbau der Werkstattcurricula und können durch die Darstellung und Reflexion vielfältiger methodischer Ansätze die Grundlage für zukünftige universitäre Seminare einer ästhetisch fundierten und persönlichkeitsorientierten Lehreraus-/-weiterbildung liefern. Dass auch die Beteiligung von Wissenschaftlern und ihrer Expertise ein Erfolgsfaktor von Fort- und Weiterbildung sein kann (Lipowsky 2010, S. 42), bestätigt sich vor allem in der gestiegenen Akzeptanz der Fachdidaktik durch die TN im zweiten Jahr, da mit dem Transfer in den Unterricht notwendigerweise ein gestiegenes Bewusstsein für fachdidaktische Fragestellungen einhergegangen ist.

4.3 Bleibende Aufgabe

Die in der fachdidaktischen Diskussion der vergangenen 30 Jahre (vgl. Kap. 1) nachgewiesene Tendenz, poetische Produktion – sofern sie denn (unter dem label des *creative writing*) überhaupt stattfand – gegen die schulische Beurteilungspraxis abzuschotten und damit für die Note im Fach Deutsch weitgehend konsequenzlos zu machen, wird nur überwunden werden können, wenn genügend Deutschlehrkräfte ihre Haltung ändern: Was hier ansteht, ist ein „conceptual-change-Prozess" (Lipowsky 2010, S. 44). Statt zu glauben und auch Lernenden den Eindruck zu vermitteln, Literarisches Schreiben sei nicht bewertbar und damit keine Leistung, müssten sie die Erfahrung machen und weitergeben können, dass das Kommunizieren von Urteilen über Textentwürfe zur Schreibpraxis gehört und eine Bewertungskultur entwickelbar ist, die auf drei Säulen ruht: Gestaltungskompetenz, Urteilskompetenz und Fähigkeit zur Anleitung von Anschlusskommunikation an das Schreiben.

Der Erfolg des Modellprojekts LSiD unterstreicht die Forderung einer flächendeckenden Ausbildung von Deutschlehrer/innen in den genannten Kompetenzen: Kompetenzerwartungen dieser (wie jeder anderen) Art machen eine zukünftige **curriculare Verankerung** in der Deutschlehrerausbildung notwendig.

Ein Blick auf die KMK-Standards der *Ländergemeinsamen inhaltlichen Anforderungen für die Fachwissenschaften und Fachdidaktiken in der Lehrerbildung* (2008/13)[74] offenbart, dass „Theorien zur Produktion und Rezeption literarischer und pragmatischer Texte" als Studieninhalte der Literaturwissenschaft und „Methoden und Verfahren der Textanalyse/Textinterpretation im Unterricht, einschließlich der Anleitung zur angemessenen Anschlusskommunikation" (S. 25) als Bestandteil der fachdidaktischen Ausbildung aufgeführt werden, eigene literarisch-produktive Kompetenzen der Lehrenden dagegen aber keine Erwähnung finden. Damit bilden die Lehrerbildungsstandards (leider) in dieser Hinsicht den Status Quo des Germanistikstudiums ab, das auch für das Lehramt Deutsch keine **poetische Kompetenz** zu entwickeln sucht. Auf dieses Desiderat weist auch Kämper-van den Boogaart (2010) hin, der an Ulshöfers bereits zitierte *Methodik des Deutschunterrichts* (1964, vgl. Kap. 1.1.1) erinnert und in den KMK-Standards das Fehlen produktionsästhetischer Kompetenzerwartungen vermisst:

> [Es] scheint [...] mir für das von dem KMK-Text evozierte Lehrerbild signifikant zu sein, dass trotz der Akzentuierung von Kompetenzen etwa expressive oder literarische Passionen von Deutschlehrkräften nicht mehr erwartet werden. (Kämper-van den Boogaart 2010, S. 127)

[74] Siehe unter: http://www.kmk.org/fileadmin/veroeffentlichungen_beschluesse/2008/2008_10_16_Fachprofile-Lehrerbildung.pdf

Unsere Ausführungen über LSiD stellen im selben Sinn die begründete Notwendigkeit der Ausbildung produktiver ästhetischer Grundfähig-/fertigkeiten von Deutschlehrern heraus, deren Handeln sich an der kulturellen Praxis Literatur orientieren und in ihr realisieren muss, um auch Schüler/innen diese Erfahrungsmöglichkeiten, ihre schreibenden Annäherungen an das Erzählen in der Literatur, an die lyrische Verdichtung und an das Theatralische einer Szene sowie an journalistisches Denken und Handeln zugänglich zu machen.

Als bleibende Aufgabe erachten wir weiterhin die **zukünftige Begleitung der TN** nach Abschluss ihrer Weiterbildung. Die Angebote des im Aufbau befindlichen Literaturpädagogischen Zentrums am Literaturhaus Stuttgart erscheinen vielversprechend, um dem Bedarf einer „Alumni"-Betreuung Rechnung zu tragen.

Ob sich Literarisches Schreiben **langfristig** in den Unterricht der weitergebildeten Lehrkräfte einbinden lässt, ob die im bisher angeleiteten Projekt erhobenen unterrichtlichen Veränderungen auch in Zukunft **nachhaltig** weiterwirken und sich in entsprechenden Schülerleistungen im Literarischen Schreiben abbilden lassen, kann nur durch anstehende (und dringend erforderliche) Längsschnittuntersuchungen überprüft werden. Neben einer Untersuchung der Qualität der Anschlusskommunikation an das Schreiben steht hier vor allem die Schärfung der gattungsbezogenen Kriterien an, die sowohl das eigene Gestalten als auch die Wahrnehmung fremder Texte voranbringen können.

4.4 Forschungs- und Entwicklungsdesiderate

Weiteren fachdidaktischen Forschungs- und Entwicklungsbedarf sehen wir schließlich in einer stärker **internationalen Ausrichtung und Kooperation**. Entsprechende Anschlussstellen bieten mehrere internationale Forschungsrichtungen, deren fachdidaktische Orientierung sich zwar teilweise auf andere Lernbereiche richtet, die aber in gleicher Weise die Verbesserung der Fort- und Weiterbildung von Lehrkräften ins Zentrum stellen, da deren Professionalität als zentraler Einflussfaktor für erfolgreiche Bildungsprozesse gilt (vgl. z. B. Hattie 2014).

Zu diesen Projekten zählt erstens das **europäische Leseförderprojekt BaCuLit** („Basic Curriculum for Teachers' In-service Training in Content Area Literacy in Secondary Schools"), das als Fortsetzung des ADORE-Projekts[75] die Expertise von Partnern aus sieben Ländern verbunden hat (2011–2012). Wie auch unseren Annahmen der LSiD-Weiterbildung lag dem Projekt die gleiche Problem- bzw. Ausgangssituation zu Grunde: Einmalige Fortbildungs-Interventionen gelten als kaum nachhaltig bezüglich der Auswirkungen auf die Unterrichtspraxis von Lehrenden, da verfügbares handlungsleitendes Wissen noch keine Anwendung in der Praxis gewährleistet. BaCuLit verfolgte daher zum einen die Zielsetzung, ein lesedidaktisches Kerncurriculum für die Lehrerfortbildung zu entwickeln, zum anderen intendierte die Maßnahme die weiterführende Unterstützung der praktischen Anwendung durch lokale Lerngemeinschaften und Coaching-Systeme. Auf diese Weise wurde die Umsetzung des Curriculums in die Praxis flankiert von Möglichkeiten der Reflexion und Diskussion zwischen den beteiligten Lehrkräften über ihre unterrichtsbezogenen Erfahrungen und Schwierigkeiten.[76]

Eine zweite Schnittstelle mit international diskutierten und erprobten Konzepten schulischer Literaturvermittlung ist *Literary Praxis*, eine im Rahmen der *International Association for the Improvement of Mother Tongue Education* (IAIMTE) initiierte Kooperation niederländischer und australischer Literaturpädagogen (vgl. van de Ven/Doecke Hrsg. 2011). Das Ziel war, verschiedene *classroom practices* in der Vermittlung von Literatur miteinander zu vergleichen und sie im Dialog weiterzuentwickeln, u. a. durch gegenseitige Unterrichtsbeobachtung (vgl. ebd., S. 5). Eine deutsche Perspektive wird von Irene Pieper (2011) in den daraus resultierenden Verständigungsprozess eingebracht; sie erläutert den Unterschied zwischen Lese- und Literaturdidaktik, führt den Begriff der „Literarischen Bildung" ein (vgl. ebd., S. 190) und bezeichnet als eines der deutschen Kernkonzepte auf diesem Feld die Aufgabe der Vermittlung zwischen einer kritischen (analytischen) Lektüre und einem potenziell identitätsbildendem Sicheinlassen auf den literarischen Text (vgl. ebd., S. 195): Es geht darum, dieses zu erhalten, während man jenes anzielt. Im Licht der Ergebnisse unseres LSiD-Projekts ist dieser deutsche Kommentar zu einer internationalen literaturpädagogischen Diskussi-

[75] „Teaching Adolescent Struggling Readers. A Comparative Study of Good Practices in European Countries"
[76] Zur Information über die einzelnen Fortbildungsmodule vgl. http://www.alinet.eu/index.php

on zu ergänzen um die Feststellung, dass ein vertieftes Verständnis für Literatur, das diese beiden Aufgaben erfolgreich (im doppelten Sinn: miteinander und an Lernende) *vermittelt*, auch durch eigenes Produzieren erreicht werden kann.

Neben der Literaturpädagogik ist eine dritte Schnittstelle, an der unser Ansatz Berührungspunkte mit einer internationalen Entwicklung aufweist, die **Schreibpädagogik** (vgl. Bräuer 1998, Pyerin Hrsg. 2002). Insbesondere interessant ist in diesem Rahmen *Writing Across the Curriculum (WAC)*. In den USA in den 1970er- bis 90er-Jahren entstanden, etabliert sich WAC zunächst an Colleges und dann an Universitäten (vgl. z.B. MacLeod Hrsg. 1988) und will Schreiben als Medium des Denkens und Lernens zu einer fächerübergreifend (in allen Disziplinen, in Schule und Hochschule) nutzbaren Ressource machen. Es geht darum, den kreativen und kritischen Umgang mit Normen und Formen der Schriftlichkeit zu reflektieren sowie Ziele und Inhalte eines Fachs durch das Schreiben (hindurch) mit der Persönlichkeitsentwicklung der Lernenden zu verknüpfen (vgl. z.B. Young 2006).

Neben dem *diversity*-Gedanken[77] ist es besonders der Einsatz literarischer Schreibtechniken in vielen Disziplinen (neben Literatur u.a. Mathematik, Ökonomie, Landschaftsarchitektur: vgl. Connor-Greene et al. 2006), der diese schreibpädagogische Strömung interessant machen könnte für die weitere Verbreitung Literarischen Schreibens an deutschen Schulen. Gegenüber der heuristischen, Erkenntnis fördernden und Lernprozesse begleitenden Funktion literarischen Produzierens tritt zwar hier die Gattungs- und Formreflexion deutlich zurück, aber Deutschlehrer/innen als Fachleute für poetische Kompetenz in ein WAC-Konzept einzubinden, könnte einer einseitigen Wahrnehmung des Schulfaches Deutsch als Zulieferbetrieb für *reading literacy* à la PISA entgegenwirken: Frustration durch die Entwicklung der letzten fünfzehn Jahre, die die Informationsverarbeitung aus/in Sachtexten als Aufgabe von Deutschunterricht betont hat, haben einige unserer TN immer wieder, auch in Interviews, deutlich zum Ausdruck gebracht.

Die Aufgaben des Schulfaches Deutsch zu reflektieren und im Rahmen einer bildungspolitischen Diskussion zu profilieren, halten wir aber neben der Entwicklung von Unterrichts-, Fort- und Weiterbildungskonzepten für eine wesentliche Aufgabe der Deutschdidaktik.

[77] Unterschiedliche kulturelle und ethnische Voraussetzungen, ebenso wie verschiedene Sprachen im Klassenzimmer, sind schreibend zu entdecken und mitzuteilen (vgl. z.B. Bräuer Hrsg. 2000).

Literaturverzeichnis

Abraham, Ulf: „Mit diesem Stil bekommen Sie auch keine Arbeit". „Stil" als vorbewusste Wahrnehmungskategorie im Korrekturhandeln von Deutschlehrern. In: Eisenberg, Peter/Klotz, Peter (Hrsg.): Sprache gebrauchen – Sprachwissen erwerben. Stuttgart: Klett 1993, S. 159–178. **Kap. 1.2.2**

Abraham, Ulf: Lesarten – Schreibarten. Formen der Wiedergabe und Besprechung literarischer Texte. Stuttgart: Klett 1994. **Kap. 1.1.1 u. Kap. 2.1.2**

Abraham, Ulf: StilGestalten. Geschichte und Systematik der Rede vom Stil in der Deutschdidaktik. Tübingen: Niemeyer 1996. **Kap. 1.1.1 u. Kap 1.2.2**

Abraham, Ulf: Was tun mit Steinen? Gibt es eigentlich ein „Kreatives Schreiben" im Deutschunterricht? In: ide. Informationen zur Deutschdidaktik 22, H. 4 (1998), S. 19–36. **Kap. 1.1.1 u. Kap. 2.1.2**

Abraham, Ulf: Sprech- und Schreibstile Lernender fördern und beurteilen. In: Der Deutschunterricht 61 (2009), S. 57–69. **Kap. 1.2.2**

Abraham, Ulf: Schreiben wie Karl May. In: Praxis Deutsch 239 (2013), S. 22–27. **Kap. 1.2.2**

Abraham, Ulf: Bewertungsprobleme im Schreib- und Literaturunterricht als Spiegel des ungeklärten Verhältnisses pädagogischer und philologischer Zielsetzungen für den Deutschunterricht. In: Rosebrock, Cornelia/Fix, Martin (Hrsg.): Tumulte. Deutschdidaktik zwischen den Stühlen. Baltmannsweiler: Schneider 2001, S. 54–70. **Kap.1.1.2**

Abraham, Ulf: Poetisches Schreiben bewerten. In: Praxis Deutsch 193 (2005), S. 6–15. **Kap. 1.1.1**

Abraham, Ulf: „Du bist die Aufgabe. Kein Schüler weit und breit." Deutschlehrer/-innenbildung als Persönlichkeitsbildung. In: Paul, Ingwer/Tangermann, Fritz/Thielmann, Winfried (Hrsg.): Standard: Bildung. Blinde Flecken der deutschen Bildungsdiskussion. Göttingen: Vandenhoeck & Ruprecht 2008, S. 53–68. **Kap. 1.1.3**

Abraham, Ulf: Lesekompetenz, literarische Kompetenz, poetische Kompetenz. Fachdidaktische Aufgaben in einer Medienkultur. In: Rösch, Heidi (Hrsg.): Kompetenzen im Deutschunterricht. Beiträge zur Literatur-, Sprach- und Mediendidaktik. Frankfurt am Main: Peter Lang 2005, S. 13–26. **Kap. 1.1.2 u. 1.2.1**

Abraham, Ulf: „Kreatives" und „poetisches" Schreiben. In: Feilke, Helmuth/Pohl, Thorsten (Hrsg.): Schriftlicher Sprachgebrauch/Texte verfassen. Baltmannsweiler: Schneider (Deutschunterricht in Theorie und Praxis, hrsg. von Winfried Ulrich, Bd. 4) DTP I, S.364–381. **Kap. 1.1.1**

Abraham, Ulf/Launer, Christoph (Hrsg.): Weltwissen erlesen. Literarisches Lernen im fächerverbindenden Unterricht. Baltmannsweiler: Schneider 2002. **Kap. 1.1.1**

Abraham, Ulf/Baurmann, Jürgen/Feilke, Helmuth/Kammler, Clemens/Müller, Astrid: Kompetenzorientiert unterrichten. Überlegungen zum Schreiben und Lesen. In: Praxis Deutsch 202 (2007), S. 6–14. **Kap. 1.2.1**

Abraham, Ulf/Kepser, Matthis: Literaturdidaktik Deutsch. Eine Einführung. Berlin: Erich Schmidt, 3. erw. Aufl. 2009. **Kap. 1.1.1**

Abraham, Ulf/Bräuer, Gerd: Lernende schreiben und publizieren online, über Sprach- und Kulturgrenzen hinweg. In: Didaktik Deutsch 11 (2005), H. 18, S. 91–105. **Kap. 1.1.1**

Abraham, Ulf/Baurmann, Jürgen/Feilke, Helmut/Kammler, Clemens/Müller, Astrid: Kompetenzorientiert unterrichten. Überlegungen zum Schreiben und Lesen. In: Praxis Deutsch 203 (2007), S. 6–14.

Abraham, Ulf/Baurmann, Jürgen: Kriterien für Texte entwickeln – das Schreiben nach Vorgaben fördern. Zum Einsatz von Kriterienkatalogen im Deutschunterricht. In: Praxis Deutsch 223 (2010), S. 4–10. **Kap. 1.1.2**

Abraham, Ulf: Bewertung produktiv–kreativer schriftlicher Texte. In: Kämper-van den Boogaart, Michael/Spinner, Kaspar H. (Hrsg.): Deutschunterricht in Theorie und Praxis, Bd. 11. Lese- und Literaturunterricht. Teil 3. Baltmannsweiler: Schneider 2010, S. 89–115. **Kap. 1.2.4**

Abraham, Ulf: Die Wahrheit schweigt grundsätzlich. Reden über Literatur im Unterricht. In: Kirschenmann, Johannes/Richter, Christoph/Spinner, Kaspar H. (Hrsg.): Reden über Kunst. Fachdidaktisches Forschungssymposium in Literatur, Kunst und Musik. München 2011, S. 47–62. **Kap. 1.2.4 u. 3.3.1**

Abraham, Ulf: Geteilte Aufmerksamkeit für Literatur? „Literarische Kompetenz" als Fähigkeit kulturelle Praxis zu teilen. In: Hallet, Wolfgang (Hrsg.): Literatur- und kulturwissenschaftliche Hochschuldidaktik. Konzepte, Methoden, Lehrbeispiele. Trier: WVT 2013, S. 87–102. **Kap. 1.1.1, 1.2.4, 2.1.2**

Adey, Philip: The professional development of teachers: Practice and theory. Dordrecht, Netherlands: Kluwer Academic Publishers 2004. **Kap. 1.1.3**

Arnheim, Rudolf: From Function to Expression. In: The Journal of Aesthetics and Art Criticism XXIII (1964), S. 29–41. **Kap. 1.2.2**

Artelt, Cordula/Schlagmüller, Matthias: Der Umgang mit literarischen Texten als Teilkompetenz im Lesen? Dimensionsanalysen und Ländervergleiche. In: Schiefele, Ulrich/Artelt, Cordula/ Schneider, Wolfgang/Stanat, Petra (Hrsg.): Struktur, Entwicklung und Förderung von Lesekompetenz. Vertiefende Analysen im Rahmen von PISA 2000. Wiesbaden: VS Verlag für Sozialwissenschaften 2004, S. 169–194. **Kap. 1.1.2**

Bambach, Heide: Erfundene Geschichten erzählen es richtig. Konstanz: Vaude 1989. **Kap. 1.2.4**

Baumert, Jürgen/Kunter, Mareike: Stichwort: Professionelle Kompetenz von Lehrkräften. Zeitschrift für Erziehungswissenschaft, 9 (2006), H. 4, S. 469–520. **Kap. 1.1.3, Kap. 4.4**

Baurmann, Jürgen: Schreiben – Überarbeiten – Beurteilen. Ein Arbeitsbuch zur Schreibdidaktik. Velber: Kallmeyersche Verlagsbuchhandlung 2002. **Kap. 1.1.1**

Baurmann, Jürgen/Delm, Mechthild: Beurteilen im Deutschunterricht. In: Praxis Deutsch 184 (2004), S. 6–13. **Kap. 1.1.1**

Baurmann, Jürgen/Schulz, Hermann: Die Ruhr fließt anders als der Bosporus. Demokratie leben – Autoren schreiben gemeinsam mit Schülern. Essen: Klartext 2010. **Kap. 1.1.1**

Beck, Johannes/Holkenbrink, Jörg/Kehl, Anne (Hrsg.): Tragt Masken, schont das eigene Gesicht. Das Theater der Versammlung – Performance zwischen Bildung, Wissenschaft und Kunst. Bremen: Edition Temmen 1996. **Kap. 2.3.2**

Becker-Mrotzek, Michael: Planungs- und Überarbeitungskompetenz entwickeln. In: ide. Informationen zur Deutschdidaktik 31 (2007), 25–34. **Kap. 1.2.2**

Becker-Mrotzek, Michael: Mündliche Kommunikationskompetenz. In: Deutschunterricht in Theorie und Praxis, Bd. 3. Mündliche Kommunikation und Gesprächsdidaktik. Baltmannsweiler: Schneider, 2., korr. Aufl. 2012, S. 66–83. **Kap. 1.2.4**

Behnken, Imbke (Hrsg.): Lesen und Schreiben aus Leidenschaft. Jugendkulturelle Inszenierungen von Schriftkultur. Weinheim, München: Juventa 1997. **Kap. 2.1.1**

Beisbart, Ortwin: Möglichkeiten literaturdidaktischer Entscheidungen. Kritische Untersuchung zum Problem der literarischen Wertung in der Literaturdidaktik. Frankfurt/M.: Lang 1975. **Kap. 1.1.1**

Beisbart, Ortwin: Schreiben als Lernprozess. Anmerkungen zu einem wenig beachteten Thema. In: Der Deutschunterricht 41 (1989), H. 3, S. 5–15. **Kap. 1.1.1**

Beisbart, Ortwin: Lehrkompetenzen im Deutschunterricht. In: Rösch (Hrsg.), 2005, S. 195–217. **Kap. 1.1.3**

Benner, Dietrich: Das Theorie-Praxis-Problem in der Erziehungswissenschaft und die Frage nach Prinzipien pädagogischen Denkens und Handelns. In: Zeitschrift für Pädagogik 1980, S. 486–497. **Kap. 2.3.2**

Berger, Norbert: Schreiben nach literarischen Vorlagen: Produktiver Literaturunterricht in der Sekundarstufe. Donauwörth: Auer 1995. **Kap. 1.1.1**

Birner, Heinz: Kreative Gestaltungsübungen im Deutschunterricht der Mittelstufe. Lyrik – Hörspiel. München: Oldenbourg 1978. **Kap. 1.1.1**

Bleckwenn, Helga: Stilarbeit. In: Praxis Deutsch 101 (1991), S. 6–16. **Kap. 1.1.1**

Böttcher, Ingrid (Hrsg.): Kreatives Schreiben. Berlin: Cornelsen 1999. **Kap. 1.1.1**

Böttcher, Ingrid/Becker-Mrotzek, Michael: Texte bearbeiten, bewerten und benoten. Schreibdidaktische Grundlagen und unterrichtspraktische Vorschläge. Berlin: Cornelsen 2003. **Kap. 1.1.1**

Böttcher, Ingrid/Wagner, Monika: Kreative Texte bearbeiten. In: Praxis Deutsch 119 (1993), S. 24–27. **Kap. 1.1.1**

Bogdal, Klaus-Michael: Akteure literarischer Kommunikation. In: Fohrmann, Jürgen/Müller, Harro (Hrsg.): Literaturwissenschaft. München: dtv 1995, S. 271–296. **Kap. 2.3.2**

Bonz, Bernhard: Berufsbildung als Persönlichkeitsbildung. In: Faber, Werner (Hrsg.): Persönlichkeitsbildung und Handlungsfähigkeit. Aktuelle Beiträge zur allgemeinen und beruflichen Weiterbildung. Villingen: Schwenningen: Neckar-Verlag 1995, S. 43–60. **Kap. 1.1.3**

Bortz, Jürgen/Döring, Nicola: Forschungsmethoden und Evaluation für Sozialwissenschaftler. Berlin: Springer, 2., vollst. überarb. und aktual. Aufl. 1995. **Kap. 2.1.5**

Bosse, Heinrich: Dichter kann man nicht bilden. Zur Veränderung der Schulrhetorik nach 1770. In: Roloff, Hans-Gerd (Hrsg.): Jahrbuch für Internationale Germanistik, Bern: Lang 1978, S. 80–125. **Kap. 1.1.1 u. Kap. 3.2.6**

Bosse, Heinrich/Renner, Ursula: Literarisches Verstehen. Einführung in das Themenheft. In: Der Deutschunterricht 4 (2010), S. 2–7. **Kap. 1.1.2**

Bothe, Katrin: Kreatives Schreiben. In: Historisches Wörterbuch der Rhetorik, Bd. 4. Tübingen: Niemeyer 1998, S. 1371–1377. **Kap. 1.1.1**

Brandstätter, Ursula: Erkenntnis durch Kunst. Theorie und Praxis der ästhetischen Transformation. Wien: Böhlau 2013. **Kap. 1.1.2 1.2.2 u. 1.2.0**

Bräuer, Christoph: Literarische Gespräche im Deutschunterricht: Über Literatur sprechen (lernen). In: Kirschenmann, Johannes/Richter, Christoph/Spinner, Kaspar H. (Hrsg.): Reden über Kunst. Fachdidaktisches Forschungssymposium in Literatur, Kunst und Musik. München 2011, S. 73–91. **Kap. 1.2.4 u. 3.3.1**

Bräuer, Gerd (1998): Schreibend lernen. Grundlagen einer theoretischen und praktischen Schreibpädagogik. Innsbruck: StudienVerlag. **Kap. 4.4**

Bräuer, Gerd: Schreiben als reflexive Praxis. Freiburg i. Br.: Fillibach 2000. **Kap. 1.1.1**

Bräuer, Gerd (Hrsg.): Writing Across Languages. Stamford, CT: Ablex 2000. **Kap. 4.4**

Braukmann, Werner: Freies Schreiben. Praxishandbuch für die Sekundarstufe I und II. Baltmannsweiler: Schneider 2003. **Kap. 1.1.1**

Bredella, Lothar: Literaturdidaktik im Dialog mit Literaturunterricht und Literaturwissenschaft. In: Bredella, Lothar/Delanoy, Werner/Surkamp, Carola (Hrsg.): Literaturdidaktik im Dialog. Tübingen 2004, S. 21–64. **Kap. 2.3.2**

Brendel-Perpina, Ina/Stumpf, Felix: Leseförderung durch Teilhabe. Die Jugendjury zum Deutschen Jugendliteraturpreis. München: kopaed 2013. **Kap. 1.1.2**

Brenner, Gerd: Kreatives Schreiben. Ein Leitfaden für die Praxis. Frankfurt a. M.: Scriptor 1990**. Kap. 1.1.1**

Brockman, John: Die dritte Kultur. Das Weltbild der modernen Naturwissenschaft. München: Goldmann 1996. **Kap. 2.3.2**

Bühler, Karl: Das Gestaltprinzip im Leben des Menschen und der Tiere. Bern, Stuttgart: H. Huber 1960. **Kap. 1.2.2**

Burdorf, Dieter: Wozu Form? Eine Kritik literaturdidaktischen Inhaltismus. In: Sprache und Literatur 93 (2004), S. 102–119. **Kap.1.1.2 u. 1.2.3/4**

Busemeier, Karin: „Ausbildung des Empfindungsvermögens ist also das dringendere Bedürfnis der Zeit". Überlegungen zu außerschulischen Literaturpädagogik. In: Diskussion Deutsch 18 (1987), H. 95, S. 271–287. **Kap. 2.1.1**

Butz, Wolfgang: Schreiben und Überarbeiten von Erzähltexten. In: Praxis Deutsch 108 (1991), S., 41 f. **Kap. 1.1.1**

Chambers, Aidan: Booktalk. Occasional Writing on Literature and Children. London: Methuen 1985. **Kap. 1.2.4**

Charlton, Michael/Sutter, Tilmann: Lese-Kommunikation. Mediensozialisation in Gesprächen über mehrdeutige Texte. Bielefeld: aisthesis 2007. **Kap. 1.2.4**

Christ, Hannelore/Fischer, Eva/Fuchs, Claudia/Merkelbach, Valentin/Reuschling, Gisela: „Ja aber es kann doch sein ..." In der Schule literarische Gespräche führen. Frankfurt a. M.: Lang 1995. **Kap. 1.2.4**

Connor-Greene, Patricia et al. (Hrsg.): Teaching and Learning Creatively. Inspirations and reflections. West Lafayette: Parlor Press 2006. **Kap. 4.4**

Croll, Paul: Systematic Classroom Observation. London and Philadephia: The Falmer Press 1986. **Kap. 3.3.1**

Dannecker, Wiebke: Literarische Texte reflektieren und bewerten – zwischen theoretischer Modellierung und empirischer Rekonstruktion am Beispiel einer empirischen Untersuchung mit Schülerinnen und Schülern der Sekundarstufe II. Trier: WVT 2012. **Kap. 1.1.2**

Delius, Friedrich Christian: Die Minute mit Paul McCartney. Memo-Arien. Hamburg: Rowohlt 2008. **Kap. 1.1.1**

Dewey, John: Demokratie und Erziehung. Eine Einleitung in die philosophische Pädagogik. Weinheim: Beltz 2000 (Erstveröff. 1930). **Kap. 2.3.2**

Dewey, John: Kunst als Erfahrung. Frankfurt am Main: Suhrkamp 1980 (Erstveröff. 1934). **Kap. 2.3.2**

Dreyer, Anja: Kunstdidaktik und Biografie im Kontext der Kunstlehrerbildung. In: Peetz, Georg (Hrsg.): Handbuch Fallforschung in der ästhetischen Bildung, Kunstpädagogik. Qualitative Empirie für Studium, Praktikum, Referendariat und Unterricht. Baltmannsweiler: Schneider 2007, S. 188–197. **Kap. 1.1.3**

Ede, Lisa S./Lunsford, Andrea A.: Singular texts/plural authors. Perspectives on collaborative writing. Carbondale: Southern Illinois Univ. Press 1990. **Kap. 1.1.1**

Eggert, Hartmut/Garbe, Christine: Literarische Sozialisation. Stuttgart: Metzler, 2. Aufl. 2003.

Eggert, Hartmut: Literarische Texte und ihre Anforderungen an die Lesekompetenz. In: Groeben, Norbert/Hurrelmann, Bettina (Hrsg.): Lesekompetenz. Bedingungen, Dimensionen, Funktionen. Weinheim; München: Juventa 2002, S. 186–194. **Kap.1.1.2**

Egri, Lajos: Literarisches Schreiben. Starke Charaktere – originelle Ideen – überzeugende Handlung. Berlin: Aus d. Amerik. v. Kirsten Richers. Berlin: Autorenhaus 2002. **Kap. 1.2.2**

Ehmig, Simone C./Reuter, Timo: Außerschulische Leseförderung in Deutschland. Strukturelle Beschreibung der Angebote und Rahmenbedingungen in Bibliotheken, Kindertageseinrichtungen und kultureller Jugendarbeit. Mainz: Stiftung Lesen 2011. **Kap. 2.1.1**

Ehrenfels, Christian v.: Ueber „Gestaltqualitäten". In: Vierteljahrsschrift für wissenschaftliche Psychologie XIV (1890), H. 3, S. 249–292. **Kap. 1.2.2**

Eick, Dennis: Exposee, Treatment und Konzept. Konstanz: UVK Verlagsgesellschaft 2005. **Kap. 1.2.2**

Elbow, Peter: Writing without Teachers. New York: Oxford University Press 1973. **Kap. 1.1.1**

Englert, Sue/Mariage, Troy/Dunsmore, Kailonnie: Tenets of sociocultural theory in writing instruction research. In: MacArthur, Ch. A./Graham, S./Fitzgerald, J. (Eds.): Handbook of Writing Research. New York: The Guilford Press 2006, S. 208–221. **Kap. 3.3.1**

Ennemoser, Marco: Evaluations- und Implementationsforschung. In: Groeben, Norbert/Hurrelmann, Bettina (Hrsg.): Empirische Unterrichtsforschung in der Literatur- und Lesedidaktik. Ein Weiterbildungsprogramm. Weinheim, München 2006, S. 513–527. **Kap. 4.4**

Escher, Daniel/Messner, Helmut: Lernen in der Schule. Ein Studienbuch. Bern: hep Verlag 2009. **Kap. 4.4**

Feilke, Helmut: Wege zum Text. In: Praxis Deutsch 161 (2000), S. 14–22. **Kap. 1.2.4**

Feilke, Helmuth: Erzählen gestalten – Erzählungen schreiben. In: Praxis Deutsch 239 (2013), S. 4–12. **Kap.1.2.2**

Field, Syd: Das Drehbuch. Die Grundlagen des Drehbuchschreibens. Schritt für Schritt vom Konzept zum fertigen Drehbuch. Berlin: Autorenhaus, überarb. u. erw. Neuausgabe 2007. **Kap. 1.2.2**

Fingerhut, Karlheinz: Umerzählen. Ein Lesebuch mit Anregungen für eigene Schreibversuche in der Sek II. Frankfurt am Main: Diesterweg 1982. **Kap. 1.1.1**

Fix, Martin: Prozess, Produkt und Bewertung. In: Abraham, Ulf/Kupfer-Schreiner, Claudia/Maiwald, Klaus (Hrsg.): Schreibförderung und Schreiberziehung. Eine Einführung für Schule und Hochschule. Donauwörth: Auer 2005, S. 186–196. **Kap. 1.2.2**

Fix, Martin/Melenk, Hartmut: Schreiben zu Texten – Schreiben zu Bildimpulsen. Das Ludwigsburger Aufsatzkorpus. Baltmannsweiler: Schneider 2000. **Kap. 1.2.4**

Fix, Martin: Texte schreiben. Schreibprozesse im Deutschunterricht. Paderborn: Schöningh UTB 2006. **Kap. 1.2.2**

Fix, Ulla: Gestalt und Gestalten. Von der Notwendigkeit der Gestaltkategorie für eine das Ästhetische berücksichtigende pragmatische Stilistik. In: Zeitschrift für Germanistik. Neue Folge. H. 2 (1996), S. 308–323. **Kap. 1.2.2**

Frederking, Volker (Hrsg.): Verbessern heißt verändern. Neue Wege, Inhalte und Ziele der Ausbildung von Deutschlehrer(inne)n in Studium und Referendariat. Baltmannsweiler: Schneider 1998. **Kap. 1.1.3**

Frederking, Volker/Meier, Christel/Stanat, Petra/Dickhäuser, Oliver: Ein Modell literarästhetischer Urteilskompetenz. In: Didaktik Deutsch 25 (2008), S. 11–31. **Kap.1.1.2**

Frederking, Volker: (Literar-)Ästhetische Bildung. Lesen und Schreiben als Formen ästhetischer Erfahrung und personal-kultureller Selbstkonstruktion. In: Liebau, Eckhardt/Zirfas, Jörg (Hrsg.): Die Sinne und die Künste. Bielefeld: transcript 2008, S. 73–104. **Kap. 1.2.4**

Frederking, Volker: Modellierung literarischer Rezeptionskompetenz. In: Kämper-van den Boogaart, Michael/Spinner, Kaspar H. (Hrsg): Deutschunterricht in Theorie und Praxis, Bd. 11/1. Lese- und Literaturunterricht Teil 1. Geschichte und Entwicklung, Konzeptionelle Grundlagen (148–200). Baltmannsweiler: Schneider 2010, S. 324–380. **Kap.1.1.2**

Frederking, Volker/Roick, Thorsten/Steinhauer, Lydia: „Literarästhetische Urteilskompetenz" – Forschungsansatz und Zwischenergebnisse. In: Bayrhuber, Horst/Harms, Ute/Muszynski, Bernhard/Ralle, Bernd/Rothgangel, Martin/Schön, Lutz-Helmut/Vollmer, Helmut J./Weigand, Hans-Georg (Hrsg.): Empirische Fundierung in den Fachdidaktiken. Fachdidaktische Forschungen. Bd 1. Münster u. a.: Waxmann 2011, S. 75–94. **Kap. 1.2.4**

Fritzsche, Joachim: Was ist literarische Begabung, und wie kann man sie fördern? In: Diskussion Deutsch 102 (1988), S. 347–366. **Kap. 1.1.1**

Fritzsche, Joachim: Schriftliches Arbeiten. Stuttgart: Klett 1994. **Kap. 1.1.1**

Fritzsche, Joachim: Mumm + Witz = Mumpitz? Über Kreatives Schreiben in der Schule und anderswo. In: Witte et al. (Hrsg.), 2000, S. 134–148. **Kap. 1.1.1**

Fritzsche, Joachim/Ivo, Hubert/Kopfermann, Thomas/Siegle, Rainer: Projekte im Deutschunterricht. Stuttgart: Klett 1992. **Kap. 2.3.3**

Fröchling, Jürgen: Expressives Schreiben. Untersuchung des Schreibprozesses und seiner Funktionen als Grundlage für eine Laienschreibdidaktik. Frankfurt am Main: Peter Lang 1987. **Kap. 1.1.1**

Fuchs, Max: Kulturelle Bildung und ästhetische Erziehung. Theoretische Grundlagen. Köln: Pahl-Rugenstein 1986. **Kap. 1.2.2**

Gärtner, Holger: Unterrichtsmonitoring. Münster: Waxmann 2007. **Kap. 1.1.3**

Gatti, Hans: Schüler machen Gedichte. Ein Praxisbericht mit vielen Anregungen. Freiburg i. Br.: Herder 1979. **Kap. 1.2.4**

Girgensohn, Katrin et al.: Gemeinsam schreiben. Das Konzept einer kollegialen online-Schreibgruppe mit Peer Feedback. 2009. In: *www.zeitschrift-schreiben.eu*. **Kap. 1.1.1**

Gisi, Lucas Marco (Hrsg.): Schreiben und Streichen. Zu einem Moment produktiver Negativität. Göttingen: Wallstein 2011. **Kap. 2.3.2**

Gölitzer, Susanne: Literaturerwerb im sozialen Kontext. In: Literatur im Unterricht. Texte der Moderne und Postmoderne in der Schule 2 (2006), S. 103–119. **Kap. 1.2.4**

Graf, Werner: Lesegenese in Kindheit und Jugend. Einführung in die literarische Sozialisation. 2., unveränd. Aufl. Baltmannsweiler: Schneider 2010. **Kap. 1.1.1 u. 2.1.1**

Grau, Herwig/Seidler, Burkhard: Wenn Texte wandern ... Schüler beurteilen Schülertexte. In: Praxis Deutsch 184 (2004), S. 28–31. **Kap. 1.2.3**

Grzesik, Jürgen: Texte verstehen lernen. Neurobiologie und Psychologie der Entwicklung von Lesekompetenzen durch den Erwerb von textverstehenden Operationen. Münster 2005. **Kap. 1.1.2**

Grzesik, Jürgen/Fischer, Michael: Was leisten Kriterien für die Aufsatzbeurteilung? Theoretische, empirische und praktische Aspekte des Gebrauchs von Kriterien und der Mehrfachbeurteilung nach globalem Ersteindruck. Opladen: Westdt. Verlag 1984. **Kap. 1.2.4**

Gudjons, Herbert: Neue Unterrichtskultur – veränderte Lehrerrolle. Bad Heilbrunn: Klinkhardt 2006. **Kap. 2.3.3**

Guthrie, John T. J./Wigfield, Allan/Barbosa, Pedro C./Perencevich, Kathleen/Taboada, Ana/ Davis, Marcia H./Scafiddi, Nicole T./Tonks, Stephen: Increasing Reading Comprehension and Engagement Through Concept-Oriented Reading Instruction. In: Journal of Educational Psychology 2004, Vol. 96 (2004), No. 3, 403–423. **Kap. 1.1.3**

Haas, Gerhard: Auch kreative Leistungen bewerten. Beispiele aus dem Deutschunterricht. In: Friedrich-Jahresheft 1996, S. 20 f. **Kap. 1.1.1**

Haas, Gerhard: Handlungs- und produktionsorientierter Literaturunterricht. Theorie und Praxis eines „anderen" Literaturunterrichts für die Primar- und Sekundarstufe. Seelze: Kallmeyersche Verlagsbuchhandlung 1997. **Kap. 1.1.1**

Härle, Gerhard: Literarische Gespräche im Unterricht. Versuch einer Positionsbestimmung. In: Härle/Rank (Hrsg.), 2004, S. 137–168. **Kap. 1.2.4**

Härle, Gerhard/Rank, Bernhard (Hrsg.): Wege zum Lesen und zur Literatur. Baltmannsweiler: Schneider 2004. **Kap. 1.2.4**

Härle, Gerhard/Steinbrenner, Marcus: „Alles Verstehen ist … immer zugleich ein Nicht-Verstehen." Grundzüge einer verstehensorientierten Didaktik des literarischen Unterrichtsgesprächs. In: Literatur im Unterricht 4 (2003), H. 2, S. 139–142. **Kap.1.2.4**

Härle, Gerhard/Steinbrenner, Marcus (Hrsg.): Kein endgültiges Wort. Die Wiederentdeckung des Gesprächs im Literaturunterricht. Baltmannsweiler: Schneider 2004. **Kap.1.2.4 u. 3.3.1**

Haller, Michael: Die Reportage. Konstanz: UVK, 6., überarb. Aufl. 2006. **Kap. 1.2.2**

Hartmann-Mrochen, Maria: Zwischen Notengebung und Urteilsfähigkeit. Einstellungen und Vorstellungen von Lehrkräften verschiedener Fachkulturen zum Kompetenzbereich Bewertung der Nationalen Bildungsstandards. Hamburg: Staats- und Universitätsbibliothek 2013. **Kap. 1.1.2 u. 1.2.4**

Hartung, Harald: Literatur und Bewertung. Kritik – Warum? Wozu? Für wen? In: Krottenthaler/Oliver (Hrsg.) 2013, S. 55–64. **Kap. 2.3.2**

Hattie, John: Lernen sichtbar machen für Lehrpersonen. Überarbeitete deutschsprachige Ausgabe von „Visible Learning für Teachers" besorgt von Wolfgang Beywl und Klaus Zierer. Baltmannsweiler: Schneider 2014.

Hauptmeier, Helmut/Schmidt, Siegfried J: Einführung in die Empirische Literaturwissenschaft. Braunschweig, Wiesbaden: Friedr. Vieweg & Sohn 1985. **Kap. 1.1.2**

Hayes, John R./Flower, Linda: Identifying the organization of writing processes. In: Gregg, Lee/Steinberg, Erwin (eds.): Cognitive Processes in Writing. Hillsdale, NJ: Lawrence Erlbaum Associates 1980, S. 3–30. **Kap. 1.1.1**

Herrmann, Manfred: Schule der Poetik. Literarische Kreativität im Deutschunterricht. Paderborn: Schöningh 1980. **Kap. 1.1.1**

Herzog, Silvio/Munz, Andrea: Entwicklungsprozesse von Lehrpersonen begleiten. Ein Rahmenkonzept biografischer Weiterbildung. In: Müller (Hrsg.) 2010, S. 73–98. **Kap. 1.1.3**

Heydebrand, Renate von/Winko, Simone: Einführung in die Wertung von Literatur. Systematik – Geschichte – Legitimation. Paderborn: UTB 1996. **Kap.1.1.2**

Hörning, Karl H./Reuter, Julia (Hrsg.): Doing Culture. Neue Positionen zum Verhältnis von Kultur und sozialer Praxis. Bielefeld: transcript 2004, S. 9–15 (Einleitung). **Kap. 2.3.2**

Holzkamp, Klaus: Sinnliche Erkenntnis. Historischer Ursprung und gesellschaftliche Funktion der Wahrnehmung. Frankfurt am Main. Athenäum 1973. Zit. nach d. 5. Aufl. 1986. **Kap. 1.1.2**

Hurrelmann, Bettina: Textverstehen im Gesprächsprozess – Zur Empirie und Hermeneutik von Gesprächen über „Geschlechtertausch"-Erzählungen. In: Hurrelmann, Bettina/Kublitz, Maria/Röttger, Brigitte (Hrsg.): Man müsste ein Mann sein …? Interpretationen und Kontroversen zu Geschlechtertausch-Geschichten in der Frauenliteratur. Düsseldorf: Schwann 1987, S. 57–82. **Kap. 1.2.4**

Hurrelmann, Bettina: Leseförderung. In: Praxis Deutsch 127 (1994), S. 17–26. **Kap. 1.1.2**

Hurrelmann, Bettina: Leseleistung – Lesekompetenz. Folgerungen aus PISA, mit einem Plädoyer für ein didaktisches Konzept des Lesens als kulturelle Praxis. In: Praxis Deutsch 176 (2002), S. 6–18. **Kap. 1.1.2**

Israel, Walter: Literaturpädagogik heute. In: Höffe, Wilhelm (Hrsg.): Sprachpädagogik, Literaturpädagogik. Festschrift für Hans Schorer. Frankfurt am Main: Diesterweg 1969, S. 101–112. **Kap. 1.1.1**

Ivo, Hubert: Lehrer korrigieren Aufsätze. Beschreibung eines Zustandes und Überlegungen zu Alternativen. Frankfurt am Main: Moritz Diesterweg 1982. **Kap. 1.2.4**

Ivo, Hubert: Reden über poetische Sprachwerke. Ein Modell sprachverständiger Intersubjektivität. In: Ivo, Hubert (Hrsg.): Muttersprache, Identität, Nation. Sprachliche Bildung im Spannungsfeld zwischen einheimisch und fremd. Opladen: VS Verlag für Sozialwissenschaften 1994, S. 222–271. **Kap. 1.2.4**

Izard, Caroll: Die Emotionen des Menschen. Eine Einführung in die Grundlagen der Emotionspsychologie. Weinheim u. a.: Beltz 1981. **Kap. 1.2.4**

Jahn, Karl-Heinz/Kirn, Karl-Heinz: Schüler schreiben selbst. Märchen, Parabel, Lyrik, Eulenspiegelei, Parodie und Utopie als Unterrichtsgegenstand. Weinheim; Basel: Beltz 1983. **Kap. 1.1.1**

Jantzen, Christoph: Überarbeiten als Lernform – Überarbeiten als Textform. Empirisch begründete Konkretisierungen eines Konzepts. In: Pohl, Thorsten/Steinhoff, Torsten (Hrsg.): Textformen als Lernformen. Duisburg: Gilles & Francke 2010, S. 143–162. **Kap. 1.2.2**

Jaumann-Graumann, Olga/Köhnlein, Walter (Hrsg.): Lehrerprofessionalität – Lehrerprofessionalisierung. Bad Heilbrunn/Obb.: Klinkhardt 2000. **Kap. 1.1.3**

Jauß, Hans Robert: Ästhetische Erfahrung und literarische Hermeneutik. Frankfurt am Main: Suhrkamp **1982. Kap. 1.2.3**

Jörgens, Moritz: Leseengagement. Ein Konstrukt mit praktischer Bedeutung für die Lesedidaktik? In: Didaktik Deutsch 18, H. 35 (2013), 102–115. **Kap. 1.1.3**

Jürgens, Frank: Zurück zu den Normen? Schreiben zwischen Normbewusstsein und Kreativität. In: Deutschunterricht (Berlin) 52 (1999), H. 3, S. 213–224. **Kap. 1.1.1**

Kämper-van den Boogaart, Michael/Pieper, Irene: Literarisches Lesen. In: Didaktik Deutsch Sonderheft 2 (2008), S. 46–65. **Kap. 1.1.2**

Kämper-van den Boogaart, Michael: Lehrerkonzepte und Lehrerkompetenzen. In: ders./ Spinner, Kaspar H: (Hrsg.): Lese- und Literaturunterricht. Teil 2. Baltmannsweiler: Schneider 2010 (Deutschunterricht in Theorie und Praxis Bd. 11/2), S. 104–136. **Kap. 4.4**

Kaiser, Hermann J.: Verständige Musikpraxis. Eine Antwort auf Legitimationsdefizite des Klassenmusizierens. In: Zeitschrift für Kritische Musikpädagogik (ZfKM) 2010, S. 47–68. *http://www.zfkm.org/10-kaiser.pdf* **Kap. 2.3.2**

Kammler, Clemens: Literarische Kompetenzen – Standards im Literaturunterricht. Anmerkungen zum Diskussionsstand. In: Kammler, Clemens: Literarische Kompetenzen – Standards im Literaturunterricht. Seelze: Klett/Kallmeyer 2006, S. 7–22. **Kap. 1.1.2**

Karg, Ina/Kilian, Jörg (Hrsg.): Studium Germanistik – Germanistisches Wissen und Können in Anforderungsprofilen und propädeutischer Förderung. MdG 59 /2012, H. 1. **Kap. 1.1.3**

Kasten, Jürgen: Film schreiben: eine Geschichte des Drehbuchs. Wien: Hora 1990. **Kap. 1.2.2**

Kellner, Norbert: Literarische Kreativität. Warum schreiben? Wie schreibt man Literatur? Was ist (gute) Literatur? Stuttgart: Klett 1999. **Kap. 1.1.1**

Kepser, Matthis: Handlungs- und produktionsorientiertes Arbeiten mit (Spiel-)Filmen. In: ders. (Hrsg.): Fächer der schulischen Filmbildung. Deutsch, Englisch, Geschichte u. a. Mit zahlreichen Vorschlägen für einen handlungs- und produktionsorientierten Unterricht. München: kopaed 2010, S. 187–240. **Kap. 1.2.2**

Klein, Georg: Literatur und Alltag. Siebzehn Stufen. In: Krottenthaler/Oliver (Hrsg.) 2013, S. 15–23. **Kap. 2.3.2**

Klotz, Peter: Grammatische Wege zur Textgestaltungskompetenz. Theorie und Empirie. Tübingen: Niemeyer 1996. **Kap. 1.2.2**

Knoche, Susanne: Kreatives Schreiben. In: Kliewer, Heinz-Jürgen/Pohl, Inge (Hrsg.): Lexikon Deutschdidaktik. Baltmannsweiler: Schneider 2006, S. 342–344. **Kap. 1.1.1**

Krainer, Konrad (Hrsg.): Lehrerfortbildung zwischen Prozessen und Produkten. Hochschullehrgänge „Pädagogik und Fachdidaktik für LehrerInnen" (PFL): Konzepte, Erfahrungen und Reflexionen. Bad Heilbrunn: Klinkhardt 1996. **Kap. 1.1.3**

Kromrey, Helmut: Empirische Sozialforschung, Modelle und Methoden der Datenerhebung und Datenauswertung. Opladen: Leske + Budrich, 8., überarb. und erw. Aufl. 1998. **Kap. 2.1.5**

Kuckartz, Udo: Einführung in die computergestützte Analyse qualitativer Daten. Wiesbaden 2007. **Kap. 2.1.5**

Krottenthaler, Erwin/Oliver, José F. A. (Hrsg.): Literatur machen. Literatur und ihre Vermittler. Dresden, Leipzig: Voland & Quist 2013. **Kap. 2.3.2**

Kruse, Norbert: Literaturvermittlung in formalen Bildungsinstitutionen. In: Bockhorst, Hildegard/Reinwand, Vanessa-Isabelle/Zacharias, Wolfgang (Hrsg.): Handbuch Kulturelle Bildung. München: kopaed 2012, S. 480–484. **Kap. 1.1.1**

Kupfer-Schreiner, Claudia: Der Weg vom Gedanken zum geschriebenen Wort – die „innere Sprache" und ihre Bedeutung für den Schreibprozess. In: Abraham, Ulf/Kupfer-Schreiner, Claudia/Maiwald, Klaus (Hrsg.): Schreibförderung und Schreiberziehung. Eine Einführung für Schule und Hochschule. Donauwörth: Auer 2005, S. 23–38. **Kap. 1.1.1**

Kupfer-Schreiner, Claudia/Abraham, Ulf: Lust auf Lesen, Schreiben, Land und Leute? Die »Lese- und Schreibreisen« der Bamberger Deutschdidaktik als Beitrag zur literarischen Kompetenz als hochschuldidaktische Aufgabe. In: Hochreiter, Susanne et al. (Hrsg.): Schnittstellen. Aspekte der Literaturlehr- und -lernforschung. Innsbruck: StudienVerlag 2009, S. 123–139. **Kap. 1.1.3 und 1.2.4**

Landert, Charles: Lehrerweiterbildung in der Schweiz. Ergebnisse der Evaluation von ausgewählten Weiterbildungssystemen und Entwicklungslinien für eine wirksame Personalentwicklung in den Schulen. Chur u. a.: Rüegger 1999. **Kap. 1.1.3**

Lange, Günther: Lust am Projekt. Chancen kulturellen Lernens im Deutschunterricht. Baltmannsweiler: Schneider 1999. **Kap. 2.3.3**

Lange, Günther: Die Laufrichtung ändern. Überlegungen zu veränderten Bewertungsverfahren im Literatur- und Schreibunterricht. In: Praxis Deutsch 155 (1999), S. 58–62. **Kap. 1.1.1**

Lehnen, Katrin: Textproduktion als Aushandlungsprozeß. Interaktive Organisation gemeinsamer Schreibauf-gaben. In: Jakobs, Eva-Maria/Knorr, Dagmar/Pogner, Karl-Heinz (Hrsg.): Textproduktion. Hypertext, Text, KonText. Frankfurt a. M.: Lang 1999, S. 75–91. **Kap. 1.1.1**

Lehnen, Kathrin: Gemeinsam schreiben. In: Feilke, Helmuth/Pohl, Thorsten (Hrsg.): Schriftlicher Sprachgebrauch/Texte verfassen. Baltmannsweiler: Schneider (Deutschunterricht in Theorie und Praxis, hrsg. von Winfried Ulrich, Bd 4) DTP I, S. 414–431. **Kap. 1.1.1**

Liebnau, Ulrich: EigenSinn. Kreatives Schreiben – Anregungen und Methoden. Frankfurt a. M.: Diesterweg, 1995. **Kap. 1.1.1**

Lipowsky, Frank: Was macht Fortbildungen für Lehrkräfte erfolgreich? Die Deutsche Schule 96 (2004), H. 6, S. 462–470. **Kap. 1.1.3**

Lipowsky, Frank: Lernen im Beruf – Empirische Befunde zur Wirksamkeit von Lehrerfortbildung. In: Müller, F./Eichenberger, A./Lüders, M./Mayr, J. (Hrsg.): Lehrerinnen und Lehrer lernen – Konzepte und Befunde zur Lehrerfortbildung. Münster: Waxmann 2010, S. 39–58. **Kap. 1.1.3**

Lüthgens, Stephanie: In aller Freundschaft. „Schreibberater" beurteilen Schülergedichte. In: Praxis Deutsch 193 (2005), S. 16–23. **Kap. 1.1.1**

Lockemann, Fritz: Das Gedicht und seine Klanggestalt. Emsdetten: Lechte 1952. **Kap. 1.2.2**

Lutz-Sikora, Barbara: Kriterien für die eigene Leistung entwickeln. Die Selbstbewertung von Schülerarbeiten in der Mittel- und Oberstufe des Gymnasiums. In: Praxis Deutsch 155 (1999), S. 51–53. **Kap. 1.1.2**

Macheiner, Judith: Das grammatische Varieté, oder Die Kunst und das Vergnügen, deutsche Sätze zu bilden. Frankfurt am Main: Eichborn 1991. **Kap. 1.2.2**

Mattenklott, Gundel: Literarische Geselligkeit – Schreiben in der Schule. Mit Texten von Jugendlichen und Vorschlägen für den Unterricht. Stuttgart: Metzler 1979. **Kap. 1.1.1 u. 1.2.4**

Matzdorf, Paul/Cohn, Ruth: Das Konzept der Themenzentrierten Interaktion. In: Löhmer, Cornelia/Standhardt, Rüdiger (Hrsg.): TZI. Pädagogisch-therapeutische Gruppenarbeit nach Ruth C. Cohn. 3. Aufl. Stuttgart 1995, S. 39–92. **Kap. 1.2.4**

Mayer, Johannes: Literarische Gespräche: Strukturen – Verstehenslinien – Phasen. In: Härle/ Steinbrenner (Hrsg.) 2004, S. 141–174. **Kap.1.2.4**

Mayr, Johannes/Neuweg, Hans Georg: Der Persönlichkeitsansatz in der Lehrer/innen/-forschung. Grundsätzliche Überlegungen, exemplarische Befunde und Implikationen für die Lehrer/innen/-bildung. In: Greiner, Ulrike/Heinrich, Martin (Hrsg.): Schauen, was 'rauskommt. Kompetenzförderung, Evaluation und Systemsteuerung im Bildungswesen. Münster: LIT 2006. **Kap. 1.1.3**

Mayring, Philipp: Qualitative Inhaltsanalyse Grundlagen und Techniken. Weinheim: Beltz, 10. neu ausgestattete Aufl. 2008. **Kap. 2.1.5**

McLeod, Susan H. (Hrsg.): Strengthening Programs for Writing Across the Curriculum. San Francisco: Jossey Bass 1988. (2. Aufl. 2000) **Kap. 4.4**

Mead, George Herbert: Geist, Identität und Gesellschaft aus der Sicht des Sozialbehaviorismus. Frankfurt a. M.: Suhrkamp 1968 (Mind, Self, and Society. Edited by Charles W. Morris. Chicago 1934). **Kap. 2.3.2**

Merkelbach, Valentin (Hrsg.): Kreatives Schreiben. Braunschweig: Westermann 1993. **Kap. 1.1.1**

Merkelbach, Valentin: Können wir nun doch alle das Dichten lernen? In: ders. (Hrsg.), 1993, S. 5–27. **Kap. 1.2.4**

Merkelbach, Valentin: Produktionsorientierter Literaturunterricht und kreatives Schreiben. In: ders. (Hrsg.), 1993, S. 151–165. **Kap. 1.1.1**

Merkelbach, Valentin: Zur Theorie und Didaktik des literarischen Gesprächs. In: Christ, Hannelore/Fischer, Eva/Fuchs, Claudia/Merkelbach, Valentin/Reuschling, Gisela (Hrsg.): „Ja aber es kann doch sein …" In der Schule literarische Gespräche führen. Frankfurt am Main u. a.: Lang 1995, S. 12–52. **Kap. 1.2.4 u. 3.3.1**

Merkelbach, Valentin: Über literarische Texte sprechen. Mündliche Kommunikation im Deutschunterricht. In: Der Deutschunterricht 1 (1998), S. 74–82. **Kap. 1.2.4**

Mertens, Donna M.: Philosophy in mixed methods teaching: The transformative paradigm as illustration. In: International Journal of Multiple Research Approaches 4 (2010), S. 9–18. **Kap. 2.1.5**

Miller, Wilhelm Alfred: Grundlinien zu einer künftigen Literaturpädagogik. Berlin: de Gruyter 1916. **Kap. 1.1.1**

Möller, Kornelia/Tenberge, Claudia: Entwicklung von Professionalität – ein Beitrag zu einer biografieorientierten Lehrerbildung. In: Jaumann-Graumann/Köhnlein (Hrsg.) 2000, S. 99–109. **Kap. 1.1.3**

Moles, Abraham A.: Informationstheorie und ästhetische Wahrnehmung. Übersetzt von Hans Ronge in Zusammenarbeit mit Barbara und Peter Ronge. Köln: Dumont 1971. **Kap. 1.2.2**

Müller, Christian: Ist das Buch gut? Mit der App *zehnSeiten* Literatur nach schülerorientierten Wertungen auswählen. In: Praxis Deutsch 241 (2013), S. 41–45. **Kap. 1.1.2**

Müller, Florian H. (Hrsg.): Lehrerinnen und Lehrer lernen. Konzepte und Befunde zur Lehrerfortbildung. Münster: Waxmann 2010. **Kap. 1.1.3**

Müller, Klaus (Hrsg.): Konstruktivismus. Lehrern – Lernen – Ästhetische Prozesse. Neuwied: Luchterhand 1996. **Kap. 1.1.3**

Müller-Michaels, Harro: Noten für Kreativität? Zum Problem der Beurteilung produktiver Arbeiten im Literaturunterricht. In: Deutschunterricht 46 (1993), H.7–8, S. 338–348. **Kap. 1.1.2 u. 1.2.4**

Neuhaus, Stefan: Strategien der Aufmerksamkeitserregung in der Literaturkritik. In: Neuhaus, Stefan/Ruf, Oliver (Hrsg.): Perspektiven der Literaturvermittlung. Innsbruck u.a.: StudienVerlag 2011, S. 149–162. **Kap. 2.3.2**

Neuweg, Georg Hans: Könnerschaft und implizites Wissen. Zur lehr-lerntheoretischen Bedeutung der Erkenntnis- und Wissenstheorie Michael Polanyis. Münster: Waxmann, 2., korr. Aufl. 2001. **Kap. 1.2.2**

Nohl, Arnd-Michael: Interview und dokumentarische Methode. Anleitungen für die Forschungspraxis. Wiesbaden: VS Verlag für Sozialwissenshaften 2., überarb. Aufl. 2008. **Kap. 2.1.5**

Nussbaumer, Markus: Lernerorientierte Textanalyse – Eine Hilfe zum Texte verfassen. In: Feilke, Helmuth/Portmann, Paul R. (Hrsg.): Schreiben im Umbruch. Schreibforschung und schulisches Schreiben. Stuttgart u. a. 1996, S. 96–112. **Kap. 1.1.2**

Nussbaumer, Markus/Sieber, Peter: Über Textqualitäten reden lernen – z. B. anhand des „Zürcher Textanalyserasters". In: Diskussion Deutsch 141 (1995), S. 36–52. **Kap. 1.2.3 u. 1.2.4**

Oliver, José F. A.: Lyrisches Schreiben. Velber: Klett/Kallmeyer 2013. **Kap. 1.2.2 u. 2.1.3**

Olsen, Ralph: Das Phänomen Empathie beim Lesen literarischer Texte. Eine didaktisch-kompetenzorientierte Annäherung. In: zeitschrift ästhetische bildung 3 (2011), Nr.1. *http://www.zaeb.net/index.php/zaeb/article/view/41/37* **Kap. 1.1.3**

Ortner, Hanspeter: Das kreative Schreiben – halbierte Kreativität und halbierte Schriftlichkeit? In: ide. Informationen zur Deutschdidaktik 22 (1998), H. 4, S. 37–52. **Kap. 1.1.1**

Paefgen, Elisabeth K.: Literatur als Anleitung und Herausforderung: inhaltliche und stilistische Schreibübungen nach literarischen Mustern. In: Diskussion Deutsch 119 (1991), 286–298 und 323 f. **Kap. 1.1.1 u. 1.2.4**

Peez, Georg (Hrsg.): Kunstpädagogik und Biografie. 52 Kunstlehrerinnen und Kunstlehrer erzählen aus ihrem Leben, Professionsforschung mittels autobiografisch-narrativer Interviews. München: kopaed 2009. **Kap. 1.1.3**

Peters, Sibylle (Hrsg.): Das Forschen aller. Artistic Research als Wissensproduktion zwischen Kunst, Wissenschaft und Gesellschaft. Bielefeld: transcript 2013. **Kap. 2.3.2**

Pieper, Irene/Wieser, Dorothee (Hrsg.): Fachliches Wissen und literarisches Verstehen. Studien zu einer brisanten Relation. Frankfurt am Main: Peter Lang 2012, S. 135–153. **Kap. 1.1.3**

Pieper, Irene: Literarisch lesen lernen. Zum Erwerb einer Kulturtechnik. *publikationen.ub.uni-frankfurt.de/files/4616/pieper_lesenlernen.pdf* **Kap. 1.2.3**

Pieper, Irene: Literature Classrooms and the Limits. In: van de Ven/Doecke (Hrsg.) 2011, S. 189–202. **Kap. 4.4**

Pisall, Verena: „Ich konnte mich einfach nicht identifizieren" – Schülerinnen und Schüler der Sekundarstufe II bewerten literarische Texte – Eine qualitative Studie. *http://ethesis.unifr.ch/theses/downloads.php?file=PisallV.pdf* **Kap. 1.2.3**

Poier, Wolfgang. Naheidu. Minidramen verfassen und beurteilen. In: Praxis Deutsch 193 (2005), S. 40–45. **Kap. 1.2.2**

Polanyi, Michael: Implizites Wissen. Frankfurt a. M.: Suhrkamp 1985. **Kap. 1.2.2**

Pyerin, Brigitte et al. (Hrsg.): Schreibpädagogik an der Hochschule. Berlin u. a.: Schibri 2002. **Kap. 4.4**

Queneau, Raymond: Stilübungen. Frankfurt a. M.: Suhrkamp 1961. **Kap. 1.1.1**

Radtke, Frank-Olaf: Wissen und Können. Grundlagen der wissenschaftlichen Lehrerbildung. Opladen: Leske + Budrich 1996. **Kap. 1.1.3**

Rau, Tilman: Journalistisches Schreiben im Unterricht. Velber: Klett/Kallmeyer 2014. **Kap. 2.1.3**

Richhardt, Thomas: Szenisches Schreiben im Unterricht. Velber: Klett/Kallmeyer 2011. **Kap. 1.2.2 u. 2.1.3**

Rico, Gabriele: Garantiert schreiben lernen. Reinbek bei Hamburg: Rowohlt 1984. **Kap. 1.1.1**

Rijlaarsdam, Gert et al.: Observation of peers in learning to write. Practice and research. In: Journal of Writing Research I (2008), S. 53–83. *http://dare.uva.nl/document/131601* **Kap. 1.1.1 u. 3.3.3**

Roick, Thorsten/Stanat, Petra/Dickhäuser, Oliver/Frederking, Volker/Meier, Christel/Steinhauer, Lydia: Strukturelle und kriteriale Validität der literarästhetischen Urteilskompetenz. In: Klieme, Eckhard/Leutner, Detlev/Kenk, Martina (Hrsg.): Kompetenzmodellierung. Zwischenbilanz des DFG-Schwerpunktprogramms und Perspektiven des Forschungsansatzes. Zeitschrift für Pädagogik, 56. Beiheft. Weinheim, Basel 2010, S. 165–174. **Kap. 1.2.4**

Rosebrock, Cornelia/Nix, Daniel: Grundlagen der Lesedidaktik und der systematischen schulischen Leseförderung. Baltmannsweiler: Schneider 2008. **Kap.1.1.2 u. 1.2.4**

Rudloff, Holger: Produktionsästhetik und Produktionsdidaktik. Kunsttheoretische Voraussetzungen literarischer Produktion. Opladen: Westdt. Verlag 1991. **Kap. 1.2.2**

Rupp, Gerhard: Schülertextbeurteilung in der Literaturdidaktik. Der konstruktive Kommentar als Lösung des Bewertungsdilemmas. In: Deutschunterricht 51 (1998), S. 71–144. **Kap. 1.1.2**

Scherf, Daniel: Leseförderung aus Lehrersicht. Eine qualitativ-empirische Untersuchung professionellen Wissens. Wiesbaden: Springer VS 2013. **Kap. 1.1.3**

Schmidt, Siegfried J.: „Bekämpfen Sie das Last der Interpretation! Bekämpfen Sie das noch häßlichere Laster der richtigen Interpretation!" (Hans Magnus Enzensberger). In: Amsterdamer Beiträge zur neueren Germanistik 8 (1979), S. 279–309. **Kap. 1.2.4**

Schubert-Felmy, Barbara: Möglichkeiten und Probleme der Lehrer(innen)fortbildung im Fach Deutsch. In: Frederking, Volker (Hrsg.): Verbessern heißt Verändern. Neue Wege, Inhalte und Ziele der Ausbildung von Deutschlehrer(inne)n in Studium und Referendariat. Baltmannsweiler: Schneider 1998, S. 269–278. **Kap. 1.1.3**

Schuster, Karl: Das personal-kreative Schreiben. Baltmannsweiler: Schneider 1995. **Kap. 1.1.1**

Schwarz, Johanna: Die eigenen Stärken veröffentlichen. Portfolios als Lernstrategie und alternative Leistungsbeurteilung. In: Friedrich-Jahresheft XIX (2001): Qualität entwickeln, evaluieren, S. 24–27. **Kap. 1.1.1**

Sennlaub, Gerhard: Spaß beim Schreiben oder Aufsatzerziehung. Stuttgart: Klett 1980. **Kap. 1.2.4**

Seydel, Fritz: Ästhetische Anteile in der (Re-)Konstruktion von Biografie im Rahmen der Lehrer/innen-Bildung. In: Peetz (Hrsg.) 2009, S. 14 f. **Kap. 1.1.3**

Simonis, Annette: Gestalttheorie von Goethe bis Benjamin. Diskursgeschichte einer deutschen Denkfigur. Köln: Böhlau 2001. **Kap. 1.2.2**

Snow, C. P.: The Two Cultures and the Scientific Revolution. Cambridge: Cambridge University Press 1960. **Kap. 2.3.2**

Sonntag, Edith: Freies Schreiben: In: Kliewer, Heinz-Jürgen/Pohl, Inge (Hrsg.): Lexikon Deutschdidaktik. Baltmannsweiler: Schneider, 2006, S. 156 f. **Kap. 1.1.1**

Spinner, Kaspar H.: Interpretieren im Deutschunterricht. In: Praxis Deutsch 81 (1987), S. 17–23 (späterer Abdruck 2006), **Kap. 1.1.2**

Spinner, Kaspar H.: Zur Rolle des Lehrers im Unterrichtsgespräch. In: Willenberg, H. u. a.: Zur Psychologie des Literaturunterrichts. Frankfurt am Main: Diesterweg 1987, S. 186–188. **Kap. 1.2.4**

Spinner, Kaspar H.: Vom kommunikativen über den personalen Ansatz der Aufsatzdidaktik zum geselligen Schreiben. In: Paefgen, Elisabeth K./Wolff, Gerhard (Hrsg.): Pragmatik in Sprache und Literatur. Festschrift für D.C. Kochan. Tübingen: Narr 1993, S. 77–82. **Kap. 1.2.4**

Spinner, Kaspar H.: Kreatives Schreiben. In: Praxis Deutsch 119 (1993), S. 17–23. **Kap. 1.1.1**

Spinner, Kaspar H.: Stilimitationen als Weg zum literarischen Verstehen und kreativen Schreiben. In: Kugler, Hartmut (Hrsg.): *www.germanistik2001.de*. Vorträge des Erlanger Germanistentags. Aisthesis: Bielefeld 2001, S. 119–128. **Kap. 1.1.1**

Spinner, Kaspar H.: Thesen zur Didaktik der Stilanalyse. In Fix, Ulla/Wellmann, Hans (Hrsg.): Stile, Stilprägungen, Stilgeschichte. Heidelberg: Winter 1997, S. 277–279. **Kap. 1.2.2**

Spinner, Kaspar H.: Was eine wissenschaftliche Ausbildung von Deutschlehrer(innen)n leisten soll. In: Didaktik Deutsch Sonderheft 1998, S. 39–52.

Spinner, Kaspar H.: Kreatives Schreiben zu literarischen Texten. In: Abraham, Ulf/Kupfer-Schreiner, Claudia/Maiwald, Klaus (Hrsg.): Schreibförderung und Schreiberziehung. Donauwörth: Auer 2005, S. 109–118. **Kap. 1.1.1**

Spinner, Kaspar H.: Literarisches Lernen. In: Praxis Deutsch 200 (2006), S. 6–16. **Kap. 1.1.2**

Spinner, Kaspar H.: Lesen als ästhetische Bildung. In: Bertschi-Kaufmann, Andrea (Hrsg.): Lesekompetenz – Leseleistung – Leseförderung. Grundlagen, Modelle und Materialien. Velber: Klett/Kallmeyer, 4. Aufl. 2007, S. 83–94. **Kap. 1.2.3**

Spinner, Kaspar H.: Wie Fachwissen das literarische Verstehen stört und fördert. In: Pieper/Wieser 2012, S. 53–69. **Kap. 1.1.1**

Steinbrenner, Marcus: „Experten der Textkultur": Zum Stellenwert des literarischen Lesens in der Ausbildung von Lehrerinnen und Lehrern. In: Härle, Gerhard/Rank, Bernhard (Hrsg.): Wege zum Lesen und zur Literatur. Baltmannsweiler: Schneider 2004, S. 179–185. **Kap. 1.2.4**

Steinbrenner, Marcus/Wiprächtiger-Geppert, Maja: Literarisches Lernen im Gespräch. Das „Heidelberger Modell" des Literarischen Unterrichtsgesprächs. In: Praxis Deutsch 200 (2006), S. 14–15. **Kap. 1.2.4**

Steinhauer, Lydia: Involviertes Lesen. Eine empirische Studie zum Begriff und seiner Wechselwirkung mit literarästhetischer Urteilskompetenz. Freiburg i.Br.: Fillibach 2010. **Kap. 1.2.3**

Stemmer-Rathenberg, Anke: Zur Nachahmung empfohlen! Imitatives Schreiben zu Prosatexten. Baltmannsweiler: Schneider 2011. **Kap. 1.2.4**

Strittmatter, Anton (Hrsg.): Professionelle Lerngemeinschaften. Innsbruck: Studienverlag 2006. **Kap. 1.1.3**

Sullivan, Louis: The tall office buildung artistically considered. Lippincott's Magazine, March 1896. *http://ocw.mit.edu/courses/architecture/4-205-analysis-of-contemporary-architecture-fall-2009/readings/MIT4_205F09_Sullivan.pdf* **Kap. 1.2.2**

Sutter, Tilmann: Anschlusskommunikation und die kommunikative Verarbeitung von Medienangeboten. Ein Aufriss im Rahmen einer konstruktivistischen Theorie der Mediensozialisation. In: Groeben, Norbert/Hurrelmann, Bettina (Hrsg.): Lesekompetenz. Bedingungen, Dimensionen, Funktionen. Weinheim, München: Juventa 2002, S. 80–105. **Kap. 1.2.4**

Teller, Janne: Text und Lesealter. Schreiben – für den jungen Menschen in jedem von uns. In: Krottenthaler/Oliver (Hrsg.) 2013, S. 103–115. **Kap. 2.3.2**

Teml, Hubert/Unterweger, Eva: Persönlichkeitsförderung in der LehrerInnenbildung. In: Journal für Lehrer-Innenbildung (Innsbruck: StudienVerlag) 2/2002, S. 7–21. **Kap. 1.1.3**

Thunich, Martin: Warten auf Godot. Eigene Texte beurteilen und weiterentwickeln. In: Praxis Deutsch 84 (1987), S. 54–57. **Kap. 1.2.2**

Tomasello, Michael/Carpenter, Melissa: Shared intentionality. In: Developmental Science 10, 1 (2007), S. 121–125. **Kap. 1.1.2**

Tugendhat, Ernst/Wolf, Ursula: Logisch-semantische Propädeutik. Stuttgart: Reclam 1983.

Üttinger, Nicole: Die Küchenuhr. Ein Kurzgeschichtenprojekt. In: Praxis Deutsch 193 (2005), S. 30–33. **Kap. 1.1.1**

Uhle, Mechthild: Kreatives Schreiben als praktisch-künstlerische Arbeit in Klasse 9 und 10. In: RAAbits Deutsch/Sprache, März 1996. **Kap. 1.1.1**

Ulich, Michaela/Ulich, Dieter: Literarische Sozialisation: Wie kann das Lesen von Geschichten zur Persönlichkeitsentwicklung beitragen? In: Zeitschrift für Pädagogik 40 (1995), H. 5, S. 821–834. **Kap. 1.1.1**

Ulshöfer, Robert: Methodik des Deutschunterrichts. Bd. 1: Unterstufe. 8. Aufl. Stuttgart: Klett 1978 (1. Aufl. 1964). **Kap. 4.4**

Van de Ven, Piet Hein/Doecke, Brenton (eds.): Literary Praxis. A Conversational Inquiry into the Teaching of Literature. Rotterdam: Sense Publishers 2011. **Kap. 2.3.2**

von Werder, Lutz: Lehrbuch des kreativen Schreibens. Berlin: ifk 1990. **Kap. 1.1.1**

Vom Scheidt, Jürgen: Kreatives Schreiben. Texte als Wege zu sich selbst und zu andern. Frankfurt a. M.: Fischer 1989. **Kap. 1.1.1**

Waldmann, Günter: Produktiver Umgang mit Literatur im Unterricht. Grundriss einer produktiven Hermeneutik. 2., korr. Aufl. Baltmannsweiler: Schneider 1999. **Kap. 1.1.1**

Waldmann, Günter/Bothe, Katrin: Erzählen. Eine Einführung in kreatives Schreiben und produktives Verstehen von traditionellen und modernen Erzählformen. Stuttgart: Klett 1992. **Kap. 1.1.1 u. 1.2.4**

Waldmann, Günter: Autobiografisches als literarisches Schreiben. Baltmannsweiler: Schneider 2000. **Kap. 1.1.1**

Walzel, Oskar: Gehalt und Gestalt im Kunstwerk des Dichters. Berlin: Athenaion 1923. **Kap. 1.2.2**

Weber, Christine: Lehrerinnen und Lehrer lesen Texte. Untersuchungen zur Lektüre und Beurteilung von Schülertexten. Bern: hep 2009. **Kap. 1.1.2**

Weber, Martina: Zwischen Handwerk und Inspiration. Lyrik schreiben und veröffentlichen. Wolfenbüttel: Uschtrin, 3. Aufl. 2011. **Kap. 1.2.2**

Weinert, Franz E.: Vergleichende Leistungsmessung in Schulen – Eine umstrittene Selbstverständlichkeit. In: ders. (Hrsg.): Leistungsmessungen in Schulen. Weinheim und Basel 2001, S. 27 f. **Kap. 1.2.1**

Wermke, Jutta: „Filmisches Schreiben". Schreiben für den Film – Zum Drehbuchautor zwischen literarischer Kommunikation und Medienproduktion. In: Drews, Jörg (Hrsg.): Vergangene Gegenwart – Gegenwärtige Vergangenheit. Bielefeld: transcript 1994, S. 175–202. **Kap. 1.2.2**

Wermke, Jutta: „Hab a Talent, sei a Genie". Kreativität als paradoxe Aufgabe. 2 Bde. Weinheim: Dt. Studienverlag, 1989. **Kap. 1.1.1**

Werner, Johannes: Literatur im Unterrichtsgespräch – Die Struktur des literaturrezipierenden Diskurses. München: Ernst Vögel 1996. **Kap. 1.2.4**

Werner, Johannes: Schulisches Interpretieren als „Deutungsspiel". Die argumentierenden Formen des literarischen Gesprächs. In: Härle/Steinbrenner (Hrsg.) 2004, S. 191–218. **Kap. 1.2.4**

Wessels, Klaus: Schreib, was du erfahren hast. Ein Arbeitsprojekt zur Entwicklung der schriftlichen Ausdrucksfähigkeit. In: Deutschunterricht (Berlin) 52 (1999), H. 3, S. 205–212. **Kap. 1.1.1**

Wicke, Ilona: Gedichte erfahren – Erfahrungen verdichten. In: Praxis Deutsch 46 (1981), S. 41–44. **Kap. 1.1.1**

Wieke, Thomas: Gedichte schreiben. Gebundene und freie Lyrik schreiben lernen & veröffentlichen. Mit Beiträgen von Robert Gernhardt, Helmut Heißenbüttel und Ezra Pound. Berlin: Autorenhaus, 2., überarb. u. erw. Aufl 2010. **Kap. 1.2.2**

Wieler, Petra: Sprachliches Handeln im Literaturunterricht als didaktisches Problem. Bern u. a.: Peter Lang 1989. **Kap. 1.1.2**

Wieler, Petra: Das Literatur-Gespräch in der Schule: Ansatzpunkte für eine sprachlerntheoretisch fundierte didaktische Konzeption: In: Kammler, Clemens/Knapp, Werner (Hrsg.): Empirische Unterrichtsforschung und Deutschdidaktik. Stuttgart 2002, S. 138–140.

Wieser, Dorothee: Literaturunterricht aus Sicht der Lehrenden. Eine qualitative Interviewstudie. Wiesbaden: VS Verlag für Sozialwissenschaften 2008. **Kap. 1.1.3**

Wieser, Dorothee: Die Vermittlung fachlichen Wissens: Praktisches professionelles Wissen und epistemologische Überzeugungen. In: Pieper/Wieser (Hrsg.) 2012, S. 135–151. **Kap. 1.1.3**

Winkler, Iris/Masanek, Nicole/Abraham, Ulf (Hrsg.): Poetisches Verstehen. Literaturdidaktische Positionen – empirische Forschung – Projekte aus dem Deutschunterricht. Baltmannsweiler: Schneider 2010. **Kap. 1.1.2**

Winko, Simone: Codierte Gefühle. Zu einer Poetik der Emotionen in lyrischen und poetologischen Texten um 1900. Berlin: Erich Schmidt 2003. **Kap. 1.2.4**

Winter, Felix: Portfolio und Leistungsbewertung. In: ide. Informationen zur Deutschdidaktik 26 (2002), H. 1, S. 91–98. **Kap. 1.1.1**

Wirag, Lino: Zeitgenössische Formen informeller Literaturvermittlung. In: Bockhorst, Hildegard/Reinwand, Vanessa-Isabelle/Zacharias, Wolfgang (Hrsg.): Handbuch Kulturelle Bildung. München: kopaed 2012, S. 491–494. **Kap. 2.1.1**

Wörner, Ulrike/Noir, Yves/Rau, Tilman: Erzählendes Schreiben im Unterricht. Werkstätten für Skizzen, Prosatexte, Fotografie. Velber: Klett/Kallmeyer 2012. Kap. **1.2.2 und 2.1.3**

Witte, Jörg et. al.: Deutschunterricht zwischen Kompetenzerwerb und Persönlichkeitsbildung. Baltmannsweiler: Schneider 2000.

Worthmann, Friederike: Literarische Wertungen. Vorschläge für ein deskriptives Modell. Wiesbaden: Deutscher Universitäts-Verlag 2004. **Kap. 1.1.2**

Young, Art: Teaching Writing Across the Curriculum. Upper Saddle River: Pearson Prentice Hall 2006. **Kap. 4.4**

Zabka, Thomas: Typische Operationen literarischen Verstehens. Zu Martin Luther „Vom Raben und Fuchs". In: Kammler, Clemens (Hrsg.): Literarische Kompetenzen – Standards im Literaturunterricht. Seelze 2006, S. 80–101. **Kap. 1.1.2**

Zabka, Thomas: Literarische Texte werten. In: Praxis Deutsch 241 (2013), S. 4–12. **Kap. 1.1.2**

Unter **www.friedrich-verlag.de** finden Sie Materialien zum Buch als Download.
Bitte geben Sie den achtstelligen Download-Code in das Suchfeld ein.

DOWNLOAD-CODE: **d14835sd**

Hinweis:

Das Download-Material enthält 34 Abbildungen, zwei Interview-Leitfäden und drei Teilnehmer-Fragebögen, die Ihnen vertiefende Hintergrundinformationen liefern.

Haben Sie Fragen zum Download? Dann wenden Sie sich bitte an den Leserservice der Friedrich Verlags GmbH. Schreiben Sie uns oder rufen Sie uns an!

Sie erreichen unseren Leserservice
Montag bis Donnerstag von 8 – 18 Uhr
Freitag von 8 – 14 Uhr
Tel.: 05 11/4 00 04-150
Fax: 05 11/4 00 04-170
E-Mail: *leserservice@friedrich-verlag.de*

Wir freuen uns über Ihre Rückmeldungen und helfen Ihnen gern weiter!